本书是2013年度国家社会科学基金考古学一般项目结项成果，项目批准号：13BKG010。项目原标题《新疆东部青铜文化及其所反映的早期东西文化交流研究》

本书获华中师范大学历史文化学院中国史一流学科建设经费资助

宋亦箫 ◎ 著

青铜时代的东西文化交流

以新疆东部为中心的考察

中国社会科学出版社

图书在版编目(CIP)数据

青铜时代的东西文化交流：以新疆东部为中心的考察/宋亦箫著．
—北京：中国社会科学出版社，2019.9
ISBN 978-7-5203-4959-8

Ⅰ.①青… Ⅱ.①宋… Ⅲ.①文化交流—文化史—研究—东方国家、西方国家—青铜时代 Ⅳ.①G115

中国版本图书馆CIP数据核字(2019)第190849号

出 版 人	赵剑英
责任编辑	郭 鹏
责任校对	刘 俊
责任印制	李寡寡

出　　版	中国社会科学出版社
社　　址	北京鼓楼西大街甲158号
邮　　编	100720
网　　址	http://www.csspw.cn
发 行 部	010-84083685
门 市 部	010-84029450
经　　销	新华书店及其他书店

印刷装订	北京市十月印刷有限公司
版　　次	2019年9月第1版
印　　次	2019年9月第1次印刷

开　　本	710×1000 1/16
印　　张	27
字　　数	363千字
定　　价	138.00元

凡购买中国社会科学出版社图书，如有质量问题请与本社营销中心联系调换
电话：010-84083683
版权所有　侵权必究

序

  宋亦箫的著作《青铜时代的东西文化交流——以新疆东部为中心的考察》即将出版，嘱我作序，我十分高兴。他十年来的努力终于有了一个结果，对于我所从事的早期中西文化交流研究来说，这一著作也是一个值得关注的重要学术成果。

  宋亦箫于1995年从武汉大学考古专业本科毕业，之后师从陈冰白教授攻读新石器时代考古硕士学位，参加工作后长期在武汉博物馆工作。读博士阶段在南京大学由我作为他的指导老师。在选择研究方向时，他大胆地选择了一个对他来说是全新的领域，开始从事早期中西文化交流的考古学研究。对他而言，这一转型是一个从头开始的学习过程。在一次新疆实地考察归途的火车上，他那沉重的书箱被盗贼盯上，而他自己由于旅途的劳累而疏于防范，结果行李被洗劫一空，当小偷打开行李箱看到的只是满箱的对他来说无用又沉重的书籍时，定会为自己的愚蠢而懊恼；但对宋亦箫而言，一次满载而归的学术之旅变成了两手空空的绝望。即使遭受如此沉重的打击，也没有使他停下探索的脚步，而是选择从头再来，开启了他的第二次西北之行——真正做到了读万卷书，行万里路。在攻读博士学位的三年时间中，他不仅出色的完成了博士学位论文的写作，同时还写出了几篇考证大夏和鬼方的长文，可见宋亦箫对于中国西北地区早期的族群和考古学文化的研究是下了一番功夫的。

  博士毕业以后，宋亦箫应聘到华中师范大学工作，主要从事楚史及楚文化的教学和研究；但是，他仍然没有放弃心中对于中国西北地区的那一份情怀。他 2013 年获得国家社科基金资助，重新开始了早期东西文化交流考古的研究工作。他于 2016 年到澳大利亚悉尼大学做访问学者，继续收集有关中亚和欧亚草原地区考古的相关资料。现在，他终于完成了这部书稿。由此也可以看出，在每一个成功者的心中都会有一个永恒的梦想和不变的目标。

近年来，关于新疆青铜时代考古学文化的研究成果不少，但是，专注于新疆东部地区的综合研究成果，宋亦箫的这部著作尚属首例。按照这部书的划分方案，新疆东部地区包括了天山东段南北两侧东到哈密、西到乌鲁木齐，北到北塔山，南到罗布泊的广大区域，在这个区域内，青铜时代的考古学文化则有小河文化、林雅文化、南湾文化、焉不拉克文化、苏贝希文化等。在重新对这几种考古学文化的分期与类型、源流及相互关系、生业方式、生殖崇拜文化等问题进行论述的基础上，宋亦箫在本书中重点探索了上述几种文化中的外来文化因素问题，这些外来文化因素，范围极广，既存在于诸如陶器、金属器、建筑、丧葬习俗等物质和非物质文化中，也存在于诸如种族人类学、遗传学、语言学、文献学等学科所提供的证据里。在综合分析各种外来文化因素的早晚关系之后，宋亦箫认为，早期中西文化交流开始的时间大约是在公元前 2650 年前后的半山—马厂文化时期，区域则是在甘青地区，然后东传西递，逐步影响到我国新疆东部和我国北方的其他区域，这一认识显然有别于目前已有的主流认识，显示出其独特的观察视角和创新思维。

由于国家"一带一路"战略的导向和引领作用，目前新疆地区的考古工作呈现了前所未有的大发展态势，新的考古发现层出不穷，新的研究成果也不断出现。目前，由于新疆史前时代文化的复杂性和多样性，使得任何一种现有考古学解释都需要经历新材料的不断检验，也正因如此，任何一种新的观察视角和解释体系都有其存在的必要性，我们期待着在这一过程中能涌现出更多的新思维和新视点。

在此，我希望宋亦箫能够以这部专著的出版为出发点，不断取得更多的成绩。

是以为序。

2019 年 5 月 20 日于南京

摘　　要

本书在梳理和总结现有考古学及相关学科发现和研究的基础上，探讨了新疆东部青铜时代的文化谱系和该地区以及相关地区的早期东西文化交流现象。

第一，关于新疆东部青铜时代的文化谱系。经考古学的分析和归纳，笔者将新疆东部自公元前2000年左右至公元前后的考古遗存划分为5支考古学文化。它们是位于罗布泊地区的小河文化、哈密盆地的林雅文化、东天山北麓的南湾文化、哈密盆地及其以北巴里坤草原的焉不拉克文化、吐鲁番盆地—天山中部山谷—东天山北麓的苏贝希文化。经文化因素的比较分析，笔者认为新疆东部青铜文化虽包含有少量当地石器时代文化因子，但其主体却是外来文化。源头有二：一是西来的青铜文化，二是东来的青铜文化。

第二，根据各考古文化的存在年代及相互关系，可将青铜时代的新疆东部分作前后两大阶段和东西两区。第一阶段起止时间为公元前三千纪末二千纪初—公元前二千纪末。新疆东部存在着3支考古学文化：小河文化（公元前2000—前1300年）、林雅文化（公元前1900—前1300年）和南湾文化（公元前1500—前1000年）。小河文化与林雅文化之间尚未见明显的交往痕迹，而林雅文化是南湾文化的源头之一。第二阶段起止时间为公元前二千纪末—公元前一千纪末（或称公元前后），新疆东部存在着焉不拉克文化（公元前1300—前100年）和苏贝希文化（公元前1000—公元前后）。焉不拉克文化源于林雅文化、南湾文化及甘青地区的卡约文化。苏贝希文化是焉不拉克文化和穷科克文化二者从影响到融合的产物。新疆东部的青铜时代，若以天山以南的洋海墓地、苏贝希墓地、天山以北的四道沟遗址一线为界标，可划分出东西二区（尤其在第一阶段分区明显，第二阶段随着东西两区文化的更多交流，其界限已略有模糊）。东区各文化（林雅文化、南湾文化、焉不拉克文化焉不拉克类型、苏贝希文化洋海类型）墓葬地表形制盛行"不封不树"，葬式以侧身屈肢为主；西区各文化（小河文化、苏贝希文化乌拉泊类型）墓葬地表形制却盛行"或封或树"，例如小河文化的立木为标，苏贝希文化乌拉泊类型的以石围或石堆起封等。葬式以仰身直肢为主。到了第二阶段，随着苏贝希文化在东天山北麓一路东进，才将过去南湾文化"不封不树"的地盘变作"封树"的畛域。

第三，关于新疆东部及相关地区的早期东西文化交流情况。笔者分析讨论了甘宁青、新疆东部、中国北方等3个青铜时代东西文化交流的前沿地带。发现青铜时代的东西文化交流，时代最早的是甘宁青地区（始于公元前三千纪前半的后期），而不是传统上想当然认为的新疆东部（始于公元前三千纪末二千纪初）。中国北方的早期东西文化交流始于公元前三千纪后半期，略晚于甘宁青地区却也早于新疆东部。三地的早期东西文化交流方式，既有大量人工制品存在于对方遗存中所表现出的简单文化交流，更有大量的人群迁徙从而将他们各自的文化习俗、生产技术和人工制品融于一地的复杂文化交流，他们不仅交流了技术和文化，也交流了血统和基因，从而创造出兼具东西血统和文化的新人群。

关键词：青铜时代；考古学文化；早期东西文化交流；新疆东部

图注释缩略词示例：

陈戈1993：是指陈戈发表于1993年的《新疆发现的竖穴洞室墓》中之插图，见《中国考古学论丛——中国社会科学院考古研究所建所40周年纪念》，科学出版社1993年版，第401—414页。"陈戈1993"的用例可参见本书插图3.1-2。

陈戈2001：是指陈戈发表于2001年的《新疆史前时期又一种考古学文化——苏贝希文化试析》，宿白主编：《苏秉琦与当代中国考古学》，科学出版社2001年版，第153—171页。

李刚2004：是指李刚发表于2004年的《中国北方青铜器的欧亚草原文化因素》，南开大学博士学位论文，2004年。

郭物2005：是指郭物发表于2005年的《新疆天山地区公元前一千纪的考古学文化研究》，中国社会科学院博士学位论文，2005年。

潜伟2006：是指潜伟发表于2006年的《新疆哈密地区史前时期铜器及其与邻近地区文化的关系》，知识产权出版社2006年版。

韩建业2007：是指韩建业发表于2007年的《新疆的青铜时代和早期铁器时代文化》，文物出版社2007年版。

邵会秋2007：是指邵会秋发表于2007年的《新疆史前时期文化格局的演进及其与周邻地区文化的关系》，吉林大学博士学位论文，2007年。

目　录

第一章　导论 ……………………………………………（1）
　第一节　相关概念的界定 …………………………………（1）
　第二节　新疆东部前青铜时代考古文化讨论 ……………（4）
　　一　新疆东部石器时代文化的发现与研究 ……………（4）
　　二　新疆东部石器时代具体发展阶段探讨 ……………（9）
　　三　新疆东部石器时代与青铜时代文化关系 …………（10）
　第三节　新疆青铜时代考古研究现状述评 ………………（13）
　　一　考古学文化 …………………………………………（14）
　　二　墓葬 …………………………………………………（18）
　　三　遗址 …………………………………………………（20）
　　四　遗物 …………………………………………………（21）
　　五　生业及社会结构 ……………………………………（29）
　　六　精神文化 ……………………………………………（33）
　　七　小结 …………………………………………………（35）

第二章　新疆东部青铜时代的文化谱系 ………………（37）
　第一节　新疆东部的自然地理环境 ………………………（37）
　第二节　遗存分析 …………………………………………（41）
　第三节　文化认定、分期与类型 …………………………（149）
　　一　文化认定 ……………………………………………（149）
　　二　分期与类型 …………………………………………（158）
　　三　小结 …………………………………………………（176）

第四节　文化源流及相互关系 …………………………（178）
　一　文化源流 …………………………………………（178）
　二　相互关系 …………………………………………（194）
第五节　生业方式 ………………………………………（196）
　一　小河文化 …………………………………………（197）
　二　林雅文化 …………………………………………（198）
　三　南湾文化 …………………………………………（199）
　四　焉不拉克文化 ……………………………………（201）
　五　苏贝希文化 ………………………………………（204）
　六　小结 ………………………………………………（205）
第六节　生殖崇拜文化讨论 ……………………………（205）
　一　对两个基本概念的界定 …………………………（206）
　二　新疆东部青铜时代生殖崇拜文化的表现形式 …（209）
　三　结语 ………………………………………………（223）

第三章　新疆东部所见早期东西文化交流的考古学探索 ……（226）
　第一节　西来文化因素的考察 ……………………………（227）
　　一　建筑 ………………………………………………（227）
　　二　金属器 ……………………………………………（237）
　　三　陶器 ………………………………………………（253）
　　四　其他文化因素 ……………………………………（256）
　第二节　东来文化因素的考察 ……………………………（273）
　　一　丧葬习俗 …………………………………………（273）
　　二　金属器 ……………………………………………（276）
　　三　陶器 ………………………………………………（280）
　　四　其他文化因素 ……………………………………（282）
　第三节　小结 ………………………………………………（285）

第四章　相关学科研究所见早期东西文化交流 ……………（295）
　第一节　种族人类学 ………………………………………（295）

  一　小河文化 …………………………………………（295）
  二　林雅文化 …………………………………………（298）
  三　南湾文化 …………………………………………（300）
  四　焉不拉克文化 ……………………………………（300）
  五　苏贝希文化 ………………………………………（303）
  六　小结 ………………………………………………（308）
 第二节　遗传学 …………………………………………（310）
 第三节　语言学 …………………………………………（316）
  一　新疆东部古代语言简述 …………………………（316）
  二　新疆东部及邻近地区地名语源考察 ……………（321）
  三　与早期东西文化交流有关的外来语借词现象 ……（327）
  四　小结 ………………………………………………（333）
 第四节　文献学 …………………………………………（334）
  一　大夏（吐火罗）新探 ……………………………（334）
  二　鬼方种族考 ………………………………………（358）
  三　《穆天子传》所反映的战国时期东西文化交流 ……（376）

第五章　结论 …………………………………………（387）
 第一节　新疆东部青铜时代文化发展格局 ……………（387）
 第二节　早期东西文化交流的地点、时间和方式 ……（391）
  一　甘宁青地区 ………………………………………（392）
  二　新疆东部 …………………………………………（396）
  三　中国北方 …………………………………………（398）

参考文献 ………………………………………………（402）

结项后记 ………………………………………………（414）

出版后记 ………………………………………………（416）

第一章 导论

人类文明史反复证明,文化只有在交流互动中才更能开拓创新和蓬勃发展,封闭的文化会造成发展的缓慢甚至停滞不前;同时,人类文明史还证明,即便是在文明发展的极早期,就已经出现了大范围的文化交流和互动。早期东西方文化的长距离交流正是其中的硕果之一。

在早期东西文化交流考古研究的大框架中,新疆是极其重要的一环。那么,新疆在早期东西文化交流中具体扮演了什么角色?它是早期东西文化交流的必经之地吗?如果不是又会是哪里?这些问题是早期东西文化交流研究的关键。因此,本书以或许是早期东西方接触的最前沿地带且考古材料最为丰富的新疆东部,作为考察研究的中心区域,围绕上述问题展开探索,希冀为这一让人迷惑又迷人的学术高地的更高攀登,提供一点刍荛之见。

第一节 相关概念的界定

在讨论问题之前,有必要对一些的重要概念进行界定,使读者明晰作者的所指,不致因误解概念而误解问题,从而在作者和读者双方的共识中完成对问题的探讨和理解。

需要首先提出来加以界定的概念是"新疆东部""东疆"及"青铜时代""青铜文化""早期铁器时代"等。

"新疆东部"是一个常见但并未做出严格界定的地理概念①,

---

① 吴震:《新疆东部的几处新石器时代遗址》,《考古》1964年第7期。

学者们在使用时根据实际情况会时有伸缩。本书中的"新疆东部",是指乌鲁木齐(东经88°)以东的东部新疆,它包括东天山(新疆境内的天山正是以东经88°为界分为西天山和东天山)及其以北的准噶尔盆地东部、以南的吐鲁番和哈密盆地及罗布泊地区。

此外,新疆又以天山为界,有"北疆""南疆"和"东疆"的习惯称谓。① "北疆"是指天山以北的新疆,"南疆"指天山以南的新疆。无任何歧义。唯"东疆"一词,所指略有出入。有的指"邻近东天山主峰博格达山的吐鲁番盆地等地区称'东疆'"②;有的指南疆东部的吐鲁番、哈密盆地一带为"东疆"③;还有"把吐鲁番、哈密盆地及巴里坤一带称之为东疆"④。以上三说虽略有广狭之分,但都以吐鲁番、哈密地区为核心。与上文界定的"新疆东部"概念多有重合。但为了避免误解,笔者在本书中统一使用"新疆东部"一词。

需要补充说明的一点是,本书中使用的"新疆东部"概念,在地理范围上比传统"东疆"所指地域有所扩充。这是因为彼"东疆"与其外围地区在青铜时代联系紧密,属同一文化圈,在研究青铜时代文化时宜于合并讨论。因此,本书的"新疆东部"概念,在传统"东疆"的基础上,将北疆的乌鲁木齐地区、昌吉地区,南疆的罗布泊地区包括了进来。

如果按当代行政区划表述,本书"新疆东部"所指范围包括北疆的乌鲁木齐、昌吉、哈密地区天山以北的巴里坤、伊吾两县,南疆的哈密、吐鲁番、罗布泊等地区,约占新疆版图的四分之一(图1.1-1)。

---

① 杨利普主编:《新疆综合自然区划概要》,科学出版社1987年版,第20页;李孝聪:《中国区域历史地理》,北京大学出版社2004年版,第32页。
② 李肖冰:《中国新疆古代陶器图案纹饰艺术》,新疆人民出版社、浙江教育出版社2000年版,第16页。
③ 尹嘉珉、乔俊军主编:《新疆维吾尔自治区地图册》,中国地图出版社2003年版,第1页。
④ 李孝聪:《中国区域历史地理》,北京大学出版社2004年版,第32页。

"青铜时代"是指一个文化或社会的生产和生活（包括物质生活和精神生活），明显地依赖青铜制品，而不是偶然地使用和制造铜器（如是偶然就是铜石并用时代了）。进入青铜时代的物质标志，从理论上说，青铜器应当在社会生活中较为经常地运用于比较程式化的行为之中。所以，青铜器的出现就应当有比较固定的组合套路，有比较固定的考古存在背景（Context）。[①]"青铜文化"是指处于青铜时代的考古学文化。它包括有形的物质考古遗存及无形的精神文化。"铁器时代"则是指青铜时代以后，生产工具和武器主要以金属铁为原料的时代。[②]"早期铁器时代"是指铁器时代的早期，即铁器使用的初期阶段和各民族史前文化中的铁器文化阶段。如果铁器在一个文化或社会的生产和生活中仅是零星出现，对该文化或社会的文明进程尚未有实质性的推动，理应仍当此文化为青铜时代的文化。也就是说，在青铜时代的晚期，应当允许出现少量且不占主体地位的铁器存在。即并非只要出现铁器就一定是铁器时代或早期铁器时代。具体到新疆的考古研究，其铁器出现的时间较中原为早，因为新疆处在世界铁器起源地西亚与东亚之间，其可能担当的桥梁孔道作用不容忽视。由此，我们应当特别关注并研究新疆早期考古遗存中出现的哪怕再小的铁器或铁片，但这不等于就一定要为之安上"早期铁器时代"的标签。至于新疆早期铁器时代开始的时间、文化内涵等，也非常值得研究，且这些问题到目前为止并没有解决好，还大有可为。

另外，新疆东部的一些史前考古文化，如焉不拉克文化、苏贝希文化等，往往跨越了青铜时代和早期铁器时代两个阶段，且这些文化的前后阶段并没有发生社会结构、生活和生产等方面的大变革，所以我们在关注和研究新疆东部青铜时代考古文化时，自然不应割弃这些文化的"早期铁器时代"阶段。有鉴于此，本书虽关注

---

① 何驽：《青铜时代与青铜文明概念管锥》，《三代考古》（一），科学出版社2004年版，第9页。

② 参见《中国大百科全书·考古学》，"早期铁器时代"，中国大百科全书出版社1992年版，第638页。

的是新疆东部的青铜时代，但具体到一些考古遗存，是统合青铜时代和早期铁器时代文化一并讨论的。

如此，可以对本书要考察的新疆东部青铜时代的上下限做一提示：其上限距今4000年左右，下限距今约2000年。当然，在这二千年时段的后期，有的考古文化和地域已进入早期铁器时代，因其具体出现时间不是本书要解决的问题，故其界限也就不在此做出界定。

第二节　新疆东部前青铜时代考古文化讨论

本书探讨的是青铜时代的东西文化交流，并以新疆东部的青铜时代考古文化作为考察的中心。但我们还是得先了解，青铜时代之前的新疆东部是个什么样子，存在石器文化吗？其石器文化是什么面貌？经历了哪些发展阶段？它与其后的青铜文化是什么关系？这都是不应回避且饶有兴味的问题。下面予以先行讨论。

至于本节标题所用"前青铜时代考古文化"，是指本地青铜时代以前的考古文化，等同于"石器时代考古文化"概念，但未用后者，一方面是为了更好地呼应本书所探讨的"青铜时代"主题，另一方面也是为了回避前人在新疆石器时代考古文化研究中概念使用上的纷扰。[①]

一　新疆东部石器时代文化的发现与研究

迄今为止，新疆东部已经发现了26处石器时代遗存，占全疆的70%，是新疆石器文化最为发达的地区。这些遗存分别为哈密

[①] 如陈戈提出了旧石器时代、中石器时代、新石器时代、铜石并用时代等新疆前青铜时代文化概念，参见陈戈：《新疆考古研究概况述评》，余太山主编：《内陆欧亚古代史研究》，福建人民出版社2005年版，第6—12页；张川提出了旧石器时代、细石器时代、金属器时代概念，力主新疆境内"新石器时代"概念之不可用。参见张川：《1990至1995年新疆境内的旧石器调查工作与收获》，《新疆文物》1996年第4期。

市三道岭、七角井、木垒县木垒河、伊尔卡巴克、四道沟、七城子、塔克尔巴斯陶、鄯善县迪坎尔、克孜尔库木、洋海阿斯喀勒买来、塔西肯艾热克、阿克提热克、东巴札、七克台、雅尔湖、阿斯塔那、交河故城沟西、托克逊县韦曼布拉克、乌鲁木齐市柴窝堡、吉木萨尔县吉木萨尔、焉耆县城南沙碛、若羌县阿尔金山野牛泉、辛格尔、英都尔库什、罗布泊周缘、且末县车尔臣河谷①，其中可判定为旧石器遗存的是吐鲁番交河故城沟西台地、乌鲁木齐市柴窝堡、鄯善县七克台3处②，其他均为细石器遗存。

新疆石器时代文化研究仍是新疆考古研究中的薄弱环节。其中资料的过于单薄——多为地面采集物，缺少地层关系和其他遗迹现象，加上此阶段人骨材料的阙如，都是制约研究水平和成果的瓶颈，而研究者观念及视野上的局限也是影响研究水平提高的一大因素。本小节先对20世纪50年代以来的研究成果作简要述评，然后就相关问题展开讨论。

1962年，吴震首先对新疆石器时代文化做了初步探讨。③ 他指出新疆"新石器时代（包括铜石并用时代）"遗址在地区分布上的不平衡，大多分布在新疆东部和南疆的东、南部。他延续了此前对新疆"新石器文化"的三分理论——细石器文化、彩陶文化、砾石文化，分别对三类文化进行了分析讨论。文中对细石器文化的分型分期还可商榷，说"新疆地区含有彩陶的文化一般是属于新石器时代晚期和铜石并用时代"的论点也早已成为陈说，"砾石文化"的单独命名似也无必要。但吴文已敏锐地提出细石器文化与彩陶文化和砾石文化的继替关系，即后两种文化晚于细石器文化的论点，是非常正确的。

---

① 以上发现的简要介绍，可参见王炳华：《新疆细石器遗存初步研究》，《干旱区新疆第四纪研究论文集》，新疆人民出版社1985年版；伊弟利斯·阿不都热勒：《新疆地区细石器遗存》，《新疆文物》1993年第4期；邢开鼎：《新疆细石器初探》，《新疆文物》1993年第4期。
② 张川：《论新疆史前考古文化的发展阶段》，《西域研究》1997年第3期。
③ 吴震：《关于新疆石器时代文化的初步探讨》，《新疆日报》1962年3月3日。

1985年，王炳华对新疆细石器遗存做了初步研究。① 他指出，在距今4000年以前，新疆的早期考古文化遗址，主要是以细石器遗物为代表的文化遗存。讨论新疆新石器时代或更早石器阶段考古文化，目前所涉及的只能是细石器文化遗址。由此他将过去认为属于新石器时代的彩陶文化和砾石文化排除出去划入青铜时代。这是新疆考古研究中的一个划时代进步。需要补充的是，随着此后的新发现及新认识，新疆石器时代是包括有旧石器时代文化的——尽管目前还只发现4处遗存和一些洞窟彩绘遗址。② 王炳华在文中简介了当时所知的全疆26处细石器遗存后，指出它们属于细石叶（非几何形）细石器系统③，并且有别于西方的几何形细石器系统。接着，王炳华根据各遗存细石器或共存文物所显示的制作工艺的成熟程度、新工艺及新器物的出现等，将这些细石器遗存分为4类，进而探讨它们的相对早晚及每类遗存所处的社会经济形态。

1987年，羊毅勇也讨论了新疆的细石器。④ 她从介绍新疆细石器种类及特征入手，讨论了新疆细石器的时代及所处的经济形态，分析了新疆细石器遗存的分布特点，指出与新疆古代交通线多有耦合，最后探讨了新疆细石器的渊源，指出新疆细石器属于细石叶细石器系统，源于中国北方，其西传线路是宁夏、甘肃河西走廊，且沿天山南道和北道，翻越帕米尔高原，一直影响到苏联的中亚地区及其他国家境内。笔者以为，这些传播线路及影响范围的推定，颇有启发意义，但缺乏详细周密的论证，还难以让人遽然凭信。

---

① 王炳华：《新疆细石器遗存初步研究》，《干旱区新疆第四纪研究论文集》，新疆人民出版社1985年版。又见王炳华：《丝绸之路考古研究》，新疆人民出版社1993年版，第129—145页。

② 王炳华：《阿勒泰山旧石器时代洞窟彩绘》，《考古与文物》2002年第3期。

③ 参见安志敏：《海拉尔的中石器遗存——兼论细石器的起源和传统》，《考古学报》1978年第3期。

④ 羊毅勇：《试论新疆的细石器》，《史前研究》1987年第4期。

1990年，王博探讨了吐鲁番地区的石器时代遗址。① 他先回顾了学者们对雅尔湖和阿斯塔那两处细石器遗址的研究，指出在新疆细石器渊源问题的研究上国内学者意见一致，均认为属非几何形细石器传统，源自中国华北细石器系列。随后他介绍了吐鲁番地区当时新发现的9处细石器遗址，将其分成雅尔湖、迪坎尔、阿斯塔那三个类型，推断了各自的年代。文章最后讨论了新疆细石器文化渊源，通过新疆青铜时代人类学材料显示的欧洲人种类型居民和亚洲人种类型居民彼时已进入新疆的现象，"推想这一情况在石器时代也是存在的。"这种以后推前的办法，需要一些前提条件，如前后文化的创造主体没有改变等等，但作者并未指出是否具备这些条件。此外，细石器渊源与细石器时代文化渊源应有很密切的关系，这一点在讨论后者渊源时却又被作者所忽视。

1993年，伊弟利斯·阿不都热苏勒对新疆细石器遗存又做了较细致的探讨。② 他详细地介绍了全疆此前发现的20多处细石器遗址及周围其他相关遗址，也将新疆细石器遗存分为四类，代表了新疆细石器文化发展的四个阶段。指出第一、二类遗存所代表的经济形态以狩猎采集为主，有一定的渔猎经济。第三、四类以狩猎、畜牧经济为主等等。文章也提到新疆地区史前文化的渊源问题，指出新疆旧石器和新石器时代古人骨材料尚未发现，故其居民属何种系并不清楚。但又引韩康信观点说新疆境内石器时代居民种系与中亚地区欧洲人种类型可能有关。到底是否有关？容后文予以评说。

同年，邢开鼎也对新疆细石器做了初步研究。③ 他先介绍了各细石器遗存点，接着分析了石器类型及特征、各遗存点基本面貌、年代，最后探讨了各遗存点所反映的经济形态。

1996年，张川对1990—1995年新疆境内石器时代遗存的调查

---

① 王博：《吐鲁番地区石器时代遗址》，《新疆文物》编辑部编：《吐鲁番学研究专辑》1990年。
② 伊弟利斯·阿不都都苏勒：《新疆地区细石器遗存》，《新疆文物》1993年第4期。
③ 邢开鼎：《新疆细石器初探》，《新疆文物》1993年第4期。

工作进行了总结。① 作者先介绍了这期间四次田野调查的收获，随后重点探讨了新疆石器时代文化研究中的几个问题，指出迄今新疆旧石器时代考古研究上有 3 处重要遗存：吐鲁番交河故城沟西台地、塔什库尔干吉日尕勒、乌鲁木齐柴窝堡湖畔。文章分析了续旧石器时代、新石器时代、细石器时代等几个相关概念，建议将新疆境内史前考古文化划分为旧石器时代、细石器时代、金属器时代 3 个阶段。并给出了反对将新疆境内所发现的大量细石器遗存归入新石器时代的四点理由。文章最后提出了新疆继续开展旧石器调查与研究工作的设想。1997 年，张川进一步完善了他对新疆史前考古文化发展阶段的思考②，明确提出"旧石器时代、细石器时代、金属器时代"的三阶段说，并推断了各阶段的大致起讫年代。

1996 年，于志勇对新疆细石器研究做了回顾和思考。③ 他首先将过去的细石器研究分三个发展阶段进行了剖析，指出成绩和不足。接着重点谈到了他对新疆细石器研究方法和理论的思考，希望研究者重视实验考古学及石器微痕分析，展开科学的形态、类型学分析，借鉴其他学科尤其是文化人类学、民族学的学说和理论等等。

笔者赞同于志勇对新疆细石器研究方法、阐释模式、分类目的和标准等问题的思考。下面在前述研究者多有考虑的细石器文化渊源问题上，谈一点个人浅见。

首先，笔者认可众多学者将新疆细石器归属于非几何形细石器的华北细石器传统。但在对这些细石器主人人种种系的判定上，却大不以为然。可以肯定的是，早在旧石器时代末新石器时代初，黄、白两大人种就已形成东西并峙的局面。④ 但他们的分布

---

① 张川：《1990 至 1995 年新疆境内的旧石器调查工作与收获》，《新疆文物》1996 年第 4 期。
② 张川：《论新疆史前考古文化的发展阶段》，《西域研究》1997 年第 3 期。
③ 于志勇：《新疆地区细石器研究的回顾与思考》，《新疆文物》1996 年第 4 期。
④ 林耀华主编：《民族学通论》，中央民族大学出版社 1997 年版，第 53 页；吴汝康：《人类起源研究的新进展》，《百科知识》1986 年第 8 期。

边界在哪儿？新疆石器时代人种是白种还是黄种抑或混有两大人种？在没有找到与石器伴出的人骨材料前，只能依靠遗物所体现的文化特征与周边文化作类比而推测，但用新疆青铜时代（如古墓沟、焉不拉克等墓地）的人骨材料去解读新疆石器时代的人类种系，显然犯了"以今证古"的毛病。也即是说，青铜时代人骨材料只能证明青铜时代人类种系，却丝毫不能说明前青铜时代的人种情况。造成一些学者"以今证古"的原因大概是有这么一个预设的前提：新疆青铜时代的文化及创造此文化的人群是当地石器时代文化的传承者。这个预设是极其危险的。笔者将在第三小节详细辨析。

二 新疆东部石器时代具体发展阶段探讨

世界史前考古学界对石器时代发展阶段的划分有一个逐步完善的过程。① 现今石器时代最完备的发展阶段提法是旧石器时代、中石器时代、新石器时代和铜石并用时代等。不过需要指出的是，因世界史前文化发展的不同步，并不是世界上任何存在史前遗存的地点都完完整整地经历了石器时代各阶段。具体到新疆东部，它经历了石器时代哪些阶段？是否有它自身的特色？虽有学者作过相关研究，但远未达成共识。笔者在此先简评前人研究，最后就相关问题提出自己的看法。

陈戈较早较全面地探讨过新疆地区的史前文化。他在《吐鲁番地区的史前文化》②《史前时期的西域》③《中亚考古综述》④ 等文章中均以旧石器时代、中石器时代、新石器时代、铜石并用时代等

---

① 参见《中国大百科全书·考古学》，中国大百科全书出版社1992年版，第476页。
② 陈戈：《吐鲁番地区的史前文化》，敦煌吐鲁番学新疆研究中心编：《吐鲁番学研究专辑》1990年。
③ 陈戈：《史前时期的西域》，余太山主编：《西域通史》，中州古籍出版社1996年版，第3—9页。
④ 陈戈：《中亚考古综述》，余太山主编：《内陆欧亚古代史研究》，福建人民出版社2005年版，第6—12页。

为标题论述了新疆的石器时代文化，只是作者反复强调"真正像样的、准确的"旧石器、中石器、新石器、铜石并用时代文化尚未发现，或是说它们仍是一片空白。但作者又非常有信心地认为，新疆地区理应有石器时代文化的各发展阶段，只是目前尚未发现而已。

笔者觉得，目前新疆石器时代一些发展阶段的缺失，除了有尚未发现的可能，更不能忽视它本不存在的可能。陈戈先生为证明自己对新疆新石器时代文化的判断而提出的两点理由："根据新疆地区已经发现有较多的青铜时代或早期铁器时代文化，它们理应有当地更早的来源，而与新疆相邻的周围地区诸如甘肃、青海、西藏和印度、中亚各国等都已有新石器时代文化，它们的地理环境和气候条件与新疆地区有相若之处，因此，新疆地区也应有新石器时代文化"，也完全可作其他解释。例如，第一点所提到的"理应有当地更早的来源"，笔者倒觉得，将"当地"改为"外地"，也是非常有可能的。第二点可径直解释为：因新疆远离东西文化起源中心，直到新石器时代晚期，两边的新石器文化尚未扩展到新疆而只推进到新疆的周边地区，等到他们开始进入新疆时，已是掌握了青铜冶铸文明的农牧人了。

前文已提及张川曾建议将新疆境内史前考古文化划分为旧石器时代、细石器时代、金属器时代三个阶段。这样属于石器时代的便是前两个阶段。显然张川并不主张在新疆考古中采用中石器时代、新石器时代、铜石并用时代等概念。

鉴于新疆东部目前所发现的石器时代遗存面貌，笔者赞同张川的做法，倾向将新疆东部（也是整个新疆）石器时代文化划分为旧石器时代和细石器时代两个阶段。至于新疆东部石器时代是否还存在其他发展阶段，大可不必一口咬定必有，等到哪天确实发现了再认可也不迟。这样，在研究新疆东部早期文化的源流问题时才可以不受拘束敞开思路。

三 新疆东部石器时代与青铜时代文化关系

本书的研究主题虽是新疆东部青铜时代的文化谱系及早期东西

文化交流，而廓清此地石器时代文化面貌及与青铜时代文化的关系应成为本主题研究的前提，前两小节已通过对新疆东部石器遗存的发现和研究的回顾及石器时代具体发展阶段的探讨揭示了石器时代文化面貌和发展阶段，本小节再来探讨它和新疆东部青铜时代文化的关系问题。

笔者以为，新疆东部石器时代文化并非其后的青铜时代文化直系传播者，也即是说，新疆东部青铜时代文化主体乃外来文化，非由本地石器时代文化发展而来，但不排除后者以微弱的比例参与到前者的文化创造中。下面试从三点予以说明。

1. 新疆东部石器时代文化及人种属性

新疆东部石器时代分为旧石器时代和细石器时代两个阶段，据研究[①]，能确认的新疆旧石器遗存点有4处，其中新疆东部分布有3处，且均为旧石器时代晚期文化。虽还可能存在尚未发现的遗存点，但要说新疆地区旧石器时代文化不发达应大致不误。而相较于旧石器遗存点，新疆东部细石器遗存可称得上分布广泛。两者之间遗址数量和分布范围的巨大差异，舍细石器文化由外而来却非本地旧石器文化发展而来之说，便无从解释。

那么新疆东部细石器文化源自何处呢？依据新疆东部细石器的类型分析及比照周邻同时代遗存中的细石器特征，是可以做出一些推测的。

根据世界范围的细石器形状特征及地理分布，安志敏先生将其分为几何形细石器和非几何形细石器，其中前者分布于欧洲、北非、西南亚和澳大利亚等地，后者则分布于亚洲东北部和美洲西北部。[②] 这一分布颇合于早期人类黄种人和白、黑种人东西分布的局面，想来不是巧合。而新疆东部细石器属于非几何形细石器的华北传统。[③] 贾兰坡先生更提出了新疆细石器由华北向西分布的途径是

---

① 张川：《论新疆史前考古文化的发展阶段》，《西域研究》1997年第3期。
② 安志敏：《海拉尔的中石器遗存——兼论细石器的起源和传统》，《考古学报》1978年第3期。
③ 王博：《吐鲁番地区石器时代遗址》，《吐鲁番学研究专辑》1990年。

河西走廊的观点。① 综上,将新疆东部细石器文化归入"东方系统"似没有问题。由此点还可以推测一下新疆东部细石器文化主人的人种属性,即他们也应与创造了非几何形细石器的华北传统的蒙古人种一致。由细石器文化上的类同而推断创造它们的主人种系上的一致,虽并不存在这样的一一对应关系,但在人类早期,这样的可能性还是很大的。起码要比用青铜时代的人骨材料去倒推石器时代的人类种系要可信得多。

2. 新疆东部青铜时代的人类种系及青铜冶铸文明的来源

对新疆青铜时代遗存所出人类遗骨或干尸作种族人类学研究已有了丰富成果②,其结论趋于一致:新疆青铜时代存在东西方两大人种支系成分,他们在新疆境内反向渗入,相比之下,蒙古人种向西的渗入比较零碎,西方人种的东进较为活跃③。而新疆青铜冶铸文明的来源,也有学者展开了相关研究④,基本结论是:新疆早期青铜文化与阿尔泰地区、南西伯利亚、北中部哈萨克斯坦青铜冶铸文明有着渊源关系。陈良伟进一步认为,"伴随着冶铸文明进入西域的还应有一支北亚居民南迁"。⑤ 笔者是认可这些论断的。具体到新疆东部的青铜时代,除了上述西来的印欧人种及携带而来的青铜冶铸技术,也存在自东边的甘青地区西进的蒙古人种及携带入疆的冶金术。⑥

3. 新疆东部青铜时代遗存中的细石器问题

新疆东部青铜时代出有细石器的遗存目前已知有木垒四道沟遗

---

① 贾兰坡:《中国细石器的特征和它的传统、起源与分布》,《贾兰坡旧石器时代考古论文选》,文物出版社1984年版,第201页。
② 参见韩康信、潘其风、王博、崔银秋等的相关论著。
③ 韩康信:《新疆古代居民种族人类学研究》,《丝绸之路古代居民种族人类学研究》,新疆人民出版社1993年版,第21—26页。
④ 陈良伟:《试论西域冶铸文明的起源》,《新疆文物》1988年第1期;李肖、党彤:《准噶尔盆地周缘地区出土铜器初探》,《新疆文物》1995年第2期。
⑤ 陈良伟:《试论西域冶铸文明的起源》,《新疆文物》1988年第1期。
⑥ 具体论证见本书第三章第二节。

址①、孔雀河古墓沟墓地②两处。木垒四道沟遗址所出 80 余件石器中有 3 件细石核，形状分别为扁平矩状、半锥状、圆柱状，在其他细石器遗存点也能见到。古墓沟墓葬中发现一件形制规整的石镞，通体压制加工成圆底叶形，与阿斯塔那、罗布泊等细石器遗存点的同类型石镞基本相同。总起来说，这两处细石器有这样的特征：细石器类型在前青铜时代遗存中有同类物；数量上与其他共存物相比比例极小；种类也很单一等等。这说明，新疆东部青铜时代有些遗存中尚继承有此前的细石器时代文化因子，只是其所占比例已很微弱罢了。

由以上三点，大致可证明笔者前面提出的新疆东部石器时代与青铜时代的文化关系，即新疆东部石器时代文化并非其后的青铜时代文化直系传播者，新疆东部青铜时代文化主体乃外来文化。

第三节　新疆青铜时代考古研究现状述评

新疆东部乃至全疆青铜时代考古及东西文化交流研究在经历了 20 世纪 70 年代以前的"徘徊曲折"，20 世纪八九十年代的"拨乱反正"③之后，已进入健康发展的快车道。学者们各专其长，或综合或专题，在考古学文化、墓葬、遗物、生业方式、精神文化等方面④，做出了很多可喜的研究。但毋庸讳言，也还存在着一些瑕疵和研究空白。笔者本着"辨章学术，考镜源流"的精神，评述现

---

① 新疆维吾尔自治区文管会：《木垒县四道沟遗址发掘报告》，《考古》1982 年第 2 期。

② 新疆社会科学院考古研究所：《孔雀河古墓沟发掘及其初步研究》，《新疆文物考古新收获》，新疆人民出版社 1995 年版，第 92—102 页。

③ 意指现今所指称的新疆青铜时代文化遗存，因受中原发展模式的影响（中原地区彩陶文化存在于新石器时代），曾被错误地认作是新疆新石器或铜石并用时代遗存。现更新了认识，将与铜器或铁器共出的新疆彩陶文化遗存，认定为新疆的青铜时代和铁器时代遗存。

④ 以新疆出土青铜时代人骨和干尸为研究对象的种族人类学、遗传学、古病理学等研究，也取得了十分突出的成绩，且为考古学提供了难得的学术参照，但因其不是单纯的考古学研究，故在此处不作述评。

状，展望前景，以期推动新疆东部青铜时代考古及东西文化交流研究的更快发展。鉴于新疆东部青铜时代的研究成果更多的是以全部新疆作为背景的，笔者在此也突破新疆东部的界限，将全部新疆的青铜时代考古研究现状做一述评。也为后文比照周邻文化分析各种文化因素来源作铺垫。

一 考古学文化

自新疆"青铜时代"得到"正名"以来，学者们便开始了探索此阶段考古学文化区系类型的努力。取得了不少成绩，也留下了一些尚需重新思索和继续深入的问题，笔者将在综合叙述中予以评论。

先看综合研究。1985 年，陈戈将新疆早期考古遗存划分为 20 个文化或类型，并将这些文化或类型划归为 3 个大的发展阶段[①]；1987 年，陈又重新调整为 8 个文化和 11 个类型[②]；1996 年，陈进一步修正他此前的划分方案，将青铜时代遗存划分为 6 个文化类型，早期铁器时代遗存划分为 2 个文化和 12 个文化类型[③]。需要指出的是，陈文提到的"类型"或"文化类型"概念，意指可能属于某一单独的考古学文化共同体，但为其正式命名的条件尚不成熟的一组遗存。这两概念容易与考古学文化概念下面的"类型"概念相混同，故现今已不采用，而代之以"某某类遗存"[④] 的概念。

1993 年，水涛依据新疆境内各不相同的青铜文化遗存与地理环境状况的有机联系，指出在同一地理环境中的文化遗存有较多的一致特征。从而据此将新疆青铜时代文化划分为 8 大区，分别为哈

---

① 陈戈：《关于新疆远古文化的几个问题》，《新疆文物》1985 年第 1 期。
② 陈戈：《新疆远古文化初论》，《中亚学刊》第四辑，北京大学出版社 1995 年版，第 5—72 页。
③ 陈戈：《史前时期的西域》，《西域通史》，中州古籍出版社 1996 年版，第 1—45 页。
④ "某某类遗存"概念的使用，参见韩建业：《新疆的青铜时代和早期铁器时代文化》，文物出版社 2007 年版。

密闭盆地区、吐鲁番盆地区、巴里坤草原区、阿勒泰草原区、天山中部山谷区、伊犁河谷区、帕米尔高原区及焉耆盆地区。在分析揭示各区青铜时代遗存文化特征的基础上，探讨了文化因素来源，指出外来的文化因素有东来、北来、西来三种，同时也揭示了各区之间的文化关系，并总结了新疆青铜时代文化的发展规律及早期中西文化交流的时间、方式和传播路线问题。① 该文有宽广的研究视野，不忙于文化命名而注重文化特征的揭示及大范围的文化比较，取得了在当时条件下所能得到的较大成果，将新疆青铜时代考古研究向前推进了一大步。

1995 年，国内翻译了陈光祖的一篇长文②，探讨了新疆金属器时代的文化分期、相互影响及同周邻地区的文化关系。作者给文中"金属器时代"做了一个定义，认为其是指新疆自铜器最初出现至公元前二世纪（汉朝）汉人势力开始侵入的这段时间。他根据铁器的出现情况，将新疆金属器时代划分为早晚二期：早期相当于铜石并用时代至青铜时代，晚期相当于早期铁器时代。"金属器时代"概念算得上一个新创，推测作者采用的目的在于行文的简便，这样一个词便可将铜石并用时代、青铜时代和早期铁器时代熔于一炉。但带来了一个问题，铁器也是金属，铁器时代却被排斥在外，于理不合，易引起误解，故笔者不主张采用此概念。陈文将他所界定的"金属器时代"文化辨析出 10 支考古学文化：早期 6 支，分别为古墓沟文化、焉不拉克文化、辛塔拉文化、克尔木齐文化、哈拉墩文化、艾丁湖文化；晚期 4 支，为四道沟文化、察吾呼沟文化、群巴克文化、塞克文化。这些考古文化的提出，有一定的启示意义，但随着新材料的涌现，多有重新分析的必要。此外笔者以为在族群的考古文化还不十分明晰的情况下，不宜径用族名命名考古文化，故"塞克文化"作为考古学文化的提法可以从缓。陈文在分析新疆金属器时代文化同邻近地区的关系时，比较了东面的甘青、北方的草

---

① 水涛：《新疆青铜时代诸文化的比较研究——附论早期中西文化交流的历史进程》，《中国西北地区青铜时代考古论集》，科学出版社 2001 年版，第 6—46 页。
② ［美］陈光祖著，张川译：《新疆金属器时代》，《新疆文物》1995 年第 1 期。

原地区和西面的所谓"西土耳其斯坦",与水涛所分析的三种外来因素方向一致。但陈文的分析均不够深入。

1996年,安志敏著文①综合考察了新疆的青铜时代文化遗存,其分析方法类同水涛文,但比水文多划出两个文化区,即塔里木盆地东缘区和昆仑山北麓区。安文还考察了青铜器的种类,并依据碳十四测年,将新疆青铜时代文化分为前、中、后三期。安文的发表,是对新疆青铜文化研究的进一步推进。

1999年,羊毅勇著文探讨了新疆多样性的古代文化及其相关问题②,提出了鹿石文化、索墩布拉克文化、焉布拉克文化、前车师文化、扎滚鲁克文化、察吾呼文化和阿克塔拉文化等七支考古文化。笔者以为,"鹿石文化""前车师文化"可于某些场合作替换概念使用,但不宜作为考古学文化的命名。羊文还分析了新疆地理位置是促进新疆史前文化复杂性形成和发展的原因,通过陶器等文化因素探讨了几种考古学文化之间的交流及途径。

2005年,韩建业发表《新疆青铜时代——早期铁器时代文化的分期和谱系》③一文,也从划分文化小区出发,根据各小区遗存中陶器的类型学分析,并结合地层关系,将各小区遗存进行分组,然后再根据各组遗存间存在的对应关系,将各小区遗存进行总分组和总分期。在此基础上勾画出各阶段的考古学文化,并探讨它们的来龙去脉和交互关系。韩文克服了新疆考古材料地层关系少、陶器较少的问题,注重从考古类型学分析入手,进而探究诸遗存的分期和谱系,较之以往只从遗存文化特征的简单归纳入手而得来的看法应更有说服力。④

---

① 安志敏:《塔里木盆地及其周围的青铜文化遗存》,《考古》1996年第12期。
② 羊毅勇:《新疆古代文化的多样性和复杂性及其相关问题的探讨》,《新疆文物》1999年第3—4期。
③ 韩建业:《新疆青铜时代——早期铁器时代文化的分期和谱系》,《新疆文物》2005年第3期。
④ 但韩文在一些考古学文化的命名上没有跳出"窠臼",如伊犁河流域文化、哈密天山北路文化等名称,或不合考古学文化命名规范,或烦琐,是有再讨论的必要的。

同年，郭物完成题为《新疆天山地区公元前一千纪的考古学文化研究》博士论文，该文以天山周围的早期铁器时代为研究视域，通过典型遗存的考古学分析，建立了该地区的考古学文化体系，并探讨了文化之间的关系及文化变迁。2007年，邵会秋完成了博士论文《新疆史前时期文化格局的演进及其与周邻地区文化的关系》，他将史前新疆诸遗存划分为三阶段，对每阶段遗存进行考古分析，构建起史前新疆的考古文化时空框架。随后梳理了与新疆地区相关的境外多支考古学文化，并分析它们之间及与甘青地区之间的关系。最后归纳了史前新疆的文化演进格局，指出东西方文化因素影响新疆史前文化时西方因素的断裂性和东方因素的连续性特征。①

再看单支考古学文化的研究。1988年、1989年，和静县察吾乎沟口墓地、哈密焉不拉克墓地的发掘者们在其报告②中分别提出了察吾乎沟口文化、焉不拉克文化的命名，揭开了新疆考古学文化命名的序幕。此后陈戈相继撰文讨论了焉不拉克文化③、察吾乎沟口文化④、苏贝希文化⑤、伊犁河流域文化⑥等考古学文化，推动了新疆史前文化的深入研究。

此外，王博还探讨了切木尔切克文化⑦，从分布与文化特征、

---

① 两文对新疆地区在早期东西文化交流中的地位均揭示得不够充分，且未好好利用其他相关学科的研究成果，综合论证做得不够。这是后续研究大有可为的地方。
② 中国社会科学院考古所新疆队等：《和静县察吾乎沟口一号墓地发掘简报》，《考古学报》1988年第1期；新疆维吾尔自治区文化厅文物处等：《哈密焉不拉克墓地发掘报告》，《考古学报》1989年第3期。
③ 陈戈：《略论焉不拉克文化》，《西域研究》1991年第1期；陈戈：《焉不拉克文化补说》，《新疆文物》1999年第1期。
④ 陈戈：《新疆察吾乎沟口文化略论》，《考古与文物》1993年第5期；陈戈：《察吾乎沟口文化的类型划分和分期问题》，《考古与文物》2001年第5期。
⑤ 陈戈：《新疆史前时期又一种考古学文化——苏贝希文化试析》，宿白主编：《苏秉琦与当代中国考古学》，科学出版社2001年版，第153—171页；陈戈：《苏贝希文化的源流及与其它文化的关系》，《西域研究》2002年第2期。
⑥ 陈戈：《新疆伊犁河流域文化初论》，《欧亚学刊》第二辑，中华书局2002年版。
⑦ 王博：《切木尔切克文化初探》，西北大学文博学院编：《考古文物研究—纪念西北大学考古专业成立四十周年文集》（1956—1996），三秦出版社1996年版。注：切木尔切克原译作克尔木齐，后来地名标准化改译作切木尔切克，故此前提出的克木尔齐文化即切木尔切克文化。

类型与年代、同周邻考古学文化的关系等几个方面较深入地揭示了该文化的内涵。吕恩国做了察吾乎文化的研究①，文章分析了察吾乎文化墓地的基本状况和相互关系、文化分期、时代及文化联系、察吾乎文化社会及经济形态等，提出了一些新认识。郭物还著文提出了三道海子文化的命名并进行了初步的研究。文章讨论了三道海子文化的内涵、发展阶段、类型和源流，指出切木尔切克文化是三道海子文化的主要来源，塔兹明文化、奥库涅夫文化、中国北方青铜文化也与三道海子文化的形成有关等等。②

二 墓葬

相对于遗址，新疆青铜时代墓葬得到了更多的发现和发掘，因此对它的研究也深入得多。现分综合和专题两个方面逐一述评。

1990年，羊毅勇对新疆古代葬俗做了初步的分析③，文章讨论了"合葬""崇拜植物、动物""相信灵魂不死"等丧葬现象，体现了其时研究者对新疆古代葬俗的初始思考。1996年，刘学堂著文探讨了察吾乎沟四号墓地的埋葬制度。④ 他从墓地的布局、葬式、合葬墓、儿童葬、二次葬等埋葬现象的层层剖析中，梳理出了这一地区墓主人所代表的人们共同体从氏族社会跨入文明社会的历程。文章体现了作者"透物见人"的追求。2000年，作者又对全疆的史前墓葬做了初步研究。⑤ 他将截至1999年的所掘3200多座墓葬按地理位置区分为7个区，每区存在着一个或两个考古学文化，然后按文化或类型逐一介绍了该文化的墓葬特征，是从墓葬角度对史前新疆考古学文化区系的一个构建。1999年，艾克拜尔·尼牙孜著文对新疆早期墓葬做了一概括性研究。⑥ 文章从墓葬型制、随葬

---

① 吕恩国：《察吾乎文化研究》，《新疆文物》1999年第3—4期。
② 郭物：《三道海子文化初论》，《欧亚学刊》第七辑，中华书局2007年版。
③ 羊毅勇：《试析新疆古代葬俗》，《新疆社会科学》1990年第4期。
④ 刘学堂：《察吾乎沟四号墓地墓葬制度研究》，《新疆文物》1996年第4期。
⑤ 刘学堂：《新疆地区史前墓葬的初步研究》，西安半坡博物馆：《史前研究》(2000)，三秦出版社2000年版。
⑥ 艾克拜尔·尼牙孜：《新疆早期墓葬概述》，《新疆文物》1999年第3—4期。

品、葬式、葬俗几个方面归纳了新疆早期墓葬的主要特点和规律。

墓葬专题研究可分墓葬形制和典型墓葬研究两大类。对墓葬形制作过专题研究的有陈戈、王樾、刘文锁、吕恩国等人。陈戈考察了新疆地区的竖穴洞室墓①，认为此类墓葬源于甘青地区的同类墓葬，但也不能忽视中亚以西地区的影响。王樾探讨了吐鲁番盆地的竖穴土坑和竖穴洞室墓②，从墓地分布、形制、随葬遗物，到诸墓地横向比较、竖穴土坑墓的分期等方面，做了细致研究，最后还比对了所研讨墓地与古车师民族的关系，推断古车师民族早到东周初期，可能已居于吐鲁番盆地。刘文锁以交河故城的墓地为例，对吐鲁番盆地存在的竖穴土坑墓、竖穴偏室墓、封堆—斜坡墓道洞室墓进行了时空关系的讨论③，编排出了一个大致的分期，即竖穴土圹墓；竖穴土圹墓—竖穴偏室墓；竖穴偏室墓—封堆—斜坡墓道洞室墓；封堆—斜坡墓道洞室墓等从早到晚的四期，指出它们之间虽有逐渐替代关系，但并非直线的演化行为，而是外来的不同文化作用的结果，属"突变"现象。吕恩国简评了梅建军译介过来的俄国学者札德涅普罗夫斯基《由考古证据论月氏的迁徙》一文④，针对将偏室墓与月氏族相联系的观点，提出了质疑，认为不管是从时代，还是从地域上看，新疆偏室墓的族属都不能确定为月氏遗存。

对典型墓葬予以关注的有林梅村、刘学堂、吕恩国、邵会秋等人。林梅村探讨了阿勒泰青河县三道海子"巨石冢"⑤，认为乃独目人部落酋长之陵墓，并将独目人部落比定为汉文献所记鬼姓"一目国"，认为陵墓年代不晚于公元前8世纪。刘学堂、吕恩国对上

---

① 陈戈：《新疆发现的竖穴洞室墓》，《中国考古学论丛》，科学出版社1993年版，第401—414页。
② 王樾：《吐鲁番盆地竖穴墓葬初探》，《吐鲁番学研究》2001年第1期。
③ 刘文锁：《吐鲁番盆地古墓葬的几种基本形制》，《吐鲁番学研究》2001年第1期。
④ 吕恩国：《新疆的偏室墓不一定是月氏遗存》，《吐鲁番学研究》2001年第2期。
⑤ 林梅村：《谁是阿尔泰深山金字塔式陵墓的主人》，《古道西风——考古新发现所见中西文化交流》，生活·读书·新知三联书店2000年版，第85—96页。

述观点提出了不同意见①,认为此"巨石冢"不是王陵,而是一处用于祭祀的太阳神殿,推测其修建年代为公元前一千纪的前半期。邵会秋著文②从焉不拉克墓地典型墓M75有叠压关系的两墓室出发,将该墓区分为早晚二期,并以此为基础,分析了焉不拉克墓地三种有演变关系的陶器,从而将焉不拉克文化重新划分为三期。该文具有由点及面、小中见大,发现问题于常人忽视之处等特点。

三 遗址

新疆青铜时代的遗址发现得极少。③ 绵延近二千年的新疆青铜时代,当然存在过当时人活动的聚落。但现今发现得如此之少,还应归因于客观。一方面,当时以牧业为主的经济特点,决定了其难以形成较厚的地层,另一方面,新疆多风沙的气候和地理特征也易吹走本就不够厚实的地层。当然,客观原因造成的遗址数量少见并不等于完全见不着,仍需我们拿出百倍的努力去发现,从而将新疆古代遗址研究这门课补上去。

令人欣喜的是,西北大学近年在甘肃西北、新疆东部的调查中发现了大量的早期游牧文化聚落遗存,这些遗存虽大部分已晚到了公元前后的铁器时代,但也有少量属于青铜时代的遗存。更重要的是,王建新在游牧文化考古调查研究中,总结出了一套不同于中原定居农业社会的方法论④,我们循着这些方法往前追寻,也是可以

---

① 刘学堂、吕恩国:《青河三海子金字塔式"巨石冢"的文化性质及其它》,《新疆文物》2002年第3—4期。
② 邵会秋:《从M75看焉不拉克墓地的分期》,《新疆文物》2006年第2期。
③ 现见到报道的仅有奇台县半截沟、和硕县新塔拉和曲惠、巴里坤县兰州湾子、巴里坤县东黑沟遗址等数处而已。参见:新疆维吾尔自治区博物馆考古队:《奇台县半截沟新石器时代遗址》,《考古》1981年第6期;新疆文物考古研究所等:《和硕新塔拉和曲惠遗址调查》,《考古与文物》1989年第2期;王炳华等:《巴里坤县兰州湾子三千年前石构建筑遗址》,《中国考古学年鉴》,1985年;新疆文物考古研究所等:《新疆巴里坤县东黑沟遗址2006—2007年发掘简报》,《考古》2009年第1期。
④ 王建新:《东天山地区早期游牧文化聚落考古研究——游牧文化考古研究方法的探讨》,哈密东天山古伊州文化研究院编:《东天山文化研究》,新疆人民出版社2008年版,第37—48页。

找到属于青铜时代的聚落遗存的。

四 遗物

考古遗存中的遗物因蕴含了当时人类社会大量的信息而深受研究者的关注。有些遗物随时代演进而变化，就像社会发展的晴雨表，更是成为考古年代学的标形器。根据需求，遗物可以按种类、功能或质地进行分类，本书在评述新疆青铜时代遗物研究时，主要按质地进行分类介绍，有时也根据器物类别进行专题综述。

1. 彩陶

陶器存在于新疆青铜时代大部分遗存，仅在小河文化中未见。陶器中的彩陶因其漂亮的外观，花纹上与东西方彩陶的关联而受到学者们的广泛注意。

1959 年，李遇春首先对新疆发现的彩陶做了专题介绍。[①] 1982 年，陈戈撰文对新疆彩陶进行了较全面的讨论。[②] 文章从介绍新疆彩陶的发现情况及地理分布特点出发，揭示了新疆彩陶东部时代早而西部时代晚的分布特点及彩陶的存在时代，比较了其与东西两方彩陶的关系，得出新疆彩陶乃东方传入的结论。

1998 年，《新疆彩陶》一书出版[③]，书前刊有穆舜英《论新疆彩陶》一文，文章按新疆彩陶的出土地点及器物形制、图案花纹的差异，将新疆彩陶分为四组，通过对每组彩陶的介绍和分析，得出了一些较深入的认识。书中主体内容是新疆彩陶图录。此书一方面是新疆彩陶研究的一个小结，同时也为开启新疆彩陶研究的新时代奠定了资料基础。

笔者以为，这个新时代的主旋律应当是研究新疆彩陶的深层含义。它的功用是什么？如何被使用？花纹的含义是什么？在早期人类生存的艰难时世，为什么还如此费神费力地制造精美华丽的彩陶？回答出了这些问题，彩陶研究才算已登堂入室。但可惜的是，

---

① 李遇春：《新疆发现的彩陶》，《考古》1959 年第 3 期。
② 陈戈：《略论新疆的彩陶》，《新疆社会科学》1982 年第 2 期。
③ 穆舜英、祁小山编著：《新疆彩陶》，文物出版社 1998 年版。

这方面的研究目前少之又少，有些略有涉及的，其结论却不值一哂。因此，彩陶的深化研究应是学者今后努力的重点之一。笔者曾讨论过史前新疆的生殖崇拜文化问题，文中略有涉及彩陶的花纹寓意，将放在后文"精神文化"一节中述评，此处不赘。

2. 青铜器

青铜器研究是新疆青铜时代考古研究中开展得最广泛、成果最多的研究领域。可分综合和专题研究两个方面。综合研究包括新疆青铜器的起源、与周边青铜文化的关系等等，专题研究包括新疆青铜器的冶金学分析、单一器类如铜镞、铜镜、铜牌饰的研究等等。

先说综合研究。1988 年，陈良伟讨论了西域冶铸文明的起源问题[1]，指出先秦时期，西域的冶铸业明显受到阿尔泰地区、米奴辛斯克地区、色楞格河流域的古代冶铸文明影响，同时，也在一定程度上与伏尔加河下游流域、北中部哈萨克斯坦冶铸文明有着渊源关系。李肖、党彤撰文[2]提出，准噶尔盆地周缘的青铜文化，早期受南西伯利亚青铜文化影响较深，中期才开始同鄂尔多斯、中亚地区发生较密切的联系。这些联系同盆地周缘的民族迁徙、交往、贸易分不开。1997 年，龚国强讨论了新疆出土的所有早期铜器[3]，在类型划分的基础上对早期铜器进行了分区分期研究，总结了新疆早期铜器的发展演变规律。

李水城曾连续撰文探讨了西北和中原早期冶铜业的区域特征及交互作用[4]，认为在公元前 2000 年前后，河西走廊—新疆地区通过"红铜—砷铜—青铜"这样的技术演变过程，最终形成了独具特色的青铜文化，河西走廊—新疆地区冶铜技术的东进传入河湟地区，继而对中原地区施以潜移默化的作用。

---

[1] 陈良伟：《试论西域冶铸文明的起源》，《新疆文物》1988 年第 1 期。
[2] 李肖、党彤：《准噶尔盆地周缘地区出土铜器初探》，《新疆文物》1995 年第 1 期。
[3] 龚国强：《新疆地区早期铜器略论》，《考古》1997 年第 9 期。
[4] 李水城：《中国西北地区早期冶铜业及区域文化的互动》，《吐鲁番学研究》2002 年第 2 期；李水城：《西北与中原早期冶铜业的区域特征及交互作用》，《考古学报》2005 年第 3 期。

日本学者冈内三真在 2005 年的第二届吐鲁番学国际学术研讨会上提交了《青铜器的东方流传及其特色》一文。① 他认为仰韶文化中出现的纯铜和青铜,源于 6000 年前西亚的青铜文化,新疆各地的青铜文化,不但有相互的交流,而且受到域外的影响。

2007 年,刘学堂和李文瑛著长文探讨了中国早期青铜文化的起源及相关问题②,文章大量涉及新疆的青铜时代文化。该文在介绍黄河中下游、中国北方地区和中国西北地区的早期铜器发现和研究的基础上,提出中国早期青铜文化圈可分成西北青铜文化圈、中原青铜文化圈和北方地区青铜文化圈的观点。其中西北青铜文化圈是指新疆和甘青地区。文章接着介绍了中央欧亚草原青铜文化的东传及原始印欧人的东迁,力图在宽广的视野下探索中国青铜器的起源和青铜文化发生问题。文章最后指出,中原青铜文化圈的突然兴起应与外来青铜文化的影响有关。需要指出的是,该作者在讨论新疆和甘青地区的青铜文化关系时,自然地将前、后者看作是源与流的关系。其实没有这种必然性,即西来青铜文化并非只有新疆这一条孔道,或许外来青铜文化最先到达东方的地点是甘青地区而不是新疆特别是新疆东部。笔者提出的这一新假说,将在后文中尝试作出论证。2008 年,刘学堂、李溯源对发现于新疆的青铜时代铸铜石范进行了介绍和相关分析。③ 他们认为,最早源于欧亚草原西部的范铸技术沿着两条道路东传,新疆发现的铸铜石范正是它们东传的结果。他们还讨论了所发现石范可浇铸的相关青铜器,指出这些石范的发现,表明不同文化渊源的铜器在新疆出现,并非都是远途贸易的结果,也存在当地的制作。同年,凌勇、梅建军探讨了新疆

---

① [日] 冈内三真:《青铜器的东方流传及其特色》,《吐鲁番学研究——第二届吐鲁番学国际学术研讨会论文集》,上海辞书出版社 2006 年版,第 311—314 页。
② 刘学堂、李文瑛:《中国早期青铜文化的起源及其相关问题新探》,《藏学学刊》第 3 辑,四川大学出版社 2007 年版,第 1—63 页。
③ 刘学堂、李溯源:《新疆发现的铸铜石范及其意义》,《西域研究》2008 年第 4 期。

公元前一千纪的金属技术。① 他们介绍了此阶段新疆铜器的合金组成、典型铜器的文化内涵及铁器、金银器的出现与使用情况,认为若认识到这些金属器技术特征,将有助于更好地了解新疆史前文化进程及各区域文化之间的互动。

专题研究中青铜器的冶金学分析谓为大观。其中以梅建军的一系列研究最具代表性②,他认为从冶金学的角度分析早期铜器不仅能提供器物化学成分及制作工艺方面的信息,还能提出一些问题,促使研究者从多种角度去探讨铜器所反映出的文化背景及联系,为

---

① 凌勇、梅建军:《关于新疆公元前一千纪金属技术的几点思考》,《西域研究》2008 年第 4 期。

② 梅建军的相关研究包括:Mei Jianjun, Colin Shell, Li Xiao and Wang Bo, A Metallurgical Study of Early Copper and Bronze Artifacts from Xinjiang, China, *Bulletin of the Metals-Museum*, No. 30, 1998 – II, pp. 1 – 22;梅建军、李延祥:《新疆奴拉赛古铜矿冶遗址冶炼技术初步研究》,《自然科学史研究》1998 年第 3 期;Jianjun Mei and Colin Shel, Copper and Bronze Metallurgy in Late Prehistoric Xinjiang, Victor H. Mair (eds.), *The Bronze Age and Early Iron Age Peoples of Eastern Central Asia*, Vol. II, The Institute for the Study of Man; Jianjun Mei, Copper and Bronze Metalurgy in Late Prehistoric Xinjiang—Its Cultural Context and Relationship with Neighboring Regions, *BAR International Series* 865, 2000;梅建军:《关于中国冶金起源及早期铜器研究的几个问题》,《吐鲁番学研究》2001 年第 2 期;Jianjun Mei, Copper Smelting Technologies in Iron Age Xinjiang: The Evidence From the Nulasai site, *Bulletin of the Metals Museum*, No. 34 (2001);梅建军、吕恩国、[日] 平尾良光、[日] 夏本淳子、[日] 高滨秀:《新疆察吾乎墓地出土铜器的初步科学分析》,《新疆文物》2002 年第 3—4 期;梅建军、刘国瑞、常喜恩:《新疆东部地区出土早期铜器的初步分析和研究》,《西域研究》2002 年第 2 期;梅建军、[日] 平尾良光、[日] 夏本淳子、[日] 高滨秀、王明哲:《新疆奴拉赛古铜矿冶遗址的科学分析及其意义》,《吐鲁番学研究》2002 年第 2 期;梅建军、[日] 平尾良光、[日] 夏本淳子、李肖、王博、[日] 高滨秀:《新疆准噶尔盆地周缘地区出土早期铜器的科学分析》,《古代文明》第二卷,北京大学古代文明研究中心主编,2003 年;梅建军、[日] 平尾良光、[日] 夏本淳子、[日] 高滨秀:《新疆伊犁地区出土的一面带柄铜镜的科学分析》,《吐鲁番学研究》2003 年第 1 期;Jianjun Mei, Metallurgical Analysis of Metal Cauldrons from Xinjiang, Northwest China, In Paul Jett and Janet Douglas (eds.), *Fiftieth Anniversary Symposium on Scientific Research in the Field of Asia Art*, Washington, DC: Freer Gallery of Art; Jianjun Mei, Guori Liu and Xi'en Chang, A Metallurgical Study of Early Objects from Eastern Xinjiang, China, *Bulletin of the Metals museum*; Jianjun Mei and Yanxiang Li, Early Copper Technology in Xinjiang, China: The Evidence So Far, In Paul Craddock and Janet Lang (eds.), *Mining and Metal Production Through the Ages*, London British: Museum Press, pp. 111 – 121; Jianjun Mei, Metallurgy in Bronze Age Xinjiang and Its Cultural Context, In Katheryn M. Linduff (eds.), *Metallurgy in Eastern Eurasia from the Urals to the Yellow River*, Lewiston, The Edwin Mellen Press, pp. 173 – 188.

研究者在方法论上提供借鉴。北京科技大学冶金和材料史研究所与新疆考古单位的合作研究也取得了多方成果。① 潜伟对哈密地区的史前铜器作过细致研究。② 这些工作既深化了我们对新疆早期铜器的认识，也为考古工作者的全面研究提供了技术平台。

青铜器专题研究中值得提出的还有铜鍑、铜镜和铜牌饰。

铜鍑的研究成果最为丰富。铜鍑是欧亚草原游牧民族所特有的一种容器，它既是炊器，也是祭器。在草原文化少有铜容器的现象中它显得"特立独行"，很容易引起研究者的注意。1995年，王博探讨了亚欧草原上的青铜鍑③，对铜鍑进行了用途和分区研究，并专门介绍和分析了新疆出土铜鍑及相关问题。后再著文以新疆出土青铜鍑为主体进行了更细致的探讨。④ 杜亚雄翻译介绍了匈牙利裔美国学者埃尔迪·米克洛什·兹讨论铜鍑的文章⑤，认为遍及欧亚中部的铜鍑均是匈奴遗物，欧亚铜鍑分布图将对匈奴史的研究起到不可忽视的作用。1999年，郭物对整个欧亚草原发现的青铜鍑进行了系统的研究⑥，确认了铜鍑的起源地及其传播路线。2005年，梅建军等对新疆出土部分铜鍑进行了冶金学分析⑦，从冶金学角度为揭示新疆铜鍑与其他地区铜鍑的关系提供了证据。

---

① 北京科技大学冶金与材料史研究所、新疆文物考古研究所：《新疆克里雅河流域出土金属遗物的冶金学研究》，《西域研究》2000年第4期；北京科技大学冶金与材料史研究所、新疆文物考古研究所、哈密地区文物管理所：《新疆哈密天山北路墓地出土铜器的初步研究》，《文物》2001年第6期。伊弟利斯·阿不都热苏勒、张平、潜伟：《拜城克孜尔水库墓地出土铜器的冶金学研究》，《新疆文物》2002年第1—2期。

② 潜伟：《新疆哈密及其邻近地区史前时期铜器的检验与分析》，《广西民族学院学报》（自然科学版）2004年第2期；潜伟：《新疆哈密地区史前时期铜器及其与邻近地区文化的关系》，知识产权出版社2006年版。

③ 王博：《亚欧草原所见青铜鍑及其研究》，《新疆师范大学学报》1995年第4期。

④ 王博：《新疆出土青铜鍑及族属分析——兼谈亚欧草原青铜鍑》，见自王博、祁小山：《丝绸之路草原石人研究》，新疆人民出版社1996年版，第276—294页。

⑤ ［美］埃尔迪·米克洛什·兹著，杜亚雄译：《遍及欧亚中部的匈奴鍑及其岩画形象》，《新疆师范大学学报》1995年第4期。

⑥ 郭物：《青铜鍑在欧亚大陆的初传》，《欧亚学刊》第一辑，中华书局1999年版。

⑦ 梅建军、王博、李肖：《新疆出土铜鍑的初步科学分析》，《考古》2005年第4期。

刘学堂对新疆出土铜镜作过多方研究①，认为早期铜镜在新疆使用和流行的年代介于商周至战国之间，其中哈密地区铜镜发现比较集中，至少在公元前12世纪以前或更早，这一地区铜镜的使用已经比较普遍。新疆早期铜镜有两大系统：带柄镜系统和圆镜系统。通过对比内地早期铜镜，认为内地铜镜有可能在商末周初由西域传入。

柳洪亮在对新疆出土铜牌饰的研究中发现，新疆青铜器上的动物纹饰多具有鄂尔多斯式风格，可能与匈奴（包括其先世）文化以及卡拉苏克、斯基泰文化有密切的关系。②

3. 铁器

新疆早期铁器的研究还处于起步阶段，目前仅有少数学者就铁器的起源及加工工艺做过探索，全面系统的研究还有待于将来。

1989年，陈戈根据新疆发现的材料，认为公元前1000——前500年（相当于内地的西周至春秋时期），新疆地区的铁器使用已经比较普遍，并提出新疆铁器的出现年代在公元前1000年前后，早于内地。③ 陈文所用"比较普遍"一词似不准确，他想表达的应是指早期铁器在新疆已有不少的发现地点，但"普遍"一词易让人误会为早期铁器的使用在各个发现有铁器的遗址中已很普遍。而事实是发现有铁器的遗存中铁器既不占主体地位，数量上在所有共存遗物中也只占少量。

1993年，唐际根系统地讨论了中国冶铁术的起源问题④，他改变过去那种以中原冶铁术起源代替中国冶铁术起源的研究方法，将中原和新疆的早期冶铁用铁情况先作单个考察，然后予以综合，从而推论：一、中国境内的人工冶铁始于新疆，时间约在公元前

---

① 刘学堂：《新疆地区早期铜镜及相关问题》，《新疆文物》1993年第1期；刘学堂：《中国早期铜镜起源研究——中国铜镜起源西域说》，《新疆文物》1998年第3期。

② 柳洪亮：《吐鲁番艾丁湖潘坎出土的虎叼羊纹铜牌饰——论鄂尔多斯青铜器对古代新疆的影响》，《新疆文物》1992年第2期。

③ 陈戈：《新疆出土的早期铁器——兼谈我国开始使用铁器的时间问题》，《庆祝苏秉琦考古五十五周年论文集》，文物出版社1989年版，第427页。

④ 唐际根：《中国冶铁术的起源问题》，《考古》1993年第6期。

1000年以前，即中原商末周初阶段。二、中原地区开始冶铁时间大体在西周中晚期，冶铁技术可能由新疆沿河西走廊传入。三、新疆自开始人工冶炼块炼铁制品后，千余年间技术上没有新的突破，中原则至迟于春秋晚期发明了生铁冶炼技术，随后又发明铸铁柔化处理技术，并于西汉时将这两种技术反传入新疆。故铸铁技术无疑是中原工匠的独立发明。赵化成的研究也得出了新疆人工冶铁早于内地的结论。① 刘学堂更指出了"人工冶铁术由西亚、中亚经新疆向中原传布"②的路线，明确了新疆冶铁术的来源。2007年，郭物也探讨了新疆和中原冶铁术的来源问题。③ 在他看来，解决新疆和中原早期冶铁术关系问题的关键是确认新疆发现的早期铁器的年代，而这方面目前还未有突破，故下结论还为时尚早。

4. 金银器

新疆地区早期金银器的发现比较普遍④，但对其作专题研究的却很少。这显然与它们的重要意义不相符，应是今后要加强研究的课题之一。1999年，吴勇对新疆早期金银器做了初步研究⑤，文章简要地对各类金银器进行分型分式，但未作分期研究。最后分析了部分金银器的用途和装饰特征。新疆早期金银器对探讨当时的金属器制作和装饰艺术、新疆与欧亚草原文化之间的关系问题等提供了极好的研究材料，应得到研究者更多的重视。

5. 毛织品

毛织品是新疆古代先民主要的服饰品种，且历年来多有毛织品实物出土，为探讨新疆早期服饰文化、纺织技术、文化交流等提供了重要资料，也得到了一些学者的分析研究，故有必要对其研究现状进行单独述评。

---

① 赵化成：《公元前5世纪中叶以前中国人工铁器的发现及其相关问题》，西北大学文博学院编：《考古文物研究——纪念西北大学考古专业成立四十周年文集》(1956—1996)，三秦出版社1997年版，第289—300页。
② 刘学堂：《中国冶铁术的起源》，《中国文物报》2004年4月2日。
③ 郭物：《新疆及中原冶铁术来源问题的探讨》，《新疆文物》2007年第2期。
④ 截至2007年，新疆早期金银器发现地点有30余处，涉及全疆大部分地区。
⑤ 吴勇：《试述新疆地区早期金银器》，《新疆文物》1999年第3—4期合刊。

1995年，美国学者艾瑞妮·古德（Irene Good）对出土于哈密五堡的织物做了个案研究。① 经分析，她认为五堡织物的发现非常重要，不仅有益于纺织史的研究，且还是印欧语在欧亚大陆传播的一个小而重要的标记。

1998年，阿丽娅·托拉哈孜对且末扎滚鲁克出土的毛织物的手绘纹样做了初步分析②，作者介绍了毛织物上所绘虎纹、骆驼纹、野猪纹、变形鱼纹、涡旋纹、三角纹、水波纹等纹样，并比较了新疆及邻近地区其他遗迹遗物上所见相同纹样，为这些纹样的比较研究开启了思路。文章最后指出，手绘纹样是一种较原始的显花工艺，为古代新疆染织史的研究提供了珍贵资料。

2001年，阿迪力·阿布力孜探讨了新疆先民的服饰文化。③ 在此笔者仅介绍他探讨先秦时期的毛织服饰部分。阿迪力从距今3800年左右的孔雀河下游铁板河古墓"楼兰美女"上身所裹粗毛布谈起，介绍了西域先民毛布帽、薄毛布或假纱长袍、长裤、毛织腰带、毡帽等毛织服饰，得出先秦时期西域土著服饰原料以毛织物为主，距今3000年以来的开襟、左衽、衣袖窄小为特点的胡服——裌祥，贯串古今，今天仍是维吾尔族服饰重要的组成部分等结论。

2005年，贾应逸讨论了古代新疆的毛纺织业④，她从新疆毛纺织物的出现、毛纺织业的蓬勃发展、毛纺织技术特点的形成、毛纺织技术的完善、毛纺织品向装饰化发展等五个方面纵论了新疆古代毛织品及毛纺织技术。

相对于丰富的出土物，以上这些研究还显得远远不够全面和深入。通过出土物对新疆毛纺织业、染色技术、显花工艺等的全面揭

---

① Irene Good, Notes on a Bronze Age Textile Fragment from Hami, Xinjiang with Comments on the Significance of Twill, *The Journal of Indo-European Studies*, Vol. 23, No. 3&4, Fall/winter 1995.

② 阿丽娅·托拉哈孜：《1985年且末扎滚鲁克出土的毛织物手绘纹样浅析》，《新疆文物》1998年第4期。

③ 阿迪力·阿布力孜：《新疆先民服饰文化初探》，《新疆文物》2001年第3—4期合刊。

④ 贾应逸：《浅论新疆古代毛纺织业的发展》，《新疆文物》2005年第4期。

示，由毛纺品所呈现的多种文化因素来研讨早期东西文化交流状况等应成为今后毛织品研究的重心所在。

6. 乐器

新疆青铜时代的乐器遗存以木箜篌为代表。现今在且末县扎滚鲁克墓地和鄯善县洋海墓地各发现三件较完整品，得到了考古学者和音乐史、音乐考古学者的共同关注。

1996年，《中国音乐文物大系·新疆卷》①问世，迅捷地将本年且末出土箜篌资料反映于书中，该书是研究新疆音乐文物的资料集成之作。1999年，王子初对扎滚鲁克墓地所出箜篌做了型制结构及复原研究。②他认为且末箜篌音箱的特征与古代美索不达米亚弓形箜篌的音箱基本一致，而不属所谓的竖箜篌。王博也参与了讨论③，认为扎滚鲁克箜篌主要是吸收了美索不达米亚角形箜篌的基本特征。2001年，伊斯拉菲尔·玉苏甫和安尼瓦尔·哈斯木撰文④从更广泛范围探讨了箜篌的起源、传播及种类，认为且末箜篌印证了文献记载的同时，还填补了中国音乐史的空白。2005年，贺志凌采用音乐考古学的方法对新疆鄯善县洋海墓地和且末县扎滚鲁克墓地共出6件箜篌进行了多方面研究⑤，比较了它们与巴泽雷克竖琴、内地箜篌及箜篌图像等的渊源关系，指出了新疆箜篌的来源及在中国音乐文化史上的地位。

五 生业及社会结构

生业是指维持人类生存的产业。早期人类的生业方式包括狩猎、采集、畜牧、农业等等，这些构成了恩格斯所指称的两种生产之一种的主要方面，其重要性不言而喻。中国有句俗语叫"民以食

---

① 王子初、霍旭初主编：《中国音乐文物大系·新疆卷》，大象出版社1996年版。
② 王子初：《且末扎滚鲁克箜篌的形制结构及复原研究》，《文物》1999年第7期。
③ 王博：《新疆扎滚鲁克箜篌》，《文物》2003年第2期。
④ 伊斯拉菲尔·玉苏甫、安尼瓦尔·哈斯木：《古老的乐器——箜篌》，《西域研究》2001年第2期。
⑤ 贺志凌：《新疆出土箜篌的音乐考古学研究》，博士学位论文，中央艺术学院研究生院，2005年。

为天",说的也正是此意。

地理环境的不同会造成生业方式的差异。新疆地区多样的地理环境造就了早期居民多样的谋食手段,狩猎、畜牧、游牧、农业加畜牧等等均荟萃于此,简直是人类所有生业手段的一个缩影。

社会结构是指一种实际存在的社会关系网络,它的构成单位是人,人与人之间的社会关系是社会结构的一个组成部分。研究社会结构时,研究者所关注的具体事实是那种实际存在于某一时期、把某些人联结起来的整套关系。社会结构的延续是一种动态延续。社会结构形式在一个或长或短的时期内保持着相对而言的稳定,但也会发生变化,这种变化有时是渐进的,有时则具有相对突发性。①

在笔者看来,社会结构形成的基础无外乎人类的两种生产——生活资料、生产资料的生产和人类自身的生产。也即是说,人类为搞好两大生产,才形成人和人之间的关系,这些关系网络便是我们所指称的社会结构。研究、了解不同的人类早期社会结构、它们的发展和变迁,能给研究者提供当时人类两种生产状况的参照,从而为恢复古代社会面貌服务。

拉德克利夫-布朗认为社会结构研究是社会人类学最基本的组成部分,具有非常重要的意义。作为社会人类学的姊妹学科考古学,应当充分利用自己的学科优势,从古代遗存中辨析出它的社会结构来。诸如遗迹的结构关系,墓葬的葬制葬式、遗物的自产还是来自交换、各种生业方式中为获取劳动成果而结成的协作关系、为人类自身种的繁衍所结成的两性关系等等,均可以作为认识社会结构的材料和手段,而这些材料却是遍布于考古工作者的手铲之下的。但遗憾的是,考古学者关注到社会结构的还太少,研究成果就更少。在此提及社会结构的考古学研究,主要想表达一种方法论的提倡,新疆青铜时代社会结构研究成果的评述只好付之阙如。

---

① 此段内容总结自[英] A. R. 拉德克利夫-布朗著,潘姣等译:《原始社会的结构与功能》,中央民族大学出版社1999年版,第211—229页。

新疆青铜时代生业方式有狩猎、畜牧、农业等形式，多并存于各地遗存中，不同之处仅在于几种生业方式比重的差异。下面根据考古研究成果逐一评述。

张玉忠、张成安等对新疆青铜时代的畜牧业、狩猎等做了多方研究。1989年，张玉忠首次撰文探讨了新疆石器时代至隋唐时期的狩猎和畜牧业情况①，指出青铜时代的新疆，畜牧业已有一定基础和规模，后世习称的六畜，已有了马、牛、羊、犬四畜，狩猎仍是人们生活来源之一。大体上形成了新疆北部以畜牧业为主，部分地区兼营农业，新疆南部以农业为主，兼营畜牧和狩猎的经济形态。同年张玉忠还专门从考古资料出发研讨了古代新疆的畜牧业。②张成安对哈密地区青铜时代的畜牧业进行了细致研究。③他从地理环境和发展畜牧业的条件、畜牧的种类、畜牧业在人们日常生活中的体现、与畜牧业相关的手工业等方面总结了哈密地区当时的畜牧业生产状况。

对新疆青铜时代农业的研究成果要多于畜牧业，涉及农业各方面的综合研究及农作物、农具等的专题研究。

1983年，王炳华根据考古资料对新疆古代农业做了综合考述④，文章从农业遗址、农作物、农具、水利、屯田几个方面展开讨论，前三节多涉及青铜时代农业。1987年，张玉忠以汉代以前车师人的社会经济生活为观察对象，通过考古材料分析了他们的生业手段，认为在吐鲁番盆地、天山山区、乌鲁木齐各有突出的地区性特点。⑤张成安分析了哈密青铜时代的农业生产⑥，从生产工具、农作物品种、谷物加工工具、食物、农作物的贮存、定居生活、与

---

① 张玉忠：《新疆狩猎、畜牧业考古概述》，《农业考古》1989年第1期。
② 张玉忠：《从考古资料看古代新疆畜牧业生产》，《中国少数民族科技史研究》第四辑，内蒙古人民出版社1989年版。
③ 张成安：《从五堡墓葬看哈密青铜时代的畜牧业》，《新疆文物》1998年第3期；张成安：《青铜时代哈密地区的畜牧经济》，《农业考古》2000年第1期。
④ 王炳华：《新疆农业考古概述》，《农业考古》1983年第1期。
⑤ 张玉忠：《汉代以前车师人的社会经济生活》，《新疆社会科学》1987年第2期。
⑥ 张成安：《浅析青铜时代哈密的农业生产状况》，《农业考古》1997年第3期。

农业相关的手工业部门等方面介绍了哈密青铜时代农业发展状况。近年来卫斯对新疆农业考古资料做了辑录工作①,为研究者提供了便利。

新疆早期农业的专题研究中以农作物的研究居多,农具的研究其次。1983年,张玉忠专题讨论了新疆出土的古代农作物②,对麦、粟、糜子、高粱、豆类、桃、杏、核桃、梅、胡麻等出土农作物做了简要介绍。1989年,王炳华等对哈密五堡出土大麦做了专题研究③,随后于喜凤又专门对哈密五堡152号墓中出土的谷子、大麦和狗尾草作研究鉴定④。

张平、陈戈对新疆发现的青铜时代石刀、石镰和铜镰做了专题讨论⑤,分析了它们的型制、用途、时代,并由此总结了新疆的古代农业状况。

有些学者从生态环境与人类及生业的关系着手,探讨了新疆早期社会经济类型。周伟洲选取了5处不同自然地理环境下的青铜时代至早期铁器时代遗存,分析了它们的生业类型,总结了自然地理环境与早期经济类型的相互关系。⑥王鹏辉对史前新疆人类与环境的关系进行了研究⑦,他认为新疆青铜时代居民除了被动适应环境的变化外,已能创造性地适应环境,早期铁器时代自然环境有恶化趋势,但并未能阻止人类社会的发展,当时居民开始制造和使用铁器,经济活动多样化,农业、畜牧业往往并存。人类社会活动加剧了荒漠化,一些古绿洲被废弃。此时人类文化力与自然环境力的综合作用的文化模式成为主导力量。

---

① 卫斯:《西域农业考古资料索引》,《农业考古》2003年第3期、2004年第1期、2005年第1期。
② 张玉忠:《新疆出土的古代农作物简介》,《农业考古》1983年第1期。
③ 王炳华等:《新疆哈密五堡古墓出土大麦的研究》,《农业考古》1989年第1期。
④ 于喜凤:《新疆哈密五堡152号古墓出土农作物分析》,《新疆文物》1992年第3期。
⑤ 张平、陈戈:《新疆发现的石刀、石镰和铜镰》,《考古与文物》1991年第1期。
⑥ 周伟洲:《新疆的史前考古与最早的经济开发》,《西域研究》2003年第4期。
⑦ 王鹏辉:《史前时期新疆的环境与考古学研究》,《西域研究》2005年第1期。

六 精神文化

考古学是研究过去人类遗留下来的物质遗存的学科。所以它以研究古代人类社会的物质文化见长,但这并不等于考古学不能探索人类的精神文化,不代表考古学者就不必关注人类的精神文化。其实,很多物质遗存暗含着人类的精神文化因子,人工的物质世界正是在人类思想和精神的引导下创造出来的。如果研究者能透过无声的物质遗存上的"蛛丝马迹"而发现创造它们的人类的思想和观念,再结合其他相关学科如民族学、民俗学、历史学等提供的信息,或许就能洞悉古代人类的精神世界。

古代人类尤其是史前人类的精神世界缤纷瑰丽、波谲云诡。如要归纳,笔者以为可纳入五个基本方面:巫术、宗教、祭仪、习俗、艺术。它们之间往往前者作为后者的基础,后者兼蓄有前者的内容。这五个方面又可以由一种精神文化现象来统摄,这便是生殖崇拜文化。

具体到青铜时代的新疆,能捕捉出这些精神文化的考古材料集中于岩画、葬制葬俗、彩陶、特殊器物等方面,已有学者从这些考古材料出发,探索了新疆青铜时代居民的精神文化状态。

王炳华以解读呼图壁康家石门子岩画为契机,展开了对新疆早期居民生殖崇拜文化及艺术现象的长期探索。1988 年,他首先对康家石门子蕴含大量生殖崇拜内容的岩雕刻画进行了介绍。[①] 随后进行了细致的研究。[②] 2004 年,又对小河墓地的生殖崇拜文化现象做了多方揭示[③],他从随葬男根(模型)等五个方面总结了小河墓地生殖崇拜观念的众多表现形式,指出这是早期人类精神文化的核

[①] 王炳华:《呼图壁县康家石门子生殖崇拜岩雕刻画》,《新疆文物》1988 年第 2 期。

[②] 王炳华:《新疆天山生殖崇拜岩画初探》,《丝绸之路考古研究》,新疆人民出版社 1993 年版。

[③] 王炳华:《生殖崇拜:早期人类精神文化的核心——新疆罗布淖尔小河五号墓地的灵魂》,《寻根》2004 年第 4 期。

心,是小河墓地的灵魂。王炳华同时还对石门子岩画所包含的舞蹈图像做了探讨。①

刘学堂对早期新疆考古材料中所体现出的精神文化现象做了长期的密切关注。1998年,他探索了察吾乎墓地头骨穿孔之谜②,认为察吾乎居民从死于战争者的头骨上取骨片而留下孔洞,是出于宗教目的,阵亡者的头骨在当时被赋予了某种灵性,具有避邪或作为护身符的作用。2002年,刘又与吕恩国、颜富强一起讨论了新疆青河三道海子"巨石冢"的性质问题③,认为此"巨石冢"与欧亚草原上的同类遗存一样,属一处雄伟的祭祀遗址,也是目前所见欧亚草原地带最大的一座,可称为太阳神殿。时代在青铜时代或早期铁器时代。该文同时还分析了鹿石的性质,认为其与墓葬关系不明显,而是与祭祀遗存为一体的宗教遗存。2003年,刘与周金玲撰文探讨了早期铜镜的原初功能④,认为铜镜的初始功能是萨满教的巫具,有祭祀和占卜的作用。照面饰容乃后起之功能,要到战国时期才逐步代替铜鉴并繁荣起来。2004年,刘学堂考察了新疆木垒等地的"石祖"和"石女阴"⑤,认为这些被埋藏在地里的"石祖""石女阴",表达了当时的操作者希望通过两性关系的模拟以达到促进植物等的旺盛生长的目的,是一种原始丰产巫术。2005年,刘学堂对史前遗存中出现的三角纹符号做了解译工作。⑥ 同年还探讨了新疆史前遗存中的丰产巫术现象。⑦ 2006年,刘学堂又借

---

① 王炳华:《研究原始舞蹈的珍贵刻石》,《丝绸之路考古研究》,新疆人民出版社1993年版。

② 刘学堂:《新疆察吾乎沟四号墓地头骨穿孔之谜》,《中国文物报》1998年7月1日第3版。

③ 刘学堂、吕恩国、颜富强:《新疆三海子金字塔式"巨石冢"的文化性质及其它》,《中国文物报》2002年8月23日第7版。

④ 刘学堂、周金玲:《早期铜镜的原初功能和原形再论》,《中国文物报》2003年9月12日第7版。

⑤ 刘学堂:《新疆木垒等地发现的"石祖"和"石女阴"试释》,《中国文物报》2004年12月3日第7版。

⑥ 刘学堂:《三角纹符号解译》,《中国文物报》2005年5月6日。

⑦ 刘学堂:《新疆史前考古中新发现的丰产巫术遗存》,《新疆文物》2005年第1期。

探讨呼图壁岩画的时代、作者之机,分析了该岩画及岩画附近新发现的双性石人、小河墓地等处存在的生殖崇拜文化现象。①

户晓辉采用跨学科方法对史前岩画和彩陶进行了解读②,指出岩画的巫术工具性质及与生殖巫术的密切关系。而彩陶,无论是制陶所用的原材料——黏土,还是陶器本身的造型,乃至陶器上面反复出现的动物图案和几何纹饰,无不可以从地母神话或生育巫术仪式之法器的象征功能方面求得新的理解。由此将以母神信仰为核心的生殖崇拜与生殖巫术落实到中国彩陶文化的整体把握与具体分析之中。③ 苏北海对新疆岩画做了多年的考察记录工作。④ 他和张岩、米江等专题探讨了石门子岩画所反映的生殖崇拜及裸体艺术问题。⑤ 前几年,笔者在前人研究的基础上,讨论了史前新疆的生殖崇拜文化。文章先对"生殖崇拜""巫术思维""史前新疆"等概念做了界定,然后从岩画、丧葬、彩陶纹饰、其他器物等四个方面剖析了史前新疆的生殖崇拜文化。⑥

七 小结

以上笔者从宏观到微观,从物质文化、制度文化到精神文化,对新疆东部乃至全疆的青铜时代文化研究做了鸟瞰式的综述。综观这些研究现状,成果不少,且有呈加速度发展的趋势,但仍有诸多研究空白等待后来者去填补,比如遗址的发掘和研究,葬制葬俗的研究,社会结构的探讨,遗物中木器、石器的研究等等。而最为重要的两点则为新疆东部青铜时代考古学文化谱系的建立以及建立在

---

① 刘学堂:《呼图壁岩画的时代、作者及其它》,《新疆文物》2006年第3—4期。
② 户晓辉:《岩画与生殖巫术》,新疆美术摄影出版社1993年版;户晓辉:《地母之歌——中国彩陶与岩画的生死母题》,上海文化出版社2001年版。
③ 参见户晓辉:《地母之歌——中国彩陶与岩画的生死母题》,叶舒宪序:《叩问物化的精神》,上海文化出版社2001年版,第5—6页。
④ 苏北海:《新疆岩画》,新疆美术摄影出版社1994年版。
⑤ 苏北海、张岩、米江:《新疆呼图壁县康家石门子岩画中所反映的生殖崇拜及裸体艺术》,载周菁葆主编:《丝绸之路岩画艺术》,新疆人民出版社1993年版,第144—176页。
⑥ 宋亦箫:《论史前新疆的生殖崇拜文化》,《吐鲁番学研究》2008年第2期。

文化因素分析基础上的对新疆东部及相关地区早期东西文化交流的考察。为弥补欠缺，本书便以这两个重大问题的解决为旨归。在前人研究的基础上，笔者新提出了"南湾文化"这一考古学文化概念，重构了新疆东部青铜时代的考古学文化谱系。并在此基础上展开文化因素分析，梳理出了各种文化因素的来龙去脉，由此得出了许多新见解。例如新疆东部的青铜器，既有来自欧亚草原西部，也有来自其东邻甘青地区的影响。① 进而总结出早期东西文化交流的地点最初在陕甘宁青地区而不是传统上以为的新疆等新观点。② 这些新观点的提出，能有效地弥合"中国文化西来说"与"中国文化本土起源说"之间针锋相对、不可调和的矛盾，而改持一种中国文化在极早期便受到域外文化特别是西来文化影响、中外文化在极早期便开始接触的新观点[③]。

---

① 具体分析见本书第三章。
② 见本书第五章。
③ 宋亦箫：《中国与世界的早期接触：以彩陶、冶铜术和家培动植物为例》，《吐鲁番学研究》2015年第2期。

第二章　新疆东部青铜时代的文化谱系

文化谱系研究是构建某一地区考古遗存的时空框架、明晰它们的源流及相互关系的重要手段，也是重构和阐释历史的基础。[①] 本章在先介绍新疆东部的自然地理环境基础上，由考古遗存的分析入手，通过对遗存的分组分期、文化特征的归纳和比较，划分出各考古学文化，进而探讨各考古文化的分期和类型、文化源流和相互关系。对考古学文化所代表的人们共同体进行生业方式、精神文化等方面的分析，虽已超出谱系研究的范畴，却是这一研究的顺延和深入，也是当今考古学研究所追求的"透物见人"的基本内容，故在此也一并探讨。

第一节　新疆东部的自然地理环境

自人类出现以来，自然地理环境对人类文明的形成产生了重大影响。自然地理环境是人类赖以生存和发展的物质基础，人类社会是自然界长期发展的产物，也对自然环境产生着影响。这是当代社会在批评了地理环境决定论、纠正了地理环境虚无主义这两个极端观念后形成的正确认识。人地关系现在已成为包括考古学在内的诸多学科关注的热点，环境考古学更是成为当今考古学中的重要分支

---

① 关于考古学研究的层次：基础研究——构建时空框架，中层研究——重构过去的生活方式，高层研究——阐释文化过程等等相关论述，参见杨建华：《试论考古学研究的三个层次及其方法》，《吉林大学学报》1988 年第 2 期；杨建华：《从学科结构看中间理论含义的差别》，《东南文化》1992 年第 5 期。

学科。因此，在研讨新疆东部青铜时代的文化谱系时，除了随时关注人类文化发展变化过程中的环境因素外，也有必要预先对当地自然地理环境做一提纲挈领的认识。

前文已述，本书所论及的新疆东部约占新疆版图的四分之一，包括准噶尔盆地东缘，东天山及山间盆地，吐鲁番盆地和哈密盆地，塔里木盆地东缘罗布泊地区等地理小区。一如整个西北边疆，高山、大漠和绿洲，也是新疆东部自然地理环境最突出的特点。粗犷雄伟的高大山脉，坦荡辽阔的大漠戈壁，山前地带和河流两岸的片片绿洲，使新疆东部的自然景观迥异于内地。新疆东部乃至整个新疆大地形的明显轮廓，对气候生物状况的分异有显著作用，如水分来源、季节动态、风向、风速、热量条件等等，往往由于高山的阻隔而差异明显。故主要山脉一般可作为地理环境变异的分界线。据此，可将新疆东部划分为4个亚区：一、准噶尔盆地东缘区；二、东天山山地区；三、吐鲁番—哈密盆地区；四、塔里木盆地东缘区。下面就地形、气候、植被、水文等要素逐一介绍各亚区的情况。①

一、准噶尔盆地东缘区。此区位于北疆，包括准噶尔盆地东南缘及其以东新疆境内区域。准噶尔盆地东西长约850公里，南北最宽处约380公里，地势由东南向西北和缓倾斜，西北部地势低下，有一系列内陆湖泊，如布伦托海、玛纳斯湖、艾比湖等。盆地东部因近期抬升，形成剥蚀高地，为一片戈壁。盆地内大部为古尔班通古特沙漠，海拔300—500米。盆地内的绿洲大都分布在盆地南缘的天山山麓地带。此区纬度较高，气温低寒，属于温带干旱半荒漠和荒漠气候。冬季漫长，无霜期仅有150天左右，一月平均气温为摄氏零下15℃—20℃；夏季较短，七月平均气温为22℃—26℃。由于准噶尔西部山地有较大的山地缺口，故北冰洋和大西洋的冷湿

---

① 新疆东部自然地理环境介绍所参考诸书：任美锷主编：《中国自然地理纲要》，修订第三版，商务印书馆1992年版；李孝聪：《中国区域历史地理》，北京大学出版社2004年版；李春华主编：《新疆风物志》，新疆人民出版社2006年第二版；余太山主编：《西域通史》，中州古籍出版社1996年版。

气流还可以进入这里，带来水汽，形成降水，故雨量稍多，气候亦较湿润。年平均降水量一般为150—300毫米，阿尔泰山和天山山地则多达500—600毫米。这些条件有利于森林和草场的生长和发育，适合于发展畜牧业经济。

二、东天山山地区。天山是亚洲最大山系之一，古有祁连山、祁连天山、祁罗曼山、北山、雪山、白山、阴山诸称，其东部横亘于新疆的山段，东西长约1700公里，南北宽达250—300公里左右，天然地把新疆分隔成南北两部分。习惯上又将乌鲁木齐以东的天山称作东天山。天山总体高度是西高东低，一些主要山峰海拔4000—6000米。而南北两侧的盆地，海拔仅有1000米左右，故将天山衬托得高耸峻拔。

根据天山的地质构造和地貌，可将其分为北、中、南三带。北天山紧贴准噶尔盆地，山峰海拔多在4000—5500米，北天山位于迎风面，降水量比南天山多，高山冰川分布面积也较广，所以发源于北天山冰川区的河流较多，在天山北麓形成许多广阔的洪积冲积扇。中天山是一系列平行的山岭，海拔一般不超过3500米，夹着许多断陷盆地和谷地，其中以伊犁谷地、大小尤尔都斯盆地、焉耆盆地、吐鲁番盆地和哈密盆地最为著名。这些盆地和谷地或为草原或有绿洲，很早就有人类在此生息，留下了众多的远古遗存。源于尤尔都斯盆地的开都河和黄水河，一路蜿蜒流入焉耆盆地的博斯腾湖，河流两侧的台地上，分布着很多古代墓葬和遗址。南天山在自然景观上与北天山有显著差异。由于北天山的阻挡，南天山的干旱程度更加严重。山南的塔里木盆地远比准噶尔盆地干燥，因此荒漠向山地侵入很深。天然植被主要是荒漠草原和草原，森林带消失，只在高山阴坡个别阴湿山沟中有小片的雪岭云杉和桦木生长，林相稀疏，林下灌木不多，且多为旱生多刺灌木，林下缺乏北坡所特有的草本植物。

三、吐鲁番—哈密盆地区。吐鲁番—哈密盆地是天山山地中的一个山间断陷盆地，盆地北侧为博格达山、哈尔里克山，山势高峻，海拔多在4000米以上；南侧有觉罗塔格山，海拔1500米左右，而大部地方与噶顺戈壁相连。吐鲁番—哈密盆地本属东天山山地区，但气候却与南疆塔里木盆地完全相同，属暖温带极端干旱荒漠气候，故从山地区划分出来单独予以介绍。

吐鲁番—哈密盆地地形上相连，中间仅有库姆塔格沙山相隔。区内有些起伏的低山丘陵，将本区分隔成若干小盆地。最著名的火焰山，由中生代和第三纪红色岩层组成，山体在烈日下形似蒸腾的火焰，故而得名。吐鲁番盆地长245公里，宽约75公里，地势向南倾斜。盆地南部为广大低地，高程多在海平面以下，最低处艾丁湖，湖底海拔－155米，是我国最低的地方。哈密盆地地势东高西低，盆地西南部的沙兰湖，海拔仅81米。

吐鲁番盆地地势低凹闭塞，西北气流越天山下沉，增温作用强烈，形成焚风，加上地面辐射的热量不易散发，故夏季特别炎热，是有名的"火洲"。吐鲁番夏长四个半月，大致5月初入夏，跟对应的山北准噶尔盆地东南缘一线的即时气候大异其趣。吐鲁番盆地夏季炎热，气压低，热空气迅速上升，北方冷空气急剧南下，形成大风，因此该盆地有"风库"之称。

吐鲁番—哈密盆地地形封闭，气候干热，植被稀疏，降水十分稀少，难有地表径流，全靠天山融雪、地下径流灌溉而成片片绿洲。火焰山北麓有一些潜水溢出，形成连木沁、吐峪沟、葡萄沟等许多泉流，为远古先民和牲畜的生息提供了水源。

四、塔里木盆地东缘区。塔里木盆地是我国最大的内陆盆地，被数个高大山脉所包围，只有东面有宽约70公里的缺口与河西走廊相连。盆地东西长约1500公里，南北最宽600公里，地势自西南向东北缓斜，东部的罗布泊洼地最低处海拔不到800米。塔里木河流于盆地的北缘。盆地东缘区主要指今天的巴音郭楞蒙古自治州中南部分。古今人类主要活动在两片区域，一是以孔雀河、塔里木河下游流域及罗布泊为中心的区域，另一是以东昆仑山、阿尔金山北麓的车尔臣河、若羌河水系为中心的区域。此区无论山地还是平原，都是新疆降水最少、最干旱的地区。北边的塔里木河和孔雀河孕育了沿河绿洲及古代的罗布泊绿洲,南面的车尔臣河和若羌河则孕育了且末和若羌两块绿洲。后两块绿洲的古文化不在本书讨论之列。

第二节 遗存分析

目前,已发掘或调查的新疆东部青铜时代重要考古遗存有40余处(图2.2-1),笔者将在本节中对其逐一进行归纳梳理、分组分期及勘同辨异的工作。

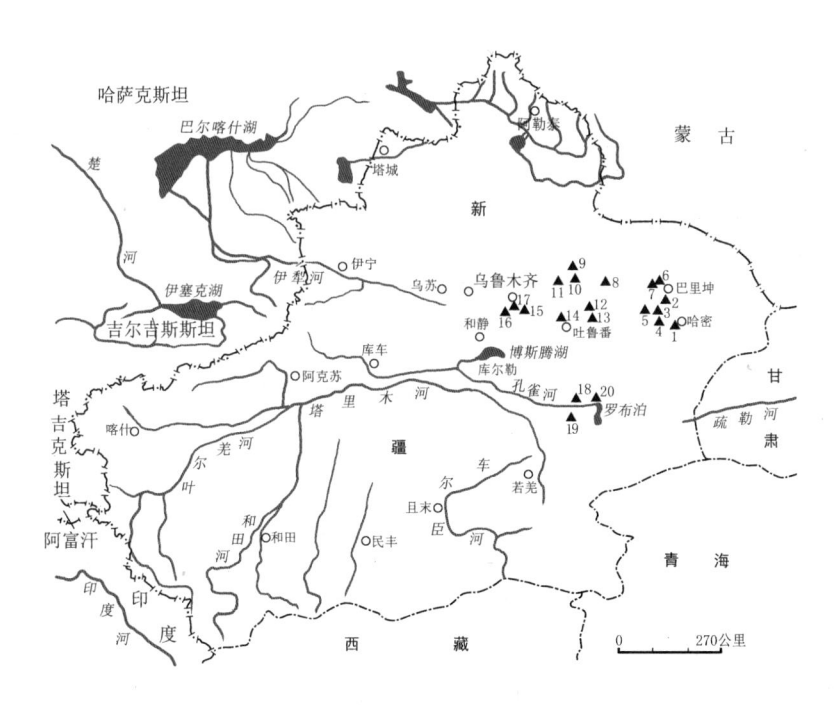

图 2.2-1 新疆东部青铜时代部分主要遗存分布图

审图号:GS(2016)2945号 自然资源部 监制

1. 林雅 2. 寒气沟 3. 焉不拉克 4. 五堡 5. 艾斯克霞尔 6. 南湾
7. 兰州湾子 8. 四道沟 9. 西坎尔孜 10. 半截沟 11. 大龙口 12. 苏贝希
13. 洋海 14. 交河故城沟北 15. 柴窝堡 16. 阿拉沟 17. 乌拉泊 18. 古墓沟
19. 小河 20. 铁板河

1. 小河墓地①

小河墓地位于罗布泊地区孔雀河下游南部支流小河东侧约 4 公里处，外观为一东北—西南走向的椭圆形沙山。高 7 米余，长 74 米，宽 35 米，面积 2500 平方米。沙山表面密密丛丛矗立着有如胡杨林的人工立木，它们大多高出地表 2—4 米，直径多为 20 厘米以上。由尚被埋在沙里的立木基底部涂有红颜料推测，这些暴露在空气中现已干裂变白的立木，在下葬时其上部也一并涂成了红色，故贝格曼称"这座'死神的立柱殿堂'曾经笼罩在一片耀眼的红色之中"②（图 2.2 - 2）。

图 2.2 - 2　发掘前的小河墓地（采自《新疆文物》2007 年第 1 期封二）

墓地中部和西南端各有一排保存较好的木栅栏，其中部栅栏将墓地分隔成南北两区。南区墓葬保存较好，可分五层，共计 139 座，北区破坏严重，仅剩 28 座，均属一层。墓地表层已被破坏的墓葬估计有一百多座，地表采集的数千根短木楔不见于其下的墓葬，应为已毁墓葬遗物。

---

①　[瑞典]贝格曼著，王安洪译：《新疆考古记》，新疆人民出版社 1997 年版，第 61—149 页；新疆文物考古研究所：《2002 年小河墓地考古调查与发掘报告》，《新疆文物》2003 年第 2 期；新疆文物考古研究所：《2003 年罗布泊小河墓地发掘简报》，《新疆文物》2007 年第 1 期；新疆文物考古研究所小河考古队：《罗布泊小河墓地考古发掘的重要收获》，《吐鲁番学研究》2005 年第 1 期。

②　[瑞典]贝格曼著，王安洪译：《新疆考古记》，新疆人民出版社 1997 年版，第 76 页。

由墓葬的分层、早晚之间遗迹遗物所显示的同中有异——如南区四、五层墓葬与北区墓葬文化面貌接近，一至三层墓葬文化特征相对一致，这两组墓葬之间文化特征上的区别比较明显等等，以及参考后面将要介绍的古墓沟墓地情况，可将小河墓地墓葬划分三期。第一期包括南区第四、五层墓葬及北区墓葬，第二期以南区第一至三层墓葬为代表，第三期则以采集的数千根短木楔为代表。下面对各期墓葬的文化特征作归纳介绍。

第一期：墓葬为竖穴沙坑，基本呈 2.5 米 × 1 米余的长圆形，墓室较深，最深达 2 米。均有木棺，一墓一棺，棺前后两端栽立木。木棺由胡杨木制成的侧板、挡板、盖板拼合而成，均无底板。木棺形制可分两类，一类侧板呈弧形，两端不见树干本身的自然弧面，两端头不接触，出棱，用来竖立挡板，挡板较宽，呈上窄下宽的长方梯形，盖板多宽大。南区第五层绝大多数木棺及北区部分木棺采用这种形制，第四层早期墓也采用此形制。另一类侧板近乎直板，挡板宽大，木棺平面基本呈长方形或长方梯形。这类直板棺分布在北区和南区第五层部分墓葬中。木棺上普遍覆盖牛皮，牛皮中部放一把红柳枝及芦苇一支。埋于墓中的棺前立木有两种，女性棺前立木呈多棱柱体，象征男根，柱端均涂红，缠绕毛绳，绳下固定草束。男性棺前立木呈桨形，象征女阴，大小差别很大，"桨"面涂黑，"桨"柄涂红，柄端多刻有七道弦纹。有些立木的顶端还嵌有小铜片。木棺后端均竖一红柳棍或胡杨木棍，也一并埋入墓中。而多数墓室的最前端，还立有一根高约 3—5 米的粗木柱，上端出露在地表，涂红，成为醒目的墓标（图 2.2-3）。笔者在前面提到的墓地地表的"胡杨林"，正是一、二层墓葬出露在地表的墓标。在墓标底部，置放一把由芦苇、骆驼刺、麻黄或甘草等组成的草束，草束中夹粗芦苇秆和羊腿骨，旁边放草篓，带大木盖，草篓的系绳上多穿有小铜环。

除一例女性与一婴儿合葬外，余皆单人葬，头向东，仰身直肢。死者头戴毡帽，帽上大多缀红毛绳、伶鼬皮，插羽饰，足蹬短腰皮靴，腰着腰衣，腰衣普遍缂织出红色阶梯纹，身裹宽大的毛织

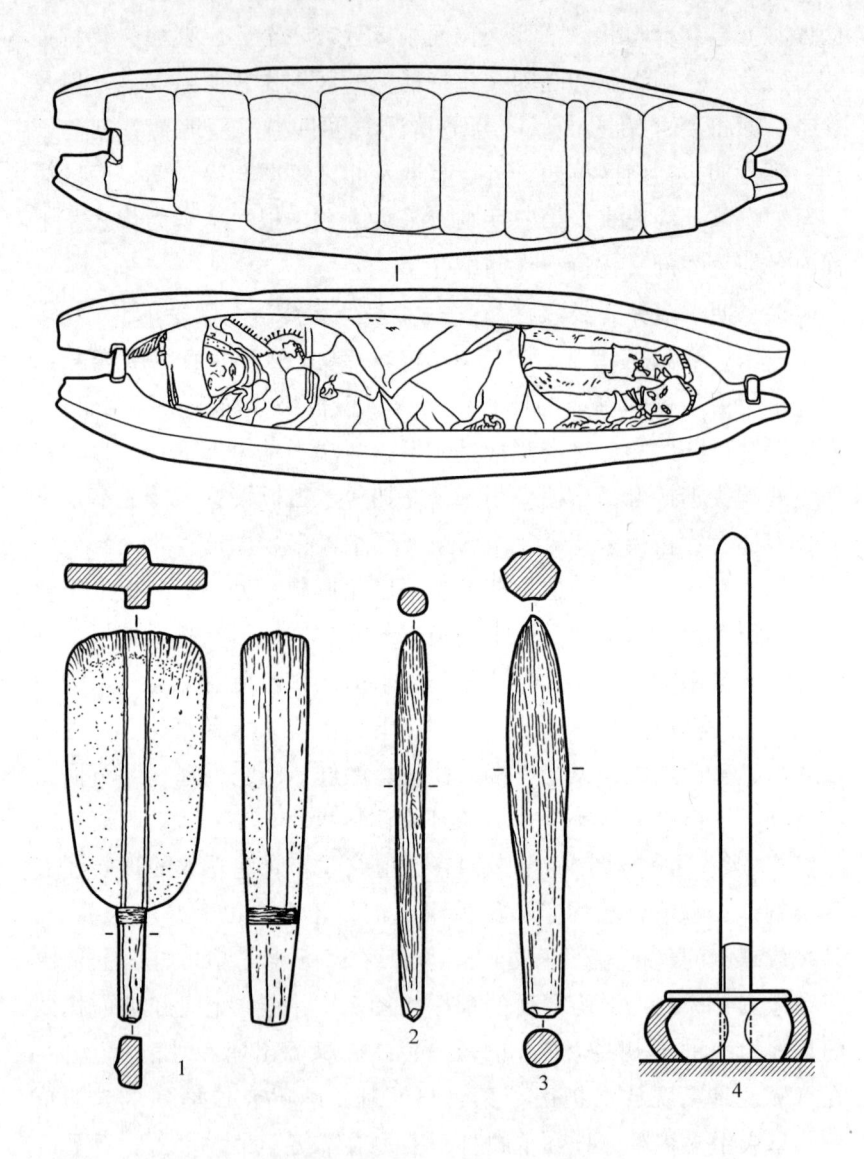

图 2.2-3 小河墓地葬具和棺前立木（采自《新疆文物》2007 年第 1 期）

上：M11 木棺及棺内墓主平面图

下：1. M24 女阴立木　2、4. M11 男根立木　3. M13 男根立木

斗篷，斗篷以木别针插别，边缘捆扎内包麻黄草枝、麦或黍粒（图2.2-4）。各墓随葬品大同小异，除随身衣物外，主要有草编篓、玉珠、皮囊和大量的木器，也有少量的铜器和金器，为耳环及一些小铜片之类。不见陶器。随葬品都有相对固定的摆放位置，草编篓均放置尸体右侧腰部斗篷外，整体呈卵形，多为圜底，少量小平底，口部穿有系绳，器表编织出阶梯纹或折线纹等。玉珠戴在颈部和右手腕处。木器数量和种类最多，有木梳、木祖、木箭、木雕人像等等。墓葬因男女性别不同所着服饰和一些随葬品明显有异，男性毡帽插排状羽饰，女性则插单杆羽饰；男性斗篷穗多位于下摆，女性则多位于颈肩；男性腰衣似带，女性腰衣如短裙；北区男性腰衣常见一人着短裙式和窄带式两种腰衣的情况。男性棺前立木下立冥弓和木箭，女性身上放木祖、皮囊和木梳等等（图2.2-5）。与第二期冥弓相比，本期冥弓大得多，且与木箭并立在立木的一侧。与第二期死者面部涂乳白色浆状物不同，本期死者面部多涂红，有的可见涂划出红色线条。

此外，还有一些随葬品如缠毛线、束鬃毛、嵌骨雕人面像的尖头木杆形器、蛇形木杆、带皮套的羽箭、彩绘木牌、裹涂红皮革的小型木雕人面像、额面切齐的大牛头等，可能与墓主人的身份、地位有关。

图2.2-4 小河墓地干尸及随身遗物（采自《楼兰——千年的传奇和千年的谜》）

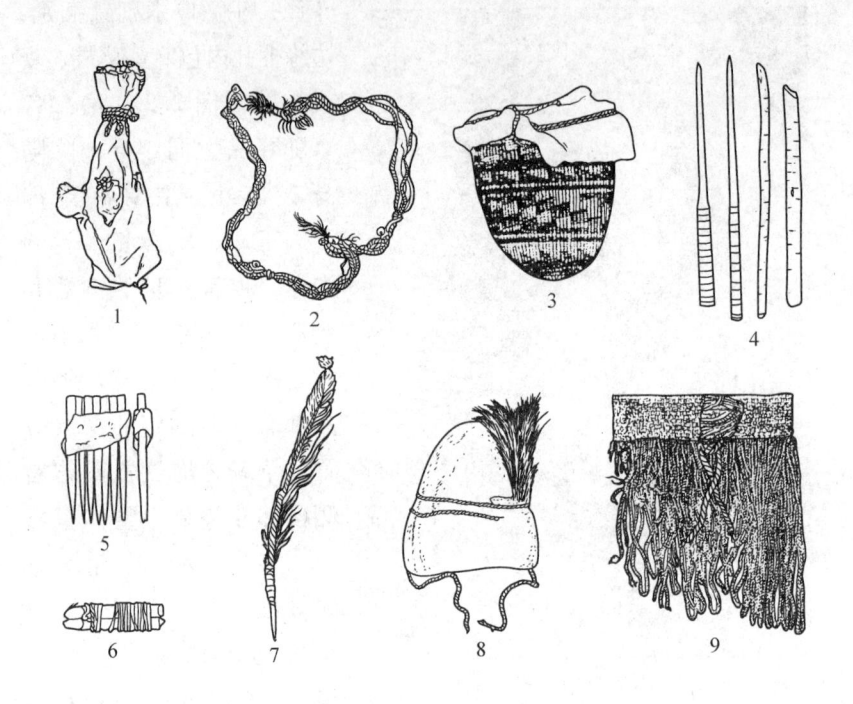

图 2.2-5　小河墓地 M11 随葬草编篓及其他器物举例
（采自《新疆文物》2007 年第 1 期）
1. 皮囊　2. 项链　3. 草篓　4. 木别针　5. 梳子　6. 木祖　7. 羽饰　8. 毡帽　9. 腰衣

第一期墓葬还发现有少量泥壳木棺墓，经发掘的 4 座墓均为成年女性，服饰、随葬品等与其他女性墓并无二致。

第二期：第二期墓葬与第一期墓葬在葬制葬俗上有同有异，这里只揭示其相异之处。木棺形制不同于第一期，其弧形侧板两端内侧保留了树干本身的自然弧面，两板端头相触，近端头凿出 U 形槽用来嵌长条形挡板，盖板较细窄。男性棺前"女阴"立木下所立冥弓相比第一期变小，且与木箭分立在立木的两侧。死者腰衣结构简单，多为平织和斜编的单色织物。死者的面部、身体上普遍发现涂有乳白色浆状物质。另外第一期、第二期的草篓、别针、木梳等在形制、花纹上也有变化的线索可寻。①

第三期：本期并没有完整墓葬资料可用来归纳其文化特征，只是在墓地地表上发现了众多的短木楔，它们不见于下层的墓葬中，因此只能是晚于第二期的文化遗物，恰好附近的古墓沟墓地存在这样的短木楔，是作为墓葬地表标志物而使用的。结合古墓沟的墓葬资料，可将这些短木楔所代表的墓葬作为小河墓地的第三期。

2. 古墓沟墓地②

古墓沟墓地位于孔雀河下游北岸第二阶地沙丘上，西南距小河墓地40余公里，东距铁板河墓地及罗布泊70余公里。1979年全面发掘了这片墓地，共计墓葬42座。墓葬形制有两种，一种为竖穴沙坑，部分墓葬墓室两端各有一根立木，上端露出地表，再无其他地表标志，共36座。另一种地表有七圈环形列木，圈外布列放射状木桩，形如太阳及其光芒，共6座。后者墓上木桩有叠压前者2座墓葬的情况，故前者时代要早。根据地表特征、葬俗及出土文物的差别，可将这两类墓看作前后两期。下面分别介绍两期墓葬的文化特征。

第一期：竖穴沙坑墓，地表无环形列木，部分墓葬墓室两端各有一根立木。木棺由侧板、挡板、盖板组成，无底。侧板两块，为稍具弧度的长木板，相向而立，两端各竖立一块挡板，盖板为无规则的多块小板组成，其上覆羊皮或簸箕状韧皮纤维草编织物。除个别墓葬中合葬二位男性、三位男性外，其他均葬一人（图2.2-6）。男女老少均见。头向东，仰身直肢。裸体包裹毛织物，平卧于沙土上。死者及遗物保存良好，死者头戴尖顶毡帽，帽上或插禽鸟翎羽。右胸上部放一小包麻黄碎枝，旁边放一草编小篓，少数篓内

---

① 因第一期墓葬材料尚未正式发表，故还不能作具体的器物演化逻辑揭示，此处只好引用小河考古队的说法，希望将来材料发表了能补上这一点。

② 王炳华：《古墓沟》，新疆人民出版社2014年版；王炳华：《孔雀河古墓沟发掘及其初步研究》，《新疆社会科学》1983年第1期；王炳华：《古墓沟人社会文化生活中的几个问题》，《丝绸之路考古研究》，新疆人民出版社1993年版，第202—209页，同书图彩1、照片18—21为古墓沟发掘时外景及部分遗物、干尸图；吕恩国等：《新疆青铜时代考古文化浅论》，宿白主编：《苏秉琦与当代中国考古学》，科学出版社2001年版，第172—193页。

盛10—100多颗小麦粒不等,也有盛已变干的白色浆状物的。死者腕、腰、颈部,见玉、骨等珠饰,部分墓葬东头,还随葬木质或石质人像及木盆、碗、杯、角杯、兽角、锯齿形刻木等(图2.2-7)。一男性人骨架骨骶部,有一件细石镞;一座墓中有一件小铜卷。

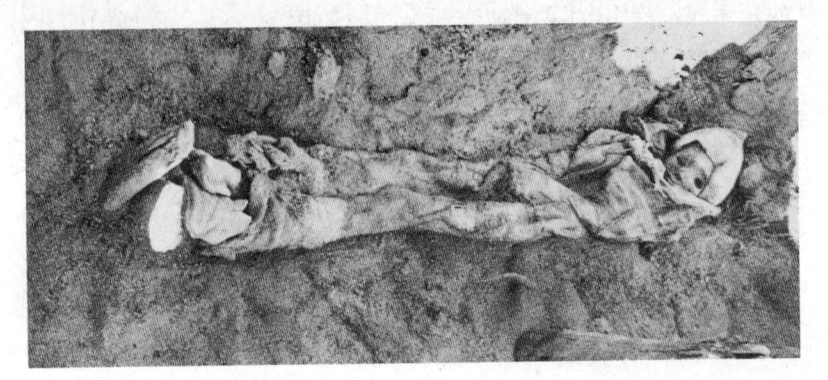

图2.2-6 古墓沟墓地女性干尸(采自《新疆古代民族文物》第19号)

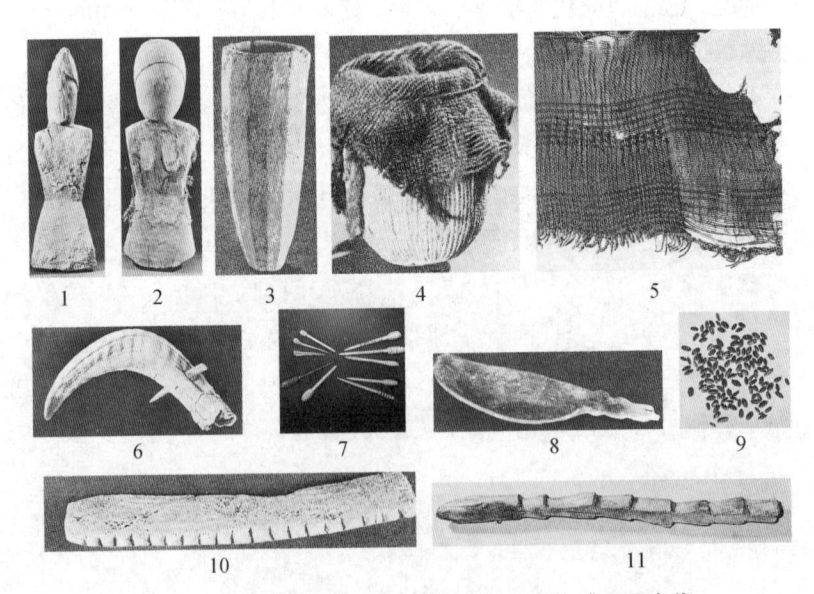

图2.2-7 古墓沟墓地部分随葬品(采自《新疆古代民族文物》第21—28、31—33号)

1. 尖帽木雕人像 2. 女性木雕像 3. 角形木杯 4. 盖毛布提篓 5. 毛毯
6. 穿木羊角 7. 骨针 8. 木刀 9. 麦粒 10. 刻木 11. 轮脊形木条

第二期：太阳形墓，地表有七圈环形列木，圈外布列放射状木桩，形如太阳及其光芒（图2.2-8）。墓穴在环列圈内，木质葬具，已朽，可见盖板和矩形边板的灰痕，具体形制已难明了。死者均男性，头向东，仰身直肢。遗物较少，所见锯齿形刻木、骨珠、骨锥、木雕人像等风格，与一期墓无异。两座墓中有小件铜饰，具体形制不清。

图2.2-8　古墓沟太阳形墓地地表形制（采自《新疆古代民族文物》第17号）

3. 铁板河墓地①

铁板河墓地位于孔雀河流入罗布泊的入口处。1980年初，在铁板河湾东西两个高大风蚀土台上发现了两处墓地（编号为Ⅰ号墓地和Ⅱ号墓地），Ⅰ号墓地只有两座墓，编号M1和M2，当年只对这两座墓进行了发掘。

---

① 穆舜英：《楼兰古墓地发掘简况》，《考察与研究》1987年，总第七辑。又见穆舜英、张平主编：《楼兰文化研究论集》，新疆人民出版社1995年版，第122—126页。

M1 南壁已破坏，墓葬形制为长方形竖穴土坑，东西向，墓坑深 1 米，长 1.74 米，宽约 0.7 米。无葬具，墓中女性干尸一具，头向东北，仰身直肢。干尸脸部和胸部上盖有一草编扁筐，像一个簸箕。尸上盖一层厚约 30 厘米的干树枝，树枝上又压了一层厚约 10 厘米的芦苇，荒草上再压一层厚约 10 厘米的树枝，上面再压土块。墓穴两端各插一根粗树干。

女尸保存完好，体姿自然，脸面清秀，面容安详自如，犹如安睡。鼻梁尖高，下巴尖翘，眼大窝深，长长的眼睫毛清晰可见，毛发、皮肤、指甲等都完好，深褐色的头发蓬散披在肩上，皮肤光滑呈古铜色，身体健壮，为一中年妇女。即便目测都能看出其鲜明的印欧人种特征。经上海第一医学院等单位测定，她的死亡年龄在 40—45 岁之间。此具女尸曾到上海、日本等地展出，对她的研究极多，并被文艺作品反复吟咏，获得了"楼兰美女"之美誉（图 2.2-9）。"楼兰美女"现静静地躺在新疆博物馆的古尸展厅里。当然，小河墓地发掘后，"楼兰美女"便不再独一无二，猛然多了起来。

图 2.2-9　铁板河"楼兰美女"干尸（采自《新疆古尸》）

M1 女尸出土时，用一块粗毛布裹身，毛布在前胸交叠处用削尖的小树枝别住，下身裹一块加工处理过的光板羊皮，头上戴一顶毡帽，帽上插有两支雁翎，脚上是一双毛翻在外的皮鞋，鞋底面用毛线缝合，没有袜子。干尸脸部还盖有一块羊皮，羊皮上才是草扁筐，干尸头下左边，还放了一个草编篓，口部有用以提起的系绳。

篓、筐皆为香蒲草和芨芨草茎干编织。

M2 在 M1 东面不远处，发现时已破坏，形制不清，尸骨无存，仅从残存的墓穴中采集到随葬品 11 件。分别为草编扁筐一个，呈簸箕状（图 2.2-10），草编篓一个，圆桶形，草编窝卷形扁筐一个，香蒲草把二捆，草茎把三捆，蒲草绳二根，木刀一把，木器腿一件和小鱼骨骸一副等。

图 2.2-10 铁板河古墓草扁筐（采自《新疆古代民族文物》第 29 号）

从出土物的诸多类似上推断，M1、M2 应为同一文化遗存，它们又近同于古墓沟第一期和小河第一期墓葬，虽有葬具上或有或无的差别。

4. 林雅墓地①

林雅墓地位于哈密市林场和雅满苏矿驻哈密办事处一带。原为戈壁荒滩，随着城市建设发展为城区。发掘者简称其为林雅墓地，

---

① 林雅墓地又称天山北路墓地，因发掘前墓地所在为哈密市林场和哈密市雅满苏铁矿办事处，故发掘者简称林雅墓地，也有称之为"雅林办墓地"的，发掘完后此地被修成公路，路名"天山北路"，故又有人以今名呼之天山北路墓地，愚意以为，为避免与自古有之的以天山以北地区为天山北路的名称相混，仍称之为林雅墓地为妥。发掘报告正在整理中，资料来源于一些简介及研究性文章，比如：常喜恩：哈密市雅满苏矿、林场办事处古代墓葬，《中国考古学年鉴》（1989 年），文物出版社 1990 年版；《哈密文物志》编纂组：《哈密文物志》，"林雅墓地"，新疆人民出版社 1993 年版，第 143—144 页；吕恩国等：《新疆青铜时代考古文化浅论》，宿白主编：《苏秉琦与当代中国考古学》，科学出版社 2001 年版，第 179—184 页；新疆维吾尔自治区文物局等主编：《新疆文物古迹大观》，"天山北路古墓地"，新疆美术摄影出版社 1999 年版，第 110—112 页。

后来此处修建成名为天山北路的市区街道，故也有称天山北路墓地的。墓地面积1.5万平方米左右，分布密集，叠压打破关系复杂，1988—1997年间发掘墓葬700余座，是新疆青铜时代考古中最值得重视的一批资料。

墓地上层为现代扰乱层，未见封堆等地表标志。根据哈密盆地早期青铜文化墓地普遍不设封堆的情形看，林雅墓地也应不存在地表封堆。墓葬形制有竖穴土坑和竖穴坯室两种，墓坑都较小，一般长1—2米，宽0.6—1米，人骨较朽碎，可辨别葬式的均为侧身屈肢，多单人葬，头向东北或西南，其中可辨明的有头向东北的左侧身屈肢和头向西南的右侧身屈肢。

随葬器物有陶器、铜器、石器及骨、贝蚌、金、银质的装饰品等。陶器在大多数墓中只随葬1件，2件以上很少。均手制，夹砂红陶为主，少量灰陶和泥质红陶。平底器多，器类有双耳罐、单耳罐、桶形罐、注流壶、銎耳壶、腹耳壶、单耳杯、无耳杯、盆、匜、四系罐、曲颈罐等，以各式双耳罐最多最具特色，占全部陶器的半数以上。彩陶器占三分之一强，纹样有三角纹、笔尖纹、波状纹、菱状纹、网状纹、叶脉纹、手形纹、人物纹、竖条纹等。多为黑彩，少量紫红彩，颜料多稀薄，少量较浓稠。少数素面陶有附加堆纹或压印纹，如竖条纹、角形纹、折线纹、X形纹及压出的圆坑、戳刺的三角小孔等，少量彩陶和素面陶饰乳突或銎状突等。铜器数量最多，有刀、锥、镰、锛、凿、矛、镜、耳环、手镯、泡、扣、珠、管、别针等，大多为锡青铜，个别为红铜。石器有杵、敲砸器和细石镞等。

此墓地材料尚未发表，虽通过介绍知此墓地有诸多的陶器及墓葬间繁多的叠压打破关系，因见不到具体材料，无法作排队分期工作，殊为可惜。好在几位发掘者在一篇文章中介绍了他们的分期成果[1]，今转掠于此，并表谢忱！墓地初步可分为四期8段，每期

---

[1] 吕恩国、常喜恩、王炳华：《新疆青铜时代考古文化浅论》，宿白主编：《苏秉琦与当代中国考古学》，科学出版社2001年版，第180—184页。

2 段。

第一期：各类陶器多较瘦，素陶双耳罐口沿多内斜近直或侈口不显著，器耳较小。以极富特征的双横系桶形罐、桶形单耳杯、折腹杯和圭形纹、单线菱格纹、多重菱格组成的回形纹、竖线夹曲线或三角纹，通体彩为特点（图 2.2-11）。部分竖穴土坑墓带单侧二层台。

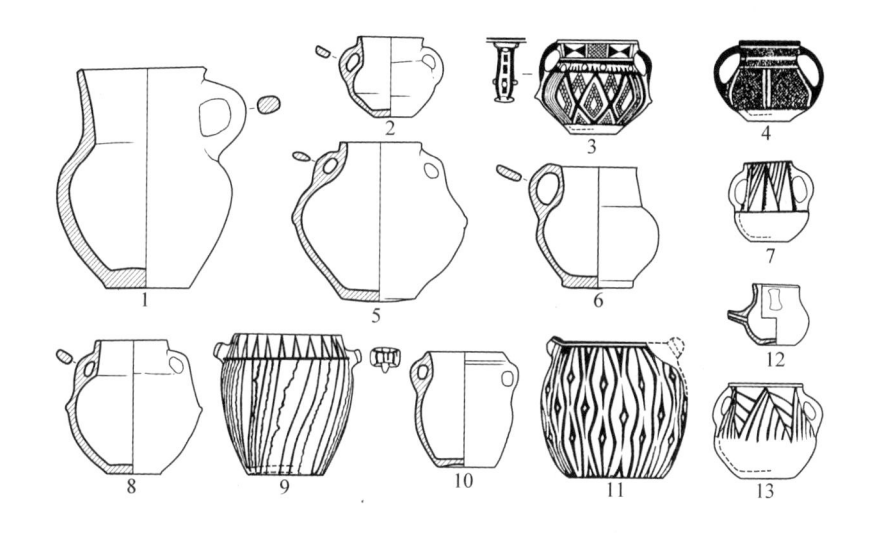

图 2.2-11 林雅墓地第一期陶器（采自吕恩国等：
《新疆青铜时代考古文化浅论》）
1、6. 单耳罐 2、3、13. 大口折腹罐 4、7. 高颈大耳罐 5. 折腹双耳罐
8. 近直口双耳罐 9、11. 双横系大口罐 10. 大品罐 12. 双耳注壶

第二期：陶器总体显胖，后段沿下双耳罐、单耳罐和口沿双耳罐的器口普遍增大，多侈沿，器形普遍矮胖。彩陶纹样主要为三角纹，次为断续波状纹，新出手形纹、分组竖条纹等（图 2.2-12）。

第三期：陶器形体较胖，侈口更显著，口沿部拉长，腹部有加深趋势，有沿单耳罐和注壶渐消失。在有沿单耳罐中，个别器型颈部仍保持了内斜近直的作风。彩陶纹样仍以三角纹为主，次为上尖

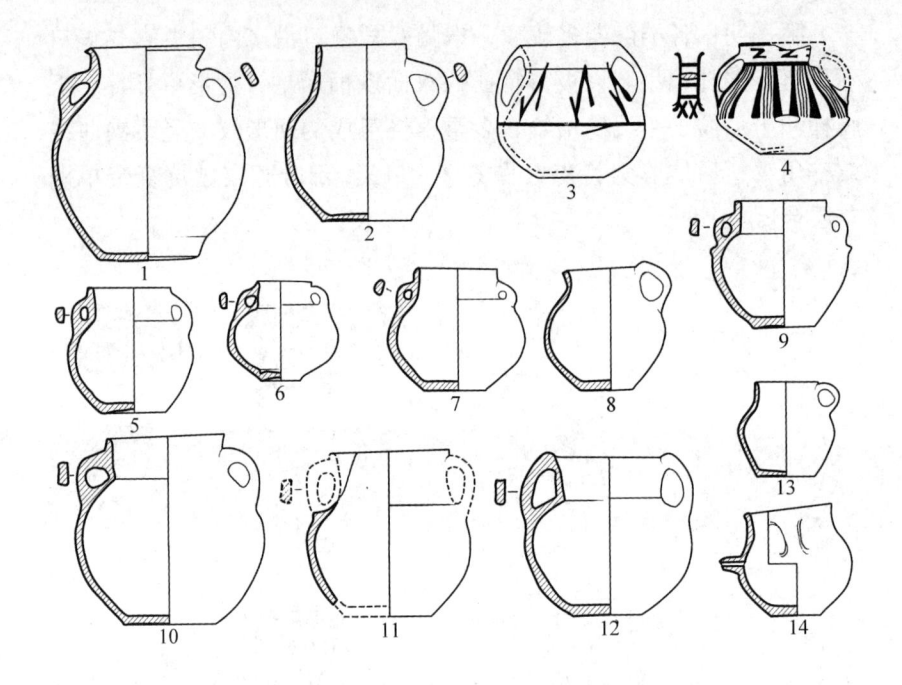

图 2.2-12　林雅墓地第二期陶器（采自吕恩国等：
《新疆青铜时代考古文化浅论》）

1. 侈口双耳罐　2、8、13. 单耳罐　3. 垂腹双耳罐　4. 折腹双耳罐　5、9、10.
大口双耳罐　6. 肥腹罐　7. 大口扁腹罐　11. 高颈罐　12. 大口罐　14. 双耳注

下宽、中部饰细竖线的尖角纹，还有分组竖条纹和叶脉纹。个别器物的颈和器耳饰有泥条附加堆纹，其上饰指甲纹（图 2.2-13）。以上三期铜器相比第四期同类器，体量都较大。

第四期：陶器总体比前三期瘦，或腹加深、口沿拉长、耳更大。彩陶纹样中的手形纹、菱形纹消失，沿内彩数量减少，新出现横弦纹，但仍以三角纹为主（图 2.2-14）。本期铜器中的刀、镰等趋于小型化。有一件多圈弦纹铜镜很有特色（图 2.2-15）。

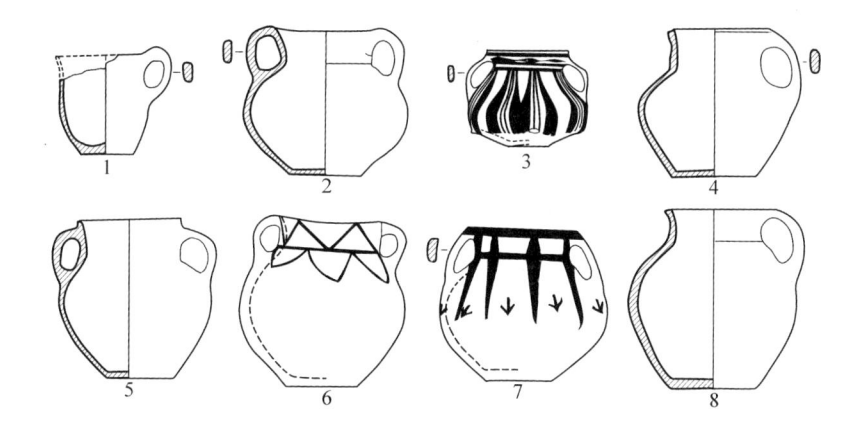

图 2.2-13　林雅墓地第三期陶器（采自吕恩国等：
《新疆青铜时代考古文化浅论》）

1. 单耳杯　2、5、6、7. 双耳罐　3. 垂扁腹罐　4、8. 单耳罐

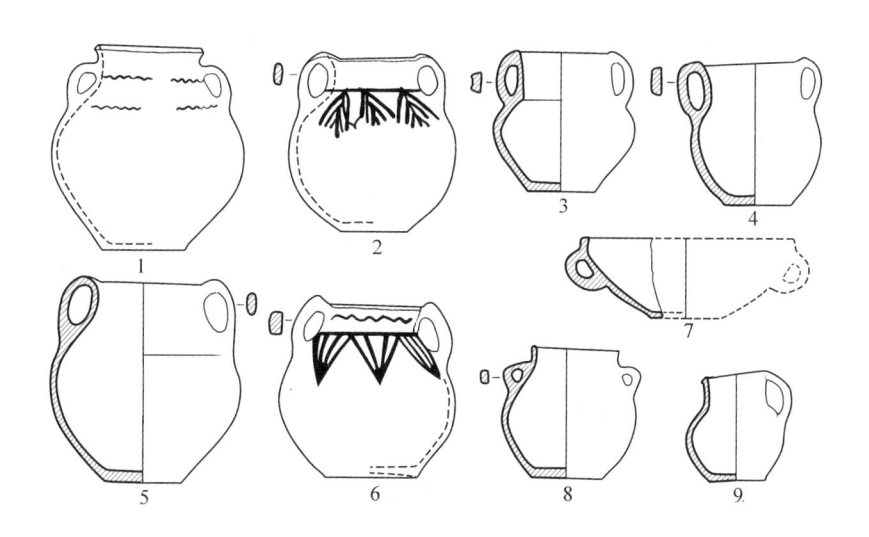

图 2.2-14　林雅墓地第四期陶器（采自吕恩国等：
《新疆青铜时代考古文化浅论》）

1、8. 双耳罐　2、3、4、5、6. 双耳罐　6. 双耳盆　9. 单耳罐

56 青铜时代的东西文化交流

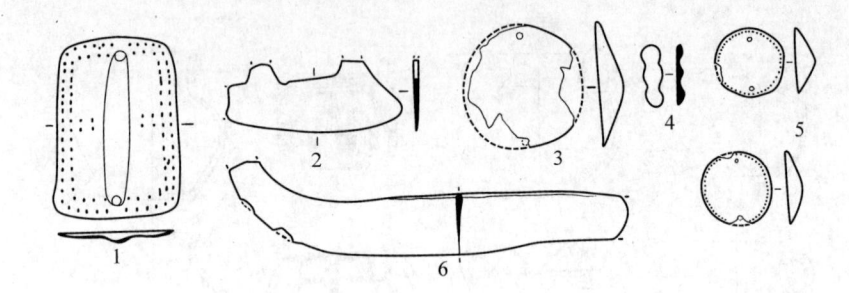

1. 牌 2、6. 刀 3、5. 泡形饰
林雅墓地第一期铜器

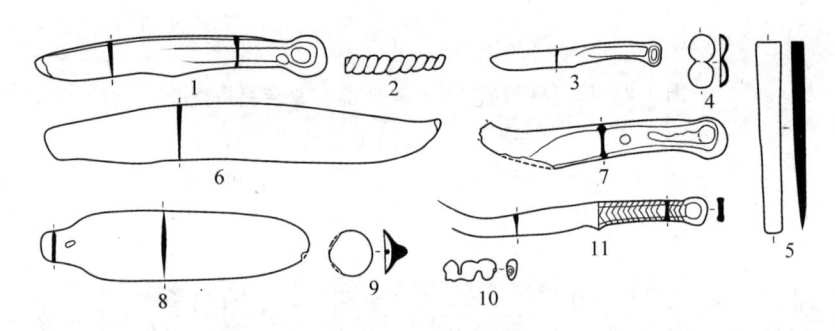

1、3、7、11. 刀 2. 螺旋形饰 4. 双联泡形饰 5. 凿 6. 镰 8. 矛 9. 扣 10. 珠
林雅墓地第二期铜器

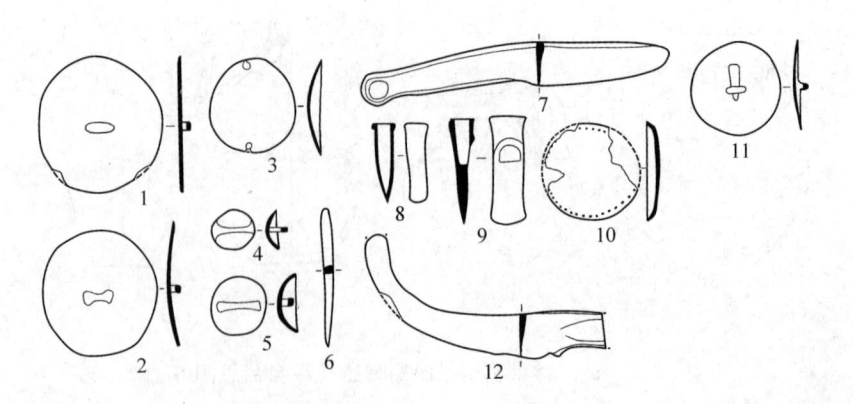

1. 镜形饰 2、4、5、11. 扣 6. 锥 7、12. 刀 8、9. 锛 10. 泡形饰
林雅墓地第三期铜器

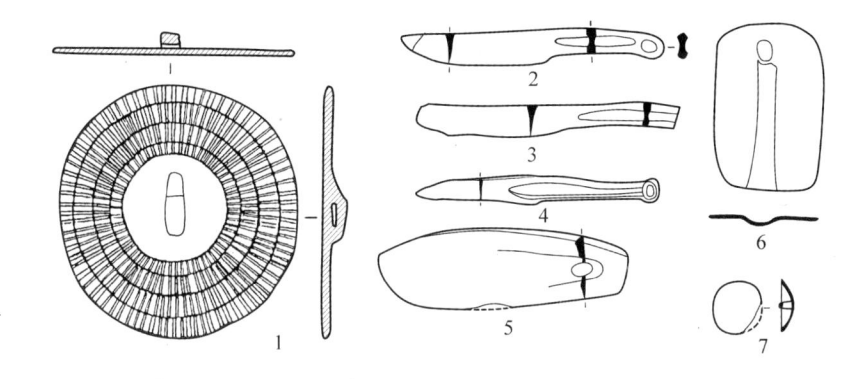

1. 镜　2、3、4. 刀　5. 镰　6. 牌　7. 扣
林雅墓地第四期铜器

图 2.2 – 15　林雅墓地四期铜器（采自吕恩国等：《新疆青铜时代考古文化浅论》）

5. 焉不拉克墓地①

焉不拉克墓地位于哈密市三堡乡焉不拉克村西北两条山冈上，共发掘墓葬 90 座，面积约 350 平方米。发掘区居整个墓地的南部，约占整个墓地的五百分之一。墓地表面为砂砾层或黄土层，其下有厚 15—60 厘米的扰乱层，内含大量碎陶片、木头、土坯块和残碎人骨，在其下有两组探方是红色生土层，坚硬纯净，竖穴墓均挖于生土中，土坯墓均在生土面上；另两组其下还有两层，一是细砂砾层，厚 25—70 厘米，质较杂，所有土坯墓均在此层中，以下是粗砂砾生土层，较坚硬，竖穴墓均挖在此生土中。墓葬分布密集，有 18 组叠压打破关系。

墓葬均无地表封堆，墓口平面多数呈长方形，也有椭圆和方形，头向多东南或西北，少数为东北、北或西南。墓葬形制可分三

---

① 黄文弼：《新疆考古发掘报告》，文物出版社 1983 年版，第 1—9 页；新疆维吾尔自治区文化厅文物处等：《哈密焉不拉克墓地发掘报告》，《考古学报》1989 年第 3 期；《哈密文物志》编纂组：《哈密文物志》，"焉不拉克墓地"，新疆人民出版社 1993 年版，第 150—152 页。

类，下面按类介绍。

第一类：规模较大的竖穴二层台墓。其二层台又可细分为生土、土坯、生土与土坯共构三种，多数为合葬墓，少数单人葬。完整的人骨葬式基本是头向东南的右侧屈肢，仅有个别的头向西北、左侧屈肢，有少量二次葬。随葬品较多，主要有陶钵、豆、腹耳壶和单耳杯，同时还有单耳小杯、单耳罐、双耳罐、碗和木盘、木桶及小件铜器、铁器等。彩陶数量较多，纹饰有曲线纹、锯齿纹、水波纹、S形纹、内填网格的倒三角纹、倒三角及向下延长的竖线纹、十字双钩纹等。

第二类：规模较小的竖穴墓。无二层台，墓壁多为生土壁，少数土坯墓壁或生土、土坯混合墓壁。少数墓墓口盖有木头或木板，个别在其上还铺有苇席。单人葬为主，少量合葬墓。完整人骨的葬式多为左侧屈肢，少数右侧屈肢，上体有侧身、仰身、俯身几种，头向亦不一致。另还有个别的仰身直肢和仰身向两侧屈肢及少数二次葬。随葬品较少，主要是单耳小杯、单耳罐和双耳罐，同时也有钵、豆、腹耳壶、单耳杯和木盘、木桶及小件铜器、铁器等。彩陶数量较少。

第三类：地面上的土坯墓。在当时的地面上用土坯直接起墓，类似伊犁地区和江南的地面起墩的土墩墓，较为独特。有大小之分，大者垒砌规整，土坯多错缝；小者简陋，仅用几块土坯围立而成。个别的在浅穴边缘上再砌土坯。葬式基本与第二类相同，随葬品亦较少，主要为单耳小杯、单耳罐、双耳罐和个别的腹耳壶、单耳杯及木盘、木桶和小件铜器等。第一类的典型器物陶钵和陶豆已不存，彩陶很少。

根据叠压关系，第一类墓葬最早，第二类次之，第三类最晚。

发掘者在报告中依据墓葬形制及叠压关系、随葬品的逻辑演化规律，将焉不拉克墓地分为三期，分别以三类墓葬为代表。经检视，笔者赞同此分期结论，但有两点问题。问题之一是报告编写者在作器物分类描述时，只分式而不分型，实际上是"型""式"混杂在一起，很不利于后来者作检视核对工作。当然这种问题是早年的考古报告通病。问题之二是编写者将 M75 中的所谓中心墓室和东南角墓室看作一整体,其实它们之间有叠压关系(图 2.2－16),应是有早晚差别的两座墓(可分别称之为 M75—A 和 M75—B)。这一点已有学者指出并以此为突破口重新探讨了该墓地的分期。① 如此,依据墓葬形制及两墓中同类器物的演化形态,可将 M75—B 划

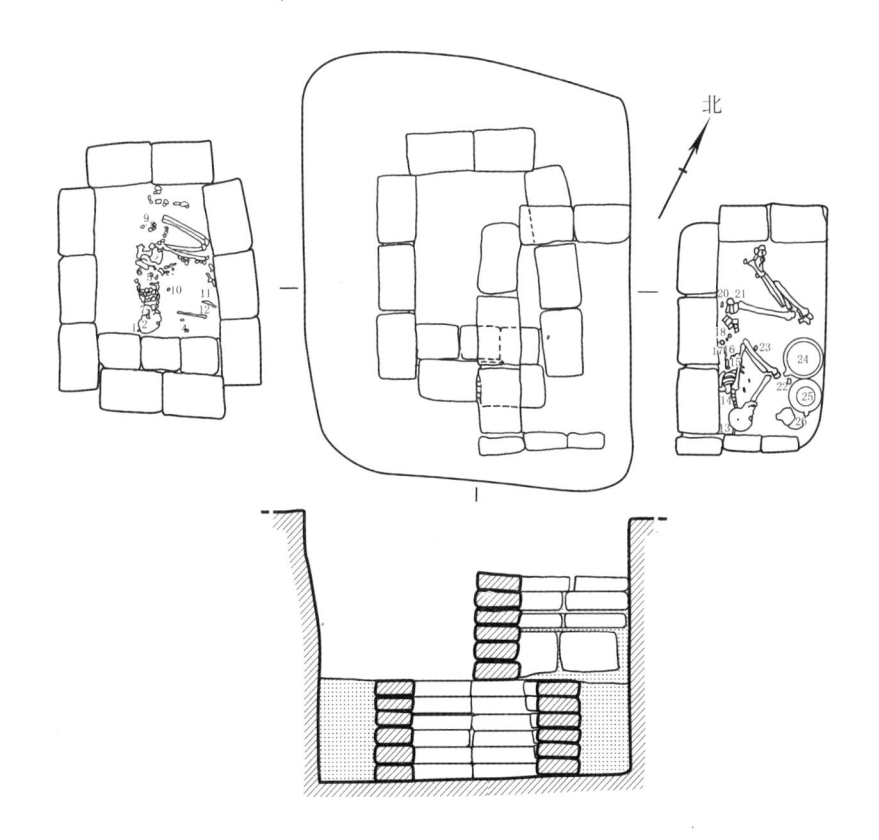

图 2.2－16 焉不拉克墓地 M75 平、剖面图(左,中心墓室;右,东南角墓室,采自《新疆疆文物考古新收获》)

1. 铜管 2. 铜耳环 3. 石珠 4. 铜锥 5. 铜刀 6. 石杵 7—10. 铜扣 11、12. 铜镞 13. 金耳坠 14. 铁剑残尖 15. 磨石 16.19. 铜饰件 17. 骨珠 18. 铁戒指 20. 铜刻刀 21. 铜镞 22. 石珠 23. 羊距骨 24—26. 陶器

---

① 邵会秋:《从 M75 看焉不拉克墓地的分期》,《新疆文物》2006 年第 2 期。

归为第二类墓和第二期。焉不拉克墓地共发现7件铁器,其中M75—B就有3件,因此过去认为焉不拉克墓地铁器主要出自第一期墓葬,从而将该墓地整体认作早期铁器时代墓地,对M75—B的新归类和分期,有助于对焉不拉克墓地时代的正确认识。

下面编排出焉不拉克墓地典型陶器的分期图(图2.2-17)。这六种典型陶器的演变趋势分别是:

腹耳壶:壶底由圜底→平底;器身由矮胖→高瘦;颈部由宽矮→高瘦;双腹耳由穿钻小孔→宽桥耳。

单耳豆:豆柄由矮粗→瘦高;彩绘由有彩→无彩;豆腹由弧腹→斜腹。

单耳钵:器底由圜底→小平底;器耳由宽桥耳→錾耳。

单耳杯:彩陶单耳杯由侈口→直口;弧腹→折腹;高瘦→矮胖。素陶单耳杯由高瘦→矮胖。

单耳罐:器底由平底→圜底;颈部由不明显→明显。

双耳罐:双鼻耳罐由矮小→高大;直壁桶形罐由直壁→斜壁。

6. 五堡墓地①

五堡墓地位于哈密市五堡乡政府西北2公里,南距五堡水库约1公里。1978年、1986年、1991年,三次发掘共清理墓葬113座。墓地墓葬十分密集,排列有序。地表近平,应不存在封堆。墓葬形制均为长方形竖穴二层台墓,一般长1.5米,宽1米左右,深1.2—2米。近墓室底部有生土或土坯二层台,高约0.5米、宽约0.2米。二层台上铺上凸下凹的弧形盖木,多为胡杨木,其表面经过砍削,砍痕密集平整,应是金属工具所为。盖木彼此拼合不密,缝隙中填塞小木棍。其上铺芨芨草编扎的草帘,也有填塞粟秆麦草

---

① 完整资料尚未发表,相关信息来源:新疆文物考古研究所:《哈密五堡墓地151、152号墓葬》,《新疆文物》1992年第3期;王炳华:《哈密古墓地发掘简况》,《考察与研究》,总第4辑,上海科学技术文献出版社1984年版,第55—57页;新疆文物考古研究所:《新疆考古三十年》,新疆人民出版社1983年版,第3页。新疆文物考古研究所:《新疆维吾尔自治区文物考古五十年》,《新中国考古五十年》,文物出版社1999年版,第482—483页。

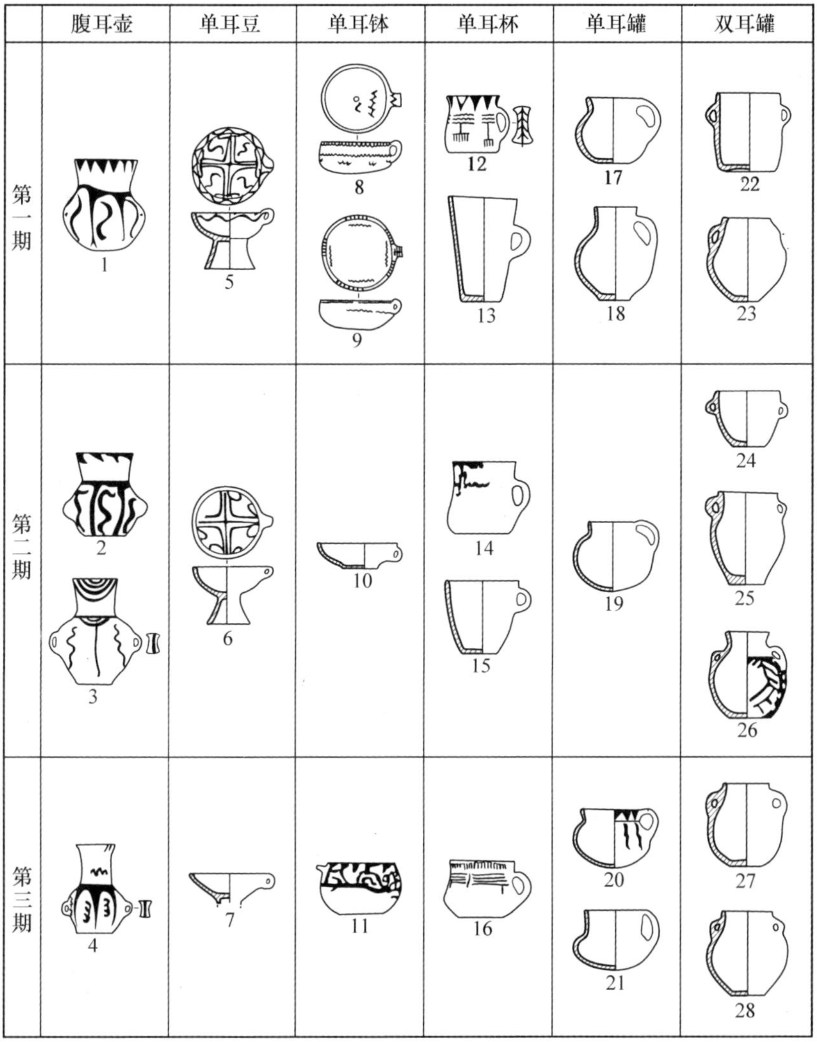

	腹耳壶	单耳豆	单耳钵	单耳杯	单耳罐	双耳罐
第一期	1	5	8 9	12 13	17 18	22 23
第二期	2 3	6	10	14 15	19	24 25 26
第三期	4	7	11	16	20 21	27 28

图 2.2-17 焉不拉克墓地六种典型陶器分期图

1. M75:11 2. M53:1 3. M75:18 4. M2:3 5. M69:5 6. M75:17
7. T2:11 8. M64:8 9. M75:14 10. M63:1 11. T12:3 12. T3:1 13. M70:5
14. M45:1 15. M27:1 16. M40:3 17. M75:15 18. M31:3 19. M30:2
20. M40:4 21. M2:2 22. M4:2 23. M13:4 24. M60:1 25. M23:1
26. M46:5 27. M7:2 28. M52:1

的。盖木下即为墓室，一般长1.1米，宽0.8米左右。单人葬居多，葬式有侧身屈肢和仰身屈肢，双腿极度曲卷（图2.2-18）。也有多人合葬。墓葬似遭严重破坏，其中干尸肌体多已撕裂或分离。

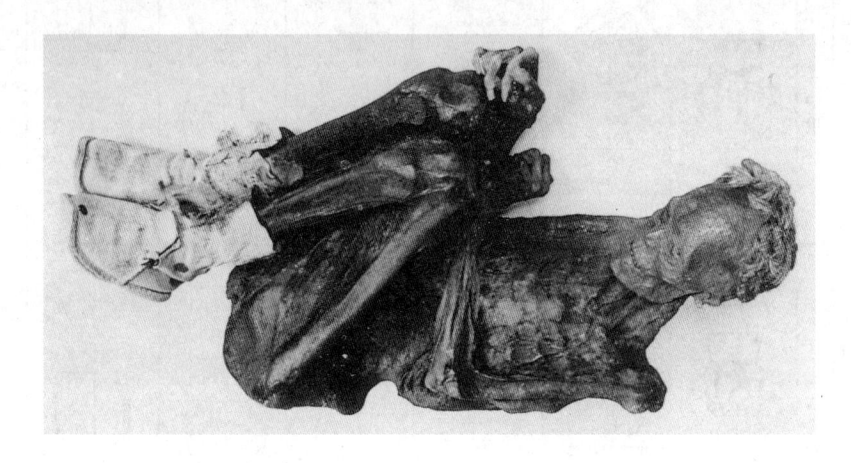

图2.2-18　五堡干尸（采自《哈密古代文明》）

随葬品除墓主随身衣物外，大多为日常用品或生产工具，日常用品有陶罐、木桶、木勺、木梳、石杵、青铜小刀、锥、带把小镜、镞、牌饰及装饰物，其中M152有一件单耳罐，极似焉不拉克墓地M76的一件Ⅱ式单耳罐，部分陶罐和木桶上饰有红衣黑彩和红彩，主体纹饰均为倒三角纹。生产工具有石磨、木耜、木质三角形掘土器、木柄铜锛、纺轮、骨针等。另外还有狩猎、驯服牲畜用的石球、笼头、鞭及作为盖木入葬的木质实心无辐车轮等。墓中还发现有马、牛、羊骨及小米饼、青稞穗等。由于墓地处在气候特别干热的哈密盆地西缘戈壁荒漠深处，尸体大多保存良好，是一批极为宝贵的体质人类学资料。随之附着于体外而得以保存的皮帽、皮靴、皮大衣及各式平、斜纹毛织物，部分还相当完好。皮革的鞣制、脱脂水平较高至今仍非常柔软。毛织物编织精细，质地细密，着色美观大方，图案种类繁多，其中有件毛绣，红底，绣满三角图案，是一件罕见的珍品（图2.2-19）。

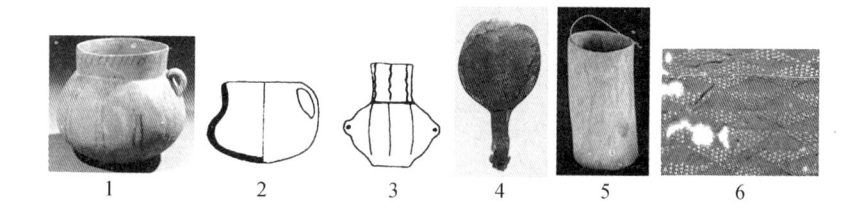

图 2.2-19　五堡墓地部分器物（采自《哈密古代文明》，其中第 2 件、第 3 件器物属哈博展品，来自水涛文）

1—2. 单耳罐　3. 腹耳壶　4. 带柄铜镜　5. 刻纹木桶　6. 红褐底黄蓝色三角纹刺绣

五堡墓地的葬制葬俗及随葬品均与焉不拉克墓地有极大的可比性。

7. 艾斯克霞尔墓地①

艾斯克霞尔墓地位于哈密市五堡乡西南约 30 公里的南湖戈壁荒漠深处。墓地所在沙梁呈马鞍形，墓葬主要分布在沙梁的北部，疏密不一，排列无规律，不见叠压、打破关系。墓地面积约 1400 平方米，1999 年发掘墓葬 5 座，清理被盗掘墓葬 27 座。墓地表面除大小不一的盗坑外，无任何标志。因墓穴建在沙土层中，墓室多不规整，以致有的墓壁有贴圆泥饼以防坍塌的情形。墓形有竖穴土坑和竖穴二层台两种，二层台墓其二层台上平铺成排的胡杨木棍和芦苇草席。多为单人葬，侧身屈肢，头向西北或东北。尸体以皮衣包裹，面盖皮覆面，毛毡作枕，梳双辫，身着毛布袍、长裤，脚穿皮靴。随葬品有毛织品、皮制品、铜器、陶器、木器、石器、骨器及食物等。毛织品、皮制品主要为服饰，均手工缝制。皮制品以羊皮、牛皮为原料，多经鞣制，皮线缝合。铜器数量多，但种类较少，有刀、刻刀、锥及装饰品。陶器多素面，手制，彩陶红衣黑

---

① 新疆文物考古研究所等：《新疆哈密市艾斯克霞尔墓地的发掘》，《考古》2002 年第 6 期。

彩，纹样有倒三角、S形、竖条纹等。器形有腹耳壶、单耳罐、单耳杯、钵等（图2.2-20）。

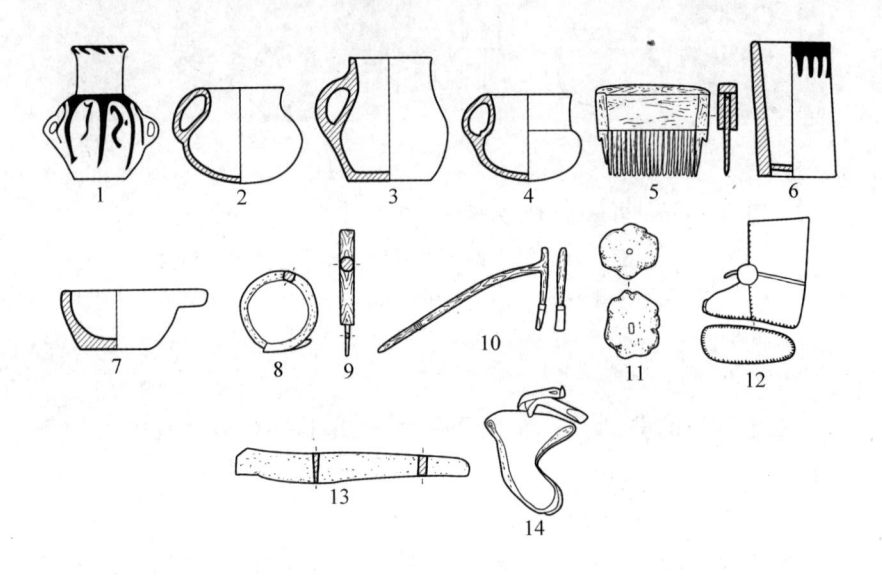

图2.2-20 艾斯克霞尔墓地典型器物图（采自《考古》2002年第6期）

1. 腹耳壶 2—4. 单耳罐 5. 木梳 6. 木桶 7. 石臼 8. 铜耳环 9. 铜锥 10. 木柄铜刻刀 11. 铜片 12. 皮靴 13. 铜刀 14. 皮囊

艾斯克霞尔墓地与邻近的焉不拉克、五堡墓地有诸多相似，如葬制葬俗上均无地表封堆，流行竖穴二层台或竖穴土坑，屈肢葬，死者身穿皮衣服脚穿皮靴，出土平纹、斜纹纺织品和编织物，随葬器常见单耳圜底罐、腹耳彩陶壶、单耳杯等，彩陶红衣黑彩，流行倒三角纹、S形纹等。[①] 其中腹耳壶、单耳罐的型制与焉不拉克墓地第二期相关器物近似，是很好的横向比较材料（图2.2-21）。

---

① 陈戈：《略论焉不拉克文化》，《西域研究》1991年第1期。

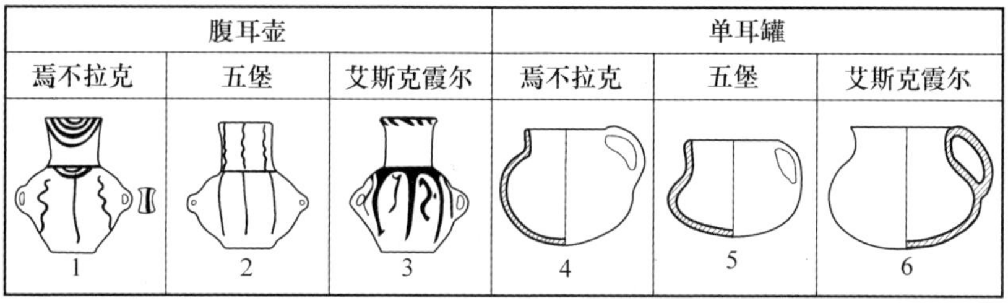

腹耳壶			单耳罐		
焉不拉克	五堡	艾斯克霞尔	焉不拉克	五堡	艾斯克霞尔
1	2	3	4	5	6

图 2.2-21 焉不拉克、五堡、艾斯克霞尔墓地相似器物比较图
1. M75:18 2. 哈博展品 3. M1:17 4. M30:2 5. 哈博展品 6. M1:18

8. 庙尔沟墓地①

庙尔沟是哈密盆地东北缘一条自北向南的自然冲沟，沟水源于天山冰雪，流至距黄田农场场部近20公里的上庙尔沟村出山，随即潜入荒漠戈壁之中。黄田农场辖区内目前发现的10余处文物点均分布在这条沟水流经区域②，其中庙尔沟墓地即位于上庙尔沟村沟水东岸的一处台地上。

该墓地经过多次调查，并分别于1978年、1996年做过发掘，现仅以1996年发掘的15座墓葬资料分析该墓地的文化特征。

墓葬普遍有地表标志，可分为环形砂石封堆墓、石围墓和石堆墓，墓下形制绝大多数为竖穴石室，单人葬为主，少量合葬墓，一次葬和二次葬均有，一次葬为右侧身屈肢，头向东南。随葬品多寡不一，少则一、二件，多则数十件（多为各种珠饰），有陶、铁、铜、金、银、玻璃、玛瑙、石、骨等质地，陶器有单耳罐、带流罐、豆、腹耳壶、高颈壶、单耳杯、釜、双耳罐、錾耳盆、钵、纺轮等器类，彩陶很少，有黑彩弦纹等纹饰（图2.2-22）。铁器出土较多，但都锈蚀严重，可辨器形的有刀、锥、镞、带扣、环、珠、管、牌等，铜器所占比例较小，有铃、镜、牌饰、珠、戒指、

---

① 哈密地区文管所：《哈密黄田庙尔沟墓地调查》，《新疆文物》1998年第1期；新疆文物考古研究所等：《1996年哈密黄田上庙尔沟村Ⅰ号墓地发掘简报》，《新疆文物》2004年第2期。

② 自治区文物普查办公室等：《哈密地区文物普查资料》，《新疆文物》1991年第4期。

簪等，后几种质地随葬品多为珠饰。墓葬中还存在随葬羊、马骨的现象。

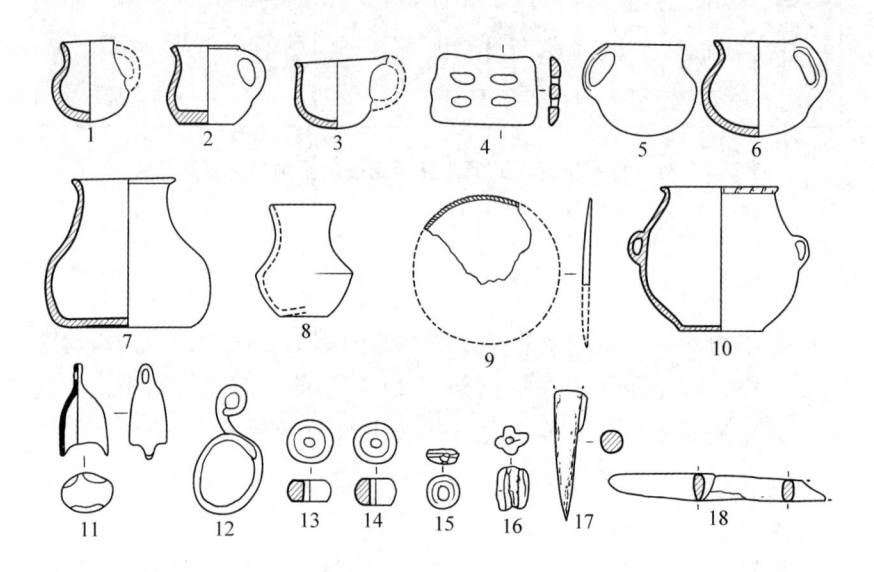

图 2.2-22　庙尔沟墓地陶器及铁铜器（采自《新疆文物》2004 年第 2 期）
　　1—3、5—6. 单耳罐　4. 铜饰牌　7—8. 高颈壶　9. 铜镜　10. 双腹耳壶
11. 铜铃　12. 银耳环　13—14. 玻璃珠　15—16. 金珠　17. 铁镞铤　18. 铁刀

9. 南湾墓地①

南湾墓地位于巴里坤县奎苏乡，天山北坡一缓坡台地上，墓地面积近 8000 平方米，墓地地表曾被农民犁耕过，经综合判断，应不存在地表封堆。据挖掘探沟探查，有古墓近 300 座，1981 年、1982 年两次共发掘墓葬 100 余座。

墓葬形制多为长方形竖穴土坑，有椁式木棺，个别用砾石砌墓室。单人葬为主，少量 2—6 人的合葬墓，有上下叠压的，也有分

---

① 《哈密文物志》编纂组：《哈密文物志》，"南湾墓地"，新疆人民出版社 1993 年版，第 149—150 页；新疆维吾尔自治区博物馆：《巴里坤南湾墓地 66 号墓清理简报》，《新疆文物》1985 年第 1 期；新疆文物考古研究所：《巴里坤县南湾 M95 号墓试掘简报》，《考古与文物》1987 年第 5 期；吕恩国等：《新疆青铜时代考古文化浅论》，宿白主编：《苏秉琦与当代中国考古学》，科学出版社 2001 年版，第 184—187 页。

置木棺内外的，还有骨架零散分布在填土中的。一次葬者大多头朝向东南，或左或右侧身屈肢。大多数墓葬在头向的一方的填土中栽植一根短立木，少数墓葬在墓口东侧置数块卵石或设小石圈并有残陶器。

随葬品主要为陶、铜器，还有骨、角、石、木器及少量毛织物碎片。陶器多夹砂红褐陶，少量灰、黄陶。有些陶胎中夹云母末。少数素陶上有压印纹、指甲纹和刻划纹。彩陶约占全部陶器的八分之一，多黑彩，少量白彩和紫红彩。纹样有三角、十字、曲线纹等。陶器多平底，极少量圜底器。器形有腹耳壶、单耳钵、单耳罐、杯、四耳罐、双耳罐、无耳罐和无耳杯，还有少量带錾的盆、杯等。铜器主要有刀、锥、斧、凿、镞、铃、镜、扣、管、卷、耳环等（图2.2-23）。

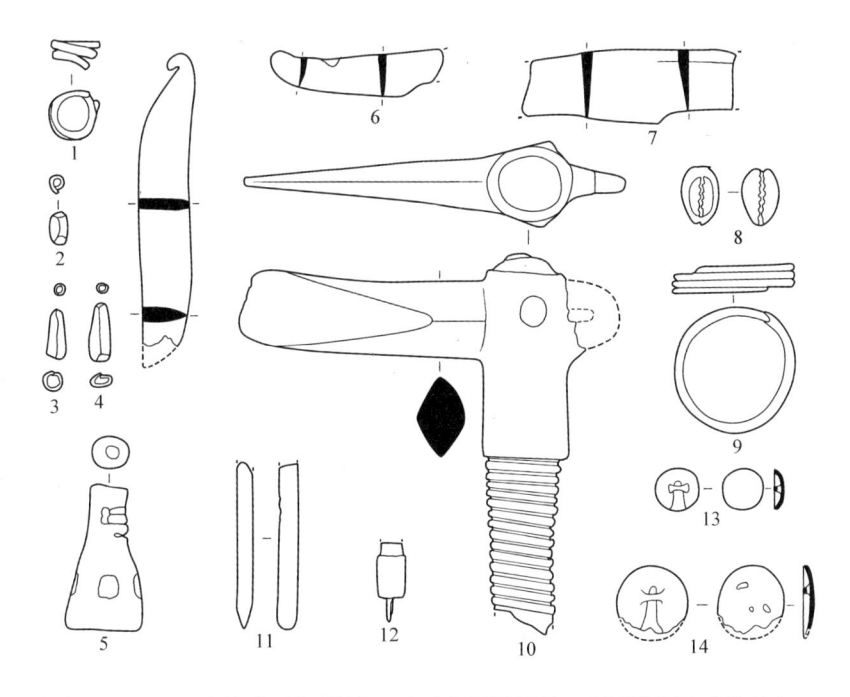

图 2.2-23 南湾墓地铜器及贝（采自吕恩国等：《新疆青铜时代考古文化浅论》）

1、9. 铜环　2、4. 铜卷　5. 铜铃　6—7. 铜刀　8. 贝　10. 铜斧　11. 铜凿　12. 铜锥　13—14. 铜扣

南湾墓地资料未全部发表，仅凭已发表的少量信息还难以作墓地的分期研究，暂且以发掘者的研究文章为准将墓地分期情况介绍如下。①

依据陶器将南湾墓地分为三期。

第一期：双耳罐、单耳罐、腹耳壶、无耳罐等器体较瘦，斜口钵无领或稍折沿，腹较浅（图2.2-24）。

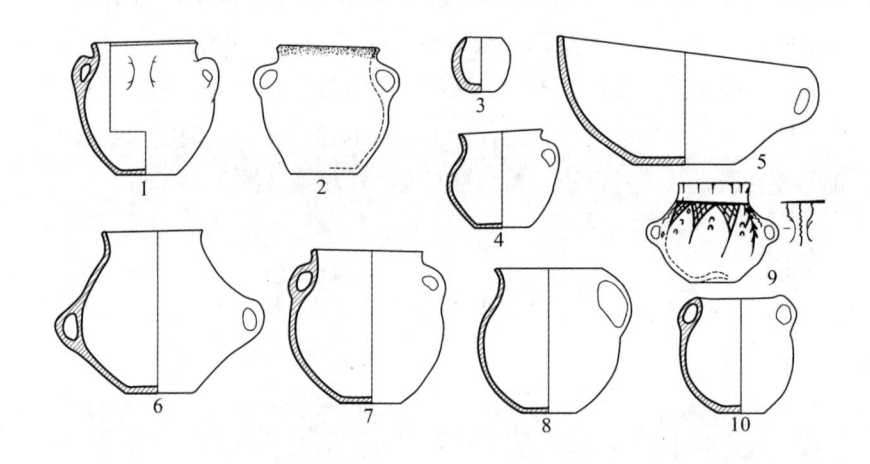

图2.2-24　南湾墓地第一期陶器（采自吕恩国等：《新疆青铜时代考古文化浅论》）

　　1. 四耳罐　2、7. 双耳罐　3. 杯（耕土层采集）　4、8. 单耳罐　5. 单耳钵　6、9. 腹耳壶　10. 双耳罐

第二期：分两段。前段各类器形多较矮胖，腹稍浅，唯单耳斜口钵腹稍深。单耳杯前段较后段腹壁敞。单耳斜口钵为侈口，腹较深。有沿双耳罐较胖，浅腹显扁。四耳罐前段较后段显矮胖。单耳斜口罐为大口，斜口不明显。后段双耳壶多腹部加深，稍瘦，单耳杯腹壁内收，其他单耳罐较前段为瘦。单耳斜口罐、单耳罐、双耳罐、单系杯、无耳杯均较粗（图2.2-25）。

---

①　参考的是吕恩国、常喜恩、王炳华：《新疆青铜时代考古文化浅论》，宿白主编：《苏秉琦与当代中国考古学》，科学出版社2001年版，第184—187页。

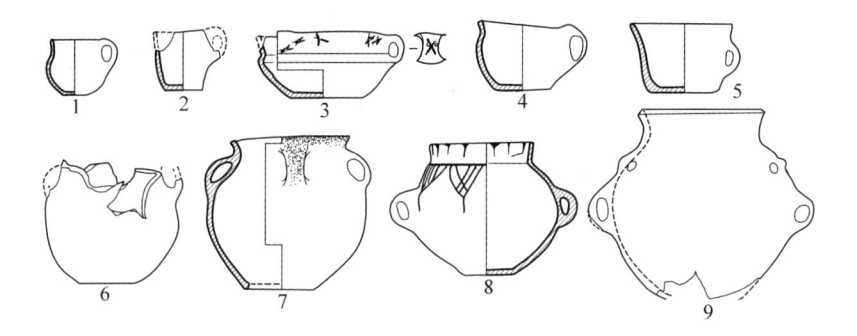

1. 单耳斜口罐　2、5. 单耳环　3、4. 单耳钵　6. 双耳罐　7. 彩四耳罐
8、9. 腹耳壶

南湾墓地第二期前段陶器

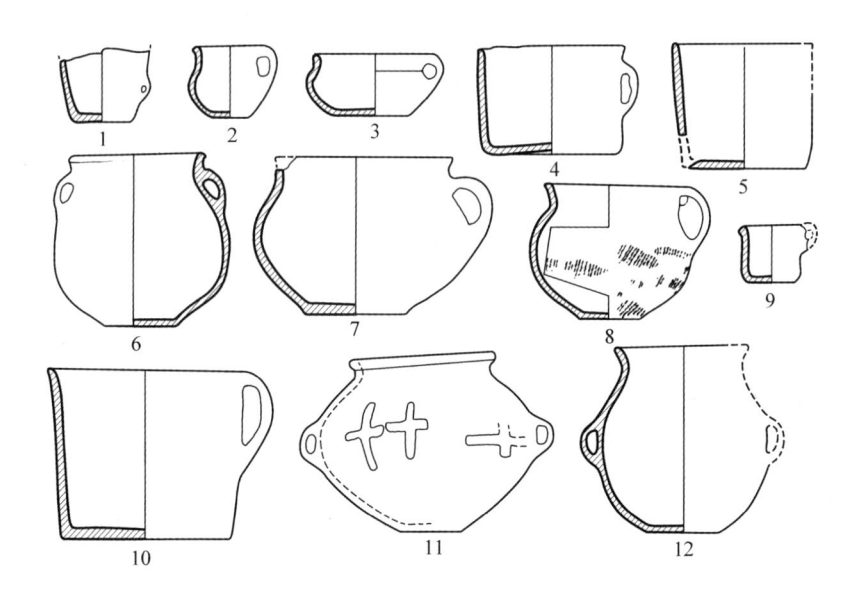

1. 单系杯　2、7. 单耳罐　3. 单耳钵　4、9、10. 单耳杯　5. 无耳杯
6. 双耳罐　8. 单耳斜口罐　11、12. 腹耳壶

南湾墓地第二期后段陶器

图 2.2-25　南湾墓地第二期陶器（采自吕恩国等：《新疆青铜时代考古文化浅论》）

第三期：整体器形普遍偏瘦。两型腹耳壶、单耳斜口罐等腹更

深且口变小，单耳斜口钵和平口钵腹壁变瘦或颈拉长，个别墓坑口东侧小卵石圈中出土的腹单耳杯也应为这一期遗物。此期出现圜、平底单耳钵，未见双耳罐（图2.2-26）。

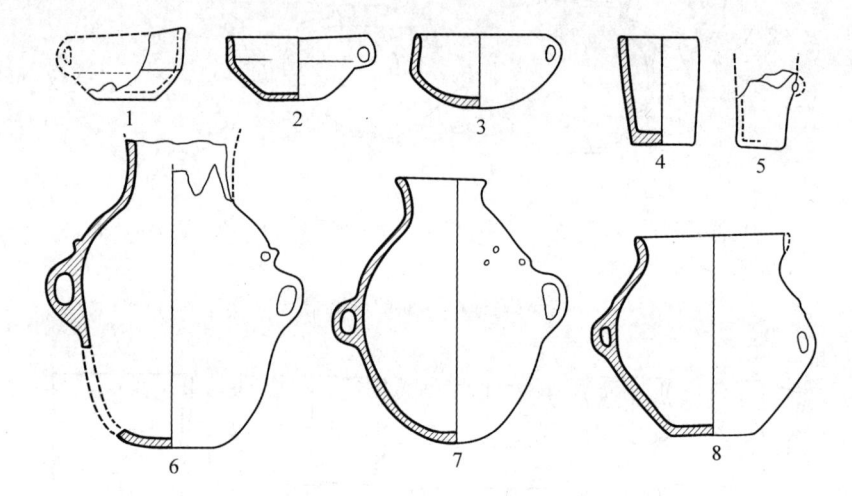

图2.2-26　南湾墓地第三期陶器（采自吕恩国等：《新疆青铜时代考古文化浅论》）

1、2、3. 单耳钵　4. 无耳杯　5. 单系杯　6、7、8. 腹耳壶

10. 石人子乡遗址①

遗址位于巴里坤县石人子乡南100米处。遗址原为一土墩，经开掘探沟发现，文化层不分层次，全为黄灰细砂土，内含木炭颗粒、少量白色粉粒、石块、兽骨、陶片等。陶片有粗砂红陶、细砂红陶、细砂灰陶等，其中彩陶3片、磨圆的陶片2片。彩陶片可以复原一件双腹耳彩陶罐，夹砂红陶，红衣黑彩，器口饰一排倒三角纹，肩部自颈下饰内填网格的倒三角纹，两三角之间填平行横短线三、四条不等。器口内亦饰一排平行短直线纹。这件腹耳罐与南湾墓地第一期腹耳壶（罐）极其相似，在文化和时代上应有一致性。其他能辨器形的有双耳罐、大口缸或瓮、钵或盆等（图2.2-27）。

---

① 吴震：《新疆东部的几处新石器时代遗址》，《考古》1964年第7期；李遇春：《新疆发现的彩陶》，《考古》1959年第3期。

兽骨多羊、马骨。另有小铜块一件。石器有马鞍形石磨盘、"石祖"等，有一件边缘略作圆形、两面中部各有凹窝的石块，或许是加工未成的"石女阴"。在土墩中部一处灰层中，发现不少炭化的小麦粒，与上述双腹耳彩陶罐共存。地面也采集到一些陶片，与探沟内一致，应为同时代遗物。

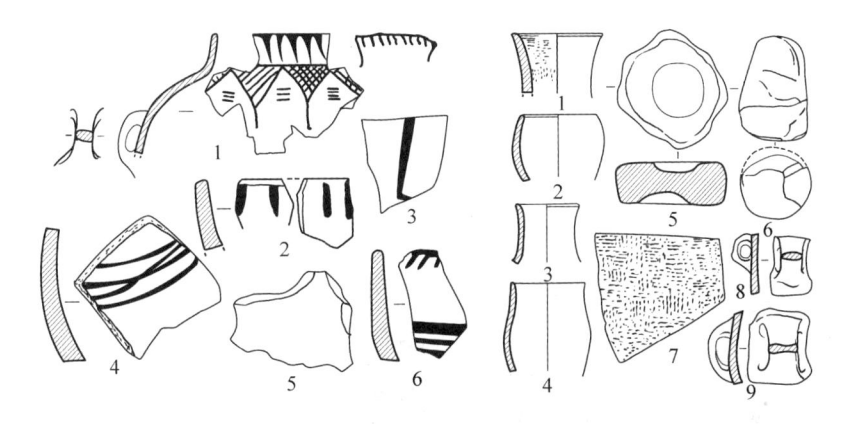

图 2.2-27　石人子乡遗址遗物（采自《新疆考古三十年》）

左：1. 双腹耳罐　2. 彩陶器口　3—6. 彩陶片

右：1、3、4. 大口缸或瓮、罐口沿　2. 敛口球形罐残部　5. 未加工完成的"石女阴"　6. "石祖"　7. 夹砂粗陶片　8—9. 双腹耳罐耳部

11. 兰州湾子石构建筑遗址

该遗址位于巴里坤县花园乡兰州湾子村南部，这里分布有许多较高的石堆遗址，平面呈方形或圆角长方形，直径20—30米、高3米左右。此类石堆在伊吾军马场、奎苏、石人子等处也都有发现，当地群众称为"青疙瘩"或"白疙瘩"。其地理位置均在天山北麓靠近山脚地势较高处。1984年发掘了其中的一处。① 此石堆下为一石结构房屋形遗址，面积约200平方米，残墙以巨石垒成，近底部成坡状铺展，墙厚3米，残高近2米，可分主附两室，主室居南，

---

① 王炳华等：《巴里坤县兰州湾子三千年前石构建筑遗址》，《中国考古学年鉴》（1985年），文物出版社1985年版，第255—256页；《哈密文物志》编纂组：《哈密文物志》，"兰州湾子石结构建筑遗址"，新疆人民出版社1993年版，第21—24页。

面积100平方米,底部见柱洞,内存木柱残段,北面附室,有门道相连,附室向东开有一门,并有斜坡门道。遗址有三次居住迹象,均见灶坑及地面,最后毁于火。建筑基址内除发现大量烧炭、灰土外,遗物有陶器、石器、铜器、农作物、马羊鹿骨等等。陶器均手制,夹砂红陶为主,器形较大,少量彩陶的纹饰以倒三角、倒三角网格及弧线纹为主。器形有双耳罐、彩陶罐、陶泥抹。石器以马鞍形石磨为主,另为少量钻孔石器。铜器有环首小刀(图2.2-28)。农作物有炭化小麦粒。

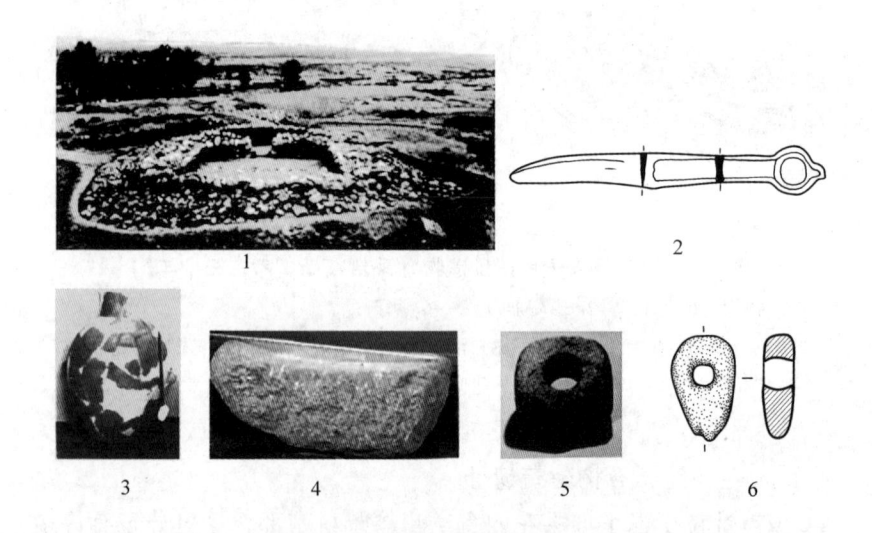

图2.2-28 兰州湾子石结构建筑遗址及遗址内所出部分器物(采自《哈密古代文明》和《哈密文物志》)
  1. 兰州湾子石构建筑遗址发掘后现场 2. 环首铜刀 3. 双腹耳罐 4. 石磨盘 5. 石锤 6. 石质砍土镘

遗址内还发现大量散乱人骨及完整骨架。经鉴定,个体达17人。除2具为成年男性外,余皆婴幼儿及老年妇女。一具头骨上见很大外伤创洞,显系非正常死亡。由这两点推测,这些死者似是一群未来得及转移且受到敌方攻击的遇难者。

12. 东黑沟遗址

东黑沟遗址位于巴里坤县石人子乡石人子村南的东天山北麓。1957 年文物普查时被发现，1981 年复查时将其定名为石人子遗址①，2005 年，西北大学等单位对该遗址及其周围进行了较全面的调查和勘测，命名为东黑沟遗址②。遗址南北长约 5 公里，东西宽约 3.5 公里，面积 8.75 平方公里。遗迹主要分布在东黑沟与直沟两条狭长的山谷内和山前坡地上，共发现石筑高台 3 座、石围居址 140 座、墓葬 1666 座、有画岩石 2485 块。2006—2007 两个年度，对该遗址进行了正式发掘。③ 其中发掘了石筑高台（中高台）1 处、石围居址 4 座、中小型墓葬 12 座。经初步分析，石筑高台、石围居址属早期遗存，所发掘墓葬属晚期遗存。笔者在此先介绍早期遗址，将墓葬称作"东黑沟墓地"放在下一小节介绍。

中高台底面长 30.3 米、宽 25.9 米，北部高约 4 米、南部高约 2 米，因地势南高北低，高中顶部基本水平。顶面长 16.6 米、宽 10.4 米。顶部有近年的盗洞两个，对高台上层造成了局部破坏。清除表土后，发现其为土石混合筑成，边缘石块多，层层垒叠，排列有序。高台主要遗迹为两个使用面，分别位于第 5 层、第 6 层下和第 11 层下，被分别称作上部使用面和下部使用面。上部使用面分布于整个高台上部，长 18 米、宽 10 米，使用面南部分布有火塘、灶、灰坑等遗迹。火塘周围放置有排列整齐的 8 个大型石磨盘，并散布有一些石器和大型陶器的残片等。灰坑和灶内均有火烧过的木炭和灰烬堆积。上部使用面四周也出现如同兰州湾子石构建筑一样的石垒墙，呈方形。下部使用面分布于整个高台内部，长 18 米、宽 9.4 米。此使用面属一房屋建筑地面，面积约 166 平方

---

① 《哈密文物志》编纂组：《哈密文物志》，"石人子遗址"，新疆人民出版社 1993 年版，第 31—32 页。

② 西北大学文化遗产与考古学研究中心等：《新疆巴里坤东黑沟遗址调查》，《考古与文物》2006 年第 5 期。

③ 新疆文物考古研究所等：《2006 年巴里坤东黑沟遗址发掘》，《新疆文物》2007 年第 2 期；新疆文物考古研究所等：《新疆巴里坤县东黑沟遗址 2006—2007 年发掘简报》，《考古》2009 年第 1 期。

米。最初四周有石围墙，墙内有用圆木构筑的建筑。石围墙内建筑分南、北两部分。南部建筑面积较大，约占三分之二，现残存20根木立柱和用圆木横向构筑的木墙遗迹。建筑内分布有大型火塘、灰坑等遗迹及大量使用过的陶器、石磨盘、石杵、石锛、石球等陶石器，也发现有少量铜器，还有几处集中分布的炭化麦粒堆积。北部建筑发现承重柱10根，未见其他遗迹。从发现的迹象看，推测木构建筑应毁于一场大火。

上部使用面遗物主要为陶器、石器和骨器。陶器均为夹砂红、褐陶，绝大部分素面，手制。器形有双腹耳罐、四耳罐、双耳釜、双耳鍑、单耳桶形杯、钵、陶饼、器盖、网坠等。石器有马鞍形磨盘、磨具、锄、杵等，有明显使用痕迹（图2.2-29：1）。下部使用面及遗迹出土遗物主要有陶器、石器、骨器、铜器。陶器数量很多，多为夹砂灰、褐陶，器形有双腹耳罐、双耳罐、单耳罐、钵、盆、坩埚等，石器数量也很多，主要有磨盘、磨具、杵、锛、石饼、石拍、纺轮、穿孔器等。骨器主要为有加工或使用痕迹且成群出土的羊、马、牛的距骨。铜器仅见1件环首青铜刀和1件铜锥（图2.2-29：2）。

石围居址围绕在中高台四周，共发掘了4座。现介绍F03的情况：F03位于高台北侧，平面近方形，东西长10米、南北宽7米，南、北、西三面墙体保存较为完整，基址的墙体下部多用自然存在或人工搬动的较大石块作墙基，其上墙体内外两侧用较大的卵石块垒砌，其间夹有较小的石块和填土。墙体现存最高0.8米、宽0.5—2米。F03文化堆积共3层，遗迹有灰坑和灶，集中在②、③层下，②层下灰坑2个，灶10个；③层下灰坑13个，灶6个。遗物主要为陶器、石器和骨器。陶器有单耳罐、碗、盆、杯、釜、钵、饼等；石器有石杵、石饼、石球、石陀螺、砺石、磨盘等；骨器在F03内堆积地层及灰坑、灶中均有出土。包括牛肩胛骨、羊距骨等。其中羊距骨发现时堆在一处，共27块。与石陀螺共出。羊距骨表面光滑，呈深黄褐色。其中4块刻有纹饰，纹样有直线、弧线、波浪线、月牙纹及草叶纹，还有锯齿状刻槽。羊距骨与石陀螺的共出，令人会想到它们有作为儿童玩具的功用（图 2.2-30）。

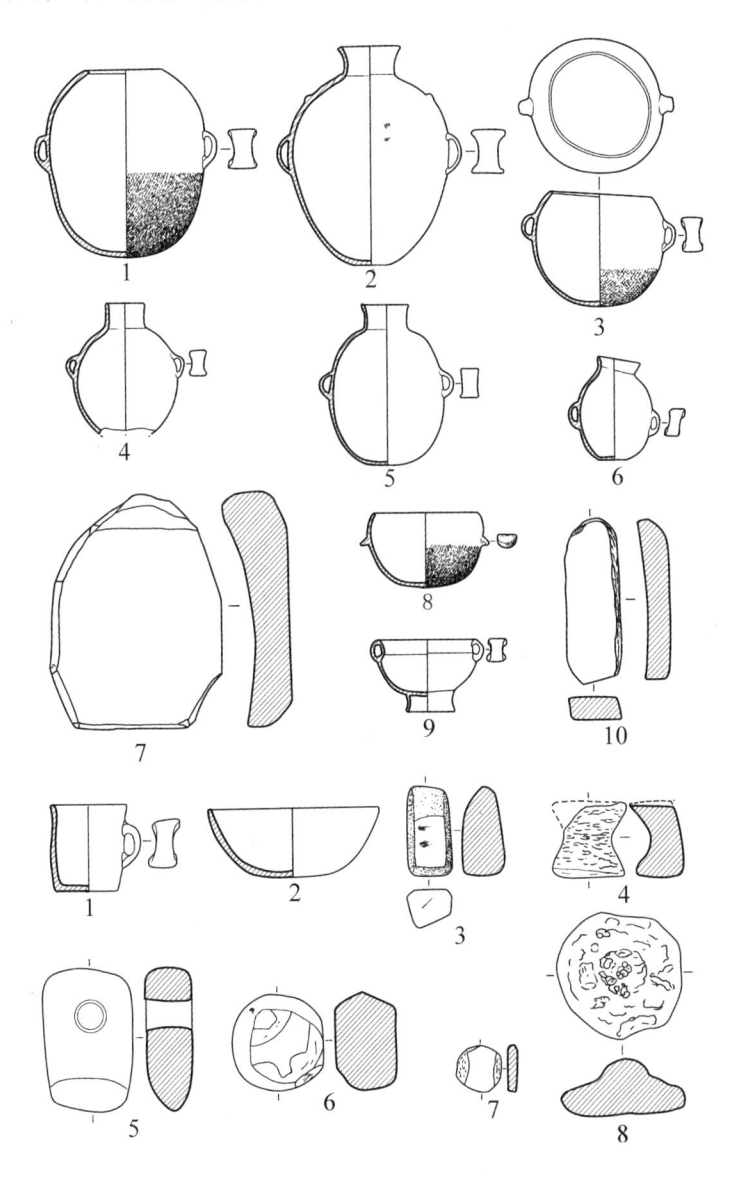

图 2.2-29：1　东黑沟遗址中高台上部使用面及遗迹出土遗物（采自《新疆文物》2007 年第 2 期）

上：1—2、4—6. 双耳罐　3. 双耳釜　7、10. 石磨盘　8. 双錾釜　9. 双耳镂

下：1. 单耳杯　2. 钵　3. 石杵　4. 网坠　5. 石锄　6. 石器　7. 陶饼　8. 器盖

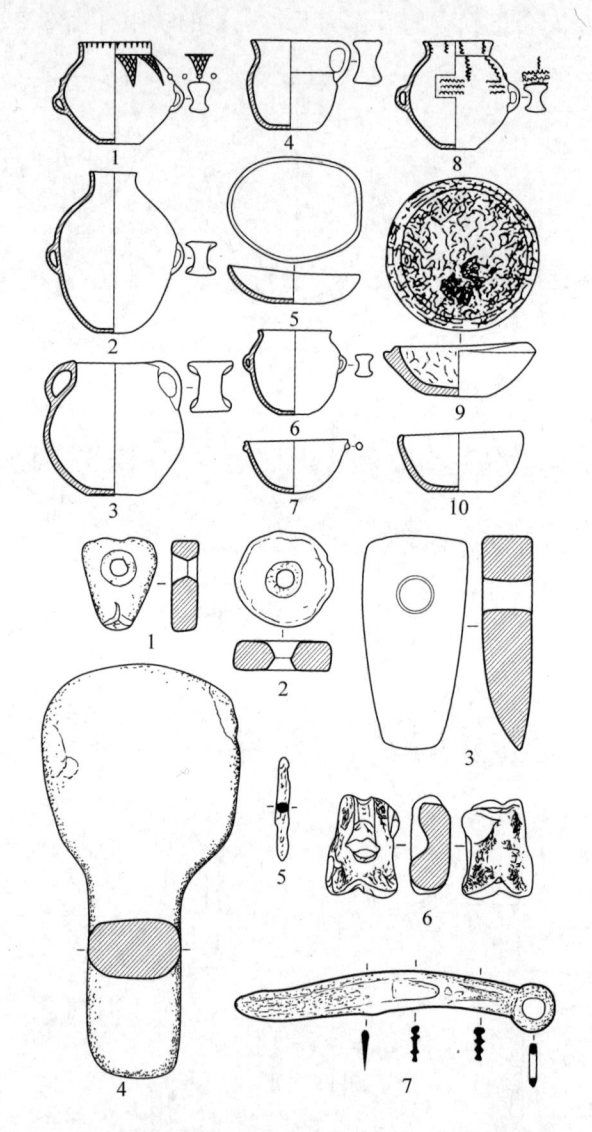

图 2.2 – 29：2　东黑沟遗址中高台下部使用面及遗迹出土遗物（采自《考古》2009 年第 1 期）

上：1、2、6、8. 双腹耳陶罐（壶）　3. 双耳陶罐　4. 单耳陶罐　5、7. 陶盆　9. 陶坩埚　10. 陶钵

下：1. 穿孔石器　2. 石纺轮　3. 石锛　4. 石拍　5. 铜锥　6. 马距骨　7. 环首铜刀

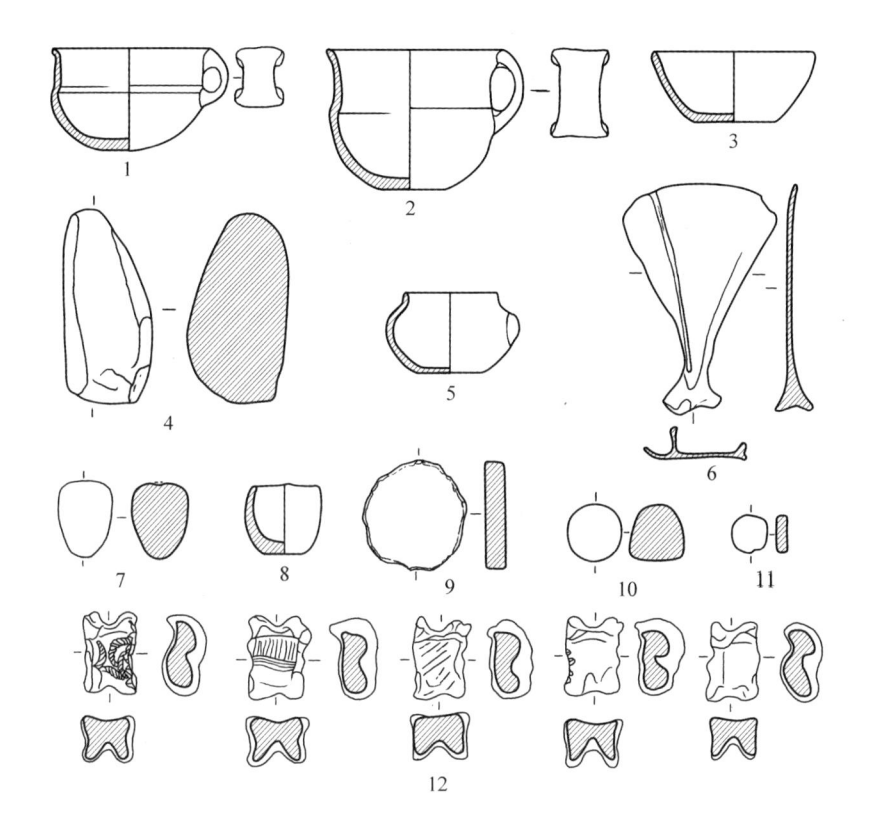

图2.2-30 东黑沟F03遗物（采自《新疆文物》2007年第2期）
1—2. 单耳罐 3. 陶碗 4. 石杵 5. 陶罐 6. 骨器 7. 石陀螺 8. 陶杯
9. 石饼 10. 石球 11. 陶饼 12. 羊距骨

高台的两个使用面出土遗物有诸多差别，但也有十分紧密的联系。如两个使用面都发现了青石垒砌的火塘、填埋羊骨的灰坑和大量石磨盘等，还有双腹耳罐、单耳杯等同型器物，但出现了形态上的变化。它们与南湾墓地同型器物有极大的相似性，应属同一考古文化。根据东黑沟遗址遗迹遗物特征，可将其划分为两期。第一期以中高台下部使用面及石围居址遗迹遗物为代表，其特征是有石围和木构建筑，建筑内有火塘、灰坑等遗迹，遗物中双腹耳罐、双耳罐形制同于南湾墓地第一期同类器，且双腹耳罐上的彩绘也同于南湾墓地。它们应是时代相近的遗物。第二期以中高台上部使用面遗迹遗物为代表，与第一期不同之处为：一是素面双腹耳罐由竖颈变为束颈，二是新出现了单耳桶形杯及四耳罐等器形，三是不见了双腹耳彩陶罐这种器形及彩绘。与南湾墓地比较，其时代近于南湾墓地第二期后段和第三期。

13. 东黑沟墓地[①]

东黑沟墓地共发掘了12座墓葬，主要位于河流冲沟两侧的山梁上和平坦的台地上，均为圆形石封堆，墓圹为竖穴土坑，位于封堆下。墓穴填埋物有石块、碎石和砂土。小型墓以石棺为葬具。中型墓为木葬具，呈"井"字形。葬具上多纵向盖有棚木。12座墓中的4座中型墓有人牲和殉马现象，其中人牲均位于封堆中，并有随葬品。殉马位于墓坑的填土中。有两座中型墓出土了较多的金银器，等级较高。其他随葬品有铜器、铁器和陶器。小型墓随葬品较少，种类多为陶器和铁器。

东黑沟墓地墓葬形制为圆形石封堆竖穴土坑墓，有木葬具或石棺具，均有棚木。葬式为单人仰身直肢葬，头向西北或西南。陶器组合为罐、壶、小钵，并出有海贝、铁器、马具等，墓圹内填埋大石和殉马的习俗。这些特征都与黑沟梁墓地相似，它们应属同一文化且时代接近的两个墓地。

本次东黑沟墓葬中所出金银牌饰的纹饰有四种：一是3只鸟首与虎豹纹的金银方形牌饰；二是龙首纹的小金片；三是格里芬形象的银圆牌饰，具体形象为鸟首、鹿角、马蹄，应属格里芬分类中的鹰首格里芬。格里芬形象是欧亚草原古代民族文化中的一种普遍纹饰，追溯它的渊源流播，是探索民族和文化迁徙的一条途径；四是背后带钮、正面是圆圈纹和倒"e"形纹的银圆牌饰。

[①] 新疆文物考古研究所等：《2006年巴里坤东黑沟遗址发掘》，《新疆文物》2007年第2期；新疆文物考古研究所等：《新疆巴里坤县东黑沟遗址2006—2007年发掘简报》，《考古》2009年第1期。

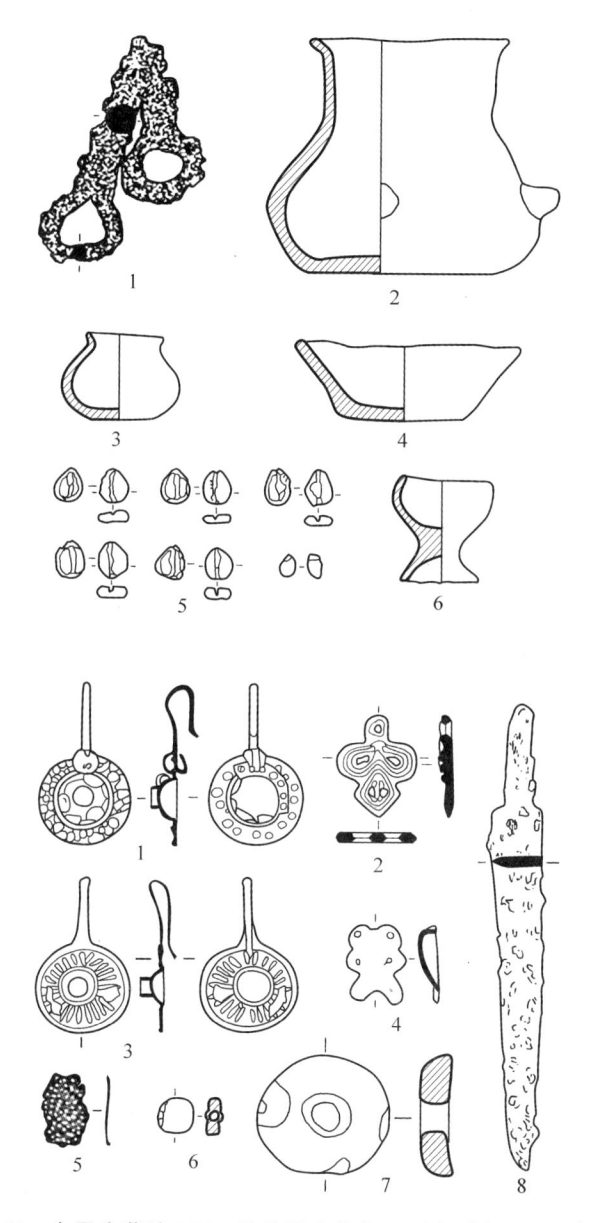

图 2.2-31 东黑沟墓地 M001 随葬及殉葬物（采自《新疆文物》2007 年第 2 期）

随葬物：1. 铁马衔 2. 四乳钉罐 3. 陶罐 4. 陶碗 5. 海贝 6. 圈足杯

殉葬物：1、3. 铜挂饰 2. 铜饰 4. 铜鱼形饰 5. 布片 6. 串珠 7. 陶纺轮 8. 铁刀

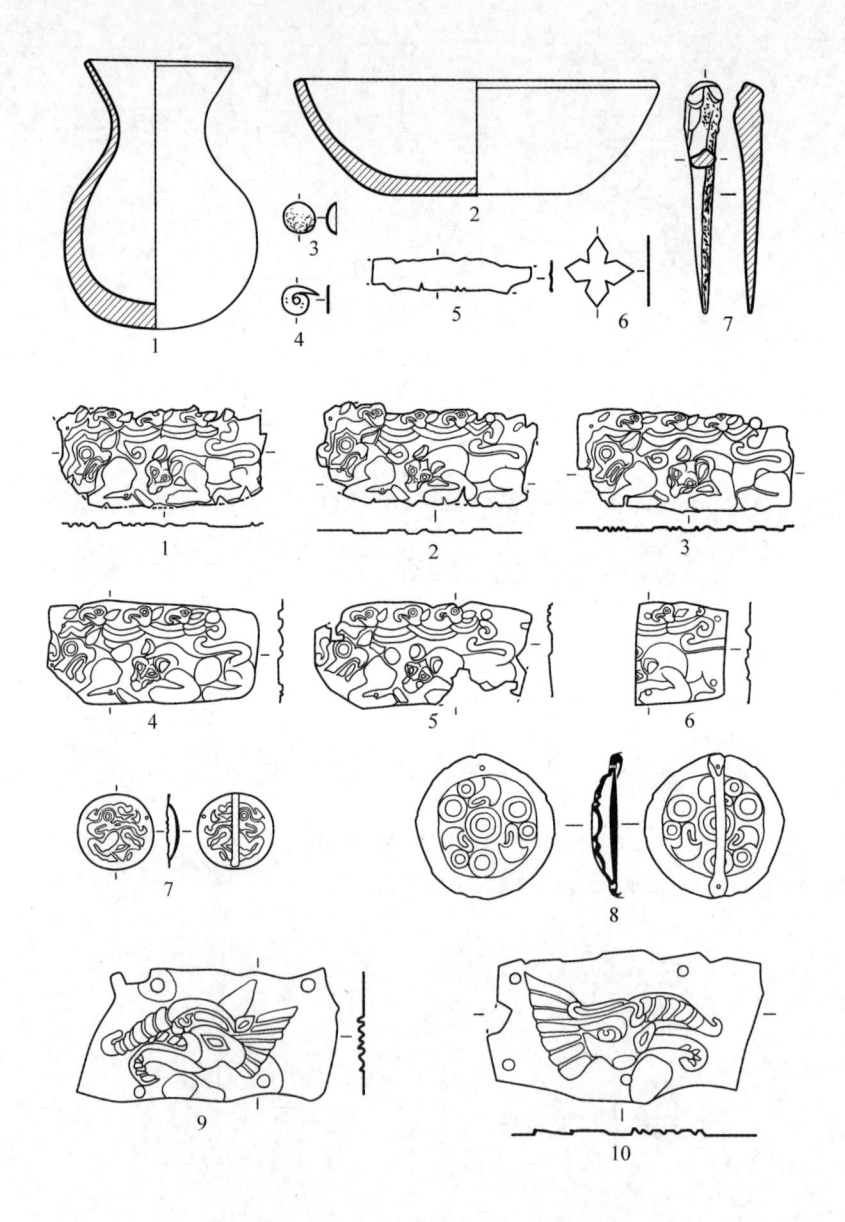

图 2.2-32　东黑沟墓地 M012 随葬品（采自《新疆文物》2007 年第 2 期）

上：1. 细颈瓶　2. 陶碗　3. 金泡　4. 涡形金箔　5. 金箔　6. 金花　7. 骨锥

下：1—3、9—10. 金牌饰　4—8. 银牌饰

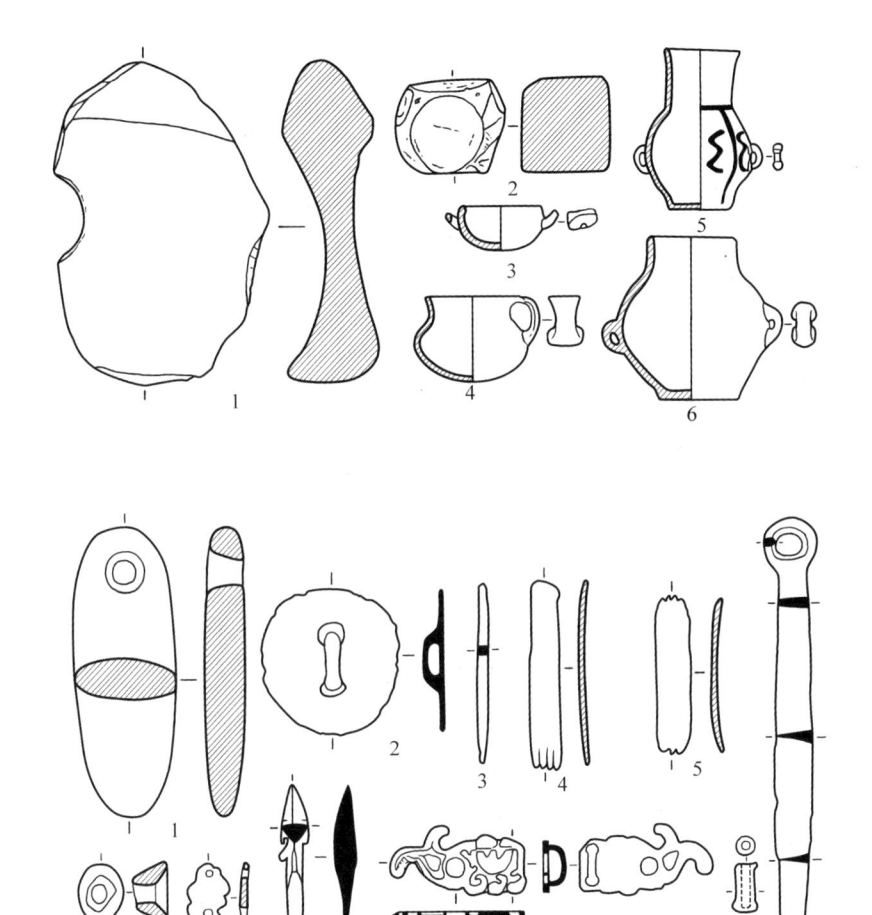

图 2.2-33　东黑沟墓地 M015 随葬品（采自《新疆文物》2007 年第 2 期）

上：1. 石磨盘　2. 石磨具　3. 双耳钵　4. 单耳罐　5—6. 腹耳壶

下：1. 磨石　2. 铜镜　3. 铜锥　4—6、10. 骨器　7. 骨饰　8. 骨镞　9. 铜带饰　11. 环首铜刀

与东黑沟同时代的黑沟梁墓地出土有中原式羽状地纹铜镜残片[①]，这种铜镜流行年代为战国晚期至西汉前期。另一些金银牌饰

---

① 潜伟：《新疆哈密地区史前时期铜器及其与邻近地区文化的关系》，知识产权出版社 2006 年版，第 78 页。

在内蒙古西汉匈奴墓中也出土有同类物。这说明东黑沟墓地的年代大致在西汉前期。

14. 黑沟梁墓地

黑沟梁地处巴里坤县东天山北坡黑沟北口之外的山梁上，呈南北走向，其东、西坡墓葬最多，梁顶及西坡墓葬较集中，其他地方分布较分散。调查、发掘者将该墓地划分为四块，冠以一号、二号、三号、四号墓地。1993—1994年两年度，为配合哈密—巴里坤公路改线工程，考古工作者对该墓地做了较全面的调查①，其中发掘了一号墓地的52座墓②。墓葬形制有竖穴偏室、竖穴土坑和木椁墓。偏室墓最多，偏室位于墓道南侧。葬式有仰身直肢、侧身屈肢和少量的乱骨葬。仰身直肢葬最多。单人葬、合葬均有。头向西北。随葬品有陶器、铁器、铜器、贝饰、银器、漆器及牲畜骨等。以陶器和牲畜骨为大宗。陶器往往成组放置于墓主头部所在方向的木棺外，与东黑沟中型墓的随葬陶器放置位置一致。器类有釜、盘、带流罐、单耳罐及少量管流壶和腹耳壶等。多为夹砂陶，平底器。陶釜不但有较固定的放置位置，器表遗留较厚的烟垢和陶胎较厚，器形较大，且其内往往装有完整小羊的骨骼。铜器有刀、斧、镜、镞、扣、锥、簪等，计140多件。银器为装饰，铁器器类有刀、马衔、杯、镞、环、牌饰等，计80多件。漆器胎已朽，只存漆皮，红底黑彩。牲畜骨以羊骨为大宗，牛骨很少。据出土铜镜的流行时代推断，该墓地时代应在战国晚期至西汉前期。

15. 寒气沟墓地③

寒气沟位于巴里坤县境内的天山北坡，为一条大致呈东西走向

---

① 新疆文物考古所等：《哈密——巴里坤公路改线考古调查》，《新疆文物》1994年第1期。

② 潜伟：《新疆哈密地区史前时期铜器及其与邻近地区文化的关系》，知识产权出版社2006年版，第78页。

③ 新疆文物考古研究所等：《哈密寒气沟古墓地发掘简报》，《新疆文物》1996年第2期；新疆文物考古研究所等：《新疆哈密市寒气沟墓地发掘简报》，《考古》1997年第9期；新疆文物考古研究所等：《哈密——巴里坤公路改线考古调查》，《新疆文物》1994年第1期。

的山沟。墓地分布在寒气沟沟口的北侧山坡上,地势东高西低,坡度较陡。受山体坡度及年代久远等原因,墓葬地表的卵石标志多集中偏向于墓口坡度较低的一侧,部分失去了原有位置。现今看到的状况是墓葬封堆稍高出草地表面,中心凹陷,直径3—6米,多在4米左右。共发现墓葬25座,已被盗掘12座,1994年清理发掘了4座。墓葬分布有序,应是一定时期内人数不多的族群墓地。

墓葬有两种形制,一为竖穴土坑墓,另一类为竖穴石室墓。均南北向。土坑墓据推测存在墓口盖木和葬具。石室墓是在长方形竖穴土坑内,从墓底沿墓壁四周层层砌筑片石,形成石室,在石室上再棚片石或圆木封闭墓口。多个体男女合葬现象较多,葬式以屈肢葬为主,头向北。随葬品有陶器、铜器和骨器等。陶器器类有罐、壶、豆、杯、碗等,其中以单耳圜底罐、单耳鼓腹大平底罐、彩陶豆和各种不同形状錾耳的罐为代表器形(图2.2-34)。铜器有管饰、双羊牌饰、刀、刻刀、锥等,骨器有箭镞、马镳、鹿角梳等(图2.2-35)。另墓室内随葬羊、马的现象普遍存在。

16. 拜其尔墓地[①]

墓地位于伊吾县吐葫芦乡拜其尔村南。发源于天山支脉哈尔里克山的伊吾河上游的两条支流流经墓地东、西侧并在墓地北面汇合后向北流入淖毛湖。"拜其尔"是维吾尔语,意思是"两条河流汇集的地方"。墓葬分布在一南北长1000米、宽500多米的戈壁台地上,经考古调查,墓地共有墓葬500多座。2004年10—11月份、2005年为配合当地基本建设,新疆文物考古研究所和哈密地区文物局对拜其尔墓地连续进行了两次抢救性考古发掘,发掘墓葬92座,除8座空墓穴外,共出土完整器物650件左右。其中一半以上是陶器(图2.2-36),其次是青铜器、铁器、金器、木器、石器、骨器、玛瑙珠、石珠、毛织品等。

墓地的墓葬分布范围大、密集排列,井然有序。大部分墓葬地

[①] 托乎提·吐拉洪:《新疆伊吾县拜其尔墓地进行抢救性考古发掘》,《中国文物报》2005年2月11日。

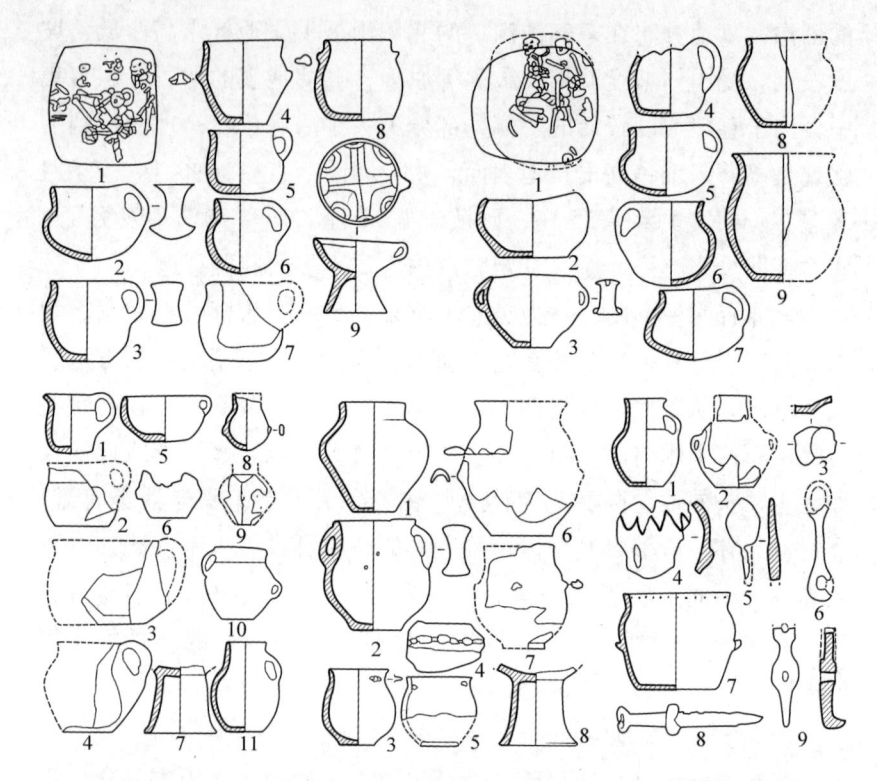

图 2.2-34 寒气沟墓地墓室及随葬品举例［采自《新疆文物考古新收获》（续）］

上左：M2 平面图及随葬陶器　　上右：M3 平面图及随葬陶器

下左：1. 单耳杯（M4:7）　2—4、11. 单耳罐（M4:1、M1:11、M1:10、MC:1）　5. 单耳碗（MC:2）　6、8、9. 陶壶（M1:9、M4:3、MC:3）　7. 陶豆残足（M1:7）　10. 双耳罐（M1:6）

下中：1、3—7. 竖耳罐（M4:8、M4:9、M3:3、MC:4、M1:12、M1:13）　2. 双耳罐（M4:2）　8. 陶豆残足（M4:6）

下右（均为采集品）：1. 单耳罐　2. 双腹耳罐　3. 铁饰　4. 乳钉刻划纹陶片　5. 铁镞　6. 铁马衔　7. 陶釜　8. 铁剑　9. 铁马镳

表都有大小不一的积石堆做标志，石堆中夹杂碎砂石，在石堆的中间位置往往又堆积较大的石块。墓葬形制复杂多样，大体可分为5类：第一类，竖穴石棺墓，即在竖穴坑内用长条石封闭成方框；第二类，竖穴土坑墓；第三类，竖穴石室木椁墓，在竖穴底部安放一

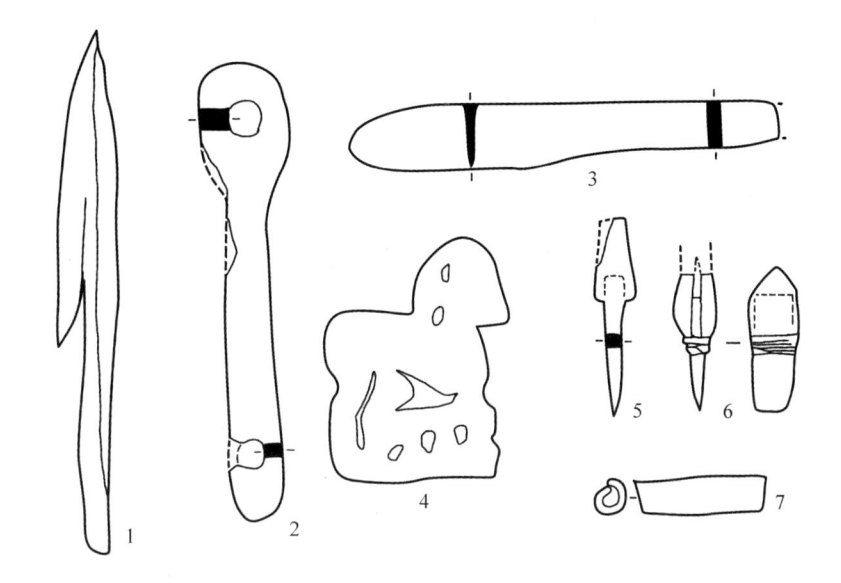

图 2.2-35 寒气沟墓地部分铜、骨器［采自《新疆文物考古新收获》（续）］

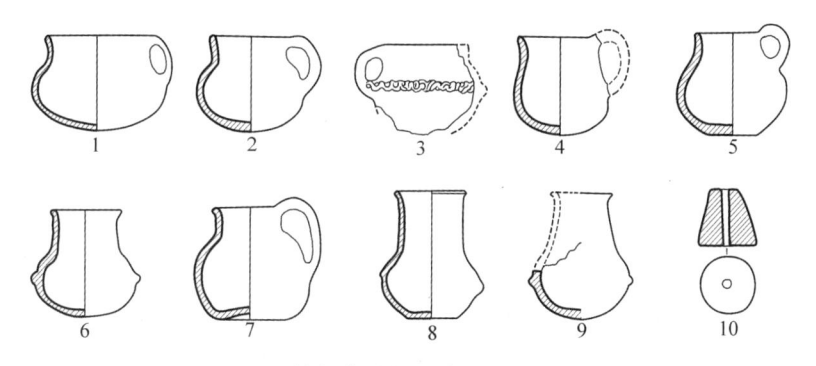

图 2.2-36 拜其尔墓地部分典型陶器（于建军提供）

1—5、7. 单耳罐（M6:4、M1:3、M7:9、M7:4、M5:2、M1:6） 6、8、9. 双乳钉纹壶（M6:2、M6:8、M7:1） 10. 纺轮（M1:8）

个用木板做的木框，再用石块直接压在木框上；第四类，竖穴石室土坯墓，先挖出竖穴，在竖穴四壁下用土坯上用砾石砌出墓室；第五类，土坯墓，只用土坯做建筑材料的墓葬，这种墓形制较小。墓室平面有长方形、圆形、椭圆形和不规则形多种，但墓室口都放置多层盖木用以封闭墓室，在上面再放置卵石块。埋葬人数有单人和二、三、四人合葬，单人葬多为一次葬，葬式为侧身屈肢，头向北，随葬品多放置在头侧，陶器放在头顶位置，铜器和其他质地的器物出土于死者生前佩戴（携带）的位置，如铜刀、锥，均位于腰部。合葬墓不多，全都是二次葬，骨架散乱不全，缺失部分较多，而且不在一个平面上。有少量墓葬的墓室中不见人骨，目前还不清楚是未葬入死者还是火烧或完全腐朽了。在墓葬的填土中，往往会发现青铜器、陶器及较多的马、牛、羊等动物骨骼，骨骼散乱分布，陶器多为碎片，有少量完整陶器。填土中出土青铜器和陶器，有可能是墓葬曾被盗扰所致。有些保存较好的墓有木质葬具，部分能看出四腿木尸床或在墓底平铺一层木板。

在出土遗物中，单耳圜底罐与焉不拉克墓地同类器十分相似，双乳钉纹壶与焉不拉克墓地双腹耳壶之间，除了双乳钉与双桥形耳的不同外，其器体形制也极为相似。该墓地也有与焉不拉克墓地风格接近的木器。这些表明二者之间是有联系的。于建军认为，拜其尔墓地是一处晚于焉不拉克早期墓地并与焉不拉克晚期墓地共存的一处遗迹，它们之间存在的联系不仅仅是器物上的，更多的可能是文化上甚至是人群上的联系。① 此外，拜其尔墓地的葬制葬俗明显同于寒气沟墓地，两者应属同一考古文化。

17. 盐池乱石滩遗址②

遗址位于伊吾县盐池乡东南山前漫坡上。黄文弼先生曾称之为盐池古城③，但现在已不见古城遗迹，遂引用当地人俗称，称乱石滩遗址。遗址已遭严重破坏，分散在遗址内的遗物有石器和陶器残片，石器有马鞍形和臼形磨盘、石槽、掘土器、敲砸器、石球等。陶器为夹砂陶，陶色有红、灰、黄、土黄等，少数饰红、紫红、

---

① 于建军兄见告。
② 自治区文物普查办公室等：《哈密地区文物普查资料》，《新疆文物》1991年第4期。
③ 黄文弼：《新疆考古发掘报告》，文物出版社1983年版，第9页。

黄、黄白色陶衣，采集到一片彩陶，上饰"加"字形彩。个别素陶饰捺压纹、细弦纹及竖点纹（颈部），个别器底或器腹遗留钻孔。器形有罐、钵（盆）等（图2.2-37）。

当年黄文弼先生调查该遗址时，在其周围曾发现22座石堆墓，1988年调查时已不存。故此次采集遗物均出自遗址。陶罐及饰类似指甲纹的带耳风格，与四道沟遗址早期陶釜风格相近或相同，应与四道沟早期遗存属同一文化或时代相近。

18. 卡尔桑遗址[①]

遗址位于伊吾县淖毛湖乡淖毛湖村东，属沙丘地带。遗址略高于四周农田，顶部残存有土坯砌筑的残墙和圆形、长方形坑穴，地面散布有陶片和石器等。历年来在该遗址采集、征集的遗物有陶器、青铜器、石器、骨角器等。陶器最多，器形有单耳罐、颈肩双耳罐、双腹耳罐等，皆平底器。素陶附加堆纹有弦纹、竖条纹（其上饰捺压纹）、乳钉纹等，另外见少量刻划纹。一些陶器特征在巴里坤石人子乡遗址、南湾墓地也可见到。石器有马鞍形磨盘、石球、石杵、石锤等（图2.2-38）。

19. 四道沟遗址[②]

该遗址位于昌吉州木垒县东城镇四道沟村小学内，遗址坐落在山梁上，高出其西边的古河床约7米。遗址面积约10000平方米。1977年发掘探沟2条，探方6个，并清理墓葬4座。

遗址文化层可分5层，其中第3层、第4层之间有一层硬土，可能是居住面。硬面上与以下出土遗物及遗迹，经排比分析，有明显区别，故发掘者将其划分为早晚两期，第4层、第5层为早期，第2层、第3层为晚期。第1层为近代扰土层。早晚两期均有灰坑、灶址、柱洞等遗迹现象。从早期柱洞和灶坑的分布情况看，似为一圆形房屋遗址。

[①] 自治区文物普查办公室等：《哈密地区文物普查资料》，《新疆文物》1991年第4期；吴震：《新疆东部的几处新石器时代遗址》，《考古》1964年第7期。

[②] 新疆维吾尔自治区文管会：《木垒县四道沟遗址发掘报告》，《考古》1982年第2期。

88　青铜时代的东西文化交流

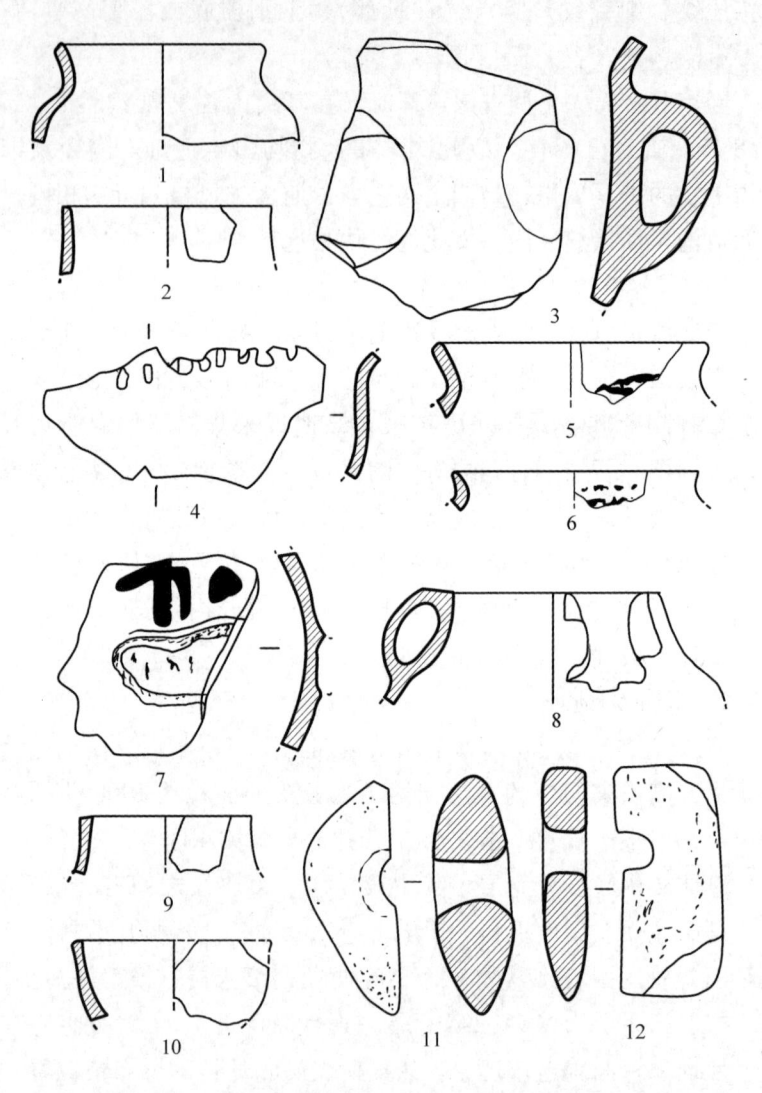

图 2.2-37　乱石滩遗址陶、石器（采自《新疆文物》
1991 年第 4 期）

1、2、5、6、8、9.陶罐　10.陶钵　3—4.带按点纹陶片　7.彩陶片　11—12.石质砍土镘

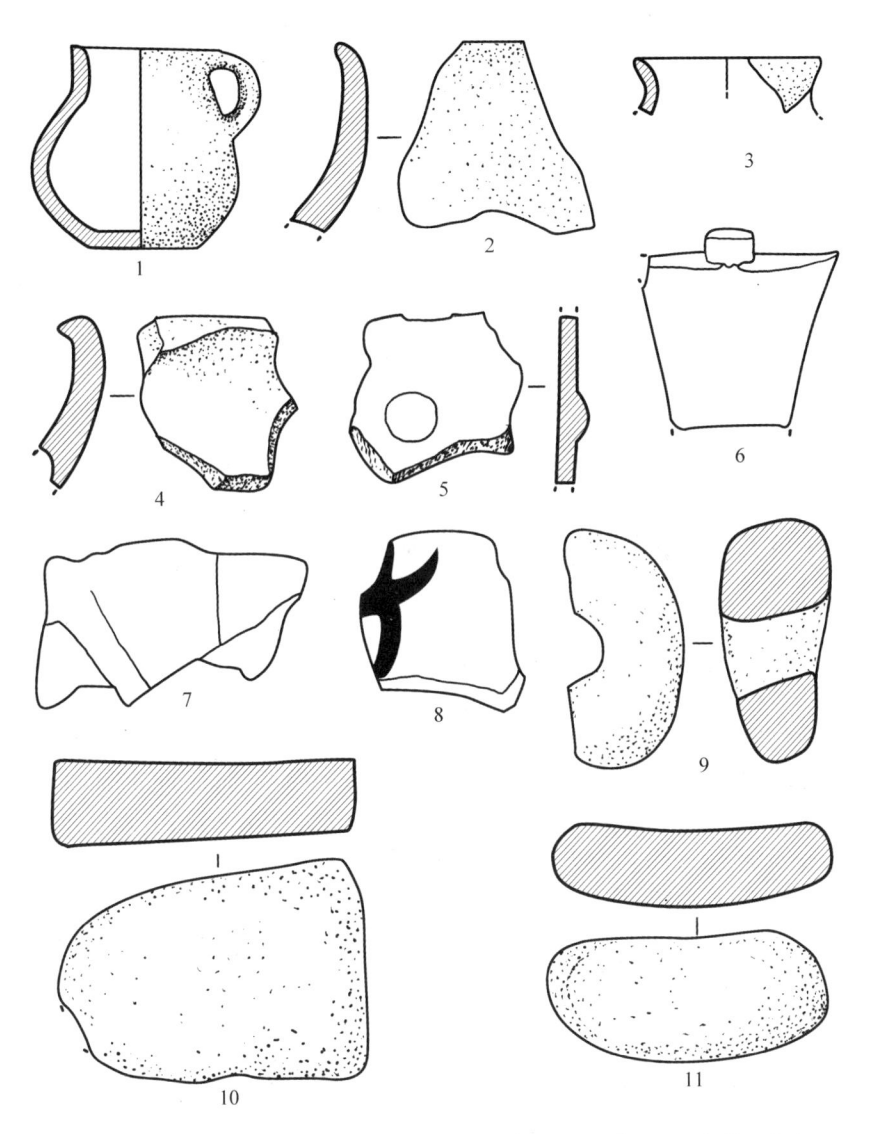

图 2.2-38 卡尔桑遗址采集遗物（采自《新疆文物》1991 年第 4 期）

9、10、11. 石器，余陶器

在4座墓中,1座未发现墓坑,头向西北,仰身屈肢;2座为土坑竖穴墓,一座墓主头向西北,仰身直肢,另一座墓主头向西南,侧身直肢;此3墓均单人葬,无随葬品。另1座墓为洞室墓,3人合葬,均头向西南,仰身直肢。随葬品有铜环状器、铜饰等。

遗址早期的陶器多夹细砂陶,陶色多为赭色和赭红色,均手制,器形规整,多圜底器,器类有罐、盆和钵等。彩陶均为黑彩,纹饰以网纹、菱形纹、弧线纹、回形纹为主。有的内外施彩,内彩施于器口。器耳为宽带耳,有的器口戳孔。晚期陶器多夹砂粗陶,陶色多褐色或褐红色。手制,但制作较粗糙。器类较早期有增加,新出现了杯、釜等器形。器耳变窄变小,出现半月形鋬耳,圜底器仍居多。彩陶较早期增多,除黑彩外还有红彩,仍有内外施彩的做法,纹饰以垂帐纹、纵横条纹、长短条纹的组合纹饰为主(图2.2 - 39:1和图2.2 - 39:2)。

生产工具以石器为主,也有骨器、陶器和少量的铜器。早晚期器形变化不大。石器有石球、磨盘、杵、锄、臼、纺轮及石核、片状石器等。磨制为主,也有少量打制、压制和琢制的。骨器有纺轮、针、镞等。铜器较少,有刀、笄、环及饰件等。

四道沟遗存可分两组,以四座墓及晚期遗址为一组,时代晚于早期遗址,性质类似于广泛分布于博格达山南北两麓、天山中部山谷的苏贝希类遗存。早期遗址为另一组,文化特征类同于其东边的南湾墓地。

遗址早晚期碳十四测年:早期距今年代3010±105年;晚期距今年代2345±90年。[①]

20. 半截沟遗址[②]

半截沟遗址位于奇台县半截沟镇东南一处南北向的土梁上,土梁高5—6米。属于天山北坡的坡前地带。遗址表土层下即为文化

[①] 文物保护科学技术研究所碳十四实验室:《液体闪烁法碳十四年代测定》,《文物》1978年第5期。

[②] 新疆维吾尔自治区博物馆考古队:《奇台县半截沟新石器时代遗址》,《考古》1981年第6期。

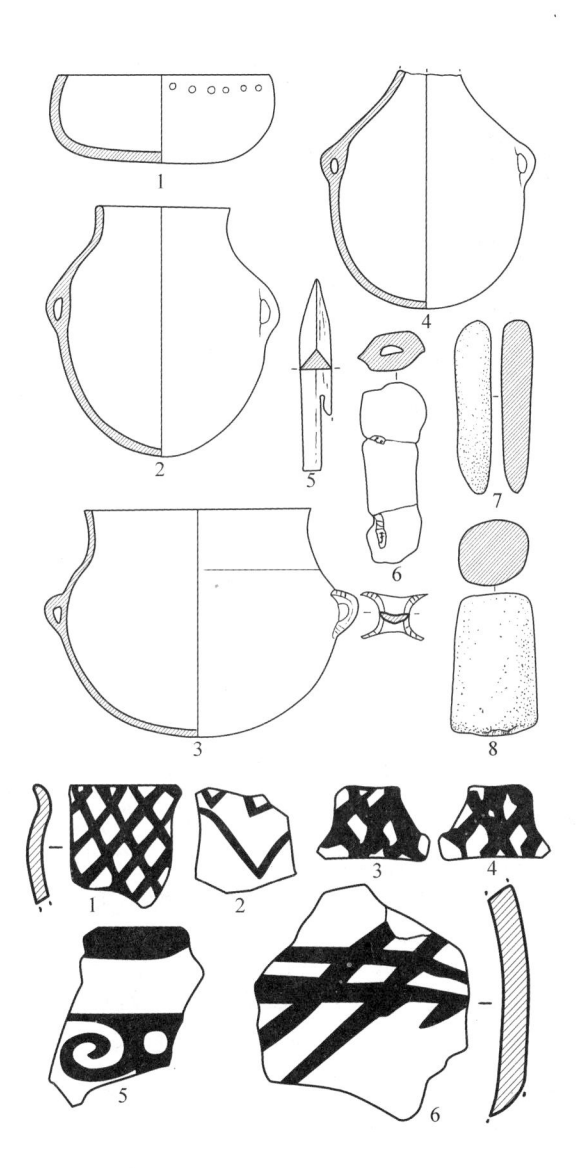

第二章 新疆东部青铜时代的文化谱系 91

图 2.2-39：1 四道沟遗址早期陶、石器（采自《新疆文物考古新收获》）

上：1. 陶盆（T5:44） 2—4. 双腹耳陶罐（壶）（T6:45、T5:43、T3:29）
5. 骨镞（T5:34） 6. 陶刀范（T6:17） 7. 石钻（T5:42） 8. 石杵（T2:25）
下：彩陶片 1. T2:④ 2—4. T3:25 5. T5:⑤ 6. T4:④

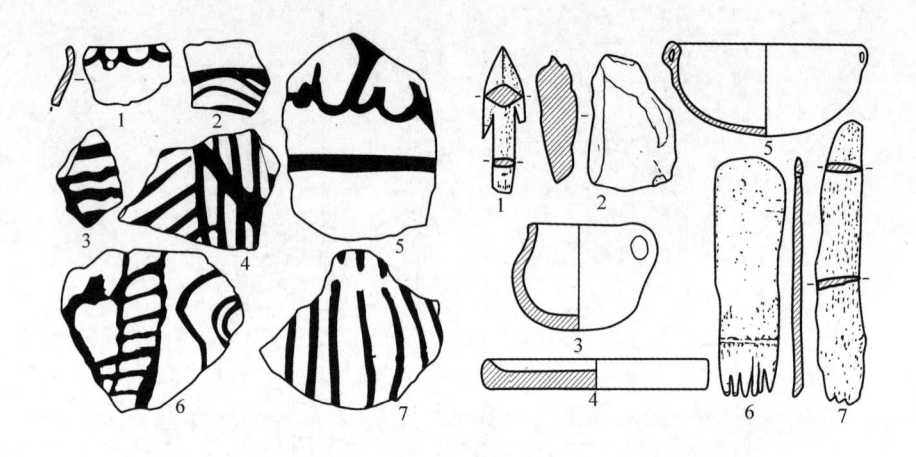

图 2.2-39:2　四道沟遗址晚期遗物（采自《新疆文物考古新收获》）

左：彩陶片 1. T2　2. T3：①　3. T6：②　4. T5：②　5. T2　6. T2：③　7. T5：②

右：1. 骨镞（T6：1）　2. 石锛（T1：1）　3. 单耳陶罐（T2：4）　4. 陶盘（T3：③）

层，厚1米左右，灰色土。其下便是黄色生土。遗物均出于灰土层。据了解，此灰土层曾因烧砖取土出有大量陶片，很多是彩陶，还有直肢葬的人骨架及羊骨等。1974年仅在所剩无几的残存处开掘探方1个，出土许多陶片，并采集到一些石器。

陶片能复原者极少，均为夹砂陶，陶色为红褐色，灰陶仅一、二片。手制，火候较高。素面陶为主，少量素陶釜、罐一类在颈部饰一圈附加堆纹，其上再按成小窝。圜底器为主，少量小平底器，器形有双耳釜、罐、盆、钵等。彩陶约占陶片总数的1/3。质地细密，外表打磨光滑，大部分施粉色陶衣，个别为黄白或白色。深红或紫色彩。花纹主要是倒三角纹和网纹。有些倒三角边上有斜刺。最常见的是在罐类的口沿至颈部绘二排或三排倒三角，下面接绘网纹，布满整个腹部。彩陶器形基本是罐类，有些表面有烟炱（图2.2-40）。

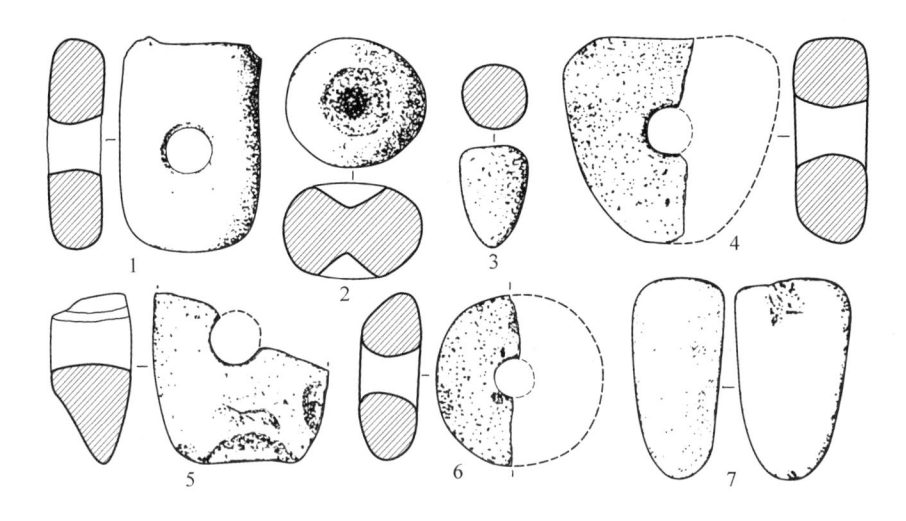

图 2.2-40：1　半截沟遗址石器（采自《新疆文物考古新收获》）

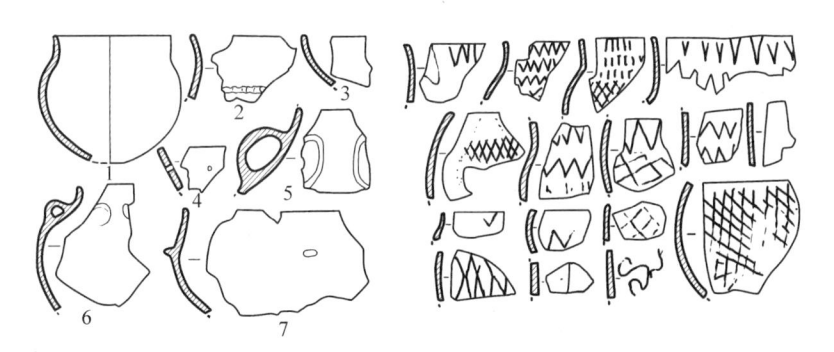

图 2.2-40：2　半截沟遗址陶器（采自《新疆文物考古新收获》）

左：1. 圜底釜　2—7. 素面陶片　右：彩陶片

21. 红旗机械厂遗址①

遗址位于奇台县南，东临水磨河西岸荒滩，遗址范围大致南北长 800 米、东西宽 300 米。1976 年工厂基建，发现了陶器和石器。

---

① 奇台县文化馆：《新疆奇台发现的石器时代遗址与古墓》，《考古学集刊》第 2 集，中国社会科学出版社 1982 年版，第 22—24 页。

陶器仅发现单耳罐和彩陶片，均夹砂红陶，质较粗。彩陶为黑彩，菱形网纹。石器有石锄、锛、磨盘、刮削器、纺轮、石球等（图 2.2-41）。

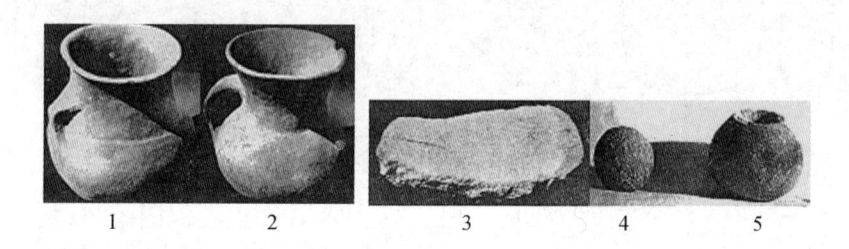

图 2.2-41　红旗机械厂器物（采自《考古学集刊》第 2 集图版柒）
1—2. 红陶单耳罐　3. 石磨盘　4. 石球　5. 石纺轮

22. 西坎尔孜遗址①

该遗址位于奇台县城东南 13 公里的西坎尔孜村，过去也称"坎儿子"遗址，面积 10000 平方米。遗址为一高出现地面的土丘，现高约 3 米。遗址周围地势平坦，皆为耕地。地面上散布有人、兽骨骸，偶尔可见黑陶残片。农民在深翻耕地时，曾发现过石、陶器等遗物。土丘西南约 3 公里处，又有一土丘，高 5 米、宽 50 米，它不同于山前丘陵地带的石冢墓，但在平原上罕见。遗址出土有完整的陶、石、铜等器物。由地面上散布的人、兽骨骸及出土完整器物判断，此处当有墓葬。

陶器能辨器形是两件黑陶罐，一件小口、深弧腹，圜底，似卵形。手制。器口饰菱形划纹，颈部饰附加堆纹一周，器身密布篦纹、斜条纹，条纹中间压印小圆窝。口径 11 厘米、高 16.7 厘米。另一件已残，器形可看出同上，唯纹饰不同，饰横条状篦纹。这两件陶罐极似阿勒泰地区的切木尔切克墓地所出黑陶罐及石罐。石器

---

① 新疆维吾尔自治区文物事业管理局等：《新疆文物古迹大观》，新疆美术摄影出版社 1999 年版，第 298 页；奇台县文化馆：《新疆奇台发现的石器时代遗址与古墓》，《考古学集刊》第 2 集，中国社会科学出版社 1982 年版，第 22—24 页。

第二章　新疆东部青铜时代的文化谱系　95

图 2.2-42　西坎尔孜遗址器物图
（采自《新疆文物古迹大观》）

1. 石祭器　2. 卵形刻划纹圜底陶罐

有石祭器和石磨盘，石祭器钵形，长乳突状柄，石质较细，打磨光滑（图 2.2-42）。通观该遗址，应是切木尔切克文化南下所至。①

23. 大龙口墓地②

墓地位于吉木萨尔县城以南约 8 公里的大龙口村，属天山北麓山前坡地，东临源于博格达山的大龙口河。这一带原分布较多墓葬，至 1993 年发掘时只剩下 10 座。呈南北向排列，共 3 排。地表均有卵石堆作为墓标，其中 6 座封堆较小，发掘时石封堆已不存。4 座（1 座封堆已破坏）封堆较大。其直径小者 20 余米，一座大墓（M9）直径达 54 米，且石堆外有两圈石围，两石围间距 1.5 米，外围石圈外 5 米，环布 7 个小石圈，圈径 3.5 米左右。M9 墓上堆积除卵石和黄土外，很单纯，唯封堆底部墓口之上约 50 厘米处的填土中发现一具长 1.85 米的鹿石。墓中有二层台和"井"字形朽木痕迹。但不见人骨和其他遗物。此墓规模、形制和墓室内情形确有不一般之处，值得认真分析。此处且先谈谈其外围 7 个小石圈的意义。经发掘，小石圈下并无遗迹。因此造墓者设置它们的意义就在于这些石圈本身。我们知道，西方文化中有表达生殖崇拜的"尚七"现象③，这在小河墓地中也多有反映④，综此，这也应是该墓葬所透露出的生殖崇拜文化表现形式。

---

① 王博：《切木尔切克文化初探》，西北大学文博学院编：《考古文物研究——纪念西北大学考古专业成立四十周年文集》（1956—1996），三秦出版社 1996 年版。
② 迟文杰：《吉木萨尔县大龙口大型石堆墓调查简记》，《新疆文物》1994 年第 3 期；新疆文物考古研究所等：《吉木萨尔县大龙口古墓葬》，《新疆文物》1994 年第 4 期；新疆文物考古研究所：《新疆吉木萨尔县大龙口古墓葬》，《考古》1997 年第 9 期。
③ 赵国华：《生殖崇拜文化论》，中国社会科学出版社 1990 年版，第 330 页。
④ 参见宋亦箫：《论史前新疆的生殖崇拜文化》，《吐鲁番学研究》2008 年第 2 期。

这批墓除地面上均曾有石堆墓标外，墓室形制也大多一致，为椭圆形竖穴土坑，少量大墓有木椁或二层台等，见尸骨者多仰身直肢，头西足东，少量二次葬，也有墓中不见人骨的情况。其中有二具骨架不见头骨，是否表达了西方文化中的无头战神含义？[①] 待后文统一讨论。

随葬品较少，主要为陶器，且多在墓口外的西侧或西北侧置一到两件双耳罐。陶器中其他器形有单耳罐、釜、盆、钵等，铜器有镞、镜、镳等，另见少量金、银饰及玛瑙珠等（图2.2－43）。

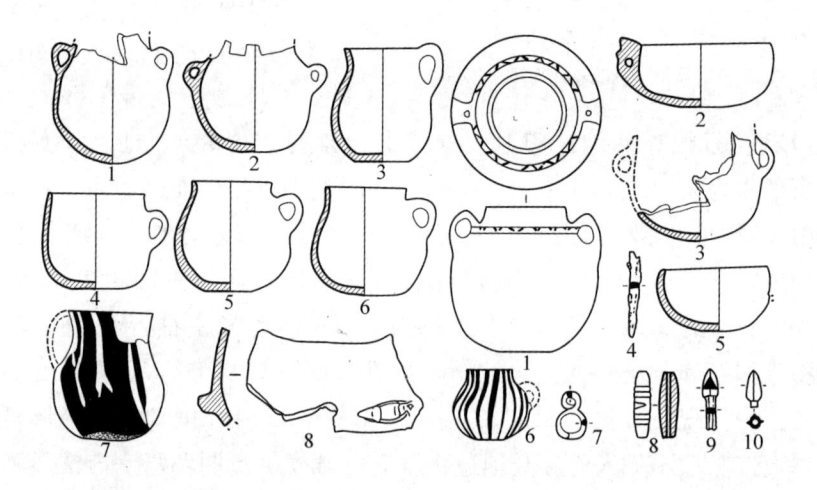

图2.2－43 大龙口墓地随葬器物（采自《新疆文物》1994年第4期）

左：大龙口墓葬出土陶器

1、2. 双耳罐　3—6. 单耳罐　7. 单耳彩陶罐　8. 残陶釜

右：大龙口墓葬出土陶器及小件

1. 双耳罐　2. 陶钵　3. 双耳罐　4. 铁锥　5. 陶盆　6. 单耳彩陶罐　7. 银耳环　8. 玛瑙珠　9. 三棱铜镞　10. 双翼铜镞

葬制葬式中的椭圆形竖穴土坑、仰身直肢和头西足东，并非独此一家，而多有分店。如后文要分析到的阜康、米泉、乌鲁木齐、

[①] 苏雪林：《屈赋论丛》，武汉大学出版社2007年版，第195—311页。

吐鲁番等地的相当于春秋战国前后的石堆墓，普遍有如此葬制葬式。这说明它们应构成一个有自身特征的考古学文化。

24. 小西沟遗址①

小西沟遗址位于吉木萨尔县城以南、天山北麓的山前坡地上，西傍大龙口河，东临榆树沟。遗址南北长700米、东西宽400米。遗址表面破坏严重。曾采集到陶片、石臼、石杵、五铢钱、汉瓦等青铜时代至汉代的遗物。

遗址未经发掘，通过流水冲刷形成的自然剖面，可看到地层情况。第2层是文化层，厚约30厘米。该层中包含众多陶片，据鉴定，有手制和轮制两类，手制陶中有大量夹砂灰陶和彩陶，器形为盆、钵、罐等，彩陶为红衣黑彩，几何形线条纹，类似周边地区的彩陶风格。轮制陶具汉代风格。遗址表面采集到许多石器，有石磨、石球、石皿、石杵、石砍锄等。兽骨有马、羊、骆驼等。

小西沟地处沟通天山南北的大龙口河旁，地理位置重要，该遗址显示人类在此延续了较长时间——从青铜时代到汉代，如能进行发掘，或许能解决更多的历史问题。

25. 三工乡墓地②

三工乡墓地位于昌吉州阜康市南天山北麓山脚，此地存在地点分散的大量古代墓葬及岩画，墓葬类型为石堆墓和石棺墓，破坏较严重。1998年发掘了其中的7座，1座石棺墓，6座石堆墓。

石棺墓已遭扰乱，地表标志不明，墓葬形制也不清，推断为竖穴土坑墓，单人仰身直肢，头向西北。随葬一对铜耳饰、若干骨珠及一对石坠，不见陶器和铁器。

1998年的发掘者将6座石堆墓分两类，一类无墓穴仅有地上圆丘形石堆，石堆表层为碎小岩石块，中部为砾石。笔者以为此类石堆可不看作是墓葬，对于这种人工石堆到底作何用意，可以再行探

---

① 阚耀平、阎顺：《吉木萨尔县小西沟遗址的初步调查》，《新疆文物》1992年第4期。
② 新疆文物考古研究所：《阜康市三工乡古墓葬发掘简报》，《新疆文物》1999年第3—4期。

讨。另一类为石堆竖穴土坑墓,其中两座为小型圆丘形石堆,长方形墓坑,单人仰身直肢,头向西,随葬物极少,一座仅人骨腹部发现两枚铜镞,应为死者中箭而亡后留在体内的结果。另一座出土有骨簪、残铁刀和骨珠等。一座大型石堆墓为椭圆形墓坑,人骨已残,推断为头西足东,葬式不明,无葬具,在墓口北侧、西侧及中部发现3个破损严重的陶罐,1件可辨是单耳罐。这种置陶罐于墓口西侧、北侧的葬俗颇类于大龙口墓地(图2.2-44)。

26. 南泉墓地①

墓地位于阜康市东部滋泥泉子乡南泉村,乌奇公路北侧的山前草滩上。有大小石堆墓20多座(包括发掘后并无墓穴的纯石堆),胡须墓5座(因在其主封堆两侧向东延伸有两列呈弧形的卵石阵,形似胡须,故首先被苏联考古学家名之)。1994年发掘了其中的胡须墓2座(图2.2-45),石堆墓6座,但有4座石堆不见墓穴和遗物,这种现象在前面介绍的三工乡墓地也存在。只有2座是墓葬。

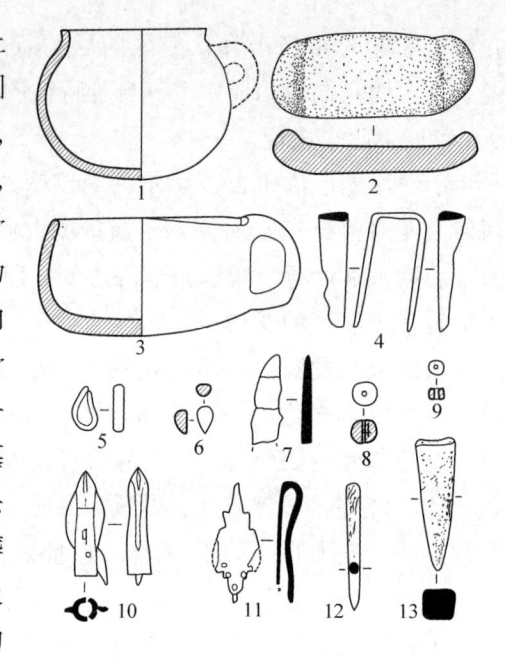

图2.2-44 三工乡墓地陶器(采自《新疆文物》1999年第3—4期)

1. 陶罐 2. 石磨盘 3. 单耳陶钵 4. 铁件
5. 铜饰件 6. 石坠 7. 铁刀 8、9. 骨珠
10. 铜镞 11. 铜饰 12. 骨簪 13. 铁杵

---

① 新疆文物考古研究所:《新疆阜康市南泉"胡须"墓》,《新疆文物》1996年第2期。

发掘者所认定的 2 座石堆墓，其实有一座也不见墓穴，仅在封堆底层填土中发现一件残陶盆，夹砂红陶，口沿存一横錾耳。另一座为石堆竖穴偏室墓，偏室开在竖穴的北壁，偏室内葬 1 人，仰身，下肢微上屈，头向西。无随葬品。偏室墓在新疆有不少发现，如洋海、苏贝希、三个桥、柴窝堡、索墩布拉克等，偏室多开在竖穴的南壁，偶有在东壁或西壁的，开在北壁的目前只见本墓、三个桥和索墩布拉克文化墓葬，这三者之间葬式也相同，应有一定的文化联系。

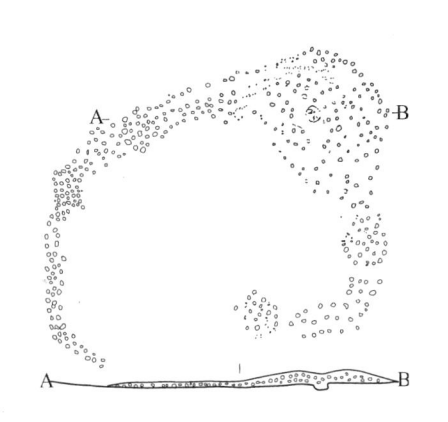

图 2.2－45　南泉胡须墓（采自《新疆文物》1996 年第 2 期）

两座胡须墓的封堆一大一小，小者主封堆呈月牙形，高 0.6 米、长约 10 米，向东延伸的两列石阵宽约 2.5 米、长约 10 米。封堆下不见墓穴，须状石阵下也不见遗迹遗物。大者封堆呈半圆形，顶部微凹，高约 1 米、长约 15 米。石阵宽约 2—3 米，南边的较长，约 23 米，北边的较短，为 11 米。皆用大小卵石或石块嵌入地表，微隆起。封堆下有一圆形竖穴，只在竖穴填土中见数节残碎的人骨和几块夹砂红陶片。石阵下不见遗迹遗物。就目前所知，新疆发现的胡须墓还很少，较为集中的分布区便在乌奇公路北侧的草滩上，另在阿勒泰发现过一座，南疆的巴音布鲁克草原发现过两座。而胡须墓的大本营在中亚草原，其中一座胡须墓出土有青铜、金和骨制的饰件，这些饰件多具早期斯基泰式动物形状和纹饰。苏联学者对胡须墓的认识尚未统一。[①]

[①] 新疆文物考古研究所：《新疆阜康市南泉"胡须"墓》，《新疆文物》1996 年第 2 期。

27. 阜北农场遗址①

该遗址位于阜康市北部天山北麓的冲积平原上，北距古尔班通古特沙漠南缘约 5 公里。所采集和收集文物来自阜北农场砖厂南部和西部沙坑内的沙层中。据调查者分析，此沙层应是古河床，比现在河流更靠近沙漠。遗物有石器、陶器、铜器和骨器，石器有砺石、纺轮、磨盘，铜器仅见一件残镂孔器，骨器有纺轮，陶器有单耳罐、双耳罐、无耳罐、单耳杯、釜、圈足小杯、纺轮、陶饼及诸多陶片，均夹砂红陶或红褐陶，手制，火候不甚高，部分器物见慢轮修整。彩陶有单耳罐、双耳罐及彩陶片，有黑彩、赭色彩和土黄色彩，纹饰有连续倒三角纹、网纹、弧线大三角内填竖斜线纹等，有的口沿内亦施彩，有复彩（图 2.2-46）。

阜北农场遗址采集标本可分成以彩陶为标志的早期遗存和以附加堆纹陶为标志的晚期遗存两类。

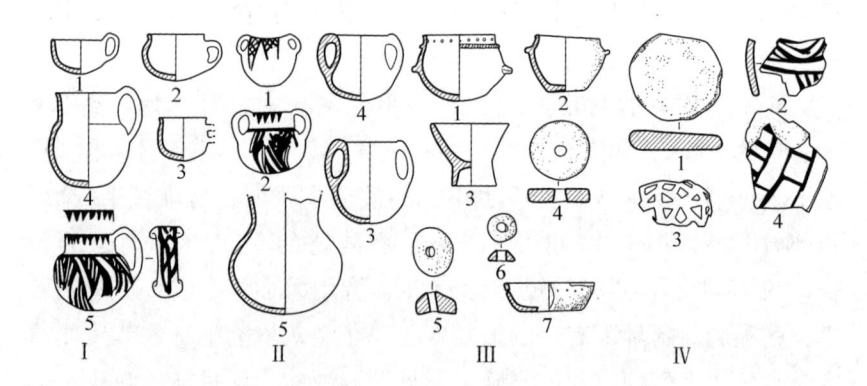

图 2.2-46　阜北农场遗址部分遗物图（采自《新疆文物》1995 年第 1 期）

Ⅰ.1—3. 单耳杯　4—5. 单耳罐　Ⅱ.1—4. 双耳罐　5. 无耳罐　Ⅲ.1—2. 陶釜　3. 陶杯　4—6. 纺轮　7. 陶盆　Ⅳ.1. 陶饼　2、4. 彩陶片　3. 青铜器残件

28. 大草滩墓地

墓地位于昌吉州米泉县（现归属乌鲁木齐市）大草滩村，天山

---

① 于志勇、阎伦昌：《阜康市阜北农场基建队古遗存调查》，《新疆文物》1995 年第 1 期。

博格达峰北坡的山前地带，西傍白杨沟河。大草滩一带地势平坦开阔，共分布石堆墓20余座，1980年调查清理了封堆已遭部分破坏的5座（其中一座只有地面石堆，下面不见墓室）。① 石堆均用河卵石堆积而成，大致呈南北向的数个一组排列着，有的石堆外还多一圆形石圈。

清理的4座墓墓室均在石封堆下，3座有石圈围成的石室，室皆东西向，墓室里层层填石，尸体直接压在石层之下。两墓墓主人仅存下肢，脚朝东；另两墓为二次葬。随葬品较少，有陶器、铜器、骨器和铁器。陶器无完整者，均夹砂红陶，器形有罐、盆、钵等，陶器口沿喜饰小洞和附加堆纹，这与乌鲁木齐乌拉泊墓地一致。铜器仅有箭镞，分双翼和三棱两种。骨器有骨环、带孔骨板等，铁器皆为小件，锈蚀过甚，不辨器形。

29. 乌拉泊墓地②

乌拉泊位于乌鲁木齐市南郊约10公里，其东北、西南均为天山所环绕，西北为开阔地，通往乌鲁木齐，东南有一狭长谷地，越达坂城通吐鲁番盆地，是沟通天山南北的要道。墓地分布在乌拉泊水库南岸，清理了其中的46座，有聚石于地表的墓标，墓葬南北成排排列，每排由数座墓组成。墓室分石棺和土坑两种，呈长方形或不规则长方形，均东西向。分单人葬和双人合葬，单人葬以仰身直肢占绝大多数，少量仰身屈肢或肢体不全者。合葬墓中既有仰身直肢，也有侧身直肢或一仰身直肢一侧身直肢者。头向均朝西。

随葬品一般置墓室西端死者头部附近，有陶器、铜器、石器、小铁件及少量金、玛瑙饰品。陶器均手制，夹砂红陶，大多有烟炱，素面为主，彩陶较少。器形一般较小，主要是罐、壶、杯、盆、釜、钵、碗等，圜底器为主，少量平底器。流行宽带环形耳和横、竖錾耳及乳钉状的纽。彩陶为红衣黑彩，饰三角纹、涡纹、网纹及菱形方格纹等。器腹及口沿处饰各种横、竖錾耳、乳钉及附加

---

① 新疆社会科学院考古研究所：《米泉大草滩发现石堆墓》，《考古与文物》1986年第1期。

② 新疆文物考古研究所：《乌鲁木齐乌拉泊古墓葬发掘研究》，《新疆社会科学》1986年第1期。

堆纹，是乌拉泊墓地陶器一大特色（图 2.2-47）。铜器有小刀、耳环、发钗、铜镜、马衔等，均为日常生活用器，不见生产工具。小件铁器已难辨器形，个别可看出似为小刀、锥之类。石器仅见石臼一件。金、玛瑙饰品表现了较高的工艺制作水平。

图 2.2-47　乌拉泊墓地部分陶器（采自陈戈 2001）
1、3. 鋬耳钵　2. 圜底钵　4. 鋬耳盆　5—7. 单耳罐

近 1/3 墓葬随葬有动物骨骸，个别墓中随葬完整的马匹，马口内含铜衔，头部佩铜饰，更多的仅随葬马头、羊头、马蹄、羊蹄及大块动物骨殖，反映了畜牧业在当时经济生活中占有相当比重。但据测定，乌拉泊古尸龋齿病较严重，这与食用富含淀粉类食品有关，再加上随葬品中陶器所占比重极大，可见当时的农业比重也不低。因此可认为乌拉泊人是一个兼营农牧的族群。

乌拉泊墓地虽无叠压打破关系，但根据简报中提供的出土遗物组合差别，可看出早晚关系。如随葬彩陶的墓多与铜器共存（只有一座不见铜器），却不见铁器，因此可认为出彩陶的墓应为早期，出铁器的墓应晚于出彩陶的墓。而墓室结构上的两种形式——石棺和土坑，均出有彩陶和铁器，应与早晚无关。

30. 汽运农场墓地[①]

该墓地也位于乌鲁木齐市南郊，且距乌拉泊墓地不远，但此墓

[①] 新疆文物考古研究所：《乌鲁木齐市南郊发现石堆墓》，《考古与文物》1989 年第 2 期；新疆文物考古研究所：《乌拉泊乌鲁木齐市汽运公司墓葬发掘报告》，《新疆文物》1998 年第 3 期。

地在一些特征上有别于后者，故单独予以分析。

墓葬分布在乌拉泊乌鲁木齐市汽车运输公司农场以北，距农场约50米。共发现19座墓。地表均有石堆标志。其中17座大致呈南北向一线排列，中部有一间隔带，间隔带中部偏东约50米处，有一座大型石堆墓，其东南又有一小型墓。两次共发掘了南部的4座墓。

墓坑均为椭圆形竖穴，其中一座有生土二层台，有一座木椁墓。墓向均西北—东南向，二座单人一次葬墓，均头向西，其中一仰身直肢，一俯身葬。一座二次葬墓。一座木椁墓，椁内外各有一些残损人骨，值得注意的是，此墓填土中发现4具个体人骨，均不全，其中一头骨碎片中发现有铜耳环。

随葬品很少，且不见陶器。这是与附近的乌拉泊墓地很不同的地方。器类有铜耳环、骨簪、三棱形骨镞、各种形状金箔（有蝌蚪形、三角形、钩形、圆形、方形、不规则形等）、金圈、包金铁泡、包金铁钩、三棱形铁镞、珠饰等。

这四座墓葬制葬式上大同而小异，应属同一考古文化。其中一座墓经碳十四测年，为距今2610±120年。

31. 板房沟铜器群①

板房沟位于天山之天格尔山北麓，属乌鲁木齐县板房沟乡，乌鲁木齐市南约27公里处。1990年发现了两批铜器共14件。

一批出土于建新村河流东岸坡地上，计4种12件，分别是：第一，鹤嘴锄，1件，红铜质，一端扁平，无刃，另一端作菱形，似鹤嘴。中间为椭圆形管銎，其上端作圆疣状，下端穿孔。第二，矛形铜件，1件，红铜质，形似矛，中空，横剖面作菱形。椭圆形底，近底处穿孔，内插一铜销。此铜件应安在鹤嘴锄柄端，为其附件。功能相当于镦。第三，波形饰件，5件，红铜质，焊接而成，正面呈波状，背面为一长铜片。似为皮带上的饰件。第四，扣形饰

---

① 乌鲁木齐市文管所：《乌鲁木齐板房沟新发现的二批铜器》，《新疆文物》1990年第4期。

件，5件，红铜质，在一大一小铜片间夹圆柱形铜块焊接而成，大铜片似人头，小铜片心形。

另一批发现于板房村，共2件，均出土于地下，不共存。一件为斧形器，红铜质，器体上方下扁，弧形刃，正面中部微隆起，背面由顶至中部有浅槽。有使用痕迹。另一件为铜镜，红铜质，仅剩下半部，镜边缘一处稍突出，有两孔（图2.2-48）。

32. 柴窝堡墓地①

墓地位于乌鲁木齐市东南约50公里的柴窝堡湖东岸，墓群大致呈南北向排列，散布在长2公里多，宽约0.5公里的湖滩与戈壁连接地带。现计69座，原有墓葬应更多。发掘者依据封堆大小将其分成大、中、小三种，大型封堆直径在30米以上，有7座，大致南北向连成一排。中小型封堆大多紧邻大型封堆分布在它的西部，中型封堆直径在12—20米之间，封堆由砂砾、砂石、芨芨草根和淤土组成。小型封堆直径一般在10米左右，由砂砾组成。

根据葬制葬式及随葬品的差异，可将全部墓葬划为三类，第一类墓20座，占发掘墓葬23座的绝大多数，第二、三类各一座，均为小型墓。另有一封堆下面未见墓室，是一土坯建筑遗迹。

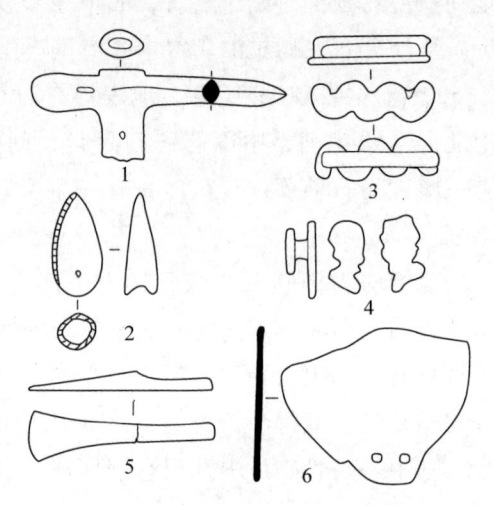

图2.2-48 板房沟铜器（采自《新疆文物》1990年第4期）

1. 鹤嘴锄 2. 矛形铜件 3. 波形饰件 4. 扣形饰件 5. 斧形器 6. 残铜镜

---

① 新疆文物考古研究所等：《乌鲁木齐柴窝堡古墓葬发掘报告》，《新疆文物》1998年第1期；新疆文物考古研究所：《1993年乌鲁木齐柴窝堡墓葬发掘报告》，《新疆文物》1998年第3期。

第一类墓墓室结构以竖穴土坑为主，少量竖穴偏室、竖穴生土二层台、竖穴双室等，墓口平面以椭圆形为主，个别圆角矩形。墓向为西北—东南向，个别东西向。绝大多数墓有木葬具，可分木椁、木框和铺底木、立木四种。均单人葬，二次葬为主，一次葬次之，一次葬头向西北，二次葬的头骨也多放在墓穴的西北。一次葬为仰身直肢，唯右肘部弯曲，右手置于胸腹间。随葬品数量不多但种类较丰富，有石、骨、铜、铁、金器及皮革制品和家畜骨骼等。装饰品较多，铁器也较普遍。不见陶器。同墓葬有关的陶器只出在封堆或填土中，且有部分陶片破碎零散的存在于封堆或填土中，找不到其与墓葬有关系的根据，应是早于墓葬的文化遗存（图 2.2 – 49）。

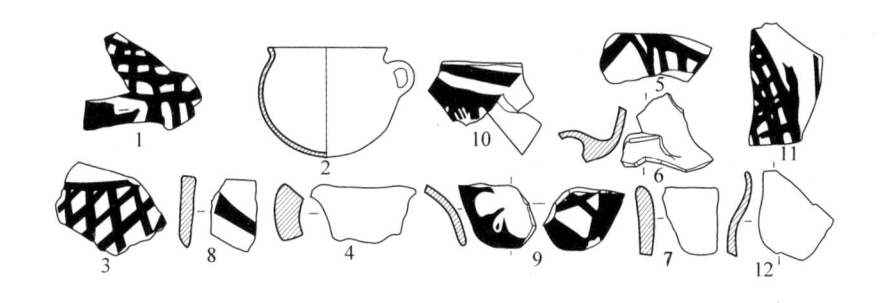

图 2.2 – 49　柴窝堡墓地第一类墓封堆或填土中的陶器和陶片（采自《新疆文物》1998 年第 1 期）

1、3、5、9、10、11. 彩陶片　2. 单耳罐　4、6 残器耳　7、8. 口沿残片
12. 陶罐口沿残片

第二类墓仅一座。封堆略呈圆丘形，砂土构成。其下有双墓穴，一大一小，均椭圆形竖穴，大者单人一次葬，头向西北，仰身侧屈肢，随葬品置于头和身侧，为三件单耳罐和一件纺轮，陶罐均夹砂红陶，其中一件为彩陶罐，红衣黑彩，颈部有弦纹一条，口沿内外绘不规则三角纹（图 2.2 – 50）。小者单人侧身屈肢，头向东南，为一小儿。无随葬品。

图 2.2-50　柴窝堡墓地第二、三类墓随葬陶器（采自《新疆文物》1998 年第 1 期）

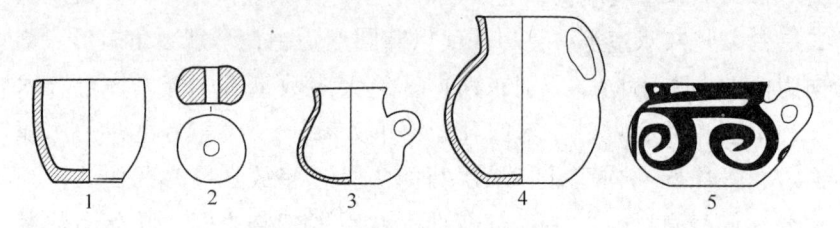

1. 陶杯　2. 陶纺轮　3—4. 单耳罐　5. 单耳彩陶罐

第三类墓也只一座。圆丘形封堆由砂石构成，中间夹杂一些大卵石。圆角矩形竖穴土坑，矩形木框架构成葬具，十块木板作为盖板，一次葬，单人侧身屈肢，屈肢厉害，几乎缩成一团。随葬一陶杯置于头侧。

第一类墓与汽运农场墓地有相同的文化特征，应属同一人们共同体所遗留。第二类墓随葬陶器与吐鲁番盆地有些墓葬陶器多有类似，特别是绘有涡纹的彩陶，说明它们之间有密切的联系。第三类墓中的屈肢葬，与哈密盆地早期墓葬中的葬式能遥相呼应。

33. 柴窝堡林场墓地①

墓地位于柴窝堡湖东北约 3 公里的天山山前洪积扇地带，地表为砾石戈壁，墓葬均有圆丘状封堆作为地面标志，封堆主要由砂砾、卵石组成，有的中部下凹。共四个墓葬点，发掘清理了 14 座墓和 1 座石堆，其中 I 号点 1 座，II 号点 10 座，III 号点 2 座（有一座石堆下未见墓室），IV 号点 1 座。其中 II 号点 10 座墓分东西两组，各 5 座，大致呈南北排列。

墓葬形制多为椭圆形竖穴土坑，其中一座有生土二层台，有两

---

① 新疆文物考古研究所等：《乌鲁木齐市柴窝堡林场 II 号点墓葬》，《新疆文物》1999 年第 3—4 期；新疆文物考古研究所等：《乌鲁木齐市柴窝堡林场 I、III、IV 号点墓葬发掘》，《新疆文物》2000 年第 1—2 期。

座竖穴偏室墓。有的墓有器物坑，多在墓室一端或侧边，较小，呈椭圆形竖穴状，坑内仅放置陶器。葬式除一例俯身直肢外，余皆仰身直肢，头向西或西北，单人葬为主，合葬次之，少量二次葬。除Ⅲ号点和Ⅳ号点各有一座墓无随葬品外，余皆有。按质地划分有陶、铜、金、铁、骨、石器等，陶器以素面陶为主，彩陶次之，陶质以夹砂红陶最多。主要器类是单耳罐、钵、盆、壶、小罐等，彩陶以复彩为主，纹饰有成排倒三角纹、填斜线的变体三角纹、涡纹、网纹等。部分素面陶有附加堆纹，可见乳钉、月牙、圆饼纹等（图 2.2-51）。铜器有镞、小刀、铜签、铜饰等，镞的式样很多。铁器锈蚀严重，能辨器形的有铁钉和铁泡（图 2.2-52）。多数墓中随葬羊尾骨，是该墓地的一大葬俗。

34. 阿拉沟墓地①

阿拉沟是天山山脉间的一条东西向山沟，居托克逊县、乌鲁木齐市、和静县三地之间，长 90 余公里，东窄西宽，阿拉沟河自西向东奔流入吐鲁番盆地。河流两岸的山前台地和草滩上，已发现九处古墓群，且它们都有相同的墓表标志——圆形封堆和矩形坟茔，或许是它们有着相同的考古文化的表征。其中经正式发掘的有两处，分别是阿拉沟东口和鱼儿沟墓地、东风机械厂墓地，前者简称阿拉沟墓地，后者简称东风厂墓地，下面先对阿拉沟墓地进行归纳分析。

阿拉沟墓地共发掘 85 座墓，发掘时地表已遭到破坏，但推测原有卵石封堆，有的在圆形封堆四周还围以卵石，形成矩形石垣。墓室结构有两种：竖穴石室和竖穴木椁。前者占绝大多数，石室用卵石砌成，上部盖木。实行丛葬，人骨架从数具、十数具至数十具不等，层层叠压，有多至四层者。仰身直肢、肢体不全均见。一些

---

① 新疆维吾尔自治区博物馆等：《建国以来新疆考古的主要收获》，《文物考古工作三十年》，文物出版社 1979 年版，第 172—173 页；张玉忠：《天山阿拉沟考古考察与研究》，《西北史地》1987 年第 3 期；新疆社会科学院考古研究所：《阿拉沟竖穴木椁墓发掘简报》，《文物》1981 年第 1 期；吐鲁番地区文管所：《阿拉沟竖穴木棺墓清理简报》，《新疆文物》1991 年第 2 期。

108 青铜时代的东西文化交流

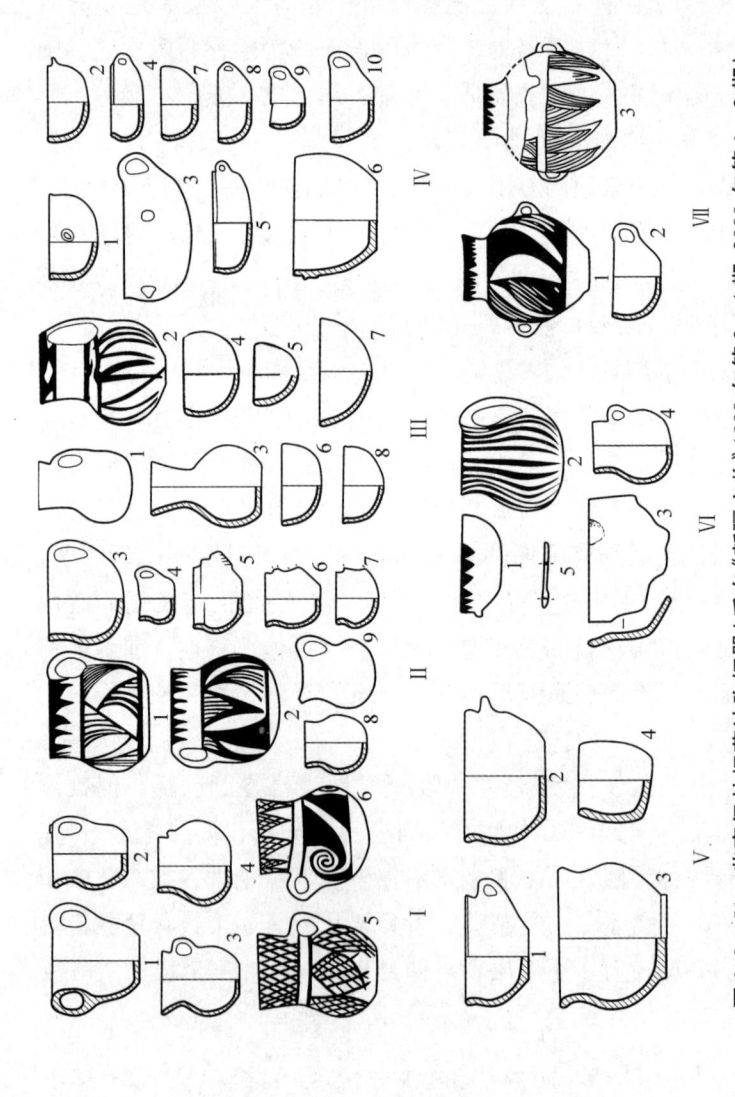

图 2.2-51 柴窝堡林场墓地陶铜器(采自《新疆文物》1999 年第 3—4 期,2000 年第 1—2 期)

Ⅰ 单耳罐 Ⅱ1—7. 单耳罐 8. 小陶罐 9. 单陶罐 Ⅲ1—2. 单耳带流罐 3. 无耳壶 4—7. 钵 Ⅳ1、2、6. 鋬耳钵 3—5、8—10. 单耳杯
7. 无耳钵 Ⅴ1—3. 陶盆 4. 陶杯 Ⅵ1. 陶杯 2、4. 单耳陶罐 3. 带流陶片 5. 铜签 Ⅶ1、3. 双耳彩陶瓮 2. 单耳陶钵

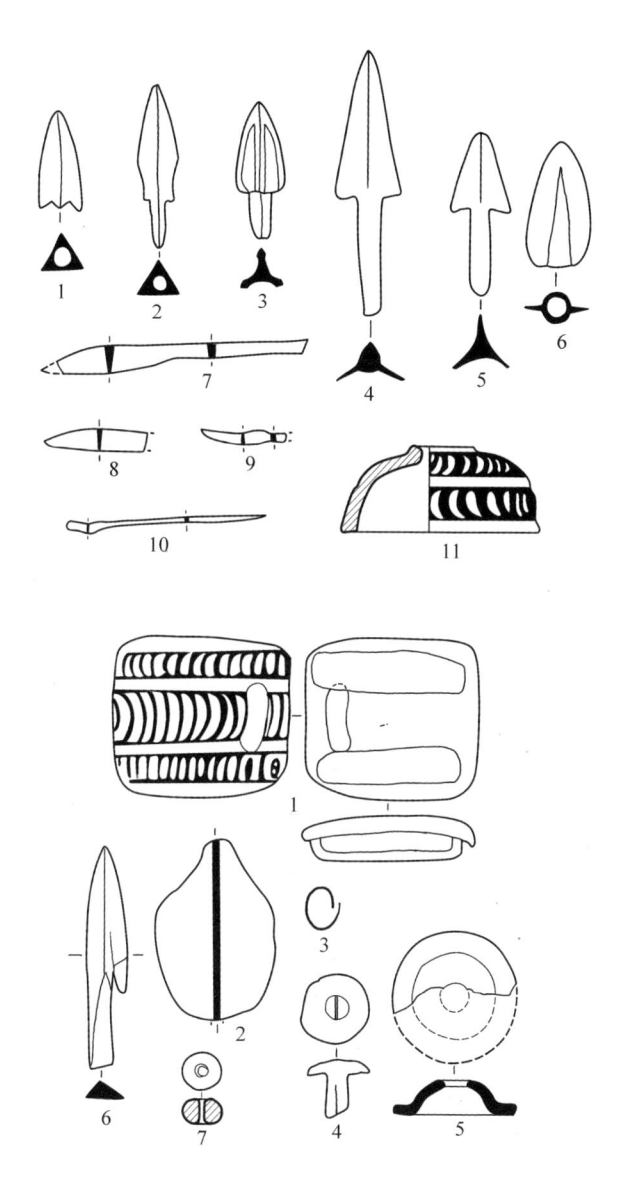

图 2.2-52 柴窝堡林场墓地金属器和骨器（采自《新疆文物》1999 年第
3—4 期、2000 年第 1—2 期）

上：1—6. 铜镞　7—8. 铜刀　9—10. 铜签　11. 铃形铜饰件

下：1. 铜饰牌　2. 铜件　3. 金耳环　4. 铁钉　5. 铁泡　6. 骨镞　7. 串珠

头骨、肢骨上有明显刀痕。随葬品除大量陶器外，还有木器、小件铜器、石杵、石锥、海贝、骨雕及各类项饰等，个别墓中见小铁刀。普遍殉葬马、羊骨。陶器有泥质和夹砂两种，均手制，器形有盆、钵、罐、壶、小杯、豆等，罐的特点是小口、鼓腹、圜底或小平底，单耳或双耳，单耳居多。彩陶占很大比重，红衣黑彩，少量红衣红彩。彩陶纹饰主要有倒三角纹、三角形网状纹、涡卷纹，也有通体饰平行竖线、短斜线组成的几何图案（图2.2-53）。墓主人长发梳辫，罩丝质网状发套，身着各类毛织物及毛皮。据发掘者介绍，依据器物组合及其演变，可看出墓地的早晚变化，晚期墓中彩陶已极少或消失不见，出现陶豆及来自中原的漆器和丝织物，个别墓还见小件铁刀。

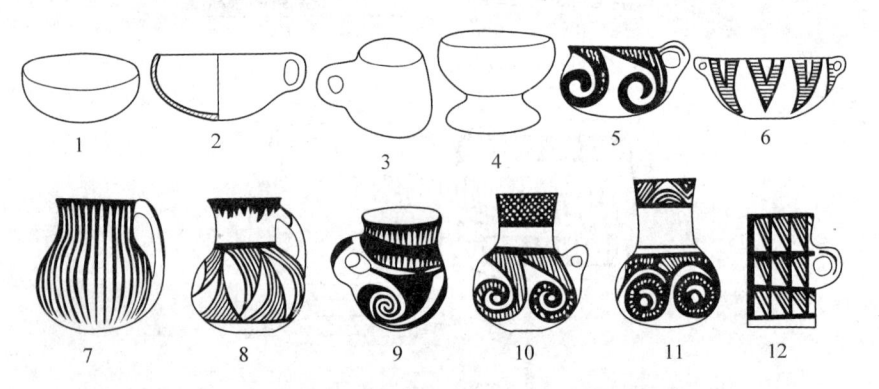

图2.2-53 阿拉沟墓地部分陶器（采自陈戈2001）
1. 圜底钵 2. 单耳钵 3. 单耳杯 4. 豆 5. 单耳罐 6. 双耳钵 7—10. 单耳罐
11. 无耳壶 12. 单耳筒形杯

木椁墓与石室墓同期发掘的仅四座，杂处于石室墓之间。墓室均长方形竖穴，内积卵石，积石下用松木纵横叠压，形成一紧贴四壁高约一米的框架形木椁。葬一至二人，骨架完整者为仰身直肢，头向西。随葬品有金、银、铜、铁、陶、漆木器等。金器最多，且富有特点，如虎形圆牌、狮形金箔等。银器均为牌饰，按形状和图案差别可分为近矩形、近方形、盾形三类（图2.2-54）。铜器仅方座承兽盘一件，通高32厘米、边长29.5厘米，下部为喇叭状器座,上部为方盘,中央立二兽,狮形。红铜质,先分铸、后焊接而成。同类物在伊犁河谷也有发现①,而苏联时期其境内的塞人遗存中则多有发现,且苏联学者认为这是一种拜火教的祭祀盘②。铁器有铁镞和小铁刀。陶器较少,皆泥质,手制。器形有带流筒形壶、平底盆、三足盆、小杯等。此外还有珍珠、玛瑙等饰物。这四座墓虽经盗扰仍出土了既丰富又珍贵的随葬品,显示了墓主人不菲的身份。

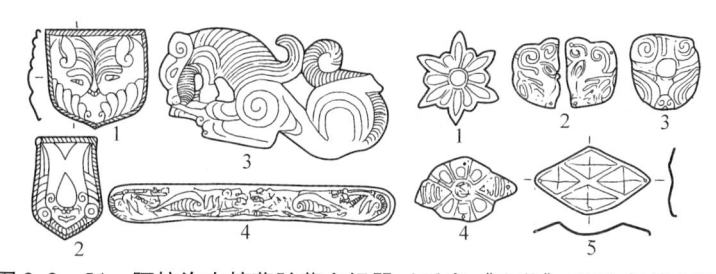

图 2.2-54 阿拉沟木椁墓随葬金银器(采自《文物》1981 年第 1 期)
左:1. 近矩形兽面银牌 2. 盾形兽面银牌 3. 狮形金箔 4. 对虎纹金箔带
右:1. 六角形金花饰片 2、3. Ⅰ式兽面纹金饰片 4. Ⅱ式兽面纹金饰片
5. 菱形花金饰片

1986 年,在不远处又清理了三座已遭破坏的木椁墓。其也为长方形竖穴,东西向。骨骼遭扰乱已不辨葬式。随葬品有陶器、木器、石器、骨器和铁渣等。陶器共 15 件,其中彩陶 8 件,比前面提到的 4 座木椁墓随葬陶器多许多。夹砂红陶,手制。彩陶为红衣黑彩,纹饰有倒三角、横线条、斜线条、竖线条等。器类有单耳罐、双耳罐、单耳杯、单耳壶、瓶、罐、单耳钵、单耳带流罐等(图 2.2-55)。木器有钻木取火器、木钻和其他木器。此三座墓中还发现发辫一段——黑褐色头发,其辫式是先将头发分成若干股(25 股),用 5 股编成一辫,再将辫好的 5 辫编成一个大辫。

---

① 巴依达吾列提、郭文清:《巩乃斯河南岸出土珍贵文物》,《新疆艺术》1984 年第 1 期。
② 转引自张玉忠:《天山阿拉沟考古考察与研究》,《西北史地》1987 年第 3 期。

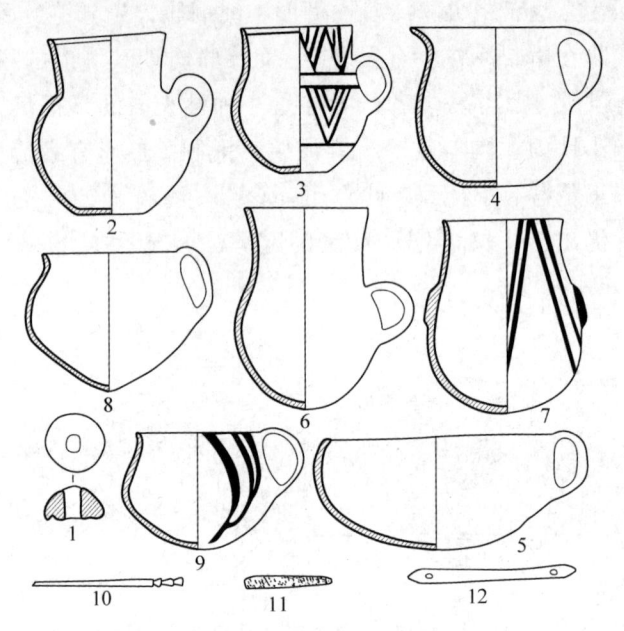

图 2.2-55　阿拉沟木椁墓陶器（采自《新疆文物》1991 年第 2 期）
　1. 纺轮　2、6、8. 单耳罐　3. 单耳彩陶罐　4. 单耳带流罐　5. 单耳钵　7. 双耳彩陶罐　9. 单耳彩陶杯　10. 木钻　11. 石箭头　12. 小木条

35. 东风厂墓地①

　　墓地位于阿拉沟河南岸东风机械厂以南的山前坡地上，发现 43 座石封堆，有两座石堆下既不见墓室，也无人骨和其他遗迹，它们位于墓地西端的一个小山包上，南北并列，堆形稍小。是否属于祭祀设施还有待证实。石堆墓 41 座，大多呈南北向数个一组的链式排列，少数呈簇状。封堆为圆形或方形，方形石堆是先用较大卵石砌出四个边，然后填石。少数石堆外有卵石围成的石垣。墓室结构椭圆形竖穴石室，卵石砌成，口略小于底。少量为矩形石室。也有两例为竖穴土坑。个别墓不见墓室，人骨就在封堆之下。墓口盖木或积石。凡积石墓，墓室内也层层填石。墓底铺原木、木板或一层

---

① 张玉忠：《天山阿拉沟考古考察与研究》，《西北史地》1987 年第 3 期。

石片。个别墓以大木盘作葬具。从印痕和朽灰看，也有在墓底铺苇席和毛布、毛毡的。以丛葬为主，也有单人葬。丛葬的人数最多达20人。其葬式多种，如仰身直肢与二次葬合葬，有的以前者为主，有的以后者居多数；仰身直肢、俯身直肢、侧身屈肢和二次葬合葬；仰身直肢合葬；仰身、俯身（下肢不全）、二次葬合葬；二次葬合葬等。凡仰身直肢者，皆头向西。

随葬品以陶器为大宗，且彩陶居多。次为木器、铜器、骨器及各类饰件，个别墓中见小件铁器。陶器均手制，夹砂红陶。器形有单耳罐、长颈壶、钵、釜、碗、杯、盆等。陶器组合主要为罐、壶、杯或罐、钵、杯。彩陶红衣黑彩或红彩。纹饰有三角、三角网纹、涡卷纹、水波纹、树枝纹、竖条纹、弧线纹及斜线条组成的几何形图案等。口沿内多有内彩（图 2.2-56）。木器主要有盆、盘、勺、纺轮、梳、钻木取火器等。铜器均为小件，有镜、马衔、小刀、锥、簪、耳环等。其他尚有骨锥、骨镞、小磨刀石、贝壳及小金片等。普遍随葬大量羊头、马头，是这批墓葬的一个特点。

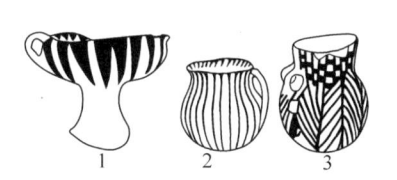

图 2.2-56　东风厂墓地部分彩陶（采自陈戈 2001）

1. 彩陶豆　2—3. 彩陶罐

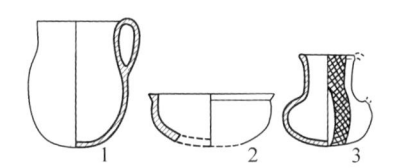

图 2.2-57　英亚依拉克墓地陶器（1、3 采自《考古》1985 年第 5 期；2 采自陈戈 2001）

1. 素陶罐　2. 素陶钵　3. 彩陶壶

36. 英亚依拉克墓地①

墓地位于托克逊县喀格卡克村英亚依拉克居民点南面，地处吐

---

① 吐鲁番地区文管所：《托克逊县英亚依拉克古墓葬群调查》，《考古》1985 年第 5 期。

鲁番盆地西南部山前戈壁带与盆地中心黄土带交界的地方。墓地选在戈壁滩稍凸起的高岗上，约30座墓葬，分成数片聚集埋葬。墓葬地表有石堆标志，由卵石堆积形成，高0.2—0.4米，直径约2米。在整个墓地的调查过程中，清理了已遭盗掘的9座墓。墓室为长方形竖穴土坑，是否有偏室已无法辨识。墓口用直径10厘米左右的圆木棍排列封闭，其上铺以厚约15厘米的芦苇杂草，上面再以砂石封堆。因遭破坏，只收集到少量遗物。有彩陶壶、素陶罐、细毛绳、毛布、皮革制品等（图2.2－57）。二件陶器形制和彩绘风格同于艾丁湖、苏贝希墓地，毛织品、皮革制品也同于苏贝希墓地。应是有密切关系的表现。

37. 喀格恰克墓地①

喀格恰克墓地位于托克逊县托台区喀格恰克村，与英亚依拉克墓地相距很近。共有18座墓葬，3座已遭彻底破坏，2座经扰乱，13座基本完好。地面现已看不出明显的封堆标志，但经推断，地面有卵石堆。墓葬形制为长方形竖穴土坑，除一座小儿墓，墓穴一般长1.5—2米、宽1—1.2米、深1.2—1.76米。墓穴大体呈东西向，人骨架朽甚，少数痕迹显示头向西，骨架数目、葬式等已无法确知。墓穴上部因干燥，保存较好。封闭墓口的是直径约10厘米的木棍和苇苫，苇苫用毛绳或苇绳编系，有的苇苫上还铺有杂草，最后在其上堆封土，置卵石。使墓穴成为一个地下室式的空间。但因年深日久，部分木棍和草苫渐朽而塌陷，封土和卵石便从塌陷部位进入墓穴，墓穴填实后当初尚未折断的木棍苇苫因有了依托，虽有一定的碳化朽烂，却能够保存下来。

随葬品大多置于死者头向一端，即墓室西北端，数量均不多。以陶器为大宗，手制，夹砂红陶为主，有一件夹砂灰陶，彩陶占大部分，红衣黑彩，口沿均有内彩，纹饰有成排倒三角纹、涡卷纹、网格纹、竖条纹、变体三角纹、折线纹、菱形纹等等。器形有壶、

---

① 吐鲁番地区文管所：《托克逊县喀格恰克古墓群清理简报》，《考古》1987年第7期。

罐、杯、钵、碗、釜、盆等，有少量专为随葬而制的明器（图 2.2-58）。其他遗物有木俑、石质尖状器、毛绳、苇绳、苇苫等，前两者是随葬器物，后三者作为编系苇苫和封闭墓口所用。均数量极少。

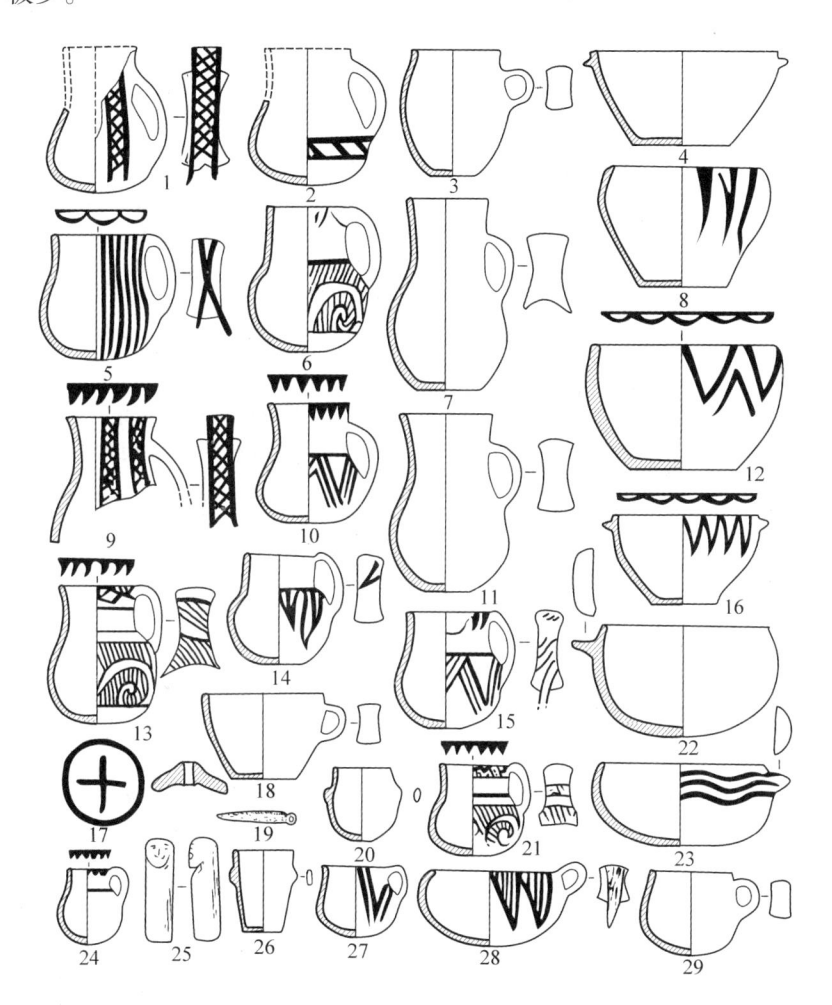

图 2.2-58　喀格恰克墓地陶器（采自《考古》1987 年第 7 期）

1、2、6、9、10. 彩陶壶　3. 素陶罐　4. 錾耳碗　5、13、14、15、21. 彩陶罐　7、11. 素陶壶　8. 彩陶碗　12. 彩陶盆　16. 錾耳彩陶碗　17. 纺轮　18、29. 单耳杯　19. 尖状器　20. 小罐　23. 彩陶釜　24、27. 单耳彩陶杯　25. 木俑　26. 小杯　28. 单耳彩陶钵

喀格恰克墓地墓口木棍经碳十四测定树轮校正年代为距今 2715±120 年。约当西周晚期到春秋时期。

38. 博斯坦墓葬①

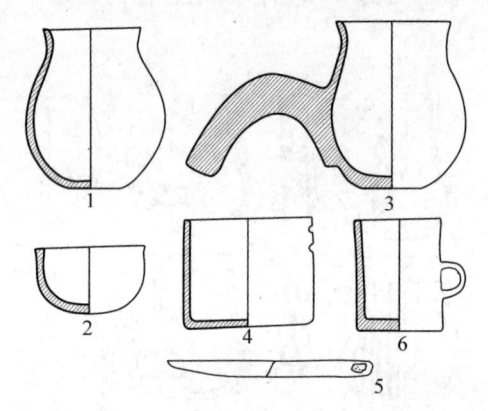

墓葬位于托克逊县博斯坦乡七村二组居民点东南，为荒滩戈壁，该墓处在一较高的土梁上。地表有方形石堆，墓室为长方形竖穴土坑，有4具人骨，已扰乱，无葬具。出土器物有陶器、木器、骨器、铁器和皮革制品等，计 19 件。陶器较少，仅罐、碗、杯 3 件。木器相对较多，有杯、盘、勺、刀、取火器等（图 2.2-59）。骨器有纽扣、骨角、梳等。铁器仅铁环 1 件。

图 2.2-59 博斯坦墓葬陶、木器（采自《新疆文物》1996 年第 3 期）
1. 陶罐 2. 陶碗 3. 罐形勺 4. 木杯 5. 木刀 6. 陶杯

39. 艾丁湖墓地②

墓地位于艾丁湖北岸，吐鲁番市艾丁湖乡西北 8 公里处。1980 年调查清理了 50 座墓葬。墓葬上部多被风蚀破坏，部分墓葬被严重盗扰。从残存部分分析，墓室为长方形竖穴土坑，一般长 2 米、宽 1 米左右。墓室东北—西南向，单人葬，仰身直肢，头向西或西偏南。

随葬品 165 件，主要是生活用具，少量生产工具和装饰品。有陶器、石器、铜器、铁器、金器五类。陶器手制，绝大多数夹砂红陶，少量灰陶。器形有壶、罐、钵、杯、碗、鼎、碟、盂、盆、缸、勺和纺轮等。彩陶红衣黑彩，器口内外多饰成排倒三角纹，器

---

① 吐鲁番地区文物局：《托克逊博斯坦墓群清理简报》，《新疆文物》1996 年第 3 期。
② 新疆维吾尔自治区博物馆等：《吐鲁番艾丁湖古墓葬》，《考古》1982 年第 4 期。

表常见涡卷纹、变体三角纹、竖条纹、宽带网格纹等（图 2.2-60）。石器有纺轮、磨石。铜器有对马纹牌饰、带钩、素面铜

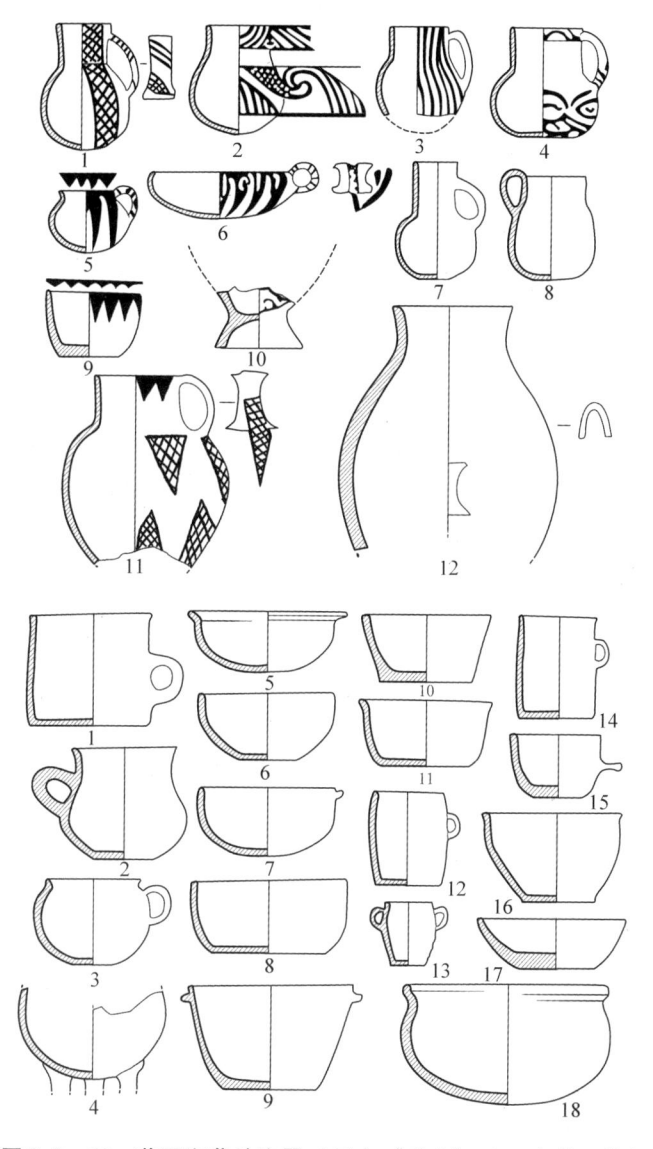

图 2.2-60 艾丁湖墓地陶器（采自《考古》1982 年第 4 期）

上：1—5、11. 彩陶罐 6. 彩陶钵 7—8. 单耳罐 9. 彩陶碗 10. 彩陶豆 12. 大罐 下：1. 彩陶杯 2—3. 单耳杯 4. 彩陶鼎 5—8. 钵 9. 鋬耳盆 10. 碗 11. 盆 12、14. 单耳杯 13. 双耳杯 15. 勺 16. 碗 17. 碟 18. 盂

镜、镞、泡饰、簪等。铁器有铁刀、铁镞、铁泡。金器仅有金箔花饰。

40. 交河故城沟北墓地①

墓地位于交河故城沟北的台地上，发掘者又称一号台地。与故城隔沟相望，相距约百米。台地呈不规则长方形，地表遍布小砂砾，不生长任何植被。墓葬集中在台地的中部和南部。共有两类墓葬结构：有封石堆标志的竖穴土坑墓或竖穴土坑偏室墓；斜坡墓道洞室墓。后者乃汉晋墓，不在讨论之列。所发掘墓葬可分三组，每组墓均有一座大墓，四周环绕若干附葬墓及殉马（驼）坑。其中该墓地最大的封石堆因条件限制未发掘，仅在其东、南侧开掘了一探沟，发掘了它的附葬墓及殉马坑。每组墓排列紧密但无叠压打破关系。说明它们之间在时间上相隔不久远。三组墓文化特征基本一致，应是同一考古学文化遗存。

墓葬地表石堆呈圆形，大墓中部有凹陷，外观呈石环圈状。大墓石堆下有用土坯垒砌的圆形围墙。围墙中部为中心墓室，大量附葬墓及殉马坑分布在围墙之外，个别在墙内。竖穴土坑墓数量上多于竖穴偏室墓。葬式基本为仰身直肢，少量仰身屈肢和侧身直肢。头向朝东的为多，次朝西，少量朝南。可总结为头朝东或朝西的仰身直肢葬是该墓地的基本葬式。合葬为主，少量单人葬。合葬墓中多见成年异性双人合葬和外加一未成年人的三人合葬。有些墓中有焚烧墓室习俗。殉马坑多为圆形竖穴土坑，埋在大墓土坯墙外的多在围墙的北部或西部，排列整齐。多为整匹马殉葬，一坑殉1—2匹，个别4匹。偶见殉骆驼的。一组大墓殉马20—30匹左右。因墓葬多被扰乱，葬具破坏严重。可辨的有木棺和尸床，也见用木棍、草、席铺垫墓底，或用草覆盖尸体。部分墓葬用木棍封盖墓口。

随葬品破坏遗失严重，但仍有近300件出土。骨器为大宗，次则为陶、铁、金、铜、银、木、毛、棉、漆、丝绸等，陶器多为夹砂红陶，少量灰陶，手制。素面为主，少量彩陶。器形有罐、釜、

---

① 联合国教科文组织驻中国代表处等：《交河故城——1993、1994年度考古发掘报告》，东方出版社1998年版，第15—74页。

杯、钵、盆、瓶等。平底器为主，少量圜底器，偶见三足器（图2.2-61）。骨器大多为装饰品，如骨饰件、珠、环、骨雕等，也有骨刀、骨匕等用具，还有马具。骨雕鹿首、骨树叶形鸟纹饰片等都很有特色（图2.2-62）。木器有箭、箭镞、盆、盒、木结、钻木取火器、刀、木俑等（图2.2-63）。金器多打制，有饰件及环等。饰件有鹿形饰、三角形饰、鹰嘴怪兽搏虎牌饰、驼形饰、对鸟纹饰、鹰纹饰、花纹饰、波浪纹饰、珠饰、泡饰、套饰等，多数充满了鄂尔多斯式风格。银器有牛头饰、珠饰、管饰等（图2.2-64）。铜器基本为铸造，有直柄和曲柄铜镜、狼头形饰、喇叭状饰、泡饰、四角形饰、五铢钱等。铁器多为铸造，有鹤嘴锄、马衔、马镳、带钩、镞、刀、环、饰件等，鹤嘴锄极有特色（图2.2-65）。织物有绢、毛织物、棉织物等，此外还有漆器、石珠、玛瑙珠等。

41. 交河故城沟西墓地①

墓地位于交河故城沟西台地，发掘者又称第四号台地。沟西台地是吐鲁番盆地人类较早涉足的地点之一。已发现过旧石器晚期文化遗存及细石器遗存，也采集到一件单耳带流彩陶罐及一些彩陶片，这些显然是青铜时代遗物。② 沟西台地也如沟北墓地有两类墓葬，即竖穴土坑墓和斜坡墓道洞室墓，只不过斜坡墓道洞室墓占了沟西台地的大部，与沟北墓地该类墓葬只占极少比例相比，有此消彼长，后来居上的趋势。竖穴土坑墓仍分两种，竖穴土坑和竖穴土坑偏室。墓向多西南或西北向。一部分竖穴墓墓底有尸床，偏室墓大多有木棺。多为一次葬，不排除有二次葬的可能。所葬个体1—3人不等。葬式以仰身直肢为主，个别俯身直肢。头向多西、西北或西南向。有些墓内随葬有马头、马腿等动物骨骸。

所发掘23座墓因保存不佳，随葬品数量和种类并非下葬时的原貌。现在看到的遗物以陶器为主，次有铁器、金器、骨器、铜器、五铢钱和小石珠等。陶器器形有钵、盆、罐、瓮、杯等，基本

---

① 新疆文物考古研究所：《交河沟西——1994—1996年度考古发掘报告》，新疆人民出版社2001年版，第1—42页。

② 同上书，第2页、第41页。

120 青铜时代的东西文化交流

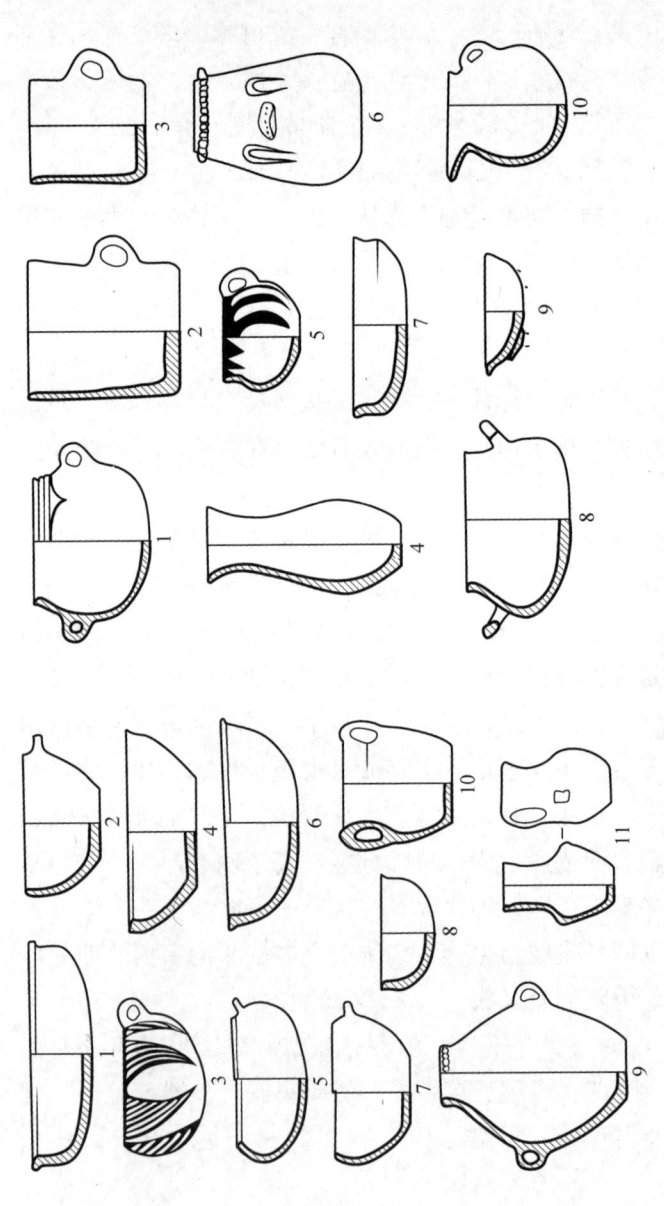

图 2.2-61 交河故城沟北墓地陶器（采自《交河故城》）

左：1. 直腹盆 2、7. 深弧腹平底钵 3. 鼓腹圜底钵 4. 折肩斜腹盆 5. 弧形腹单耳罐 6. 双鋬耳罐 7. 折腹圜底钵 8. 弧腹圜底碗 9. 三足钵 10. 带流罐 11. 三耳罐

右：1. 圆腹盆 2、3. 直壁钵 4. 瓶 5. 弧形腹单耳罐 6. 双鋬耳罐 7. 折腹圜底钵 8. 弧腹圜底碗 9. 三足钵 10. 带流罐

右：1. 圆腹盆 2、3. 直壁杯 4. 瓶 5. 弧形腹单耳罐 6. 双鋬耳罐 7. 折肩斜腹盆 8. 弧腹圜底碗 9、10. 双耳罐

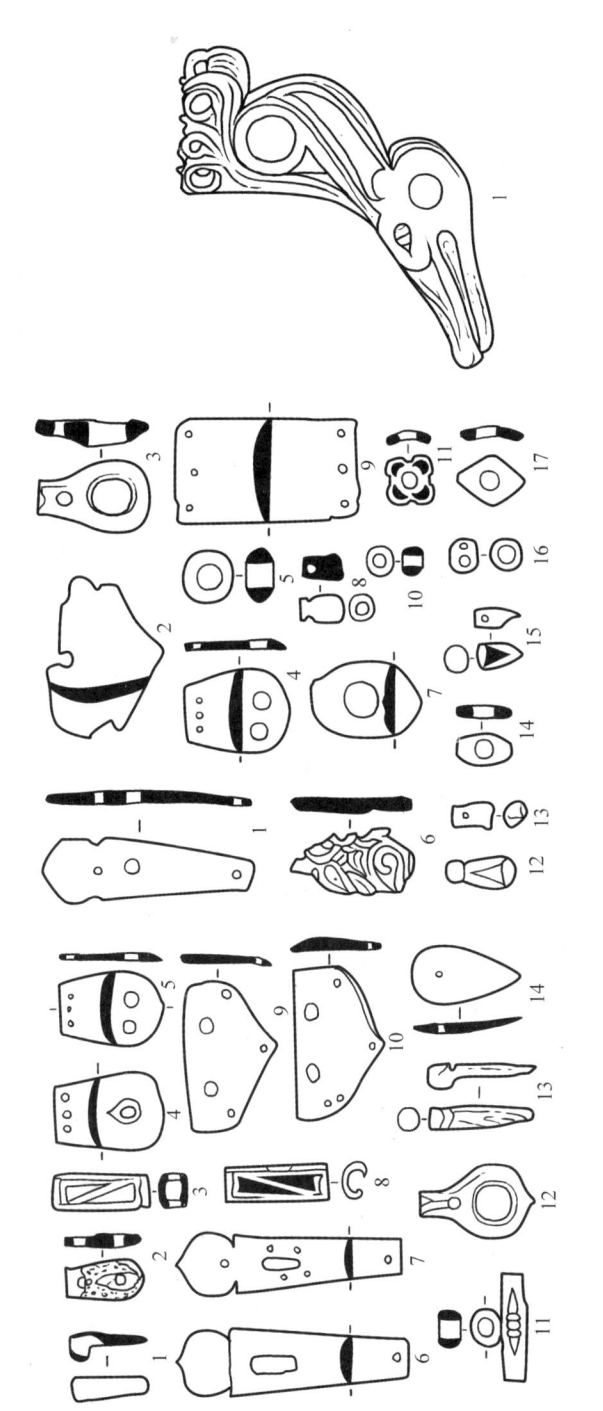

第二章 新疆东部青铜时代的文化谱系 121

图 2.2－62 交河故城沟北墓地部分骨器（采自《交河故城》）

左:1. 圆管形饰 2、4、5. 卡扣 3、8. 方形管饰 6、7. 桃形饰 9、10. 三角形扣 11. 骨扣 12. 带扣 13. 圆形管饰 14. 水滴形饰片
中:1. 桃首形饰片 2、4. 卡扣 3、7. 带扣 5、10、16. 骨珠 6. 鸟纹饰片 8、13、15. 管形饰件 9. 长方形饰片 11. 花形饰片 12. 奎形饰
14. 截尖梭形饰片 17. 菱形饰片
右:1. 鹿首雕

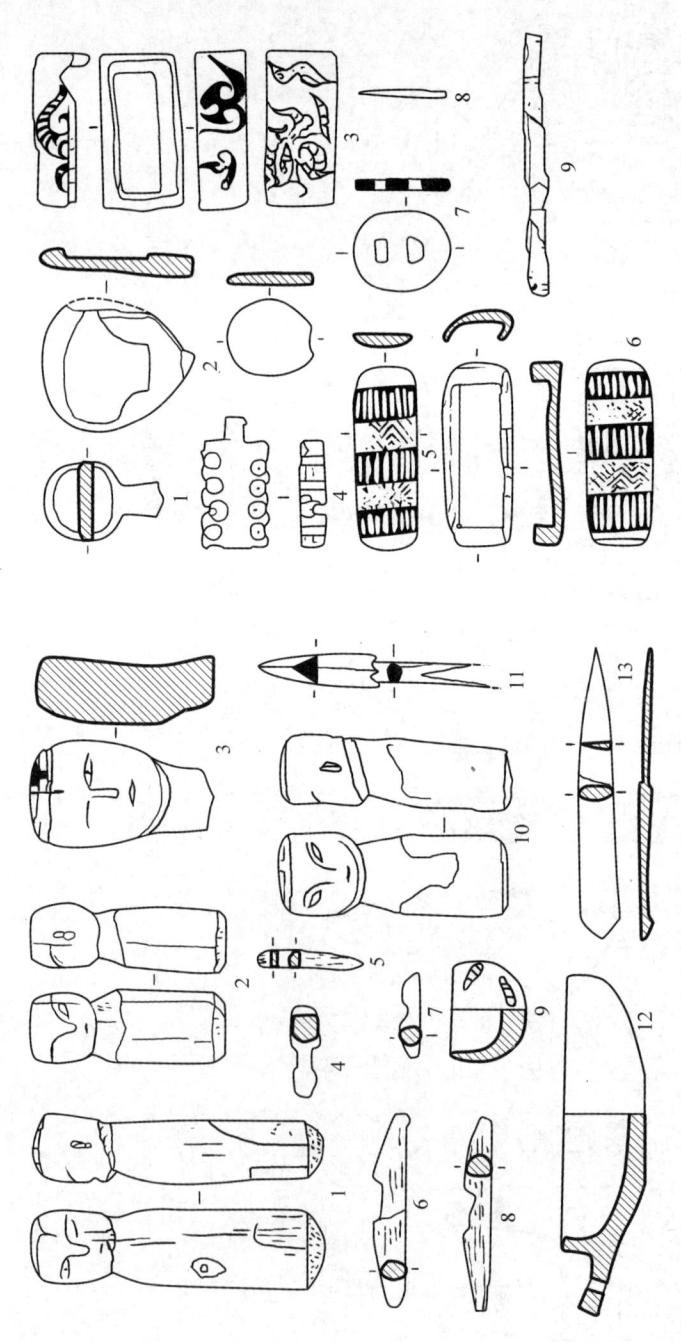

图 2.2-63 交河故城沟北墓地部分木器（采自《交河故城》）

左:1、2、3、10. 木桶 4—8. 木结 9. 钵 11. 箭镞 12. 勺 13. 刀
右:1. 铜片木牌 2、5. 木饰片 3、6. 木盒 4. 钻木取火器 7. 木扣 8. 木箭 9. 木箭箙

第二章 新疆东部青铜时代的文化谱系 123

图 2.2-64 交河故城沟北墓地部分金银器(采自《交河故城》)

1. 金对鸟纹饰 2. 波纹金饰片 3—5. 金鹰纹饰片 6. 银牛头饰 7. 金鹿饰 8. 金鹰嘴怪兽捕虎牌饰 9. 六角金花 10. 金驼形饰件

124　青铜时代的东西文化交流

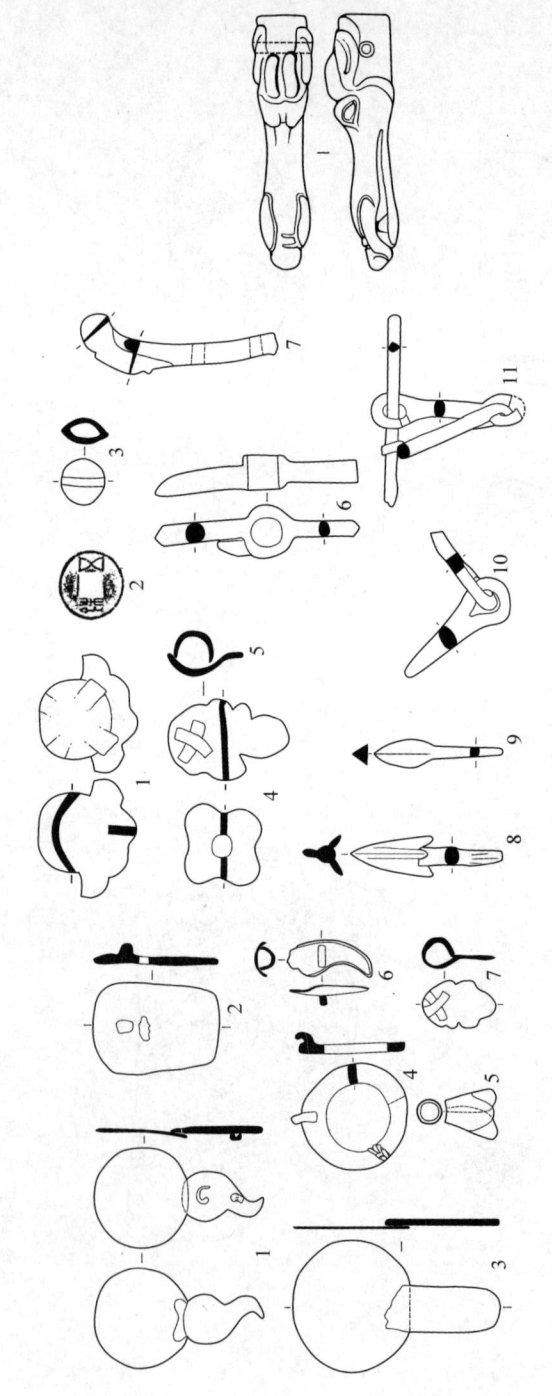

图 2.2-65　交河故城沟北墓地铜铁器(采自《交河故城》)

左:1. 曲柄铜镜　2. 铁牌饰　3. 铁直柄铜镜　4. 铁带钩　5. 铜喇叭形饰　6. 铁兽角形饰　7. 铁泡饰
中:1、5. 铁泡饰　2. 五铁钱　3. 铜泡　4. 铁花形饰　6. 铁鹤嘴锄　7. 铁刀　8、9. 铁镞　10. 不知名铁件　11. 铁马镳、马衔
右:铜狼首饰

为红陶，手制。多圜底。钵、盆、罐为该类墓典型器物组合。墓内未见彩陶。铁器多为小件，如刀、箭镞、环以及附在其他物品上的饰件等。铜器较少，有星云纹残铜镜、五铢钱及铜环等。金器有动物纹牌饰及项饰（图 2.2-66）。

从交河故城沟北和沟西墓地葬制葬俗及随葬品的同异来看，它们应是前后相继使用的两块同一族群墓地，沟西墓地整体晚于沟北墓地。据碳十四测年，沟西这批墓葬已进入两汉时期。

42. 苏贝希遗址及墓地[①]

苏贝希遗存位于鄯善县吐峪沟乡苏贝希村吐峪沟北口，处于火焰山北麓吐峪沟东和沟西的台地上。沟西有苏贝希遗址和一号墓地，沟东有二、三号墓地，其中三号墓地在北，二号墓地在南。下面对遗址及各墓地作逐一分析。

苏贝希遗址：遗址在一孤岛状台地上，地表散布许多石器、陶片和毛织物碎片，并出露土坯墙基。表土层下即为各类遗迹。可见该遗址是"一次性"连续使用的。共发现 3 座房基、若干灰坑及 3 条小道。房基由泥垛成，部分为土坯墙。均为多间排屋，经推定，由三间组成的 F1 西边一间可能用来圈养牲畜和存放杂物，中间一间用来生活起居，东边一间为敞篷式，有料池和陶窑等设施，应为制陶作坊（图 2.2-67）。

房址中出土有石磨盘、石杵、陶片等，在此前调查时也从遗址表面采集过一些遗物。笔者在此一并作介绍。石器有磨盘、杵、锤、纺轮、斧、尖状器等，陶片能复原者极少，可辨器形的有釜、罐、钵、碗、壶等（图 2.2-68）。此外还出土有一些木器、骨器、角器、毛织物碎片等。

[①] 吐鲁番地区文管所：《新疆鄯善苏巴什古墓葬》，《考古》1984 年第 1 期；吐鲁番地区文管所：《新疆鄯善县苏巴什古墓群的新发现》，《考古》1988 年第 6 期；新疆考古研究所：《鄯善县苏贝希考古调查》，《考古与文物》1993 年第 2 期；新疆文物考古研究所：《鄯善苏贝希一号墓地发掘简报》，《新疆文物》1993 年第 4 期；新疆文物考古研究所等：《鄯善苏贝希墓群三号墓地》，《新疆文物》1994 年第 2 期；新疆文物考古研究所：《新疆鄯善县苏贝希遗址及墓地》，《考古》2002 年第 6 期。

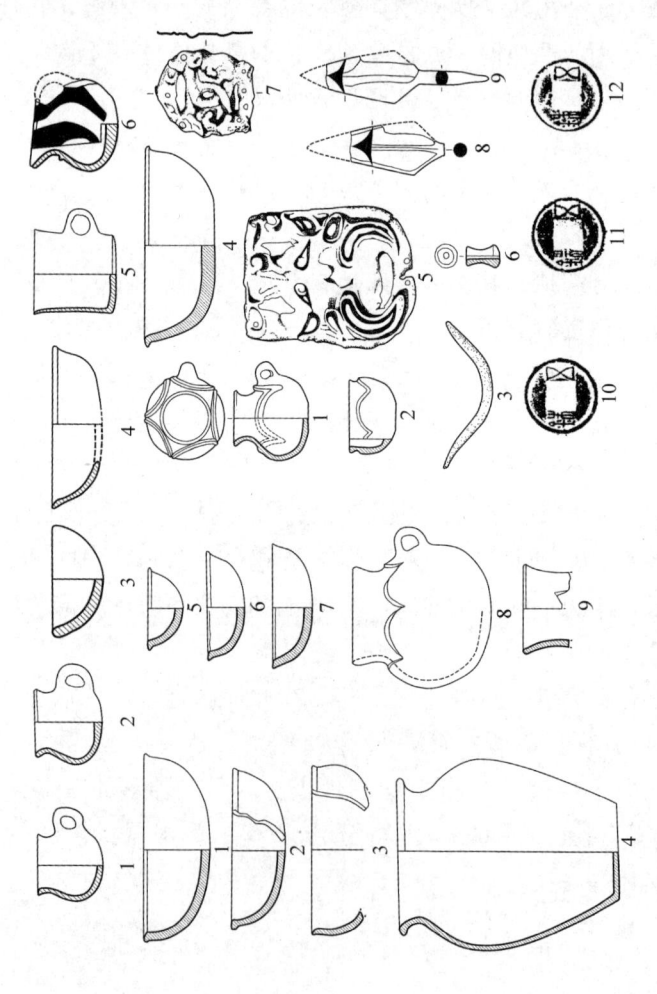

图 2.2-66　交河故城沟西墓地陶器及金属器（采自《交河沟西》）

上:1、2. 单耳罐　3. 陶钵　4. 陶盆　5. 陶杯　6. 单耳带流彩陶罐

左:1—3. 陶瓮　4. 陶盆　5—7. 陶钵　8. 单耳陶罐　9. 陶器口沿

右:1. 单耳罐　2. 陶罐　3. 金箔片　4. 陶盆　5、7. 金牌饰　6. 石珠　8—9. 铁箭镞　10—12. 五铢钱

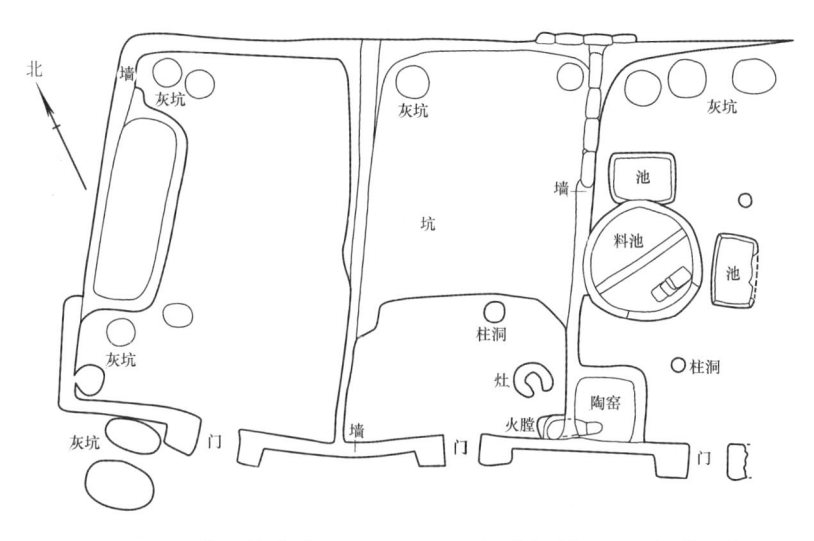

图 2.2-67 苏贝希遗址 F1 平面图（采自《考古》2002 年第 6 期）

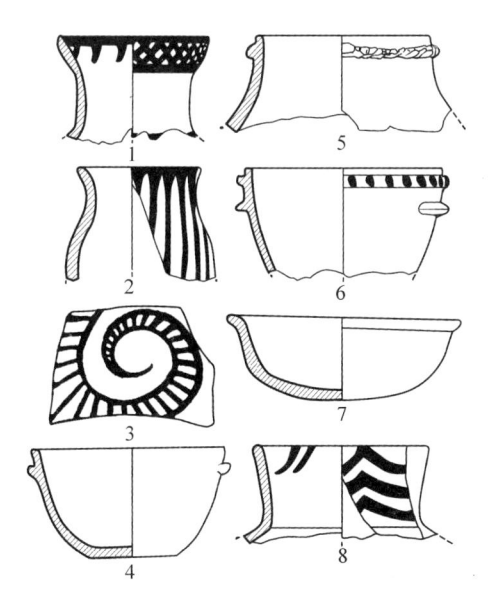

图 2.2-68 苏贝希遗址出土陶器（采自《考古》2002 年第 6 期）
1、3. 壶（F1:51、F1:52） 2、8 罐（彩:40、F1:60） 4. 碗（F3:1）
5、6. 釜（F1:58、F2:13） 7. 钵（采:13）（1. 约 1/4, 3.7/10, 5、6. 约 1/7, 余均约 1/3）

三号墓地：有 30 座墓葬，其上均覆盖一层自然堆积的砂石层，故未遭盗扰破坏。地表不起封，此点与洋海墓地一致。墓葬分布均匀，无叠压打破关系，墓向多向西或西北。墓室结构有两种，竖穴土坑和竖穴偏室，前者 29 座，后者 1 座。部分墓有葬具，有的墓底铺细沙，上放木质葬具或草垫再陈尸其上，墓室内不填土，墓口用圆木、苇苫、茅草封盖，顶部用黄泥或石块镇压。有单人葬也有合葬，合葬墓有的分层，中间隔以细砂。个别墓见尸床，用圆木采取榫卯结构做成井字形木框架，四角立有床腿。葬式有仰身直肢、仰身屈肢和侧身屈肢，头向有西北、西南和东向。部分死者尸体已成为干尸，随身衣饰不少还较好的保存着。死者一般用毛毡裹住并用细绳缝牢下葬。服饰有羊皮和毛织品两大类，羊皮又分皮革和毛皮，都经过鞣制，白色。皮革用来做短上衣，对襟右衽。毛皮做长上衣，对襟左右衽都有。皮革服饰还有男式长靴和女式短�靿皮靴。男性毛皮大衣长不过膝。女性大衣又宽又长，有手臂不能伸入的二条很细的装饰性长袖。男女都穿圆领长袖套头衫，领、袖口处缝缀红色窄绦饰，下身穿的平脚加裆裤宽而短。男性头戴盔形毡帽，有的为护耳毡帽。女性头上戴发网，中间有圆形幅托与发网连接，幅托上栽高尖帽。头上插有铁或木的发笄。均头枕皮枕。男性下穿长靴，靴筒长到腿根处，发掘者称其为"靴子状无裆裤"，内套粗毛布衣裤。外束皮带，皮带下挂小皮口袋。女性下穿彩色毛布长裙。

出土遗物，除服饰外，还有陶、木、铁、石、骨、铜、皮革等质地的生活生产用具。男女随葬品略有区别。有的男性，腰带上挂着各种口袋，袋内装物，身右侧置弓箭袋，内放弓和箭，左侧放陶罐、陶钵、铁刀、钻木取火器、骨扣、木盆、皮囊等。木盆内盛放羊头、小米、肉块等食物，有的还另随葬皮靴和皮枕等。女性身侧放有彩陶豆、陶杯、木梳、调色石等。

陶器为夹砂红陶，手制，多为素陶，个别为彩陶，通体彩，彩纹以内施平行线的圆涡纹为主,还有网纹和竖条纹。器形有碗、杯、罐、釜等(图 2.2-69)。木器出土很多,有俎、碗、拐杖、钻木取火器和小扣等。铁器有扣、牌饰、镞、针、笄、带钩等。石器有眉石、杵、石染料块等。骨器有梳、觽、扣等。铜器仅一面铜镜。皮革制品有袋、皮符、枕等(图2.2-71)。

图 2.2-69 苏贝希三号墓地陶器(采自《考古》2002 年第 6 期)

1. 壶 2. 筒形杯 3. 双耳罐 4、5、11. 罐形杯 6. 盆 7. 豆 8—9. 勺形杯 10. 小罐 12、17. 钵 13、15. 釜 14. 带流杯 16、18. 碗

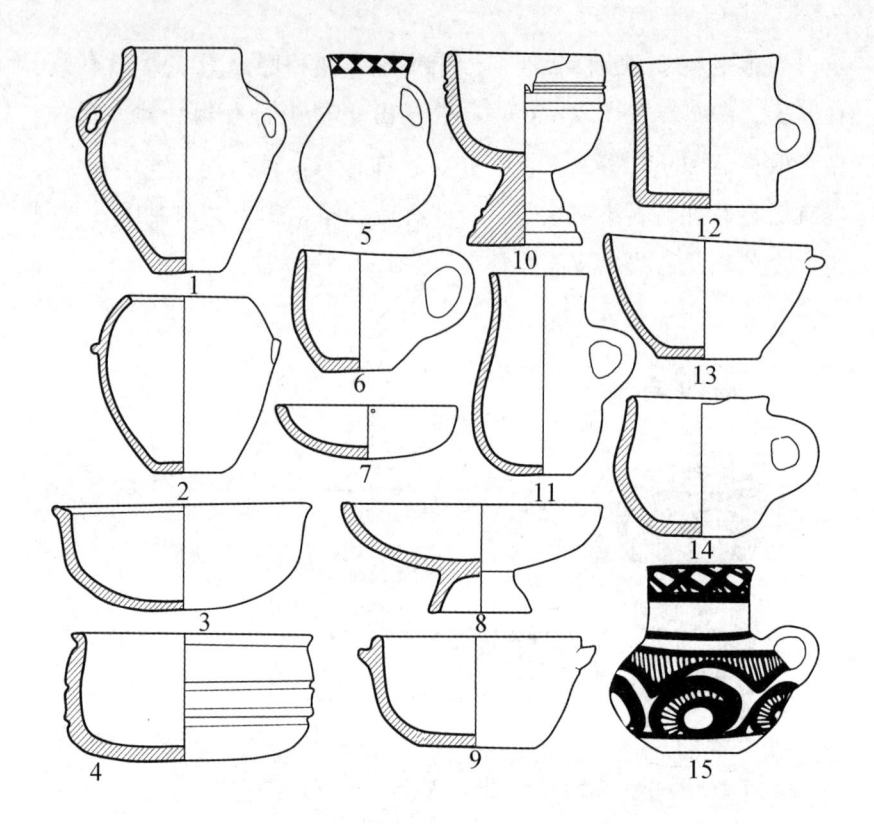

图 2.2-70 苏贝希一号墓地陶、木器（采自《考古》2002 年第 6 期）

1. 陶双耳罐　2. 陶釜　3. 陶钵　4. 木碗　5. 陶壶　6、14. 陶勺杯　7. 木俎　8、10. 木豆　9、13. 陶碗　11、15. 陶罐形杯　12. 陶筒形杯

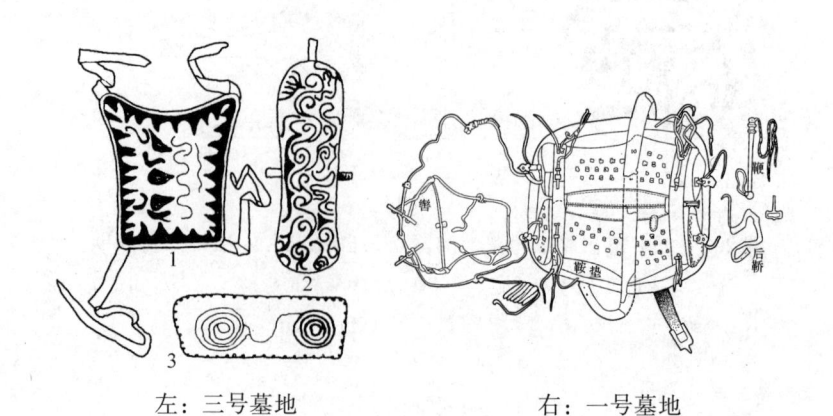

左：三号墓地　　　　　　　右：一号墓地

图 2.2-71 苏贝希墓地出土皮具（采自《考古》2002 年第 6 期）

一号墓地：墓葬分布为东西两片，东片20座，西片32座。墓葬地表有矩形黑色砾石堆，有的墓室内填以卵石。墓室结构分竖穴土坑和竖穴偏室两种，东片偏室墓较多，西片竖穴土坑墓较多。偏室开在墓道的南壁。墓口平面呈圆角长方形。墓室底铺有尸床或卵石。52座墓葬中先后发掘了13座，其他为被盗墓。已暴露的这52座墓中，土坑墓22座，偏室墓13座，形制不明者17座。

单人葬和合葬均有，合葬常分上下层，合葬中有一次葬也有二次葬，葬式有仰身直肢、俯身直肢和侧身屈肢，头向东南或西北。随身服饰及其他随葬物均与三号墓地类同（图2.2-70）。仅铜器多于前者，有兽头形、花形、兽牙形饰件，铜匕首、小铜刀等。另一号墓地出有一套马鞍辔（图2.2-71），很有特色。鞍用皮革缝制，分相同的两扇，中间用三条宽皮带连接。前后桥高出，立面上分缀4枚S形骨扣，再别向外连接一个桃形骨扣，鞍内填鹿毛，用密集的针脚缝缀。下衬毡鞍垫，白里红边。辔头由缰、笼、铁马衔、木镳和各种皮、木扣组成。还配有肚带、后鞴、马鞭等。

二号墓地：该墓地均被盗掘，文物部门仅清理采集了50余座墓葬的劫余遗物，计有50多件。分陶、木、骨、金、铜及毛织物、皮革等质地。陶器大多为夹砂红陶，手制，多素面，个别为彩陶，无耳器、单耳器均多，个别为双耳器，还有部分錾耳器，多平底，少量为圜底。器形有杯、罐、钵、瓮等。木器有弓箭、杯、盆和鞣皮工具。骨器有梳子、扣等。金属器较多，有包金卧虎铜牌、虎纹铜箔、铜匕首、小铜刀等。毛皮制品有毛毯、方格带纹罽、腰带、帽子、毡、皮大衣、皮带等。

苏贝希遗址及墓地相距很近，墓葬类型、器物形制和纹样、织物品种和工艺水平、服饰等等，都比较一致，因此它们应是同一时代的文化遗存。根据4个碳十四测年数据可知，F1距今2310±85年；三号墓地的M15上层盖木碳十四测年数据为2280±80年，下层尸床碳十四测年数据为2480±85年；一号墓地M13尸床支脚碳十四测年为2395±80年。推断苏贝希遗存的时代应在公元前5—前3世纪，即相当于中原地区的战国时期。

43. 洋海墓地[①]

洋海墓地位于鄯善县吐峪沟乡火焰山南麓荒漠戈壁滩上，北距苏贝希墓地约15公里，西北距阿斯塔那和哈拉和卓墓地也约15公里。墓地主要分布在相对独立的三块略高出周围地面的台地上，分别称之为一、二、三号墓地。地表为戈壁小砾石，墓葬均开口于表土层下，除二号墓地的三座竖穴偏室墓地表可见圆环形封堆外，其他墓葬不见地表标志。墓葬布局疏密相宜、井然有序。经发掘后分析，三块墓地的使用时间有一个从一号到三号，每块墓地均从南到北的推移过程，墓葬形制也大致依照椭圆形竖穴土坑墓—长方形竖穴二层台墓—长方形竖穴土坑墓—长方形竖穴袋状墓—竖穴偏室墓的轨迹变更，但从随葬遗物看，它们之间的演替为渐进式，前后两种形制存在短时间的共存关系。

通观三块墓地五种形制的墓葬，在葬式葬俗和随葬器物上，存在以墓地为单位的相似性，而不同墓地相同形制的墓葬却并不相同。因此，虽没有详细墓葬登记表且简报中所列墓例和随葬器物都太少，难以作器物的分型分式工作以排比它们的演化逻辑，但由以上所述特点，仍可大致将洋海墓地分作三期，每块墓地代表一期，即一号墓地为第一期，二号墓地为第二期，三号墓地为第三期。下面分述各期文化特征，最后总结它们之间的发展变化规律。

第一期：以一号墓地为代表。墓葬排列密集，无叠压打破关系。墓口一般用木棍作梁，上面覆盖杂草或芦苇，个别用树枝遮盖。葬具多为木质尸床，呈长方形，四边框与四条腿以榫卯连接，上面平铺细木棍，也有个别墓无尸床，墓底铺苇席、芦苇、杂草等。墓葬形制在五型中占三型，A型：椭圆形竖穴土坑墓；B型：长方形竖穴二层台墓；C型：长方形竖穴土坑墓。A型墓大多数有

[①] 新疆文物考古研究所：《"鄯善古墓被盗案"中部分文物之介绍》，《新疆文物》1989年第4期；吐鲁番地区文物局：《鄯善洋海墓地采集文物》，《新疆文物》1998年第3期；新疆文物考古研究所等：《吐鲁番考古新收获——鄯善县洋海墓地发掘简报》，《吐鲁番学研究》2004年第1期；新疆文物考古研究所等：《新疆鄯善县洋海墓地的考古新收获》，《考古》2004年第5期。

附葬，也或许是殉葬。一般埋在主墓周围，或埋在主墓上面，无葬具和随葬品。有的尸体身首异处，或无头颅。让人不禁联想到西方神话和屈原赋中的无头战神。A 型墓皆为男性单人葬。侧身屈肢，头向东。B 型和 C 型墓是一号墓地的典型代表，C 型墓数量最多，占一号墓地墓葬总数的 2/3。葬俗有单人葬、合葬、二次葬等。葬式为侧身屈肢，少量仰身屈肢，头向东或东南。B、C 型墓普遍有随葬牲畜的习俗，主要是整羊、羊排骨或羊腿等，还有羊头、牛头、马头、马下颌和马肩胛骨、牛角、野猪牙、狗等。

随葬品以陶器和木器为主，其次有铜器、金器、贝饰、骨器和皮毛制品，不见铁器。陶器均夹砂红陶，手制，彩陶占绝大多数，红衣黑彩，纹饰有曲线纹、成排倒三角纹、水波纹、垂帐纹、涡纹、内填网格的倒三角纹、倒三角及向下延长的竖线纹，个别有内彩。三角纹在陶器中占有很大比例，且在木桶、服饰上也屡见不鲜。器型有罐、杯、钵、壶、盆、豆等（图 2.2 - 72）。木器有桶、盆、盘、钵、碗、杯、弓箭、纺轮、钻木取火器、梳、箜篌等（图 2.2 - 73）。其中有两件木桶外口沿用小花紫草种子镶嵌成一圈倒三角纹，或许有着特别的深意，笔者将在后文中试作解析。木箜篌的发现也绝对是音乐考古之福音，其远在西亚的起源地也提示着早期东西方的文化交往。铜器有斧、刀、锥、马衔、镞、铃、带扣、贝等（图 2.2 - 74）。

因碳十四数据尚未测出，故第一期绝对年代还无法确定，根据与周边遗存进行的文化特征比较，发掘者认为大致在公元前二千纪末到前一千纪前半期。

第二期：以二号墓地为代表。墓葬形制在整个洋海墓地五型中占四型，B 型；C 型；D 型：长方形竖穴袋状墓；E 型：竖穴偏室墓。一号墓地的 A 型墓此处不见，B、D、E 型墓很少，C 型墓占绝大多数。葬俗有单人葬和合葬，一次葬和二次葬，合葬人数 2—4 人不等，且一般分层埋葬，中间隔以填土。除 E 型墓外，一次葬者葬式为仰身屈肢，个别侧身屈肢，头向东南，少数向西。E 型墓葬式为仰身直肢，头向西。

134 青铜时代的东西文化交流

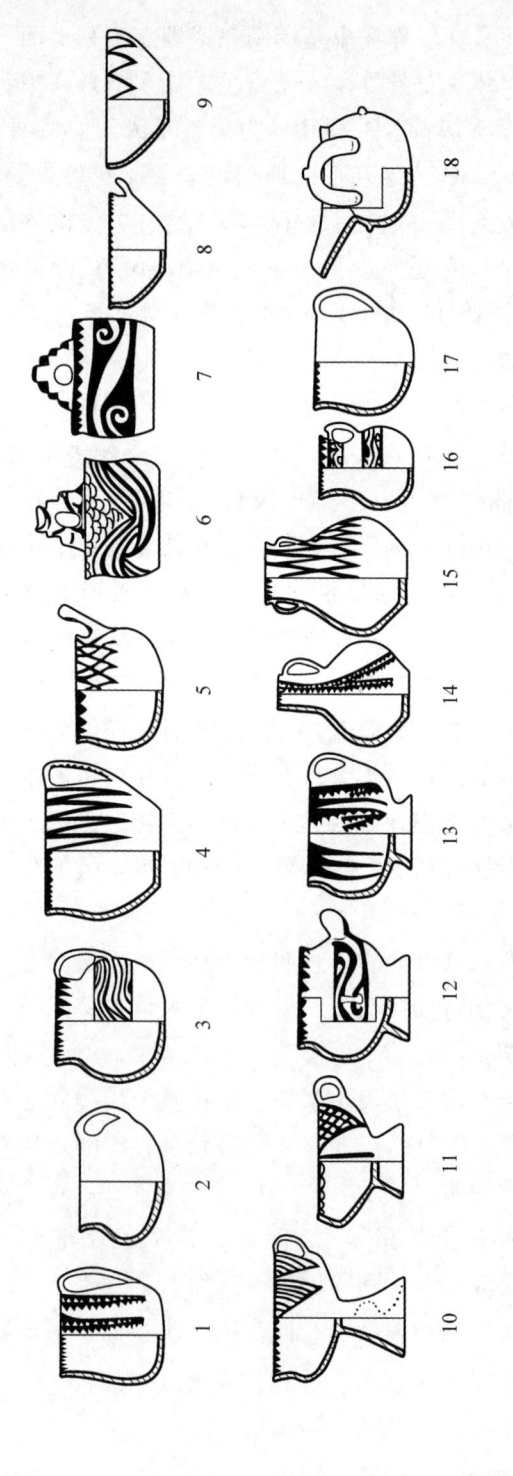

图 2.2-72 洋海墓地第一期陶器（采自《吐鲁番学研究》2004 年第 1 期）

1—4. 单耳罐 5. 横耳杯 6—7. 立耳杯 8. 单耳钵 9. 盆 10—11. 圈足盘（豆） 12—13. 圈足罐 14—16. 壶 17. 勺杯 18. 带流杯

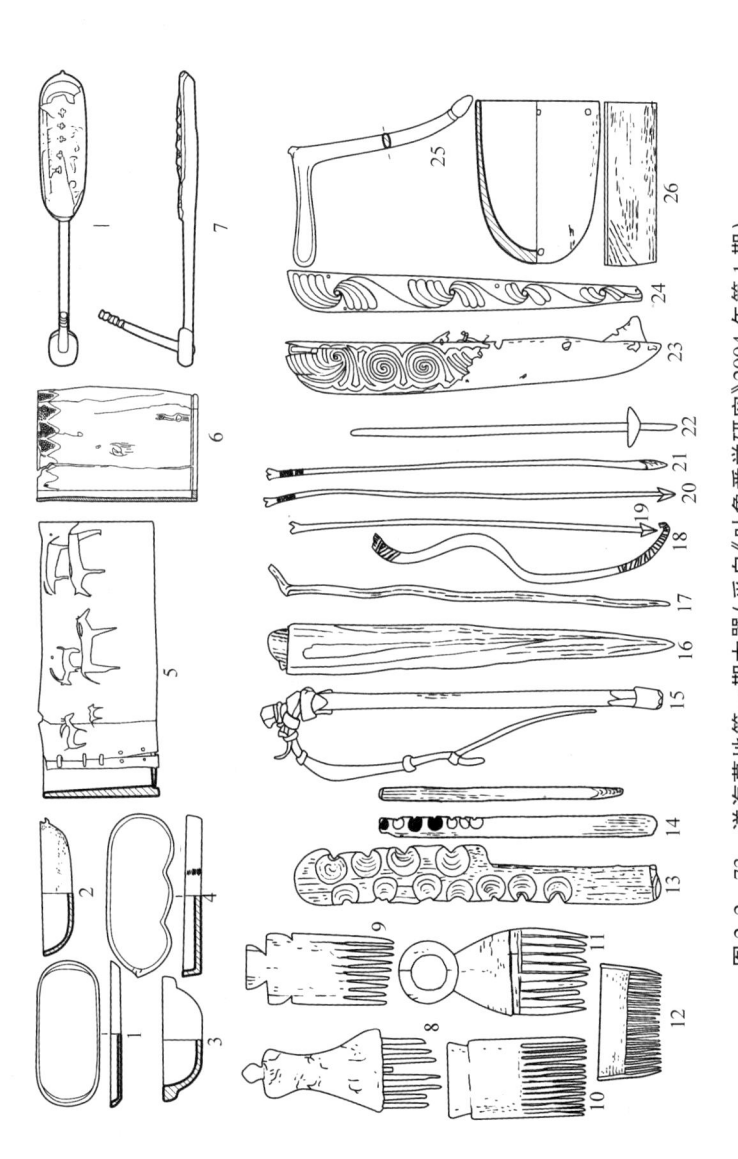

第二章 新疆东部青铜时代的文化谱系 135

图 2.2-73 洋海墓地第一期木器（采自《吐鲁番学研究》2004 年第 1 期）

1、4. 木盘 2—3. 木盆 5—6. 木桶 7. 木鋬筷 8—12. 木梳 13. 取火板 14. 钻杆 15. 鞭 16. 木橛 17. 拐杖 18. 木弓 19—21. 箭 22. 纺轮 23—24. 木撑板 25. 曲棍 26. 盒

136　青铜时代的东西文化交流

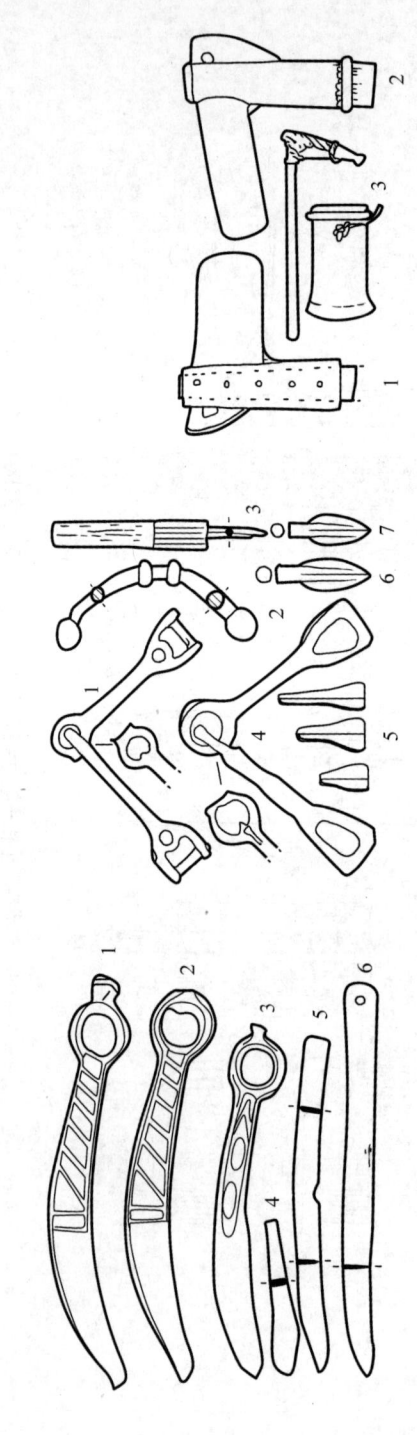

图 2.2-74　洋海墓地第一期铜器（采自《吐鲁番学研究》2004 年第 1 期）

左：1—6. 青铜刀（M19：2、M33：2、M78：3、M1012：1、M5：6、M159：6）
中：1.4. 铜马衔（M163：3、M5：4）　2. 铜铁复合带扣（M5：14）　3. 铜锥（M19：3）　5. 铜铃（M1009：2）　6—7. 铜镞（M150：3、4）
右：1—3. 铜斧（M33：1、M19：1、M150：2）

随葬品有木器、陶器、铜器、铁器、骨器、角器、石器、金器、皮具等,其中马具、弓箭、钻木取火器为男性随葬品,纺轮则为女性专用,陶、木容器也是女性墓居多。陶器为夹砂红陶,手制,彩陶很多,约占2/3,红衣黑彩,多连续三角纹,还有竖条纹、涡纹、网状纹、波纹等。器形有罐、壶、豆、杯、釜、钵、带流杯等(图2.2-75)。木器数量多,器类繁杂。有桶、盆、盘、箜篌、手杖、曲棍、直角木器、桂叶形木器等(图2.2-76)。相对于第三期,第一、二期陶、木器更为接近。铜器很少,有马衔、刀等,铁器也很少,主要是长直柄短刃刀。此外还有骨锥、鞭、葡萄藤、石臼和砺石等(图2.2-77)。

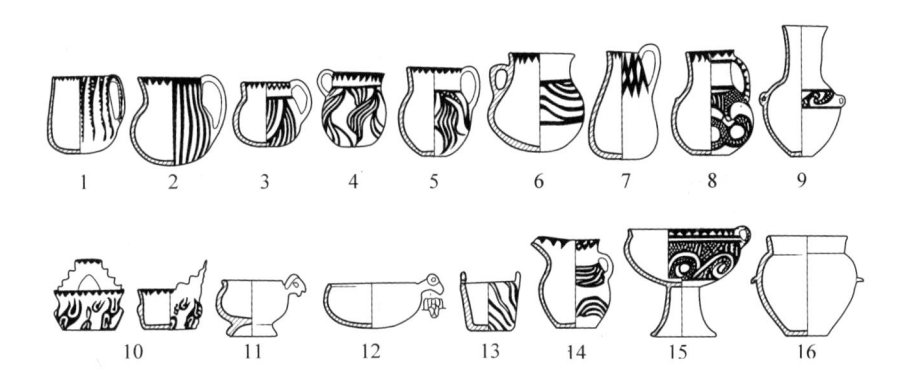

图2.2-75 洋海墓地第二期陶器(采自《吐鲁番学研究》2004年第1期)
1—7. 单耳罐 8—9. 陶壶 10. 立耳杯 11. 羊首豆 12. 羊首钵 13. 筒形杯 14. 带流杯 15. 单耳豆 16. 鋬耳釜

第二期墓葬的时代相当于中原地区的西周至战国时期。[①]

第三期:以三号墓地为代表。墓葬形制有B、C、D、E四型,虽与二号墓地一样有相同的四型,但各型墓葬数量所占比例差别极大。如B型墓仅1座,C、D型墓所占比例很小,唯E型墓最多,约占墓葬总数的65%。当最能代表第三期墓葬的文化特征。

---

① 新疆通志文物志编纂委员会:《新疆通志·文物志》,新疆人民出版社2007年版,第293页。

138 青铜时代的东西文化交流

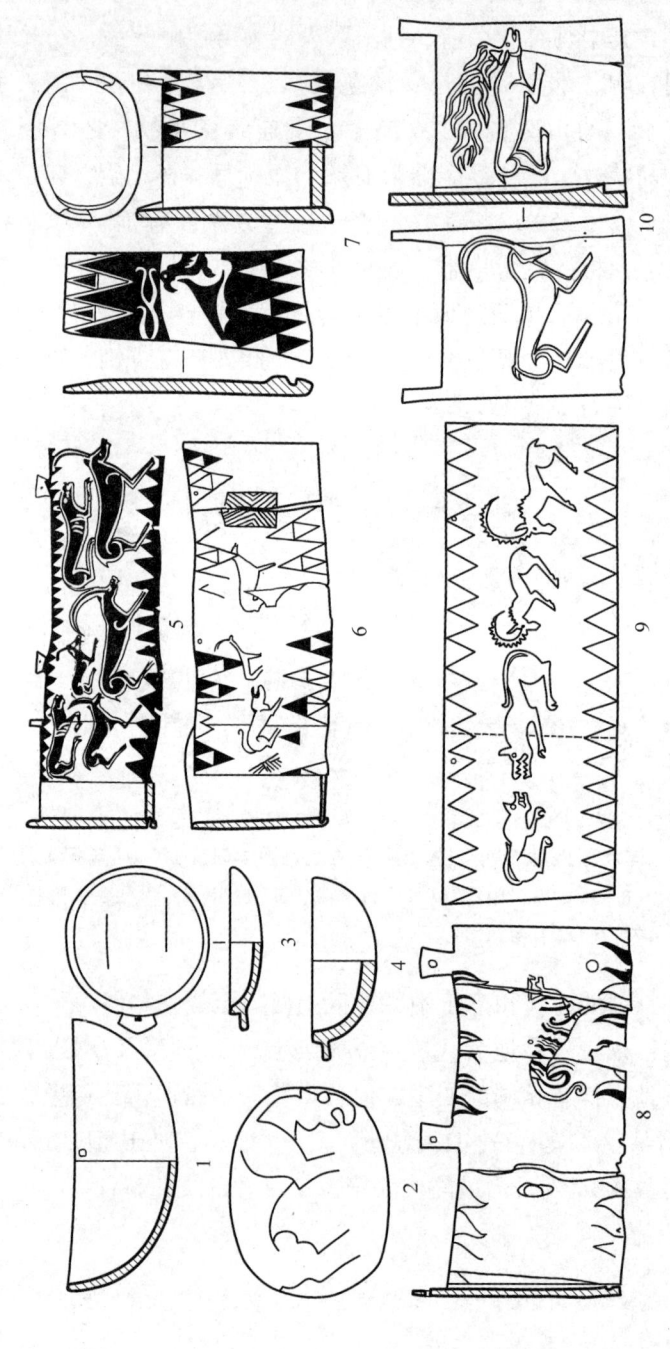

图 2.2-76 洋海墓地第二期木器(采自《吐鲁番学研究》2004 年第 1 期)

1、4. 木盆 2—3. 木盘 5—10. 木桶

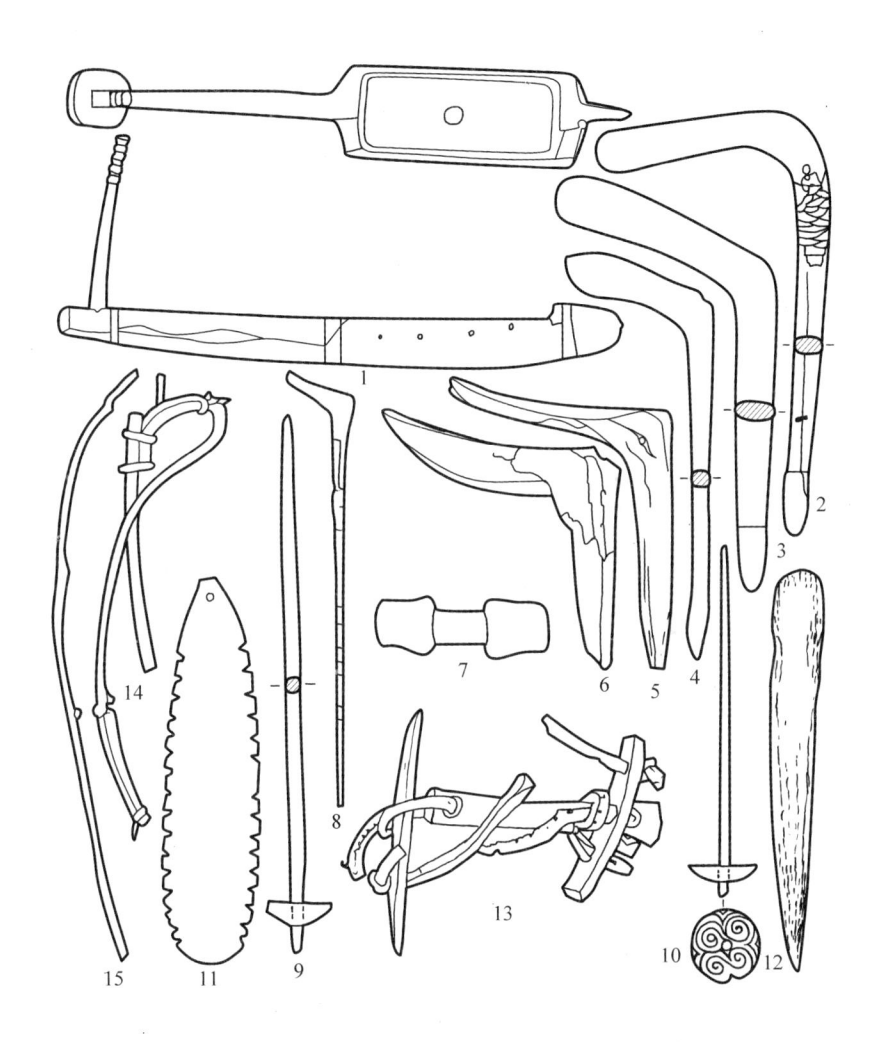

图 2.2-77 洋海墓地第二期木器及部分骨角器（采自《吐鲁番学研究》2004 年第 1 期）

1. 箜篌　2—4. 曲棍　5—6. 直角木器　7. 扣　8. 手杖　9—10. 纺轮　11. 桂叶形木器　12. 骨锥　13. 辔头　14. 鞭　15. 葡萄藤

三号墓地仅 1 座的 B 型墓早年被盗，未见骨架和随葬品，葬式葬俗已不清楚。C 型墓有单人葬和合葬，一次葬二次葬均有。合葬墓居多。葬式以仰身直肢为主，其次有少量仰身屈肢和侧身屈肢，头向西北。D型墓所举墓例为三人合葬墓,仰身直肢和俯身直肢,头向西。E型墓葬俗有单人葬和合葬,均为一次葬,葬式全部为仰身直肢,头向东北。第三期墓地葬式上的普遍特点是仰身直肢。头向东北为多,次为西北,少量向西。

随葬品有陶、木、铁、金、骨、角、皮、毛、棉等品类,陶器最多,除B型墓外,每座墓葬均有出土,手制,夹砂红陶,彩陶很少,且纹饰单纯。器形有碗、杯、罐、壶、钵、豆等(图2.2-78)。木器数量也很多,器形有盆、盘、单耳杯、勺、耳杯、豆、碗、冠饰、杖、梳、取火板、俑、桶、弓箭、纺轮、箭囊撑板等(图2.2-79)。其中第一、三期墓葬均出土有复合弓,而据研究①,复合弓技术最早发明于尼罗河流域,至少在距今5000年,然后传播到欧亚大陆各处,包括西边的欧洲和东边的黄河、长江流域。洋海墓地复合弓的发现指示了此种弓箭技术的传播路径和时间。此点在后文中还要展开讨论。

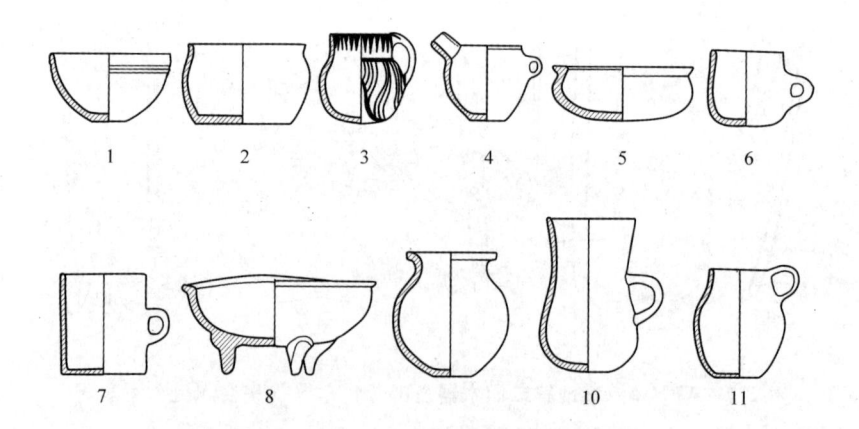

图2.2-78 洋海墓地第三期陶器(采自《吐鲁番学研究》2004年第1期)
1—2. 碗 3、11. 单耳罐 4. 带流罐 5. 钵 6. 勺杯 7. 筒形杯 8. 三足钵 9. 无耳罐 10. 壶

---

① 周及徐:《"弓"的传播和史前世界文化交流》,周及徐著:《历史语言学论文集》,巴蜀书社2003年版,第106—111页。

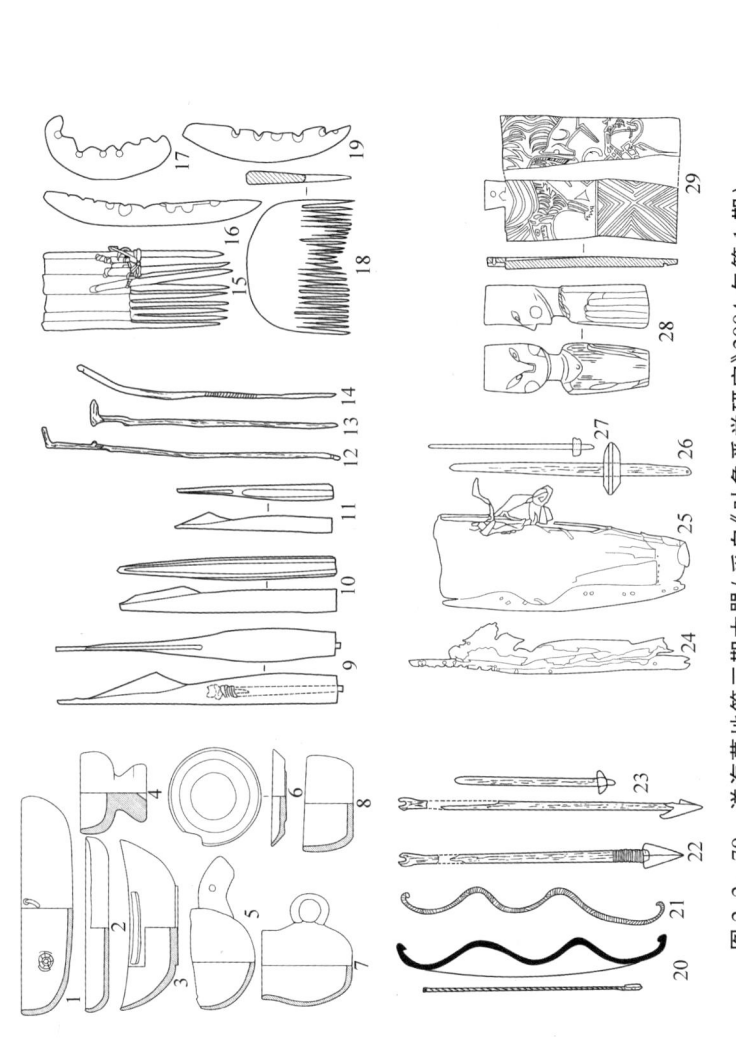

第二章 新疆东部青铜时代的文化谱系 141

图 2.2-79 洋海墓地第三期木器(采自《吐鲁番学研究》2004 年第 1 期)

1. 盆 2、6. 盘 3. 耳杯 4. 豆 7. 单耳杯 8. 碗 9—11. 冠饰 12—14. 手杖 15、18. 木梳 16、17、19. 取火板 20—21. 弓 22. 箭 23、26、27. 纺轮 24—25. 弓箭袋 28. 木俑 29. 木俑片

铁器出土数量较多，均小件器物，有刀、锥、带钩、衔、镞、小杯等（图 2.2 - 80）。

金、铜器出土都很少，仅限于装饰品，如金耳环、金帽饰、铜耳环等。骨、角器数量较多，主要有镳、杯扣等，牛角杯值得独提，加工精致，有些还安有皮耳（图 2.2 - 81）。我们知道，古代西方文化很早就有了牛角—牛首代表女性生殖的意蕴[①]，其生殖崇拜含义将在后面的专节中再予以探讨。皮革、毛织、棉织、毛毡等制品较多，但大多仅存残片。皮枕上绘有黑彩图案。另还出土一草编篓，但不似小河墓地常见的草编篓（图 2.2 - 82）。

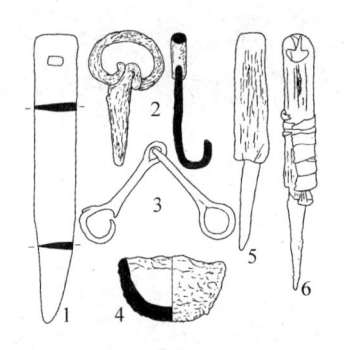

图 2.2 - 80　洋海墓地第三期铁器（采自《吐鲁番学研究》2004 年第 1 期）

1. 铁刀　2. 带钩　3. 马衔　4. 杯　5—6. 锥

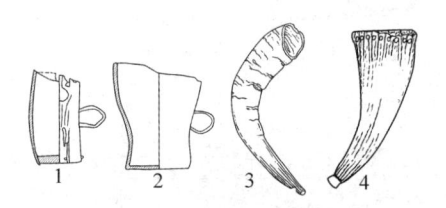

图 2.2 - 81　洋海墓地第三期出土牛角杯（采自《吐鲁番学研究》2004 年第 1 期）

1. M325∶4　2. M373∶6　3. M327∶6（半成品）　4. M377∶1

第三期时代上限为春秋战国，下限为汉代。[②]

通观洋海墓地，其布局相似，墓葬形制前后相因，随葬品在承前启后中逐步推陈出新，葬式葬俗有一个从侧身屈肢到仰身屈肢再

[①] 叶舒宪：《牛头西王母形象解说》，《民族艺术》2008 年第 3 期。
[②] 参见新疆通志文物志编纂委员会：《新疆通志文物志》，新疆人民出版社 2007 年版，第 293 页。

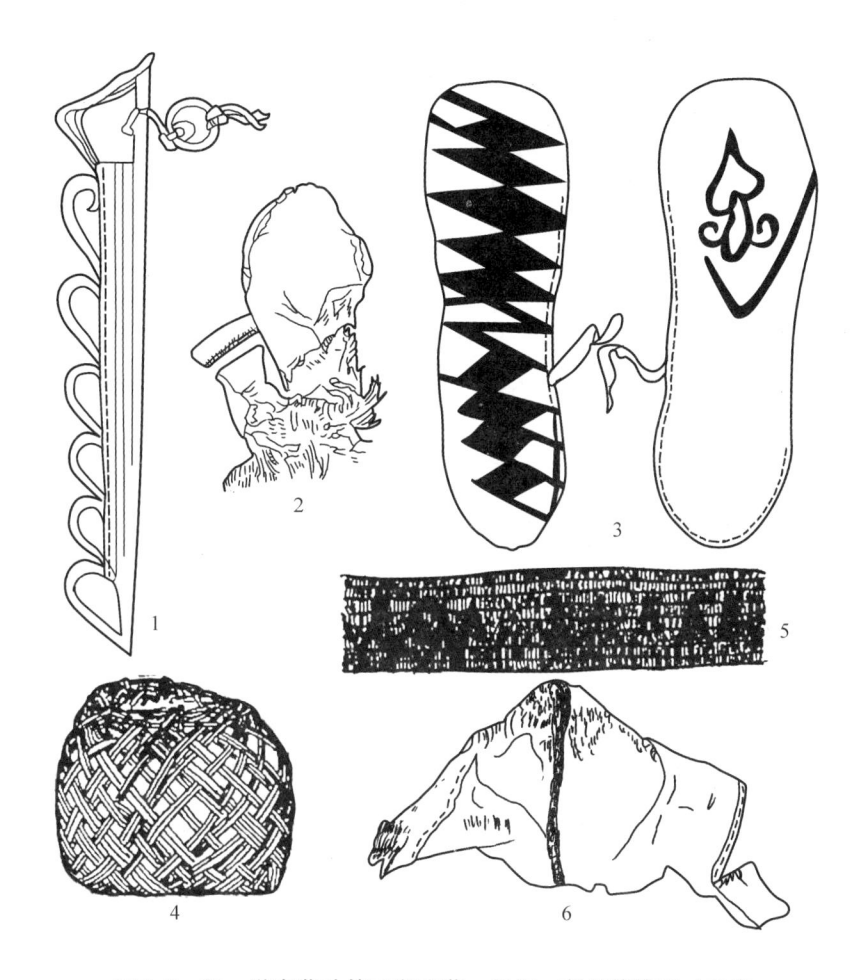

图 2.2-82　洋海墓地第三期皮草、毛织、草编篓等器（采自
《吐鲁番学研究》2004 年第 1 期）
1. 刀鞘　2. 手套　3. 皮枕　4. 草篓　5. 毛绦　6. 毡帽

到仰身直肢的演化趋势，头向以东南、东北向为主流，西向、西北向较少。这些情况显示了它们自成体系又随时而变的特征，是同一考古文化且连续发展的表现。第一期墓地很多文化特征不同于周边遗存的现象，体现了它的早期性。第二、三期墓地葬式葬俗上也不完全类同于周邻遗存，显示了它本身的固有传统与周邻对它的影响

所形成的文化融合,而陶器、纹饰与周边以苏贝希遗存为代表的诸多相似性,则体现了它们之间的相互影响及密切关系。

44. 哈拉和卓遗址①

遗址位于吐鲁番市高昌古城附近。发现有房址,墙壁用土坯垒砌,内有灶坑。遗物有陶片和石器,同时还见有一件双翼扁铤铜镞。陶片均夹砂红陶,手制,有一定数量彩陶,红衣黑彩,纹饰有倒三角纹、内填网格的大倒三角纹、竖条纹、横竖短线纹等。器形可辨出圜底钵、釜、盆等。石器有石刀、石镰、石锤斧等,其中最多最具特色的是石刀和石镰,均打制,形状为半月形之一半,刃部从两侧向里打击修理,其他部位亦稍加工或多保留有砾石皮面(图2.2-83)。

哈拉和卓遗址碳十四测年数据为距今 3030±130 年。②

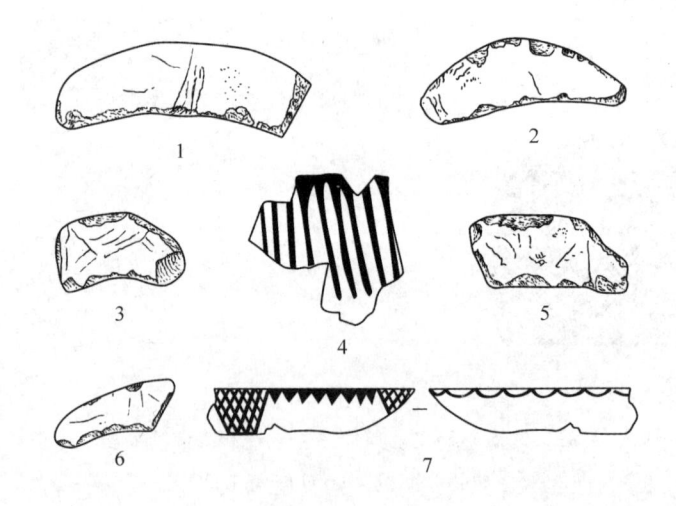

图 2.2-83 哈拉和卓遗址遗物(采自《中亚学刊》第四辑)
1—3、5、6. 石刀 4、7. 彩陶片

---

① 新疆维吾尔自治区博物馆等:《建国以来新疆考古的主要收获》,《文物考古工作三十年》,文物出版社 1979 年版;陈戈:《新疆远古文化初论》,《中亚学刊》第四辑,北京大学出版社 1995 年版,第 30 页。

② 中国社会科学院考古研究所编:《中国考古学中碳十四年代数据集》(1965—1981),文物出版社 1983 年版。

45. 三个桥墓地①

三个桥墓地位于鄯善县克鲁沁镇三个桥村南,地处绿洲带以南的荒漠戈壁,墓葬多集中于两个小台地上。墓葬形制有竖穴土坑、竖穴偏室和斜坡墓道洞室墓三类,其中部分竖穴偏室和全部斜坡墓道洞室墓为晋唐墓葬,不在讨论之列。属于青铜时代的墓葬有 18 座,分两类,竖穴土坑墓,17 座;竖穴偏室墓,1 座。另有 6 座同时代的殉牲坑。

竖穴土坑墓墓口平面为长方形,个别为椭圆形,葬俗有单人葬和合葬,合葬较多。葬式仰身直肢,头向西。竖穴偏室墓的偏室开在墓道北壁,偏室内葬三人,仰身直肢,头向西。殉牲坑夹在墓葬之间,为竖穴土坑,平面呈长方形或椭圆形,内葬马或骆驼。

一部分墓葬中保存着服饰残片。从服饰残片看,死者身着开襟毛衣,红色毛绦镶边。外套皮大衣,皮衣上有装饰性长袖。着高筒皮靴,靴筒系在腰上。腰系皮带。头下有枕,枕中填以碎皮块。头戴冠饰,冠饰用毡类卷缝而成,上部背面出三角形双尖,正面割出椭圆形透孔,整体呈筒形。耳戴耳环,颈部戴项链。女性梳辫,左右两条辫在头后编入两根粗的假发辫中。假发辫用毛线编成。外罩毛织发罩。下身着毛布长裙,裙上有皮纽,可挂皮袋等。这些男女随葬服饰明显同于苏贝希墓地及其他周邻遗存。

随葬品除随身衣物外,还有陶、木、铜、铁、皮革等质地的遗物,一般置于死者头部上方。陶器为夹砂红陶,手制,器形以单耳圜底器为主,部分平底器,少量双耳器。器类有单耳罐、三耳罐、小罐、钵、壶等,少量彩陶,红衣黑彩,纹饰有弦纹、水波纹、变体三角纹、整排倒三角纹等,个别彩陶在三角纹的一侧饰以白色圆点组成联珠纹(图 2.2-84)。石器有砺石、眉石、串珠等。木器有簪、手杖、盘、勺、圆木片,角器有梳、单耳角质杯等,铜器有耳环。铁器有铁钉、铁牌、铁刀及螺旋形的铁饰件等。还出土不少

---

① 新疆文物考古研究所等:《新疆鄯善三个桥墓葬发掘简报》,《文物》2002 年第 6 期;《新疆通志·文物志》编纂委员会:《新疆通志·文物志》,新疆人民出版社 2007 年版,第 300—301 页。

皮袋。第一种皮袋类似壶形，扁体，圜底、圆口，袋外面用各种皮条做成不同的装饰。第二种皮袋外形似蘑菇状。第三种皮袋为小皮袋，呈水滴状，体扁形，表面绘出黄色转体大角梅花鹿。皮制品中还有刀套、小皮囊等。另外还随葬有毛毯和毛毡等，及用糜谷类做成的食物。

墓地时代为西周到春秋。

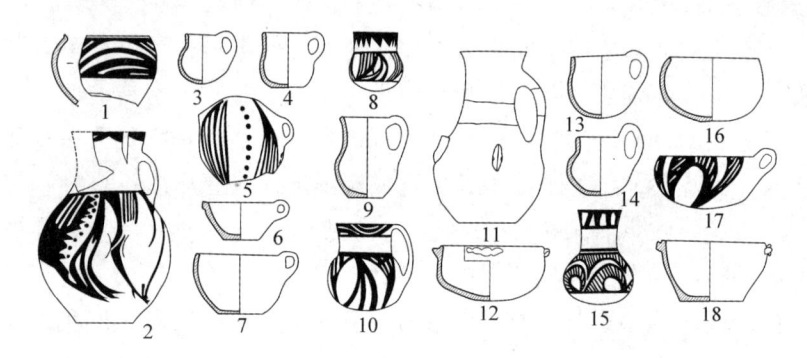

图2.2-84 三个桥墓地陶器（采自《文物》2002年第6期）
1、5. 彩陶片 2. 三耳彩陶罐 3、4、8、13、14. 单耳小罐 6、7、12、16—18. 钵 9. 单耳罐 10—11. 单耳彩陶罐 15. 无耳彩陶壶

46. 康家石门子岩画①

新疆岩画分布点众多，内涵丰富，是一个值得大书特书的论题②，即便是笔者正在探讨的新疆东部区域内，也够单独成篇。限于主题及篇幅，本书仅引入这一最有特色的岩画点加以介绍，以概其余。

康家石门子岩画点位于昌吉州呼图壁县城西南的天山前山丘陵

---

① 王炳华编著：《新疆天山生殖崇拜岩画》，文物出版社1991年版；王炳华：《呼图壁县康家石门子生殖崇拜岩雕刻画》，《新疆文物》1988年第2期；王炳华：《研究原始舞蹈的珍贵刻石》，《丝绸之路考古研究》，新疆人民出版社1993年版，第401—411页；刘学堂：《呼图壁岩画的时代、作者及其它》，《新疆文物》2006年第3—4期。

② 现已有一些专著及论集出版，专门探讨新疆岩画问题。如苏北海：《新疆岩画》，新疆美术摄影出版社1994年版；户晓辉：《岩画与生殖巫术》，新疆美术摄影出版社1993年版；周菁葆主编：《丝绸之路岩画艺术》，新疆人民出版社1993年版。

地带。在东西长约 14 米、上下高约 9 米的岩壁上，满布大小不等、形态各异的人物形象。最主要的刻像，集中在约 60 平方米的范围内。最下层刻像，距目前地面 2.5 米以上，最上部的刻像则距地面达 10 米。人物形象大者高于真人，小者仅 10—20 厘米。人像有男有女，或站或卧，或衣或裸。其中不少男性形象，生殖器官刻画的十分夸张，乃至有与本人等长者。有的表现男女交媾的场面，有的下面还刻画群列的小人，连臂而舞，十分鲜明地表达了祈求生殖、繁育人口的愿望，凸显了这片岩画的主题（图 2.2-85）。

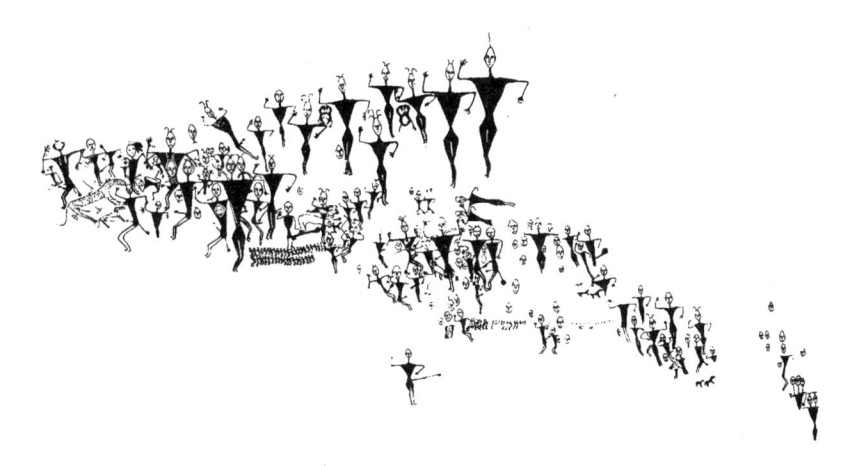

图 2.2-85　康家石门子岩画（采自王炳华主编：《新疆天山生殖崇拜岩画》）

岩画按画面的关联性可分成九组。

第一组在最上方，刻有 9 位裸女，她们双臂平伸，右手上举，左手下垂，似在"翩翩起舞"。舞女们脸庞修长，深眉大眼，鼻梁挺直，樱桃小口，颈长胸宽，细腰肥臀，双腿修长，充分显示了女性的秀美风姿。9 人从右向左，逐渐缩小。最高者达 2.04 米，戴帽，上饰一直立杆状物。其他舞女均头戴饰两支翎羽的高帽。每 3 人之间，刻一对马图形，一组对马通体涂朱，另一组刻出生殖器。舞女们的最左侧斜卧一男性，裸体，男根挺直，根部还刻有两睾丸。

第二组位于前组的左下方，突出刻画一高大如真人的双头同体人,其周围还刻有一些裸体男性。

第三组刻画了四、五位裸男环绕一躺卧、屈腿,交合中的女性。女子呈蛙状仰卧,双腿张开,右手上举,左手下垂指向阴部。在她的身上还用浮雕法表现了隆起的乳房,这为其他女性刻像所不见。与其交合的男性高大魁梧,头戴高帽,帽插翎羽。男子腹部有一人头,有学者研究认为这是"胚中预存论",即男性怀子决定生殖的观念。①

第四组居第三组左方,画面主体为双虎、弓箭,还有猴面人及其交媾场面等,在大虎的周围,有三张搭弓箭待发的满弓。老虎、弓箭所分别代表的女性、男性生殖意象已得到学者们的相关研究②,可见这些构图未有一例旁出主题。

第五组包括隐寓交媾动作的男女和两排连臂而舞的小人。其右侧是两男一女显示出的交媾动作,后边还刻画有 3 位站成一排挺着阳具的男子。左边站立一位男子,头戴帽,无翎毛,头形略近卵圆,浓眉大眼,阔嘴高鼻。他左手扶持勃起的男根,其长几与本人相等,夸张致极。此物指向对面一位亭亭玉立的女性。女子高帽著翎,面目清秀,宽胸细腰,曲线明显,全身涂朱。臀部微撅,迎向巨形男根。在他们下方,有两排小人,他们上身前倾,前后摇摆,作连臂而舞的姿势。关于"连臂舞"所表达的生殖崇拜意蕴,汤惠生已作过周密的研讨。③

第六组位于第五组的右侧,画面中心直立一穿长裙女性,全身涂朱,面庞近圆,高尖帽,上无翎饰。其裙摆左右有或上翘或下垂的男根,在她的上下左右,更是被裸体显露男根的多位男性所环绕。

第七组位于第六组右下方。主体为一排连臂而舞的小人,他们的两端有两个形体较大的男性,显露男根。舞蹈小人的左右和上

---

① 刘学堂:《呼图壁岩画的时代、作者及其它》,《新疆文物》2006 年第 3—4 期。
② 户晓辉:《岩画与生殖巫术》,新疆美术摄影出版社 1993 年版,第 196—201 页;刘学堂:《古蜀射鱼纹寓义考》,《中国文物报》2004 年 8 月 27 日。
③ 汤惠生:《连臂舞·蛙纹·猫头鹰·公牛花——青海地区出土的史前彩陶纹饰释读》,《民族艺术》2002 年第 3 期。

部,还隐约可见一些头像。

第八组位于第七组的右侧,刻画了四五十个人物,中心部位是身形最高大的女性,其两侧还站立着5位女性。她们之间有一些男根勃起的男性。第七、八组之间还有一列小人,不过更为细小,不仔细分辨很难发现。

第九组位于岩面的最下方。只有一位形体高大的"男性",头戴高帽,眼窝深陷、长颈、宽胸、细腰、肥臀,两腿修长,体形姿态一如第一组的女性形象。腰际伸出一超长的男根,且男根中部有一龟头形,似为二次加长所致。联系此男根生长的部位有别于其他男性均刻画在腿根部,此图应是在原有女性身体上经两次增加男根所形成的"男性"形象。

有多组画面存在叠压打破关系,说明它的制作和使用经历了不同的时期。这也是一种很好的"考古层位学"资料,有机会亲临现场的考古学者完全可以据此做一些判定图像之间早晚关系的研究,但仅据书面图像想作分期研究却还有困难。

第三节 文化认定、分期与类型

经过对新疆东部青铜时代主要遗存的逐一分析,它们之间的同与异、源与流,是各行其道还是同气连枝,便开始明晰起来。笔者以上节的分析成果为基础,再结合其他调查资料,进行考古学文化的界定,然后讨论各考古文化的分期与类型。

一 文化认定

1. 小河文化

小河文化以小河墓地得名。其他重要遗存有古墓沟墓地、铁板河墓地。主要分布在孔雀河流域的罗布泊地区。有学者指出北疆的康家石门子岩画也属小河文化[①],可备一说。近闻克里雅河北方墓

---

① 刘学堂:《呼图壁岩画的时代、作者及其它》,《新疆文物》2006年第3—4期。

地有最新发现①，竟类似小河墓地的遗存，这对深入了解小河文化的源流属性、分布范围有重要意义，希望这批资料能尽快公布于学界。

小河文化未见聚落遗存，其文化特征仅以墓地文化特征为代表。

该文化早期墓葬墓室前端有立木式墓标，高 3—5 米，上端涂红，露出地表成为醒目的标志。除露出地表的立木外，木棺前后还各有一立木，随填土被埋入墓中。男性死者棺前为"女阴"立木，呈船桨形。女性棺前为"男根"立木，棺后均立红柳棍。墓圹为长方形竖穴沙坑，底置船形木棺一具，棺由两侧弧形木板、两端嵌入式档板、上铺十数块大小不一的小木板构成，无底，盖板之上蒙生牛皮。其上放一把碎麻黄枝。多为单人葬，少量双人合葬。葬式均仰身直肢，头向东。死者头戴毡帽，上缀红毛绳、伶鼬皮，插羽饰。身裹宽大的毛织斗篷，开口处用木别针别于胸前，斗篷边缘扎有小包，内放麻黄草枝、小麦或黍粒等。腰着腰衣，足蹬短腰皮靴。有少量木雕尸体，其葬式与真尸无别。各墓随葬品种类非常接近，除随身衣物外，主要有草编篓、玉珠、皮囊、牛头和大量的木器，也有少量铜器和金器，为耳环和小铜片之类。不见陶器。草编篓均置死者右侧腰部斗篷外，圜底卵圆形，口部有提绳，器表织出阶梯或折线纹，可算作该文化最典型的器物。玉珠佩戴在颈部和右手腕处。木器有梳、木祖、箭、木雕人面像、短矛形木器、蛇形木杆、蹄状木器等，木祖只在女性墓中随葬。

晚期墓表标志是所谓"太阳墓"，墓标由 7 圈环列木桩和木桩外呈放射状的列木共同组成，形似光芒万丈的太阳。晚期墓木质葬具边板呈矩形，与早期墓棺略有区别，但葬式一致。随葬品较少，所见锯齿形刻木、骨珠、骨锥、木雕人像等与早期墓无异。

小河文化特征鲜明，其独树一帜的异禀让研究者犯难的不是总结它自身的特色，而是追寻它的来踪去迹、与周边文化会有怎样的

---

① 水涛：《新疆史前考古学术研讨会综述》，《西域研究》2008 年第 4 期。

相互关系等等。

小河墓地碳十四测年数据尚未发表，但据古墓沟墓地的测年及其与小河墓地的早晚关系，可大致推断小河文化的年代上限约为公元前2000年前后，下限约为公元前1300年，延续了大约700年。详细的年代推定见后节中的文化分期。

2. 林雅文化

林雅文化因哈密市林雅墓地而得名，也有称其为"天山北路文化"[①] 或"哈密天山北路文化"[②]，因林雅墓地发掘后被开辟为哈密市区街道，并命名为天山北路。研究者便以后起之名冠之。但鉴于长久以来习称新疆天山以北的北疆作"天山北路"，为避免混淆，笔者倾向使用原初名称林雅墓地[③]，进而将此类遗存命名为林雅文化。

林雅文化遗存除林雅墓地外，还少有发现，有学者认为哈密五堡墓地有该类遗存[④]，但五堡墓地发表资料极少，笔者尚未检视出这类文化因素。同时也有学者将天山北麓的南湾类遗存归入该文化[⑤]，笔者认为它们之间不仅有地域上的区别，更主要的是文化特征上有较大差异。南湾类遗存有自身特征，足以成为一支独立的考古文化，笔者名其为南湾文化，将在后面单独介绍。林雅类遗存发现虽少，但仅林雅墓地一处的墓葬数量便有700余座，随葬遗物更是十分丰富，且文化特征鲜明，时代极早，十分有必要作为一支单独的考古学文化来研讨。林雅文化的提出，必将有助于对哈密盆地早期青铜文化的探索。

---

① 邵会秋：《新疆史前时期文化格局的演进及其与周邻地区文化的关系》，博士学位论文，吉林大学，2007年。

② 韩建业：《新疆的青铜时代和早期铁器时代文化》，文物出版社2007年版，第41—43页。

③ 参见王毅民主编：《哈密文物志》，"林雅墓地"，新疆人民出版社1993年版，第143页。

④ 韩建业：《新疆的青铜时代和早期铁器时代文化》，文物出版社2007年版，第19页。

⑤ 同上书，第41页。

林雅文化分布区大致限于哈密盆地内。其文化特征概括为下面三个方面。

第一，未发现居址，但墓地内有用土坯垒砌墓室的情况，说明该文化已具备建造土坯墙房屋的条件。

第二，墓葬无地表标志，墓室有长方形竖穴土坑和长方形竖穴土坯两种。多单人葬，葬式侧身屈肢，头向东北或西南。构筑墓室的土坯，也见于中亚的辛塔什塔文化①和其东部的四坝文化东灰山墓地②，及当地后来的焉不拉克文化遗存中，这之间的关联值得关注。

第三，随葬器物有铜器、陶器、石器、骨器等，陶器一般每墓一件，以平底的双耳、单耳罐最具特色，双耳罐占全部陶器的半数以上，最典型陶器自然非它莫属。其他尚有筒形罐、注流罐、鋬耳壶、单耳或无耳筒形杯、单耳曲腹或折腹钵、盆、匜、四系罐等。彩陶发达，有黑、紫红色彩，纹饰有网格纹、菱格纹、垂带纹、三角纹、叶脉纹、手形纹、人物纹、竖条纹、波形纹等。双耳罐上的纹饰讲究对称。有的器耳和口沿内也有彩饰。除个别波形纹外，缺乏其他弧线纹饰。铜器有刀、剑、矛、斧、锛、凿、锥、镰、镞、矛、镜、耳环、手镯、铃、牌、泡、扣、珠、管、别针等，大多为锡青铜，个别为纯铜。③ 石器有磨盘、磨棒、杵、锤斧、砍砸器和细石器镞等。另有金、银、骨、贝、蚌类装饰品，不见铁器。还有羊、马骨及炭化小麦粒。有学者已分析认为，林雅文化陶器可区别为三类不同文化元素。④ 第一类属于"后马厂时期"，年代大约在公元前三千纪末叶，其彩陶和素面陶特征与河西走廊一带的"过渡类型"遗存完全一致。第二类因素的陶器风格是腹部深浅不等的双

---

① 林梅村：《吐火罗人的起源与迁徙》，《新疆文物》2002年第3—4期。
② 张忠培：《东灰山墓地研究》，《中国考古学——走向与推进文明的历程》，紫禁城出版社2004年版，第253—286页。
③ 北京科技大学冶金材料史研究所等：《新疆哈密天山北路墓地出土铜器的初步研究》，《文物》2001年第6期。
④ 李水城：《西北与中原早期冶铜业的区域特征及交互作用》，《考古学报》2005年第3期。

贯耳彩陶罐，此类因素与阿勒泰一带的切木尔切克文化橄榄形圜底陶器和石容器相似。第三类是该墓地的主体，陶器形态、质地及彩陶花纹等与四坝文化陶器接近，有的完全雷同，难分彼此（图 2.3-1）。这些区别与关联，预示了林雅文化的复合性及其与东西方青铜文化的密切关系。

林雅文化的年代上限约为公元前 1900 年，下限约为公元前 1300 年，延续了约 600 年。

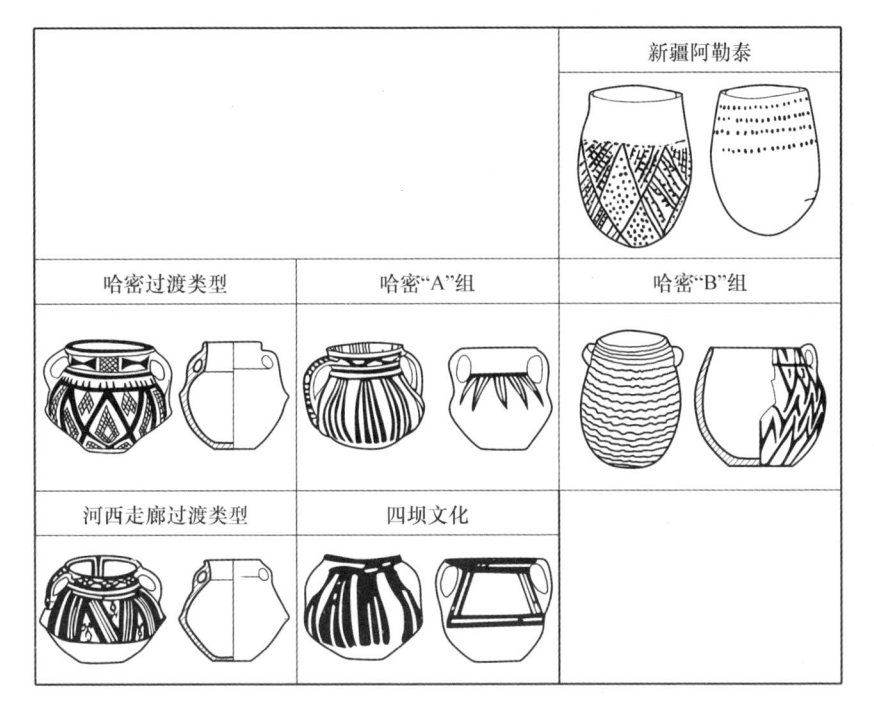

图 2.3-1 林雅文化与相关遗存陶器比较图（采自李水城：《考古学报》2005 年第 3 期）

3. 南湾文化

南湾文化以南湾墓地命名。此墓地经发掘的墓葬有 100 多座，虽未有正式报告发表，但通过一些简报及发掘者的研究文章，其丰富的遗物、鲜明的文化特征仍然被展示了出来，且相对同类遗存更有典型性和代表性，故笔者选择该墓地名称命名此类遗存所代表的考古文化。前面说过，有学者将南湾类遗存划入林雅文化，其实它们之间的区别是主要的，将其当作单独的考古文化去认识或许更接近历史的真实。

南湾文化分布于准噶尔盆地东缘的天山北麓，以现今的巴里坤县为中心，东达伊吾县，西至木垒县，南以天山为界，北及当时的沙漠边缘。已发现主要遗存有巴里坤县南湾墓地、石人子乡遗址、兰州湾子石构建筑遗址、东黑沟遗址、伊吾县卡尔桑遗址、乱石滩遗址（盐池古城）、木垒县四道沟早期遗址等。

南湾文化的基本特征可概括为以下三个方面。

第一，存在圆形房屋居址，也有方形石构居址或祭台，均有灶坑。遗址内见马、羊、鹿骨和炭化小麦粒。

第二，墓葬无地表标志，形制多为长方形竖穴土坑，且多有椁式木棺，个别为石砌墓室。流行单人葬，余为2—6人的合葬。一次葬葬式为侧身屈肢、头向东南。大多墓葬在头向一方的填土中栽植一根短立木。随葬品数量不多，主要有陶器、骨器、铜器和毛织品。

第三，陶器均手制，夹砂红陶为主，多平底，少圜底和圈足，器形较大，双腹耳罐（壶）最为流行，无疑是该文化的典型陶器。其他器类有单耳钵、单耳罐、杯、四耳罐、双耳罐、无耳罐、无耳杯及少量带錾的盘、杯等。彩陶较少，纹饰有倒三角、内填网格的倒三角、网格纹、折线纹、"十"字纹、横条纹、竖条纹等。多大型磨制石器，器类主要有中心穿孔的石锤或石斧、马鞍形石磨盘、石球、石臼等。铜器有刀、锥、斧、凿、镞、铃、镜、扣、管、卷及耳环等。其他质地器物尚有骨、角、木器及少量毛织碎片等。

南湾墓地延续了较长时间，其早晚阶段可分别代表南湾文化的起止年代。墓地碳十四数据大多集中在公元前1500—前1000年之间，这大致是南湾文化的起讫年代。

4. 焉不拉克文化

焉不拉克文化以焉不拉克墓地命名。它是新疆东部被讨论得较成熟、分歧较少的一支考古文化。分布范围包括哈密盆地和巴里坤草原。主要遗存有哈密市焉不拉克墓地、五堡墓地、艾斯克霞尔墓地、庙尔沟墓地、拉甫乔克墓葬①、沁城白山遗址②、五堡哈拉墩墓地③、腐殖酸厂墓地④、巴里坤县伊吾军马场遗址、寒气沟墓地、伊吾县拜其尔墓地等。其中哈密盆地是中心分布区，巴里坤草原应是该文化越天山与当地土著文化融合的结果。

焉不拉克文化的基本特征可概括为以下三个方面。

第一，有方形房屋和长方形城堡。房屋见两间并排的"日"字形结构，中间留有门道。土坯垒墙，屋顶用木料、树枝、苇草铺设。⑤焉不拉克古城在墓地东面，残墙由夯筑或土坯垒砌而成。不过古城时代是否与墓地一致，尚未完全确定。除了存在土坯垒砌的房屋和城堡，该文化墓葬也流行使用土坯作墓室中的二层台或墓壁，其尺寸多为：长45厘米，宽25厘米、厚10厘米，一面平整，另一面用手指按划出点、叉、槽、圆圈等纹饰。

第二，墓葬特征需分以巴里坤为中心的东北部类型和以哈密盆地为中心的西南部类型分别总结。西南部类型地表不起封，墓圹有竖穴土坑二层台、竖穴土坑、土坯地面起砌等形制，单人葬、合葬、一次葬、二次葬均有。流行侧身屈肢葬，且卷曲程度极大，头向多东南或西北。东北部类型墓葬地表有封堆，应是受其西边邻居苏贝希文化葬俗的影响所致。形制有竖穴土坑、竖穴石室、竖穴土坯石室、土坯墓等几种，墓葬平面有长方形、圆形、椭圆形、不规则形等多种。有的有木质葬具。墓口普遍存在盖木或以片石封盖。单人葬合葬均有。葬式为侧身屈肢，头向北。

第三，随葬陶器有单耳罐、单耳杯、单耳小杯、腹耳壶、单耳

---

① 新疆文物考古研究所：《哈密拉甫乔克发现新疆石器时代晚期墓葬遗址》，《考古与文物》1984年第4期。
② 哈密地区文管所：《哈密沁城白山遗址调查》，《新疆文物》1988年第1期。
③ 李遇春：《新疆发现的彩陶》，《考古》1959年第3期。
④ 张承安、常喜恩：《哈密腐殖酸厂墓地调查》，《新疆文物》1998年第1期。
⑤ 黄文弼：《新疆考古发掘报告》，文物出版社1983年版，第1—3页。

豆、单耳钵、双耳罐等,单耳罐可看作是该文化的最典型陶器。彩陶红衣黑彩,有曲线纹、倒三角纹、水波纹、S形纹、内填网格的倒三角纹、倒三角及向下延长的竖条纹、十字双钩纹等纹饰。其他随葬遗物有铜器、铁器、石器、骨器、木器、毛皮制品等。铜器有刀、镞、锥、镜、牌、耳环、扣、针、珠等,铁器有刀、剑、戒指等,石器有杵、铲、砺石、珠等,骨器有锥、针、纺轮、珠等,木器有盘、碗、勺、桶、锥、纺轮、男女俑等,毛织物有平纹、斜纹和编织物,多染以红、黄、绿、棕等色。

焉不拉克文化延续了较长时间,绝对年代约在公元前1300年—公元前100年。①

5. 苏贝希文化

苏贝希文化以苏贝希遗址及墓地得名。其实该遗址及墓地仅代表了苏贝希文化的晚期,不如早年发掘的乌拉泊墓地和近年发掘的洋海墓地典型,后两处墓地不仅有代表该文化的早期遗存,且像洋海墓地延续了苏贝希文化的整个阶段,更有资格作为此文化的命名地。但因这两处墓地资料发表均较晚,阴差阳错,使得"苏贝希文化"被率先提出并得到了普遍认同。为避免制造人为混乱,笔者仍采用"苏贝希文化"这一命名,仅在该文化的内涵和分布上提出自己的新看法。

过去认为苏贝希文化分布在博格达山南北两侧山前地带和山谷间,即今天的吐鲁番盆地、乌鲁木齐市和昌吉地区,形似一横卧开口向右的U形,其实该文化分布的最东端已达巴里坤草原,与焉不拉克文化的山北类型比邻而居。这样,苏贝希文化的分布区便颇像一横置的鱼钩,天山以北为钩柄,山间谷地和吐鲁番盆地为钩身。目前已发现的主要遗存有洋海墓地、哈拉和卓遗址、苏贝希遗址及墓地、三个桥墓地、艾丁湖墓地、交河故城沟北墓地、交河故城沟西墓地、博斯坦墓葬、喀格恰克墓地、英亚依拉克墓地、东风厂墓

---

① 参见韩建业:《新疆的青铜时代和早期铁器时代文化》,文物出版社2007年版,第32—40页。

地、阿拉沟墓地、柴窝堡墓地、柴窝堡林场墓地、板房沟铜器群、汽运农场墓地、乌拉泊墓地、大草滩墓地、阜北农场遗址、南泉墓地、三工乡墓地、小西沟遗址、大龙口墓地、红旗机械厂遗址、半截沟遗址、四道沟上层遗址及墓葬、黑沟梁墓地、东黑沟遗址等等。新疆东部诸青铜时代文化，数苏贝希文化分布范围最广、发现的遗存点最多。至于对该文化内涵的新认识，拟放在文化特征及第二小节"分期与类型"中去论述。

苏贝希文化的基本特征概括为以下三个方面。

第一，有土坯垒墙的居址，有的房屋外多灰坑，见多间排屋，且有敞篷式的制陶作坊。还发现有柱洞和灶坑，柱洞中有柱础石和朽木。

第二，墓葬特征需分为以洋海墓地为代表的东部类型和以乌拉泊墓地为代表的西部和山北类型来总结，前者简称洋海类型，后者称作乌拉泊类型。其实这也是后文即将要探讨的苏贝希文化的两个类型。洋海类型墓葬无地表标志，墓圹有竖穴土坑、竖穴二层台、竖穴偏室等形制，单人葬、合葬、一次葬、二次葬均有，葬式有一个从侧身屈肢到仰身屈肢再到仰身直肢的演变过程，头向以东南、东北为主，西向、西北向较少，且出现略晚，显系受乌拉泊类型影响所致。部分竖穴墓有随葬牲畜的习俗。乌拉泊类型墓葬地表起封堆——圆形、长方形石堆或土石堆，墓圹有竖穴土坑、竖穴偏室、竖穴石室和竖穴木椁几种，其中竖穴偏室墓的偏室常开在竖穴南壁，而有别于偏室置于北壁的穷科克文化（有学者称伊犁河流域文化[①]）。墓口常棚盖木，其上再铺压芦苇、杂草或卵石，墓底多有木框架或苇草葬具。单人葬、合葬、一次葬、二次葬均有，合葬墓有的分层埋葬。葬式绝大多数为仰身直肢，头西足东，有少量俯身直肢的个例。苏贝希墓地包含有东西两个类型的文化因素，显然是共同作用的结果。在葬制葬式上，洋海类型与其东边的近邻焉不拉

---

① 陈戈：《新疆伊犁河流域文化初论》，《欧亚学刊》第二辑，中华书局2002年版，第1—35页；韩建业：《新疆的青铜时代和早期铁器时代文化》，文物出版社2007年版，第76页。

克文化相当一致,乌拉泊类型却与其西边的近邻穷科克文化如出一辙,均体现了它们之间因地缘因素所形成的密切关系。

第三,随葬器物有陶器、木器、铜器、铁器、骨角器、石器、金器及皮毛制品。陶器均手制,多夹砂红陶,彩陶所占比例从早到晚有逐减的趋势,红衣黑彩,纹饰有曲线纹、成排倒三角纹、水波纹、垂帐纹、内饰平行线的涡纹、内填网格的倒三角纹、倒三角及向下延长的竖线纹、竖条纹、网状纹等,个别有内彩。洋海类型常见器形有单耳罐、横耳杯、立耳杯、双耳杯、单耳豆、单耳壶、双耳壶等。乌拉泊类型常见器形有单耳罐、单耳壶、单耳杯、单耳桶状杯、双耳瓮或釜、无耳壶、碗、盆、钵等。单耳罐、单耳壶在两类型中互见,可将单耳罐看作是该文化的典型陶器。木器器形有桶、盆、盘、钵、碗、杯、俎、勺、拐杖、簪、梳、纺轮、钻木取火器、箜篌、弓箭等。弓乃复合弓,它与箜篌等物明显属西来文化因素,后文进行文化因素考察时再详论。一些木桶上线刻动物纹、口沿用小花紫草果实镶嵌成一排倒三角形,或是线刻动物纹与上下沿彩饰三角纹的组合。铜器有斧、刀、锥、马衔、镞、铃、带扣、贝、环、笄、牌、簪、镜、铜片等,铁器有锥、针、钉、簪、牌、带钩、泡饰等,骨角器有角梳、觿、扣等,石器有磨盘、磨石等,金器主要是一些装饰品,如耳环、帽饰等,皮毛制品主要为衣饰和其他器物上的附件,如大衣、裤子、帽子、靴鞋、盒、囊、袖套、马辔头、鞭、弓箭袋、扳指、绳、扣、毛布等等。

苏贝希文化的碳十四测年数据尚未测出公布,其年代据推测为公元前1000年至公元前后,延续了近1000年。[①]

二 分期与类型

1. 小河文化

小河文化目前已发现并发掘的重要遗存仅三处,分别是小河墓

---

① 新疆文物考古研究所等:《吐鲁番考古新疆收获——鄯善县洋海墓地发掘简报》,《吐鲁番学研究》2004年第1期。

地、古墓沟墓地、铁板河墓地。在"遗存分析"一节中，笔者对各墓地的内涵和性质进行了分析，并对前两处墓地做了分期研究。经综合比较，小河墓地的三期可以代表小河文化的三期。古墓沟墓地第一期木棺形制与小河墓地第一期近似，两者随葬品也近同，因此它们的时代应大致相当。另古墓沟墓地第一期遗物经碳十四测年，约为距今 3900—3800 年，也有称古墓沟墓地年代在公元前二千纪初①，铁板河墓地的碳十四测年数据为 3800±95 年，两者的碳十四测年接近，也应属同一时期遗存。如此，小河文化第一期便包括了小河墓地第一期、古墓沟墓地第一期、铁板河墓地等同时代遗存。小河文化第二期只有小河墓地第二期为代表性遗存。小河文化第三期以小河墓地第三期和古墓沟墓地第二期为代表。与前两期文化最大的不同体现在葬制上，便是墓葬地表由 7 圈环列木桩外加放射状向四周展开的列木构成，不是前两期的单立木形式。墓内木棺也略有区别，其边板呈矩形，而不是前两期的弧形木板。

三期年代推定。上文已交代，小河墓地的三期可以代表小河文化的三期。先看第一期，古墓沟墓地第一期墓有碳十四测年，见上文，而小河墓地年代上限要略早于古墓沟墓地最早年代，故最起码可将小河文化第一期起始年代定在公元前 2000 年。小河墓地发掘者在简报中根据加速器质谱分析碳十四测年，推定小河墓地南区第一、二层即第二期墓地年代在公元前 1650—1450 年之间②，本书暂取这组数据作分期界标。至于第三期年代，因未见古墓沟墓地第二期墓及小河第三期墓葬所遗留短木楔等的年代测定，故目前难以做出准确的判定。韩建业在他的论著中将小河文化归入新疆青铜—早期铁器时代第一阶段，其结束年代定在公元前 1300 年③，本书也暂与采信。这样，小河文化分期的绝对年代便可暂且概括为表 2.3 -

---

① 新疆文物考古研究所小河考古队：《罗布泊小河墓地考古发掘的重要收获》，《吐鲁番学研究》2005 年第 1 期。
② 同上。
③ 韩建业：《新疆的青铜时代和早期铁器时代文化》，文物出版社 2007 年版，第 30—40 页。

1中的第三列模样。

小河文化三期的文化特征及年代、代表性遗存等可列表如下：

表2.3-1　小河文化三期的文化特征及年代、代表性遗存

属性 期别	文化特征	代表性遗存	绝对年代
第一期	竖穴沙（土）坑墓，船形木棺（但铁板河墓地无葬具），木棺或墓穴前后两端各立一根立木，棺前立木有"男根"形和"女阴"形之别，分别立于女性和男性墓主棺前。死者仰身直肢，头向东。随身衣物有毡帽、腰衣、斗篷和皮靴，随葬器物主要有草编篓、玉珠、皮囊和大量的木器，也有少量的铜器和金器，为耳环及一些小铜片之类。不见陶器	小河墓地第一期、古墓沟墓地第一期、铁板河墓地	公元前2000—前1650年
第二期	本期葬制葬俗与第一期多有相同，有明显承继关系。木棺形制略有变异，两侧板端头相触，盖板变细窄。"女阴"立木下所立冥弓变细小，草篓、别针、木梳等均有变化的痕迹	小河墓地第二期	公元前1650—前1450年
第三期	与前两期最大区别在墓表和木棺形制上。墓葬地表有七圈环形列木，圈外布放射状木桩，形如太阳及其光芒，被作太阳墓。木棺边板为矩形。葬式仰身直肢，头向东。遗物较少，所见锯齿形刻木、骨珠、骨锥、木雕人像等风格，与一、二期墓无异。2座墓中有小件铜饰，具体形制不清	小河墓地第三期、古墓沟墓地第二期	公元前1450—前1300年

小河文化三处墓地虽有诸多能让它们归为同一考古文化的相同属性，但也能同中求异，发现它们之间的差异。比如东边的铁板河墓地，乃一土台，故墓圹为竖穴土坑，墓中无葬具，死者脸部和胸部上盖草编扁筐，其上再压干树枝、芦苇及土块，而小河墓地及古

墓沟墓地选址于沙丘上，墓圹为竖穴沙坑，有船形木棺，死者身上不盖草编扁筐，更不见树枝等压盖物。这些葬制葬俗上的区别足以让研究者对其进行类型划分。可以将分布于东边的铁板河墓地为代表的遗存称作铁板河类型，分布于西边的小河、古墓沟墓地为代表的遗存称作小河类型。其实两类型空间相隔并不遥远，地理生态环境也相同，那么它们之间的差异是什么造成的？还需更深入地分析探讨。

2. 林雅文化

林雅文化遗存目前仅发现林雅墓地一处。该墓地墓葬众多，叠压打破关系也极多，表明它被使用了很长的时间。发掘者推定墓地使用年代在公元前19—前13世纪[①]，李水城推定在公元前2000—前1500年[②]。发掘者根据陶器将墓地分成四期，可以权当林雅文化的分期。因发掘者并未透露那些用以分期的陶器所在单位，故仍不清楚各期文化所包括的墓葬，便也不清楚各期文化除陶、铜器以外其他遗存的特征。

前文已提到林雅文化陶器可分为三类不同的文化因素[③]，现从发掘者的陶器分期图[④]上可看到，划为第二类的陶器只见于林雅文化第一期，这说明以此类陶器为代表的西来文化因素与第一类、第三类陶器为代表的东来文化因素，早在林雅文化的开创阶段就已相遇相融，第二类陶器不见于后三期文化，或许显示了两股文化碰撞后的此消彼长关系，即东来文化进一步增强，西来文化逐渐式微。当然，这仅是从物质文化的角度所做的观照。但文化的扬弃变异并不影响两类文化因素的拥有者的继续存在和混合，也即是说，

---

① 吕恩国、常喜恩、王炳华：《新疆青铜时代考古文化浅论》，宿白主编：《苏秉琦与当代中国考古学》，科学出版社2001年版，第184页。
② 李水城：《西北与中原早期冶铜业的区域特征及交互作用》，《考古学报》2005年第3期。
③ 见本章本节"一、文化分期"。
④ 见本书第二章第二节"林雅墓地"。

文化可能被改造或取代，但带来这种文化的人群并不一定就此消失。后文将要谈到的种族人类学研究成果就证明了这种现象的存在。

林雅文化目前只发现林雅墓地一处遗存，自然谈不上类型的划分，只好暂付阙如。

3. 南湾文化

南湾文化以巴里坤草原为中心，东西扩及现在的伊吾和木垒。比较南湾各遗存，以南湾墓地时代最早，且该墓地延续时间很长，经历了南湾文化发展的全部阶段。故此，笔者以南湾墓地的分期成果为基础，将其他遗存纳入相应期别中，便可得到南湾文化的分期结果。

经过横向比较，笔者发现，石人子乡遗址、东黑沟遗址第一期中的双腹耳彩陶罐，其造型、纹饰均同于南湾墓地第一期同类器（图2.3-2：1-3），另东黑沟遗址第一期双耳罐也同于南湾墓地第一期同类器。这三处遗存相距不远，自然也应时代相当，故将石人子乡遗址、东黑沟遗址第一期归入南湾文化第一期。木垒四道沟早期遗存出土了较多腹耳罐（壶），其深腹、小口、圜底的造型只能在南湾墓地第三期遗存中找到相应风格（图2.3-2：6-9），而大别于南湾墓地前两期腹耳罐（壶）的平底、宽口作风。故此，四道沟下层遗存可归入南湾文化第三期。同时，东黑沟遗址第二期和兰州湾子遗址出土的圜底双腹耳壶也与南湾墓地第三期同类器一致，可作为将它们看作同期的标准器。伊吾卡尔桑遗址虽也出土有平底腹耳罐（壶），可相关材料中均未提供器物图，难以作比较。但有一件完整的单耳罐，其平底、鼓腹、沿腹耳、斜口的风格，与南湾墓地第二期单耳罐较为相似（图2.3-2：4-5），显示了它们之间时代的相当。伊吾盐池乱石滩遗址发表的材料未提供能作比较的器物图，但调查者指出，"陶罐与饰类似指甲纹的带耳风格与木垒县四道沟遗址早期陶釜风格近似或相同，判断可能为与之属同一文化或时代相近的遗存"。① 笔者以为此看法可从，这两者不仅文化相同，时代也相近，可归入南湾文化第三期。至于南湾文化各期的绝对年代，因南湾墓地资料尚未完整发表，且各处墓地也绝少有碳十四测年数据发表，故现今还无法知晓。南湾文化的分期结果可列图表如下：

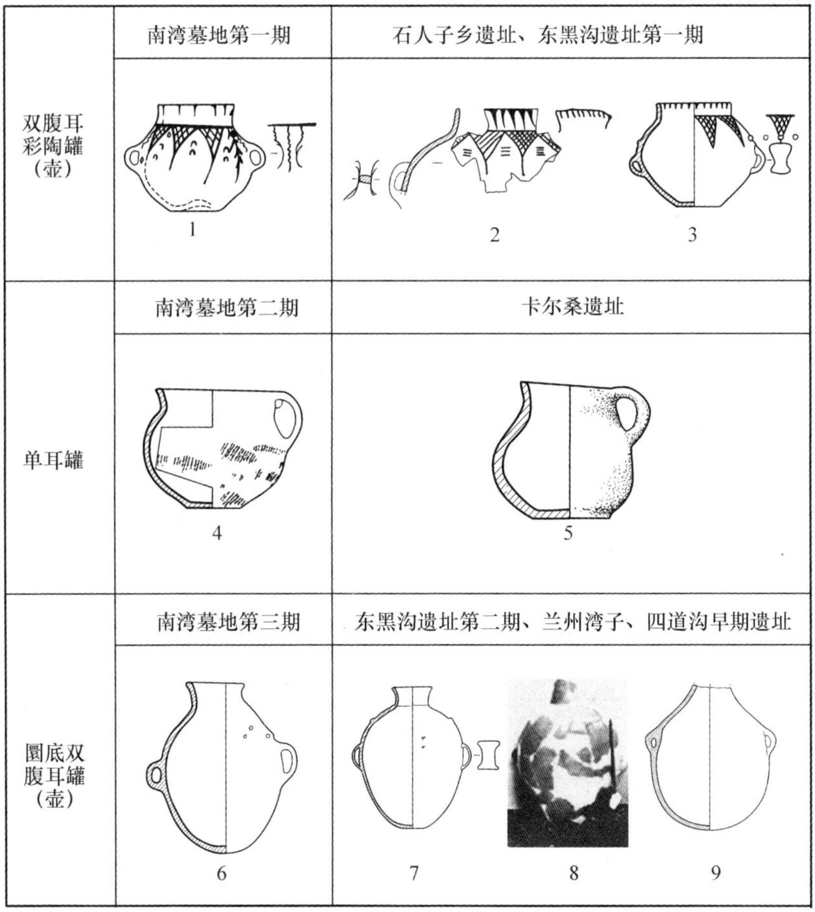

	南湾墓地第一期	石人子乡遗址、东黑沟遗址第一期	
双腹耳彩陶罐（壶）	1	2	3
	南湾墓地第二期	卡尔桑遗址	
单耳罐	4	5	
	南湾墓地第三期	东黑沟遗址第二期、兰州湾子、四道沟早期遗址		
圜底双腹耳罐（壶）	6	7	8	9

图 2.3－2　南湾文化各遗存相关陶器比较

说明：2. 石人子乡　3. 东黑沟　7. 东黑沟　8. 兰州湾子　9. 四道沟早期

---

① 自治区文物普查办公室等：《哈密地区文物普查资料》，《新疆文物》1991 年第 4 期。

表 2.3-2　　　　　　　　南湾文化分期表

期别＼属性	文化特征	代表性遗存
第一期	墓葬地表无封堆，形制多为长方形竖穴土坑，有榫式木棺，个别用砾石砌墓室。单人葬最为主，少量2—6人的合葬墓，有上下叠压的，也有分置木棺内外的，还有骨架零散分布在填土中的。一次葬者多头向东南，或左或右侧身屈肢。大多数墓葬在头向的一方的填土中栽植一根短立木，少数墓葬在墓口东侧置数块卵石或设小石圈并见残陶器。随葬品有陶、铜器，还有骨、角、石、木器及少量毛织物碎片。双耳罐、单耳罐、腹耳壶、无耳罐等器体较瘦，斜口钵无领或稍折沿，腹较浅。遗址内有羊、马骨和炭化小麦粒。	南湾墓地第一期、石人子乡遗址、东黑沟遗址第一期
第二期	墓葬地表和地下形制同第一期，遗物有陶器、青铜器、石器、骨角器等。前段各类陶器器形多较矮胖，腹稍浅，唯单耳斜口钵腹较深。单耳杯前段较后段腹壁敞。单耳斜口钵为侈口，腹较深。有沿双耳罐较胖，浅腹显扁。四耳罐前段较后段显矮胖。单耳斜口罐为大口，斜口不明显。后段双耳壶多腹部加深，稍瘦，单耳杯腹壁内收，其他单耳罐较前段为瘦。单耳斜口罐、单耳罐、双耳罐、单系杯、无耳杯均较粗	南湾墓地第二期、卡尔桑遗址
第三期	墓葬地表和地下形制同第一、二期，随葬品有陶、铜、石、骨角、木器等，陶器整体器形普遍偏瘦。两型腹耳壶、单耳斜口罐等腹更深且口变小，单耳斜口钵和平口钵腹壁变瘦或颈拉长，个别墓坑口东侧小卵石圈中出土的腹单耳杯也应为这一期遗物。此期出现圜、平底单耳钵，未见双耳罐。有石筑高台和房址，其内遗物有陶器、石器和铜器	南湾墓地第三期、东黑沟遗址第二期、兰州湾子石构建筑遗址、四道沟下层遗址、盐池乱石滩遗址

南湾文化已发现的遗存较少，且除南湾墓地、东黑沟遗址和四道沟早期遗址外，均是调查材料，故仅以目前的材料尚不足以作类型划分。是否有不同类型的存在，要等到今后材料更丰富了才可能知晓。如要做一推测，以南湾文化不大的分布范围看，该文化应属单一类型考古文化。

4. 焉不拉克文化

（1）分期

焉不拉克文化分布在哈密盆地和巴里坤草原，前者是中心，后者乃扩展所及。笔者在第二节"遗存分析"中对该文化主要墓地焉不拉克墓地的分期作过细致介绍和总结。现在笔者可以将该文化其他遗存资料与焉不拉克墓地的分期结果作横向比较，以排比出所有遗存的相对早晚关系，便可得出焉不拉克文化的总分期来。

五堡墓地墓葬形制均为竖穴二层台墓，与焉不拉克墓地第一期葬制相同。另五堡 M152 有一件单耳罐，与焉不拉克第一期墓 M76 的一件单耳罐极似（图 2.3 - 3：1）。这些共性表明五堡墓地存在与焉不拉克墓地第一期时代相同的遗存。另哈密博物馆展出的部分五堡墓地陶器如单耳罐、单耳豆、腹耳壶、双耳罐等[1]，均可从焉不拉克墓地第二期遗存中找到造型一致的器物（图 2.3 - 3：2），这又表明五堡墓地也有时代如同焉不拉克墓地第二期的遗存。

艾斯克霞尔墓地多数墓葬因被盗形制不清，发掘的五座墓均为竖穴土坑，其中二座有二层台。可见其形制与焉不拉克第一、二期墓相同。一些陶器如腹耳壶、单耳罐，其形制同于焉不拉克第二期同类器（图 2.3 - 3：3）。我们知道，葬制葬俗通常体现着该群体的传统观念和习俗，具有很强的文化稳定性。与之相比，以随葬器物为代表的日用器则变易的快，更有时代的敏感性。综此，艾斯克霞尔墓地可对应于焉不拉克墓地第二期。

庙尔沟墓地有地表标志，墓葬形制为竖穴石室，这些特征均不同于前面介绍的几处遗存而与天山北麓的寒气沟墓地、拜其尔墓地相同。铁器出土较多，彩陶极少，表明墓地时代偏晚。出土的 A 型单耳垂腹罐、B 型腹耳壶近同于焉不拉克墓地第三期同类器（图 2.3 - 3：4）。另有较多的錾耳器及一些高颈无耳壶，无耳壶在新疆有大范围分布[2]，但出现年代偏晚。这些器物在焉不拉克墓地极少，故可推断庙尔沟墓地年代下限要晚于焉不拉克墓地年代下限。

---

[1] 水涛：《新疆青铜时代诸文化的比较研究》，《中国西北地区青铜时代考古论集》，科学出版社 2001 年版，第 10 页图二。

[2] 新疆文物考古研究所：《1996 年哈密黄田庙尔沟林场Ⅰ号墓地发掘简报》，《新疆文物》2004 年第 2 期。

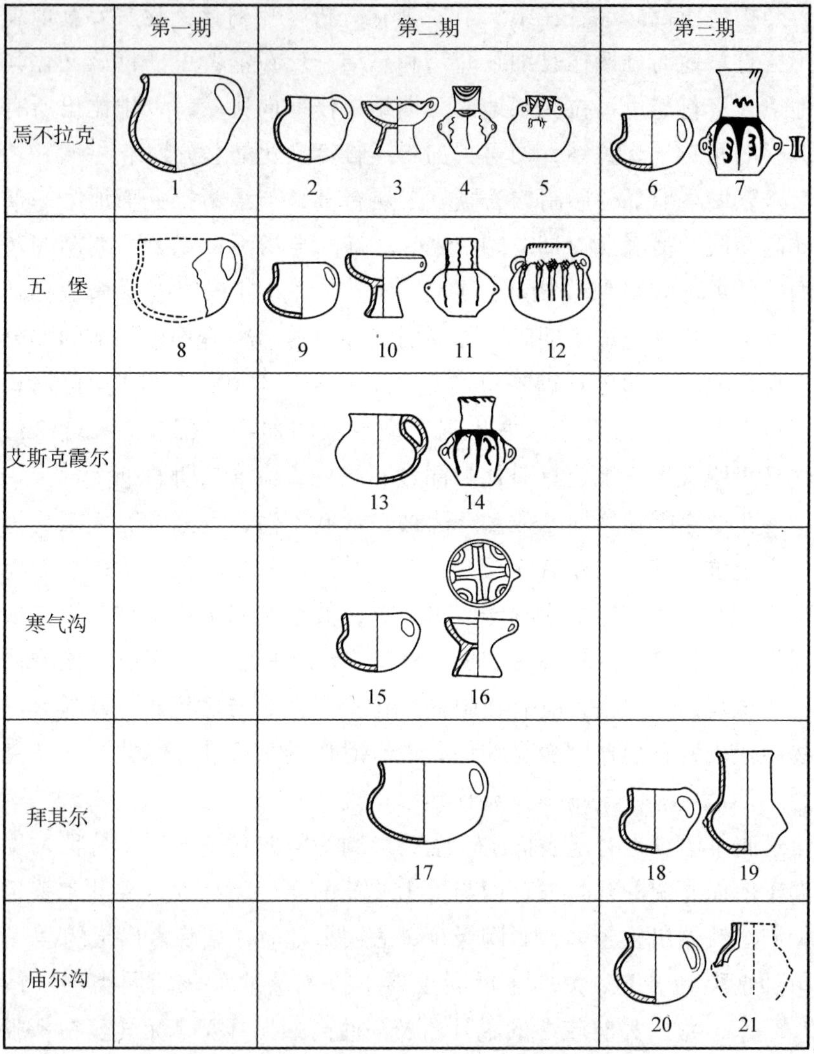

	第一期	第二期	第三期
焉不拉克	1	2　3　4　5	6　7
五 堡	8	9　10　11　12	
艾斯克霞尔		13　14	
寒气沟		15　16	
拜其尔		17	18　19
庙尔沟			20　21

图 2.3-3　焉不拉克文化各遗存器物举例

1—7. 焉不拉克墓地 1. M76:2　2. M30:2　3. M69:5　4. M75:18
5. C:6　6. M2:2　7. M2:3　8—12. 五堡墓地　8. M152:4　9—12. 哈博展品
13—14. 艾斯克霞尔墓地　13. M1:18　14. M1:17　15—16. 寒气沟墓地
15. M2:2　16. M2:9　17—19. 拜其尔墓地 17. M6:4　18. M1:3　M6:8
20—21. 庙尔沟墓地　20. M11:7　21. M6:8

寒气沟墓地有墓葬封堆,墓葬形制有竖穴土坑和竖穴石室两类,葬式以屈肢葬为主,头向北。可见寒气沟墓地在葬制和葬式上与焉不拉克墓地有同有异。相同的是在墓葬形制上的竖穴土坑及葬式上的屈肢葬,其他均大异其趣。寒气沟墓地出土的单耳罐和单耳豆同于焉不拉克第二期墓(图2.3-3:5),提示了它们之间时代上的相当。

拜其尔墓地在葬制葬式上与寒气沟墓地多有相同,如地表封堆、墓葬形制、屈肢葬式、头向等等。墓葬形制上多于寒气沟墓地,其石室土坯墓和土坯墓不见于寒气沟,但土坯墓却见于焉不拉克墓地第三期,且是该期的主体葬式。拜其尔墓地单耳罐均能在焉不拉克墓地第二、第三期找到同类器,而较多的双乳钉纹壶与焉不拉克墓地第三期双腹耳壶在器形上非常接近,除了它们之间一为乳钉一为桥形耳不同以外。这应看作是双腹耳壶的发展简化形式。由此可知,拜其尔墓地存在着焉不拉克文化第二、三期遗存,且该墓地的下限一如庙尔沟墓地,应晚于焉不拉克墓地的下限。

综上所述,可将焉不拉克文化分作三期。第一期代表性遗存有焉不拉克墓地第一期、五堡墓地早期遗存;第二期代表性遗存有焉不拉克墓地第二期、五堡墓地晚期遗存、艾斯克霞尔墓地、寒气沟墓地、拜其尔墓地早期遗存等;第三期代表性遗存有焉不拉克墓地第三期、庙尔沟墓地、拜其尔墓地晚期遗存等(表2.3-3)。

表2.3-3　　　　　　　　　　**焉不拉克文化分期表**

遗存＼分期	第一期	第二期	第三期
焉不拉克	√	√	√
五堡	√	√	
艾斯克霞尔		√	
寒气沟		√	
拜其尔		√	√
庙尔沟			√

第一期文化特征及时代：墓葬形制均为竖穴二层台，二层台有生土、土坯、生土与土坯共构三种。有的二层台上铺向上凸起的弧形盖木。合葬为主，少数单人葬。葬式基本是头向东南的右侧屈肢，个别头向西北左侧屈肢。有少量二次葬。随葬品较多，有陶钵、豆、腹耳壶、单耳杯、单耳小杯、单耳罐、双耳罐、碗、木盘、木桶、木勺、木梳及小件铜器、铁器等。彩陶数量较多。纹饰有曲线纹、倒三角纹、水波纹、S形纹、内填网格的倒三角纹、倒三角及向下延长的竖条纹、十字双钩纹等。绝对年代约为公元前1300—前800年。①

第二期文化特征及时代：墓葬形制仍有竖穴二层台，新出现规模较小的竖穴土坑墓。后者少数墓壁砌以土坯。一些墓口仍盖有木头或木板，有的还在其上再铺以苇席。单人葬为主，少量合葬墓。葬式多为左侧屈肢、少数右侧屈肢、仰身屈肢及仰身直肢。随葬品极少，主要是单耳小杯、单耳罐、双耳罐，也有钵、豆、腹耳壶、单耳杯等，彩陶数量较少。木器有木盘、木桶等。铜器数量较多，有小刀、刻刀、锥及装饰品。五堡和艾斯克霞尔墓地因保存较好，出土众多随身衣物，如皮衣、皮覆面、皮帽、皮靴、毛毡枕、毛布袍、毛裤等等。绝对年代约为公元前800—前500年。

第三期文化特征及时代：墓葬形制可分两类，一类是焉不拉克墓地为代表的地面土坯墓，另一类是庙尔沟墓地为代表的地表起封的石围、石堆墓，其墓下形制多为竖穴石室。两类墓均单人葬为主，少量合葬墓。葬式为侧身屈肢。焉不拉克墓地左、右侧身屈肢相当，头向北或西北，庙尔沟墓地均右侧身屈肢，头向东南。随葬品较少，陶器主要有单耳小杯、单耳罐、双耳罐、銎耳盆、銎耳钵、高颈壶、腹耳壶、单耳杯、豆等，銎耳器较多，彩陶很少。木器有木盘、木桶等，铜器有铃、镜、牌饰、珠、戒指、簪等，庙尔

---

① 参考了韩建业论著及焉不拉克墓发掘报告两方面年代数据综合而成，后二期年代数据出处同第一期。具体见韩建业：《新疆的青铜时代和早期铁器时代文化》，文物出版社2007年版，第30—40页；新疆维吾尔自治区文化厅文物处等：《哈密焉不拉克墓地发掘报告》，《考古学报》1989年第3期。

沟墓地铁器较多，有刀、锥、镞、带扣、环、珠、管、牌等。绝对年代约为公元前500—前100年。

（2）类型

焉不拉克文化已发现遗存虽不算多，却可以明显区分为两类：以焉不拉克墓地为代表的哈密盆地区和以寒气沟墓地为代表的东天山南北两麓区。前者墓葬地表"不封不树"，墓圹形制有竖穴土（沙）坑、竖穴土圹和地面土圹等结构，流行侧身屈肢葬，头向多东南或西北，少数为东北、北或西南。后者墓葬地表有石围或石堆标志，墓圹形制以竖穴石室和竖穴土坑为主，其他还有竖穴石室土圹、土圹、竖穴石室木椁墓等，也流行侧身屈肢葬式，头向北为主，也有墓地头向东南。两者的随葬器物多有相同可比之处，但相较而言，前者陶器及彩陶数量多，后者铁器数量多。可因这些差别将焉不拉克文化划分为两个地方类型，称前者为焉不拉克类型，后者为寒气沟类型。两者合为一种考古文化而有别于周边其他考古文化的最大共同点是侧身屈肢葬式和诸多相同的陶器，而作为划分为两个类型的最大依据是它们之间墓葬地表标志的有无和墓主头向的区别。此外，寒气沟类型在时代上仅起自焉不拉克文化第二期，晚于焉不拉克类型的开始时间。这种情况的成因应是：焉不拉克文化在哈密盆地繁荣了一段时间（第一期）后，开始向盆地以北的东天山南北麓拓展，遭遇当地土著文化后两者融合逐渐形成了焉不拉克文化寒气沟类型。

可将焉不拉克文化两类型列表如下：

表2.3-4　　　　　　　　　　焉不拉克文化类型划分表

	文化特征	代表性遗存
焉不拉克类型	墓葬地表"不封不树"，墓圹形制有竖穴土（沙）坑、竖穴土圹和地面土圹等结构，流行侧身屈肢葬，头向多东南或西北，少数为东北、北或西南。相比寒气沟类型，焉不拉克类型墓葬随葬陶器及彩陶、木器数量多，铁器较少	焉不拉克墓地、五堡墓地、艾斯克霞尔墓地

续表

	文化特征	代表性遗存
寒气沟类型	墓葬地表有石围或石堆标志，墓圹形制以竖穴石室和竖穴土坑为主，其他还有竖穴石室土坯、土坯、竖穴石室木椁墓等，也流行侧身屈肢葬式，头向北为主，也有墓地头向东南。随葬器物中彩陶较少，无耳器及铁器数量增多	寒气沟墓地、拜其尔墓地、庙尔沟墓地

5. 苏贝希文化

（1）分期

苏贝希文化虽遗存点众多，但发表的材料都不够全面，如缺乏足够的墓例和器物介绍、少有详细的墓葬登记表，使很多墓地难以从器物类型学的角度入手进行分期研究。好在洋海墓地因墓葬形制多样，随葬器物丰富，通过分析它们的组合和变异，能总体上把握墓葬的早晚关系，从而笔者在"遗存分析"一节对该墓地做出了分期。该墓地延续时间极长，有可能贯穿了苏贝希文化的始终。因此，对苏贝希文化做分期研究，在目前尚无更佳办法的情况下，可以以洋海墓地的分期结果为参照，横向比较其他各遗存材料，确定它们与洋海墓地的相对早晚，最后串联起所有遗存，排比出苏贝希文化的分期。

经横向比较，洋海墓地第一期与附近的哈拉和卓遗址时代最早，其西邻及天山北麓的苏贝希文化诸遗存均没有与此两处时代相当者。碳十四测年也支持这一判断。[1] 故这两遗存代表了苏贝希文化第一期。本期文化特征及时代：存在土坯垒砌的房屋，内有灶坑。遗址内有陶片、石器及铜器，陶片均为夹砂红陶，手制，有一定数量彩陶，红衣黑彩，纹饰有倒三角纹、内填网格的大倒三角纹、竖条纹、横竖短线纹等，可辨出器形的有圜底钵、釜、盆等，

---

[1] 中国社会科学院考古研究所：《中国考古学中碳十四年代数据集》（1965—1991），文物出版社1991年版，第297页。

石器有刀、镰、锤斧等，最具特色的刀、镰均打制成半月之一半形状。墓葬形制无地表封堆，均竖穴土坑，有的有二层台，葬式多为侧身屈肢，少量仰身直肢，头向东或东南。其中两类墓有随葬牲畜的习俗，主要为羊、马、牛、狗、野猪牙等。随葬品以陶器和木器为主，其次有铜器、金器、贝饰、骨器和皮毛制品。陶器质地、颜色、制法同于上述遗址，彩陶占绝大多数，饰彩和纹饰也同于遗址。器形有罐、杯、钵、壶、盆、豆等。木器有桶、盆、盘、钵、碗、杯、弓箭、纺轮、钻木取火器、梳、箜篌等，其上有的刻有或嵌有倒三角纹及动物纹。铜器有斧、刀、锥、马衔、镞、铃、带扣、贝等。据分析，本期绝对年代约为公元前1000—前800年。[①]

苏贝希文化第一期仅分布于吐鲁番盆地东缘一隅，显示了文化草创时的局狭和固守。但丰富的文化内涵又说明他们的文化发展进程并非低级原始，在没有本地长期文化积淀的情况下，只能向周邻的发达文化寻找源头了。其紧靠哈密盆地且未涉足吐鲁番盆地中西部的分布现象也给了研究者探寻他们的主源以很大的启发。当然，探索文化渊源是后节要专门展开的工作，此不赘述。

苏贝希文化第二期分布出现了大面积的扩充，除盆地东缘继续保持着既有的活力并增多了分布点外，盆地中西部、天山中部山谷的阿拉沟、乌鲁木齐一带、博格达山北麓等地，均进入了苏贝希文化的势力范围，且在新的势力范围内出现了有别于洋海墓地的新中心。实际上这正是以洋海墓地为代表的东部文化西进时与东来的异文化碰撞融合而成。笔者会在稍后命名为乌拉泊类型，以区别于东边的洋海类型。本期代表性遗存有洋海墓地第二期、苏贝希三号墓地、苏贝希遗址、三个桥墓地、艾丁湖墓地、喀格恰克墓地早期遗存、英亚依拉克墓地、东风厂墓地、阿拉沟墓地早期遗存、柴窝堡林场墓地、柴窝堡墓地、板房沟铜器群、汽运农场墓地、乌拉泊墓

[①] 参考了韩建业论著及洋海墓地发掘报告两方面年代数据综合而成，后二期年代数据出处同第一期。具体见韩建业：《新疆的青铜时代和早期铁器时代文化》，文物出版社2007年版，第30—40页；新疆文物考古研究所等：《吐鲁番考古新收获——鄯善洋海墓地发掘简报》，《吐鲁番学研究》2004年第1期。

地早期遗存、阜北农场遗址早期遗存、小西沟遗址以彩陶为代表的部分遗存、大龙口墓地、红旗机械厂遗址、半截沟遗址、四道沟上层遗址等。

第二期文化特征及时代：该期遗址中发现有房址，即苏贝希遗址中的3座房基。其主体由泥垛成，部分为土坯墙。均为多间排屋。房址内出土有石磨盘、石杵、陶片等，陶片可辨器形的有釜、罐、钵、碗、壶等。此外也见一些木器、骨器、角器、毛织物碎片等。墓葬形制上盆地东边多无地表封堆，西边及天山北麓则多有地表封堆。有竖穴土坑和竖穴偏室两类墓圹结构。葬式上盆地东边有仰身直肢和仰身屈肢，头向东南或西向。盆地西部及天山北麓多为仰身直肢，头西足东。随葬品有陶器、石器、铜器、铁器、金银器、皮毛制品等，盆地东边的墓葬还多见木器。陶器器形有罐、壶、杯、钵、碗、豆、釜等，彩陶发达，红衣黑彩，多连续三角纹、竖条纹、涡纹、网状纹、波纹等。本期绝对年代约为公元前800—前500年。

苏贝希文化第三期分布区又有扩展，即天山北麓区已从木垒、奇台一带东进到巴里坤草原。此时苏贝希文化分布范围已完全形成了一横卧的鱼钩形。代表性遗存有洋海墓地第三期、苏贝希一号墓地、苏贝希二号墓地、交河故城沟西墓地、交河故城沟北墓地、博斯坦墓葬、喀格恰克墓地晚期遗存、阿拉沟墓地晚期遗存、乌拉泊墓地晚期遗存、阜北农场遗址晚期遗存、大草滩墓地、南泉墓地、三工乡墓地、黑沟梁墓地、东黑沟墓地等。

第三期文化特征及时代：本期遗址发现极少，仅阜北农场遗址一处。见有陶器、骨器等，陶器均夹砂红陶或红褐陶，手制，部分见慢轮修整。彩陶不见，陶器纹饰以附加堆纹为标志。墓葬形制在地表封堆的有无及墓圹类型上与二期文化无异。最大区别表现在随葬器物上，便是彩陶明显减少或不见，无耳素陶和铁器明显增多。其他质地器物如木器、石器、铜器、金银器、皮毛制品等无大变化。据推断，本期绝对年代约为公元前500—公元前后。苏贝希文化分期情况可列表表示如下：

表2.3-5　　　　　　　　　苏贝希文化分期表

	文化特征	代表性遗存	绝对年代
第一期	存在土坯垒砌的房屋，内有灶坑。遗址内有陶片、石器及铜器，陶片均为夹砂红陶，手制，有一定数量彩陶，红衣黑彩，纹饰有倒三角纹、内填网格的大倒三角纹、竖条纹、横竖短线纹等，可辨出器形的有圜底钵、釜、盆等，石器有刀、镰、锤斧等，最具特色的刀、镰均打制成半月之一半形状。墓葬形制无地表封堆，均竖穴土坑，有的有二层台，葬式多为侧身屈肢，少量仰身直肢，头向东或东南。其中两类墓有随葬牲畜的习俗，主要为羊、马、牛、狗、野猪牙等。随葬品以陶器和木器为主，其次有铜器、金器、贝饰、骨器和皮毛制品。陶器质地、颜色、制法同于上述遗址，彩陶占绝大多数，饰彩和纹饰也同于遗址。器形有罐、杯、钵、壶、盆、豆等。木器有桶、盆、盘、钵、碗、杯、弓箭、纺轮、钻木取火器、梳、筹筷等，其上有的刻或嵌有倒三角纹及动物纹。铜器有斧、刀、锥、马衔、镞、铃、带扣、贝等	洋海墓地第一期、哈拉和卓遗址	公元前1000—前800年
第二期	该期遗址中发现有房址，即苏贝希遗址中的3座房基。其主体由泥垛成，部分为土坯墙。均为多间排屋。房址内出土有石磨盘、石杵、陶片等，陶片可辨器形的有釜、罐、钵、碗、壶等。此外也见一些木器、骨器、角器、毛织物碎片等。墓葬形制上盆地东边多无地表封堆，西边及天山北麓则多有地表封堆。有竖穴土坑和竖穴偏室两类墓圹结构。葬式上盆地东边有仰身直肢和仰身屈肢，头向东南或西向。盆地西部及天山北麓多为仰身直肢，头西足东。随葬品有陶器、石器、铜器、铁器、金银器、皮毛制品等，盆地东边的墓葬还多见木器。陶器器形有罐、壶、杯、钵、碗、豆、釜等，彩陶发达，红衣黑彩，多连续三角纹、竖条纹、涡纹、网状纹、波纹等	洋海墓地第二期、苏贝希三号墓地、苏贝希遗址、三个桥墓地、艾丁湖墓地、喀格恰克墓地早期遗存、英亚依拉克墓地、东风厂墓地、阿拉沟墓地早期遗存、柴窝堡林场墓地、柴窝堡墓地、板房沟铜器群、汽运农场墓地、乌拉泊墓地早期遗存、阜北农场遗址早期遗存、小西沟遗址以彩陶为代表的部分遗存、大龙口墓地、红旗机械厂遗址、半截沟遗址、四道沟上层遗址等	公元前800—前500年

续表

文化特征	代表性遗存	绝对年代
第三期	本期遗址发现极少，仅阜北农场遗址一处。见有陶器、骨器等，陶器均夹砂红陶或红褐陶，手制，部分见慢轮修整。彩陶不见，陶器纹饰以附加堆纹为标志。墓葬形制在地表封堆和有无及墓圹类型上与二期文化无异。最大区别表现在随葬器物上，便是彩陶明显减少或不见，无耳素陶和铁器明显增多。其他质地器物如木器、石器、铜器、金银器、皮毛制品等无大变化	洋海墓地第三期、苏贝希一号墓地、苏贝希二号墓地、交河故城沟西墓地、交河故城沟北墓地、博斯坦墓葬、喀格恰克墓地晚期遗存、阿拉沟墓地晚期遗存、乌拉泊墓地晚期遗存、阜北农场遗址晚期遗存、大草滩墓地、南泉墓地、三工乡墓地、黑沟梁墓地、东黑沟墓地等	公元前500—公元前后

（注：表格第一列"第三期"为跨行单元格）

（2）类型

苏贝希文化的葬制葬俗既不千墓一例，也不是杂乱无章，而是可明显区别为两大类：一类以洋海墓地为代表，分布于吐鲁番盆地东部，墓葬地表无封堆，葬式从侧身屈肢到仰身屈肢再到仰身直肢，头向以东、东南、东北向为主（均以东为主方向）；另一类以乌拉泊墓地为代表，分布于吐鲁番盆地中西部及东天山北麓。其墓葬地表均有土石堆或石围，葬式为仰身直肢，头西足东，头向也有略偏西北和西南的（均以西为主方向）。两相对照，可看出两者葬制葬式上的强烈反差。我们知道，葬制葬式是一个族群经过长期的文化积淀形成的传统观念和习俗，不会轻易变更，有很强的文化保守性和稳定性。相对于更易模仿借用的日用器，其在辨析该群体的渊源、区别考古文化中的不同类型上更有优越性。由此，笔者认为这两类遗存代表了苏贝希文化的两个地方类型，可称前者为洋海类型，后者为乌拉泊类型。两类型显然有着不同的来源，但从它们众多共同的器物群看，两者又融合得很好而成为一个统一的考古文化。苏贝希墓地和三个桥墓地是两类型密切融合的典型代表。如苏贝希三号墓地，无地表封堆，葬式有仰身直肢、仰身屈肢和侧身屈肢，头向有西北、西南和东向。苏贝希一号墓地地表有封堆，葬式有仰身直肢、俯身直肢和侧身屈肢，头向东南或西北。三个桥墓地无地表封堆，葬式仰身直肢或侧身屈肢，头向西、西南或东北。这三处墓地的葬制葬式远不如其他墓地相对单纯，看起来很乱，仔细分辨，正是两类型墓葬因素共处于一墓地造成的。这应看作是乌拉泊类型东进与洋海类型直接碰撞融合的结果。这种局面在洋海类型的中心墓地——洋海墓地内就已经有了反映：葬式侧身屈肢→仰身屈肢→仰身直肢的变异、竖穴偏室墓的出现并愈晚愈多等，均显示了墓葬文化因素向乌拉泊类型的靠拢。乌拉泊类型的东进和对洋海类型葬制葬俗的"改造"，体现了前者的强大和后来居上。

两类型除葬俗上的差别外，随葬器物上也有一些不同，虽然这种不同也有时间上的原因。比如洋海类型陶器种类复杂多样，横耳杯、立耳杯等为其特有，彩陶发达，纹饰多样，器体多见瘦长的平底器。乌拉泊类型彩陶远没有前者发达，以矮胖的圜底器居多，豆、簋形器、双耳直壁筒形罐等基本不见，金箔类饰品更为常见等等。

苏贝希文化两类型区别可列表为表 2.3 - 6：

表 2.3 - 6　　　　　　　苏贝希文化类型划分表

属性 类型	文化特征	代表性遗存
洋海类型	以洋海墓地为代表，分布于吐鲁番盆地东部，墓葬地表无封堆，葬式从侧身屈肢到仰身屈肢再到仰身直肢，头向以东、东南、东北向为主（均以东为主方向）。洋海类型陶器种类复杂多样，横耳杯、立耳杯等为其特有，彩陶发达，纹饰多样，器体多见瘦长的平底器	洋海一、二、三号墓地、哈拉和卓遗址

续表

属性＼类型	文化特征	代表性遗存
乌拉泊类型	以乌拉泊墓地为代表，分布于吐鲁番盆地中西部及东天山北麓。其墓葬地表均有土石堆或石围，葬式为仰身直肢，头西足东，头向也有略偏西北和西南的（均以西方为主方向）。乌拉泊类型彩陶远没有洋海类型发达，以矮胖的圜底器居多，豆、簋形器、双耳直壁筒形罐等基本不见，金箔类饰品更为常见等等	艾丁湖墓地、喀格恰克墓地、英亚依拉克墓地、东风厂墓地、阿拉沟墓地、柴窝堡林场墓地、柴窝堡墓地、板房沟铜器群、汽运农场墓地、乌拉泊墓地、阜北农场遗址、小西沟遗址以彩陶为代表的部分遗存、大龙口墓地、红旗机械厂遗址、半截沟遗址、四道沟上层遗址等。交河故城沟西墓地、交河故城沟北墓地、博斯坦墓葬、大草滩墓地、南泉墓地、三工乡墓地、黑沟梁墓地、东黑沟墓地等
混合类型	文化特征呈前两类型文化因素或多或少的混合	苏贝希三号墓地、苏贝希一号墓地、三个桥墓地

三　小结

经过前两小节对新疆东部青铜时代五种考古学文化的文化特征、分布范围、绝对年代、分期和类型等的探讨，新疆东部青铜时代考古文化的时空框架便算搭建了起来。下面分两个阶段进行归纳小结。

第一阶段：公元前二千纪初（或三千纪末）—公元前二千纪末，新疆东部存在着三支考古文化，分别是位于罗布泊地区的小河文化、位于哈密盆地的林雅文化、位于巴里坤草原的南湾文化。小河文化出现最早，林雅文化略微晚出，南湾文化在林雅文化繁荣了三、四百年后脱颖而出。三者有300—700年的并存阶段（图2.3-4）。三支相邻文化之间的交互影响，留待下一节集中讨论。

第二阶段：公元前二千纪末——公元前一千纪末，新疆东部存在两支考古文化，分别是焉不拉克文化和苏贝希文化。小河文化分布区进入此阶段尚未发现人类遗迹。南湾文化分布区则被苏贝希文化和焉不拉克文化分头占领。焉不拉克文化出现略早，两者在大致相同的时间（公元前后）被新的文化取代。故两者并存了约

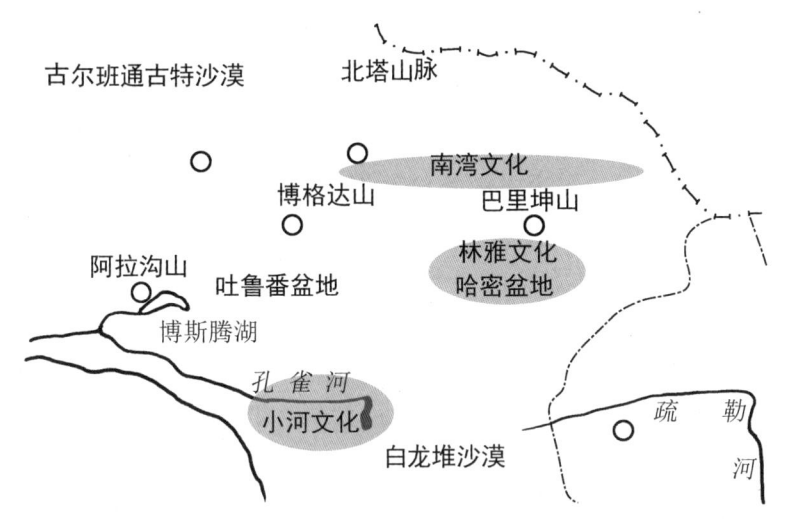

图 2.3-4　新疆东部青铜时代第一阶段考古文化分布示意图

审图号：GS（2016）2928 号　自然资源部　监制

七、八百年（图 2.3-5）。关于两者间的交互关系，也留待下一节讨论。

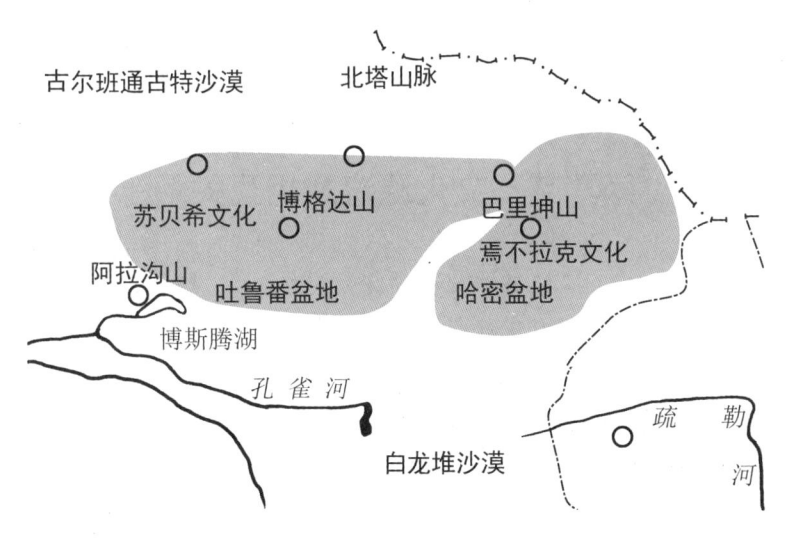

图 2.3-5　新疆东部青铜时代第二阶段考古文化分布示意图

审图号：GS（2016）2928 号　自然资源部　监制

新疆东部青铜时代考古文化（尤其是第一阶段）从空间上可以划分出东西两区。如以洋海、苏贝希墓地、四道沟遗址为界标划一南北向纵贯线，东边各文化（林雅文化、南湾文化、焉不拉克文化焉不拉克类型、苏贝希文化洋海类型）墓葬的地表形制盛行"不封不树"，葬式以侧身屈肢为主，西边各文化却盛行"或封或树"（例如小河文化的立木为标、苏贝希文化乌拉泊类型的以石围或石堆起封等）的墓葬地表标志，葬式以仰身直肢为主。只是到了第二阶段，东天山北麓的苏贝希文化一路东进，将过去南湾文化的地盘（不封不树）也变更为"封树"的范围，并一直影响到哈密盆地的焉不拉克文化寒气沟类型庙尔沟墓地。只有苏贝希文化的洋海类型、焉不拉克文化的焉不拉克类型，仍顽强地坚守他们"不封不树"的老传统。至于青铜时代和早期铁器时代以后的新疆东部乃至新疆甚至整个中国，就成了墓葬地表"或封或树"的一统天下了。所以中原地区商周以来墓葬开始起封，其源头除了江南的土墩墓，西北的石围石堆墓也是个不应忽视的影响因素。

总之，新疆东部东西两区不同的墓葬地表形制和葬式，昭示了两者不同的文化渊源。而这，正是下一节要展开讨论的主题之一。

第四节 文化源流及相互关系

本节要讨论的文化源流是指新疆东部区域内青铜时代各考古文化的来源和流向，相互关系是指区域内各考古文化及遗存间的相互影响和交流。至于与新疆东部区域以外周邻文化及更远的东西方文化的关系，留待第三、四章作专门探讨。

一 文化源流

1. 小河文化

综合比照小河文化的众多文化因素，其源头当在西方。比如小河文化最为流行的容器草编篓，其圜底卵形的形制与东欧南部草原地带的颜那亚文化（竖穴墓文化）①、南西伯利亚的阿凡纳谢沃文化②、阿勒泰地区的切木尔切克文化③、奇台县的西坎尔孜遗址等地出土的卵形圜底陶器明显相似（图2.4-1）。显示了它们之间有着密切的文化渊源背景。此外，小河墓地葬仪中的众多现象也均源于西方。例如男根柱头上所附卵圆形环、众多的"尚七"现象、牛头牛角随葬等等④，小河墓地随葬的小麦和黍，也为从西方东传而来⑤。体质人类学和遗传学的研究也告诉我们，小河文化人群为印欧人种、其遗传性状归入欧洲人群。⑥ 总之，无论种属还是文化，小河文化均归属西方的印欧人群，且不见任何东方文化背景，是新疆东部地区少有的纯粹的印欧文化。

但小河文化到底源自印欧文化的哪一支？已有学者作过这方面的探讨。俄国学者库兹米娜提出小河文化与阿凡纳谢沃文化存在联系⑦，索通等也持类似观点⑧。林梅村认为小河文化乃北疆的切木

---

① 莫润先："竖穴墓文化"，《中国大百科全书·考古学》，中国大百科全书出版社1992年版，第480—481页。

② 邵会秋：《新疆史前时期文化格局的演进及其与周邻地区文化的关系》，博士学位论文，吉林大学，2007年。

③ 王博：《切木尔切克文化初探》，西北大学文博学院编：《考古文物研究——纪念西北大学考古专业成立四十周年文集》（1956—1996），三秦出版社1996年版，第274—285页。

④ 王炳华：《生殖崇拜：早期人类精神文化的核心——新疆罗布淖尔小河五号墓地的灵魂》，《寻根》2004年第4期；叶舒宪：《牛头西王母形象解说》，《民族艺术》2008年第3期；宋亦箫：《论史前新疆的生殖崇拜文化》，《吐鲁番学研究》2008年第2期。

⑤ 日知：《关于新石器革命》，《世界古代史论丛》第一集，生活·读书·新知三联书店1982年版，第234—245页；游修龄：《黍和粟的起源及传播问题》，《农史研究文集》，中国农业出版社1999年版，第29—51页。

⑥ 韩康信：《孔雀河古墓沟墓地人骨研究，丝绸之路古代居民种族人类学研究》，新疆人民出版社1993年版，第33—70页；崔银秋：《新疆古代居民线粒体DNA研究——吐鲁番与罗布泊》，吉林大学出版社2003年版，第113—121页。

⑦ E. E. Kuzmina, Cultural Connections of the Tarim Basin People and Pastoralists of the Asian Steppes in the Bronze Age，In：*The Bronze Age and Early Iron Age Peoples of Eastern Central Asia*，edited by Victor H. Mair, 1998, pp. 63 – 93.

⑧ Christopher P. Thornton and Theodore G. Schurr：Genes, Language, and Culture：A Example from the TarimBasin, *Oxford Journal of Archaeology*, 23（1），2004, pp. 83 – 106.

	草编篓及陶容器		
小河文化	 1	2	3
颜那亚文化	 4　5	6	7
阿凡纳谢沃文化	 8	9	10
切木尔切克文化	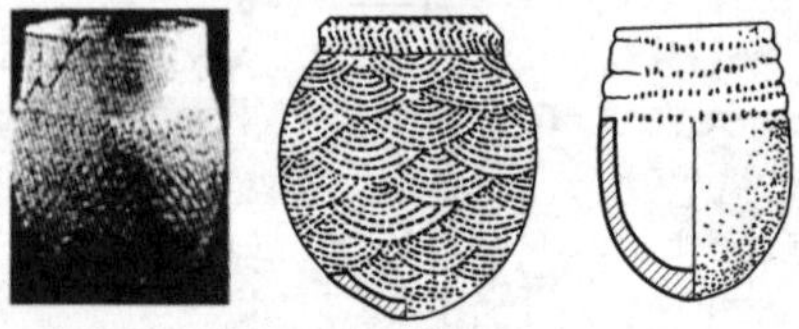 11	12	13
西坎尔孜遗址		 14	

图 2.4 - 1　小河文化草编篓与相关文化陶容器对比图

1—3. 采自《新疆文物》2007 年第 1 期；《新疆文物》2003 年第 2 期（1. M11∶7　2. MC∶24　3. M2∶11）　4—14. 采自邵会秋 2007（11. 切木尔切克墓地采集　12—13. 切木尔切克墓地 M16∶13 和 M16∶3　14. 西坎尔孜遗址出土）

尔切克文化（该文称"克尔木齐文化"）南下楼兰而形成。① 韩建业认为小河文化主要来源于北方的阿凡纳谢沃文化—克尔木齐类遗存，并受到西方的辛塔什塔—彼德罗夫斯卡文化—安德罗诺沃文化系统越来越深的影响。② 这些看法尚未能解决一个关键问题：小河文化的葬制葬俗大异于被认为是它的文化源头的那些考古文化。如小河文化葬俗中的立木为标、船形木棺、仰身直肢葬式等，均不见于那些所谓源头文化（源头文化的葬俗是起土冢、地表方形石围、石堆，侧身屈肢葬式等）。即便安德罗诺沃文化有一定数量的仰身直肢葬式，但其时代上限晚于小河文化，故小河文化第一期就已出现的仰身直肢葬式也不可能传自前者。

笔者已反复说过，葬制葬俗是一个族群的传统观念和习俗，有极强的持久性和稳定性。那么小河文化是否还有更主流的源头呢？王炳华在一篇文章中谈到，他承王建新见告，在位于莫斯科的俄罗斯国家博物馆陈列中，曾看到与孔雀河、小河、克里雅河北方墓地类似的文物，如女阴立木、木盆、木雕人面形象及木人等，这批文物中同样也不见陶器，其时代定为公元前 3000 至 2000 年，文物出土地点为高加索地区。③ 目前，除了这批类似于小河文化的实物外，还不知道与其相关的其他文化面貌如何，但其出土地点和存在的时段，多少提供给我们思考小河文化源头的线索。

至于小河文化的流向，也没有清晰的认识。但自 2008 年前后被发现的克里雅河北方墓地④，提供了一些判断的线索。该墓地盗掘破坏殆尽，考古工作者只是采集了些被盗墓者遗弃的标本，另塔里木大学西域研究所和于田县文管所回购有部分来自盗墓者手中的

---

① 林梅村：《吐火罗人的起源与迁徙》，《新疆文物》2002 年第 3—4 期。
② 韩建业：《新疆的青铜时代和早期铁器时代文化》，文物出版社 2007 年版，第 102 页。
③ 王炳华：《孔雀河青铜时代考古文化》，王炳华主编：《孔雀河青铜时代与吐火罗假想》，科学出版社 2018 年版，第 35 页。
④ 张化杰：《克里雅河北方墓地文物过眼录》，王炳华主编：《孔雀河青铜时代与吐火罗假想》，科学出版社 2018 年版，第 152—164 页。

文物，推测出自北方墓地或其近旁。这批文物与小河文化出土文物相似度高，可以看成是一种考古学文化，经对部分文物测年，时间在距今3300年左右，正好与小河文化晚期相衔接。王炳华因此推测是孔雀河水系的小河文化人群迁徙到了克里雅河小游。① 但北方墓地考古文化可看成是小河文化的晚期，它的流向才是小河文化的流向，这还需要继续追溯。

2. 林雅文化

如果说小河文化仍是西方印欧文化的一枝独秀，那么与其同时代的林雅文化却已是花开并蒂，东西方两套系统的文化已密切融合，呈现出你中有我的融融局面。之所以如此，正在于林雅文化的来源包含有东西两个源头。

关于林雅文化的源头，学者们多有论述。水涛认为林雅墓地部分陶器和墓葬形制方面所表现的特征，与四坝文化和马厂类型遗存有许多共同之处。同时该墓地部分彩陶以各种松针纹为构图母题，这种纹样及风格，无疑属于中亚地区安德罗诺沃文化的固有传统。② 李水城曾将林雅墓地的陶器分成三组，第一组称"哈密过渡类型"，其彩陶和素面陶特征与河西走廊一带的"过渡类型"完全一致。这一组属"后马厂时期"，年代约在公元前三千纪末叶。第二组称B组遗存，其陶器风格与北疆阿勒泰一带的原始文化有某种联系。第三组陶器是林雅文化主体，称A组遗存，其形制、质地、彩陶花纹等与四坝文化如出一辙，难分彼此。③ 将李水城的分组与吕恩国等的分期④结合起来，便可看到，哈密过渡类型和B组遗存

---

① 王炳华：《孔雀河青铜时代考古文化》，王炳华主编：《孔雀河青铜时代与吐火罗假想》，科学出版社2018年版，第50—51页。

② 水涛：《新疆青铜时代诸文化的比较研究——附论早期中西文化交流的历史进程》，《国学研究》第一卷，北京大学出版社1993年版。

③ 李水城：《从考古发现看公元前二千纪东西方文化的碰撞与交流》，《新疆文物》1999年第1期；李水城：《西北与中原早期冶铜业的区域特征及交互作用》，《考古学报》2005年第3期。

④ 吕恩国、常喜恩、王炳华：《新疆青铜时代考古文化浅论》，宿白主编：《苏秉琦与当代中国考古学》，科学出版社2001年版，第172—193页。

在于林雅文化的第一期，哈密"A"组类型存在于林雅文化的第二、三期①。这说明，林雅文化的肇始期起码就有东方的甘青过渡类型和西方的阿勒泰原始文化参与其间，其后更受到四坝文化的强烈影响，使得林雅文化的主体陶器混同于四坝文化。林梅村认为林雅文化的弧背铜刀、空首凿、铜锥等是中亚草原奥库涅夫文化的因素，而青铜短剑、日晒土坯、实木车轮②和权杖头等是辛塔什塔—彼德罗夫斯卡文化的因素。总之，林雅文化"是四坝文化向西发展的一个地方类型，融合了奥库涅夫文化、辛塔什塔—彼德罗夫斯卡文化、克尔木齐文化等多种外来文化因素，是印欧人与羌人交流与融合的最早见证"。③ 韩建业指出林雅文化主体陶器属东方系统，装饰品、葬式和工具类属西（北）方系统，并推测大致在公元前二千纪，马厂类型进入哈密盆地，与"筒形罐文化系统"遭遇而形成林雅文化。林雅文化与四坝文化主体因素近同，是二者同源且持续频繁交流的结果。④

综合上述诸家的观点，林雅文化的来源便已清晰起来。这便是，林雅文化形成于东西两大源头的接触和合流。以河西走廊"过渡类型"为代表的东方源头强力西进，在哈密盆地遭遇以"筒形罐文化系统"⑤为代表的西方源头，两者合二为一，扎根哈密盆地，创造了辉映东西、自具特色的林雅文化。

需要补充说明的是，除了主体陶器，更能说明东来源头主体地位的是林雅文化的葬制葬俗。我们都知道，林雅墓地没有任何地表标志，而在它的西边，不论是伊犁河流域的安德罗诺沃文化，还是

---

① 参见本书图 2.3 – 1。哈密"A"组类型指李文图中所举例器物，实际上的 A 组类型应贯穿于林雅文化。
② 此处所说实木车轮，是指五堡墓地所出土，林梅村认为五堡墓地遗存属林雅文化，但现今主流观点是把五堡墓地归入焉不拉克文化。
③ 林梅村：《吐火罗人的起源与迁徙》，《新疆文物》2002 年第 3—4 期。
④ 韩建业：《新疆的青铜时代和早期铁器时代文化》，文物出版社 2007 年版，第 100 页。
⑤ 具体指辛塔什塔—彼德罗夫斯卡文化、奥库涅夫文化、安德罗诺沃文化、切木尔切克文化等西北方考古文化。

切木尔切克文化、辛塔什塔—彼德罗夫斯卡文化，乃至小河文化，均有地表封堆、石围或墓标，而东边的马厂文化、"过渡类型"抑或四坝文化，均无墓葬地表标志，两相比照，林雅墓地地表形制自然要归入东方系统。另外，林雅文化侧身屈肢葬式，有学者将其归入西方系统[①]，这就有再讨论的必要。虽然屈肢葬是青铜时代欧亚草原的典型葬式，包括与林雅文化有渊源关系的那些考古文化均是如此。但从这些文化传来的因素多是易于流播的工具、器物类，像这些墓葬地表起封的习俗就不存于林雅文化，且这些文化与林雅文化之间，留有不见屈肢葬式的空白地带，这些地带在其后反被自西而来的仰身直肢葬所占据。再看河西走廊，四坝文化主要葬式虽是仰身直肢和乱骨葬，但较其为早的半山—马厂文化一些墓地的侧身屈肢葬比例非常高[②]，且与林雅墓地的屈肢葬有极大的相似性。这足以说明，林雅墓地的屈肢葬式，是与"不封不树"的墓表形制一道，被西进的马厂文化（或其继承者"过渡类型"）人群带到哈密盆地的。这股葬俗有极强的文化惯性，它不仅贯穿于林雅文化的始终，并被后继者焉不拉克文化所继承，且北上、西进到南湾文化和苏贝希文化的洋海类型之中。

至于甘青地区迥异于中原突然出现的屈肢葬式，是本地起源还是传自西方？是另一个值得探索的问题。此问题解决与否并不影响我们对新疆东部屈肢葬来源的判断。

林雅文化的流向也较为清楚。这便是本地的后续文化焉不拉克文化和山北的南湾文化。当然，后者既是前者之流，反过来前者便是后者之源。它们之间源流关系的具体证据，留待后面探讨南湾文化和焉不拉克文化来源时一并举证，此处从略。

3. 南湾文化

在分析南湾文化的来源之前，先看看该文化形成期（约公元前

[①] 韩建业：《新疆的青铜时代和早期铁器时代文化》，文物出版社2007年版，第100页。

[②] 陈洪海：《甘青地区史前墓葬中的葬式分析》，《古代文明》（第二卷），文物出版社2003年版，第138—153页。

1500年）当地及周边的文化面貌。南湾文化所处的巴里坤草原尚未发现早于南湾文化的青铜时代遗存，其西及西北，存在西坎尔孜遗存及切木尔切克文化（公元前2000—前1200年），山南的哈密盆地已进入林雅文化的晚期阶段，东边是河西走廊西部的四坝文化（公元前1950—前1430年①）晚期。

在南湾文化分布区没有当地先行文化的情况下，其文化来源最有可能源于周邻文化。下面笔者进行逐一分析。

先看最有文化身份标志的葬制葬俗。南湾文化墓葬无地表标志，墓圹形制为竖穴土坑，多有椁式木棺，个别石砌墓室。葬式多为单人侧身屈肢葬，头向东南。余为2—6人合葬。可看出，南湾文化墓表形制与屈肢葬式均与它的近邻林雅文化相同。而此时四坝文化流行"不封不树"的墓表形制和仰身直肢及乱骨葬，切木尔切克文化虽多为侧身屈肢葬，但它有墓表石围。几方对照，不难看出南湾文化与林雅文化的密切关系。

不妨在这儿插叙一下古代墓葬头向问题。有关头向问题的讨论，最值得关注的是张正明先生等的观点："墓葬的头向与民族的来向相同，而与其流向相反"。②此观点虽不能说就放之四海而皆准，但在张正明先生等所探讨的上古长江黄河流域，其论点颇能让人信服。新疆地区虽未纳入张正明先生的讨论视野，但"其理一也"，应该也存在遵循此规律的实例。下面试作申论。

我们知道，公元前一千纪内的伊犁河流域，分布着一支青铜至早期铁器时代文化——穷科克文化③，其葬式流行单人仰身直肢，且一律头向西，这股流风一直向东漫延到苏贝希文化的大部分地区。而此文化先源自中亚的伊犁河流域，再向东逆伊犁河而至新疆伊犁乃至西天山北麓一线，正有一个自西向东的迁徙发展过程。如

---

① 参见谢端琚：《甘青地区史前考古》，文物出版社2002年版，第140页。
② 张胜琳、张正明：《上古墓葬头向与民族关系》，《南方民族研究集刊》1985年第2期。又见《张正明学术文集》，湖北人民出版社2007年版，第221—240页。
③ 穷科克文化一名为笔者所取，有学者称之为伊犁河流域文化或索墩布拉克文化等，至于为何名之穷科克文化，拟另文探讨。

此,墓葬的头向正印证了该族群的来向。回到南湾文化,其墓葬头向多向东南,是否预示了该文化主体族群来自东南方呢?

再看随葬器物。南湾文化早期遗存中的四系罐、双耳罐、单耳罐、单耳杯等多数陶器,在林雅文化晚期遗存中均能找对应物(图2.4-2)。其流播关系已不言自明。另外,南湾文化铜器也具有林雅文化铜器的某些技术特点,如锡青铜、砷铜、红铜共存,铸造和锻造并用等,但增加了高砷砷铜的品种。因此,潜伟认为,南湾文化铜器技术是林雅墓地铜器技术的延续和发展。[①] 同时潜伟也认为,南湾墓地铜器也具有某些与安德罗诺沃文化及其延续的瓦里科瓦亚陶器文化圈相同的因素。且南湾铜器与甘青地区的卡约文化(公元前1600—前600年)铜器也有某些相似之处。或许是自西北方向来的安德罗诺沃文化经南湾向东南影响了卡约文化,但还缺乏充足的证据。[②]

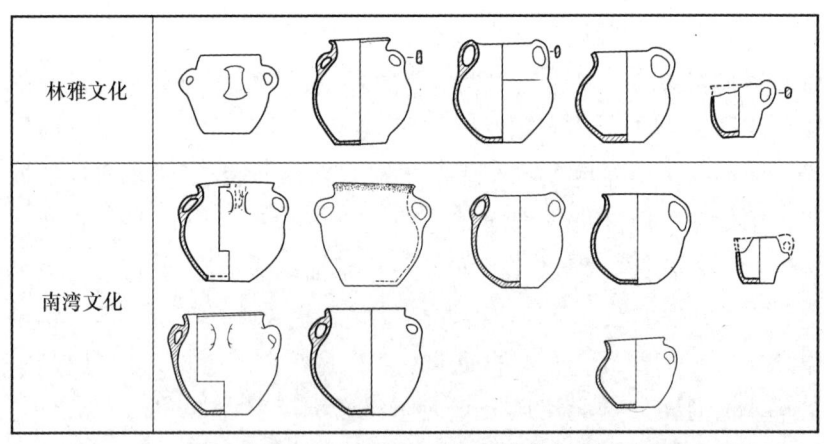

林雅文化					
南湾文化					

图2.4-2 南湾文化与林雅文化部分陶器比较(采自邵会秋2007)

综上,可以认为,林雅文化是南湾文化的主源之一。但表现在

[①] 潜伟:《新疆哈密地区史前时期铜器及其与邻近地区文化的关系》,知识产权出版社2006年版,第104页。

[②] 潜伟:《新疆哈密地区史前时期铜器及其与邻近地区文化的关系》,知识产权出版社2006年版,第104—107页。

铜器上，南湾文化也受到了来自西北方向的安德罗诺沃文化及其后续文化瓦里科瓦亚陶器文化圈的影响。

以上的分析尚未涉及南湾文化最典型的器物腹耳罐（壶）。此器不见于林雅文化，放眼甘青，发现四坝文化却有此器，且较为流行。比照两者的形制，再结合四坝文化与南湾文化的早晚关系，可以认为，南湾此类器应源自四坝文化（图2.4-3）。此外，南湾文化流行的马鞍形石磨盘，在四坝文化中也多见。郭物认为，马鞍形石磨盘和穿孔锄，可作为追踪甘青文化在新疆产生影响的线索。①由此，可以认定，四坝文化也是南湾文化的主源之一。

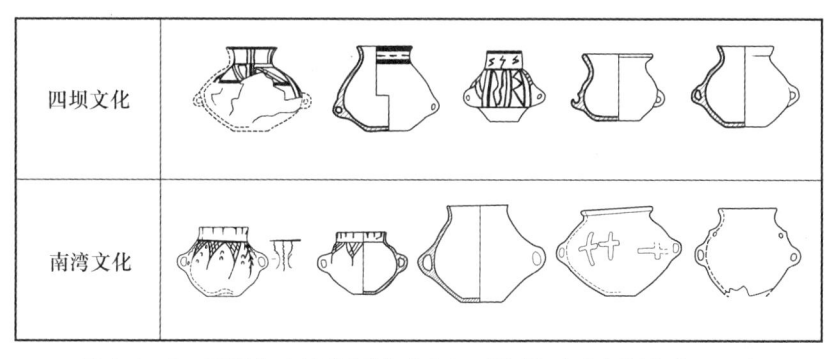

四坝文化	
南湾文化	

图2.4-3　四坝与南湾腹耳罐（壶）对比图（采自邵会秋2007）

至此，南湾文化的来源可以表述为：林雅文化和四坝文化是南湾文化的两大源头。南湾文化形成于两大源头的融合，同时也吸收了西北方的安德罗诺沃文化及其后继者的一些青铜文化因素。阿勒泰地区的切木尔切克文化似未参与南湾文化的形成与发展进程。

关于南湾文化的流向，自然要在本文化的分布区及邻近地区较其为晚的文化中去寻找。这些地区其后分布的是焉不拉克文化和苏贝希文化，拟在探讨这两文化的来源时一并解决南湾文化的流向问题。

---

① 郭物：《新疆天山地区公元前一千纪的考古学文化研究》，博士学位论文，中国社会科学院研究生院，2005年。

4. 焉不拉克文化

关于焉不拉克文化的来源,学者们多有论述。焉不拉克墓地报告发掘者认为焉不拉克文化与四坝文化和辛店文化有较为密切的关系。① 陈戈也认为辛店文化和四坝文化与焉不拉克文化的渊源有一定关系。② 水涛则指出卡约文化应是焉不拉克文化的主要来源。③ 张文立认为焉不拉克文化与唐汪式陶器关系更加密切。④ 韩建业则认为焉不拉克文化是在林雅文化的基础上,接受周围诸多文化因素包括辛店文化、辛塔拉类遗存、克尔木齐类遗存(即切木尔切克文化)、小河文化等而形成。⑤ 邵会秋提出焉不拉克文化以林雅文化为主源,在形成和发展过程中受到甘青地区"唐汪式陶器"等文化影响。⑥

上述学者们的观点有同有异,还远未达成共识。其中的分歧除了受制于当时材料的限制外(如林雅墓地刚刚发掘,公布的材料极少,对它的认识还非常粗浅等等),对遗存相似相关的判断上差之毫厘可能会导致谬以千里。所以在文化源流问题上,经常会出现见仁见智的现象。好在学术事业并非一蹴而就,大可在争鸣中去接近真知。

笔者对焉不拉克文化来源的看法如下:焉不拉克文化主要源于当地的林雅文化,同时天山北麓的南湾文化和青海东部的卡约文化也是其源头之一,焉不拉克文化正是在林雅文化的基础上,融合新来的南湾文化和卡约文化因素而形成。

---

① 新疆维吾尔自治区文化厅文物处等:《哈密焉不拉克墓地发掘报告》,《考古学报》1989年第3期。
② 陈戈:《略论焉不拉克文化》,《西域研究》1991年第1期。
③ 水涛:《新疆青铜时代诸文化的比较研究——附论早期中西文化交流的历史进程》,《国学研究》第一卷,北京大学出版社1993年版,第467页。
④ 张文立:《青海地区青铜时代文化研究》,博士学位论文,吉林大学,2003年。
⑤ 韩建业:《新疆的青铜时代和早期铁器时代文化》,文物出版社2007年版,第105—106页。该文中"辛塔拉类遗存"是指分布于塔里木盆地北缘及南缘,以和硕县辛塔拉遗址为代表的早期青铜时代文化。
⑥ 邵会秋:《新疆史前时期文化格局的演进及其与周邻地区文化的关系》,博士学位论文,吉林大学,2007年。

先看与林雅文化的关系。焉不拉克文化墓葬地表"不封不树",墓圹主要为竖穴土坑或竖穴土坏,有的有二层台,葬式为侧身屈肢,这些最能作为族群文化来源标志的特征,均同于林雅文化,显示了它们之间的亲密关系。此外,焉不拉克墓地的双鼻耳罐、单耳桶形罐、单耳长颈罐、双耳盆、单耳罐等,均能在林雅文化中找到同类器[1],还有单耳杯、钵等,也能在后者中找到渊源。焉不拉克墓地铜器技术与林雅文化一脉相承,器形上也有相似之处。[2] 以上各证,已很好地证明了林雅文化与焉不拉克文化的源流关系。

再看与南湾文化的关系。很多学者都注意到焉不拉克文化的典型器之一——腹耳壶,根本不见于林雅文化,故它的源头当另辟蹊径。有的认为源于辛店文化的腹耳壶[3],有的认为与辛店文化腹耳壶差别明显,应是在本地发展起来的具自身特色的器物[4]。笔者对上述两种意见均不完全赞同。诚如第二种意见所言,上述两种文化的腹耳壶差别明显,说它们有渊源关系确实差强人意。但要说完全是自创新器,也难以让人信服。笔者尝试从其他周邻文化中寻找可能的源头,发现南湾文化第二期的圜底腹耳罐(壶)相较辛店文化同类器,与焉不拉克文化腹耳壶造型更为接近,两者之间虽仍有较大区别,如焉不拉克文化早期腹耳壶壶颈更长,有彩饰,耳系穿钻等,这些差别可看成是焉不拉克文化引进腹耳壶后的按需改造(图2.4-4)。这比完全的凭空自创应更具合理性。再联系到南湾文化

---

[1] 水涛:《新疆青铜时代诸文化的比较研究——附论早期中西文化交流的历史进程》,《国学研究》第一卷,北京大学出版社1993年版,第451页。

[2] 潜伟:《新疆哈密地区史前时期铜器及其与邻近地区文化的关系》,知识产权出版社2006年版,第108页。

[3] 李文瑛:《哈密焉不拉克墓地单人葬、合葬关系及相关问题探讨》,《新疆文物》1997年第2期;韩建业:《新疆的青铜时代和早期铁器时代文化》,文物出版社2007年版,第106页;郭物:《新疆天山地区公元前一千纪的考古学文化研究》,博士学位论文,中国社会科学院研究生院,2005年。

[4] 邵会秋:《新疆史前时期文化格局的演进及其与周邻地区文化的关系》,博士学位论文,吉林大学,2007年。

第二期单耳罐也与焉不拉克同类器极似，两者间的铜器也多有相似①，而南湾文化第二期年代略早或相当于焉不拉克文化早期。综合这些因素，说南湾文化是焉不拉克文化的源头之一是有说服力的。

焉不拉克文化	南湾文化	辛店文化
1	2	3

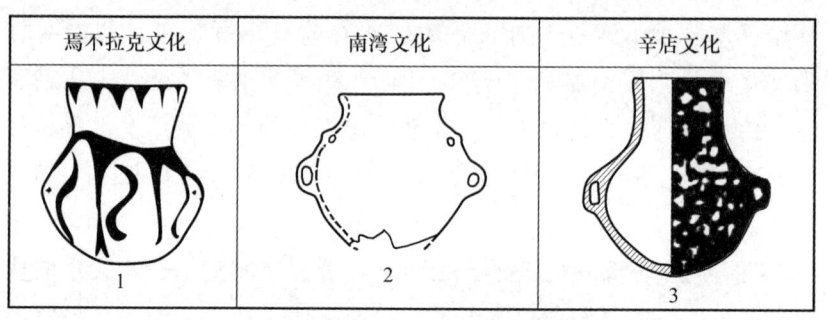

图 2.4-4　焉不拉克、南湾与辛店文化腹耳壶对比
1. 采自《新疆文物考古新收获》　2. 采自《苏秉琦与当代中国考古学》
3. 采自《中国西北地区青铜时代考古论集》，出土单位：临夏莲花台 LLM15∶1

三看与卡约文化的关系。这方面水涛已作过细致的比较。他认为，卡约文化（公元前1600—前600年）墓葬形制和随葬品的一些主要特征与焉不拉克文化存在许多共同特点，陶器特别是许多素面陶作风一致，说明二者关系密切（图2.4-5）。由此，他指出，广泛存在于青海东部和西北部的卡约文化向西发展，对新疆东部的焉不拉克文化产生了直接影响，卡约文化应是焉不拉克文化的主要来源。② 笔者同意上述卡约文化与焉不拉克文化有密切关系的论断，但考虑到两文化有较长的并存时间，且水涛在图2.4-5所列举的卡约文化器物均处在该文化的中晚期③，故它们之间完全存在相互影响的可能性。因此笔者最后这样表述两文化的关系：卡约文化是

---

① 潜伟：《新疆哈密地区史前时期铜器及其与邻近地区文化的关系》，知识产权出版社2006年版，第104页。
② 水涛：《新疆青铜时代诸文化的比较研究——附论早期中西文化交流的历史进程》，《国学研究》第一卷，北京大学出版社1993年版，第467页。
③ 水涛：《甘青地区青铜时代的文化结构和经济形态研究》，《中国西北地区青铜时代考古论集》，科学出版社2001年版，第240页。

焉不拉克文化的源头之一，它们之间也存在着互相影响因素。

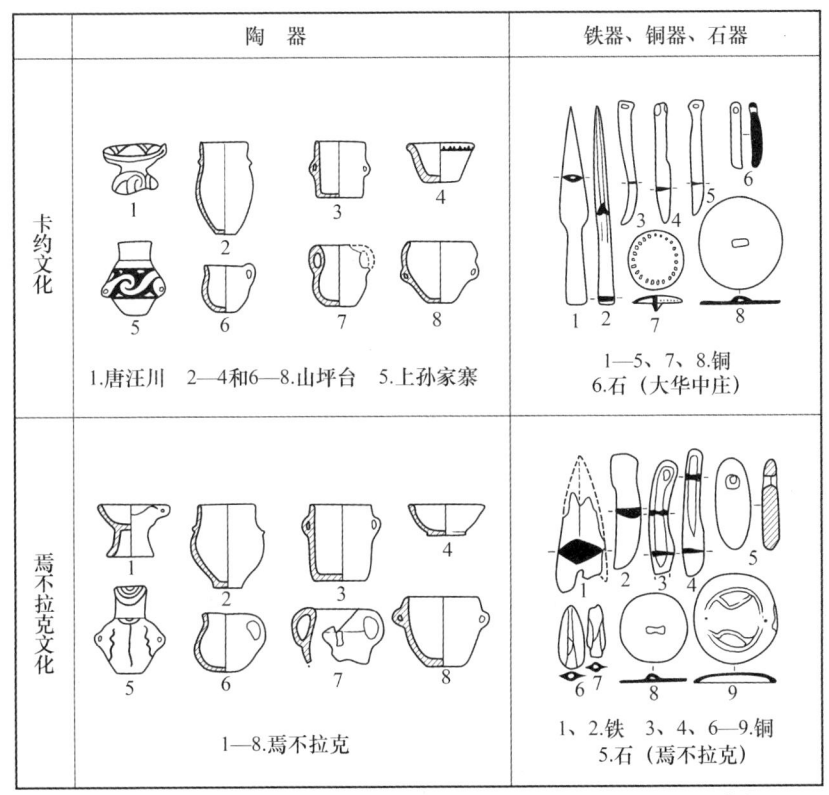

	陶 器	铁器、铜器、石器
卡约文化	（图） 1.唐汪川 2—4和6—8.山坪台 5.上孙家寨	（图） 1—5、7、8.铜 6.石（大华中庄）
焉不拉克文化	（图） 1—8.焉不拉克	（图） 1、2.铁 3、4、6—9.铜 5.石（焉不拉克）

图 2.4-5 卡约文化与焉不拉克文化器物比较图（采自水涛：《中国西北地区青铜时代考古论集》）

焉不拉克文化的流向，主体应是流入该文化分布区哈密盆地和巴里坤草原随后出现的匈奴文化和汉文化之中。

5. 苏贝希文化

关于苏贝希文化的来源，有过一些讨论。陈戈认为应在当地较苏贝希文化为早的青铜文化中寻求，同时也要注意周邻地区较其为早的文化对它所产生的影响和作用。因此他关注到盆地内时代较早的哈拉和卓遗址，认为该类遗址与苏贝希文化的渊源有关。[①] 但哈

---

① 陈戈：《苏贝希文化的源流及与其它文化的关系》，《西域研究》2002年第2期。

拉和卓遗址如按现在对苏贝希文化的界定，它本就是该文化的早期阶段，故如韩建业所言，哈拉和卓的源头才是真正应当考察的。[①] 当地未见其源，陈戈认为周邻地区的南湾墓地可作为探索苏贝希文化渊源的一个方面。[②] 与陈戈不同，其他学者多从外围寻找苏贝希文化之源。韩建业认为苏贝希文化的源头在半截沟类遗存和焉不拉克文化，还受到察吾乎文化、穷科克文化的影响。[③] 他所指的半截沟类遗存，是以半截沟遗址为代表的中部天山北麓较早期遗存。在笔者看来，半截沟遗存仍属苏贝希文化的范畴，自然就不必骑马找马了。邵会秋认为苏贝希文化的起源十分复杂，目前还无法明确具体渊源，但可以确定，南湾文化、焉不拉克文化以及甘青地区的唐汪式陶器遗存等对苏贝希文化的起源作用十分巨大。苏贝希文化也同西方草原游牧文化、中国北方、南西伯利亚等地早期游牧文化存在着较为广泛的联系。但东部文化传统因素明显占有主导地位。[④]

笔者对苏贝希文化来源的看法是：苏贝希文化的源头是一个东西二元文化结构。先有东来的焉不拉克文化进驻吐鲁番盆地东缘，在西扩的过程中碰到东向而来且移动更为迅速的穷科克文化人群，两者共创了苏贝希文化。苏贝希文化起源发展过程中，东西两支文化接触融合的历程有一个从东强西弱到西强东弱的渐变趋势。在苏贝希文化洋海类型第三期，还受到甘肃沙井文化的强烈影响。

先看吐鲁番盆地东部。这儿分布有苏贝希文化洋海类型遗存。其葬制葬式特征尤其是早期特征同于焉不拉克文化，洋海类型早期即一号墓地出土的单耳罐、单耳杯、单耳豆等，在焉不拉克文化早期都较为流行，它们还共见土坯、环首铜刀、穿孔砺石等因素。洋

---

① 韩建业：《新疆的青铜时代和早期铁器时代文化》，文物出版社 2007 年版，第 108 页。
② 陈戈：《苏贝希文化的源流及与其它文化的关系》，《西域研究》2002 年第 2 期。
③ 韩建业：《新疆的青铜时代和早期铁器时代文化》，文物出版社 2007 年版，第 108 页。
④ 邵会秋：《新疆史前时期文化格局的演进及其与周邻地区文化的关系》，博士学位论文，吉林大学，2007 年。

海一号墓地头向均朝东，二、三号墓地仍有部分朝东的头向，根据"墓葬头向代表民族来向"的原则，一号墓地人群及二、三号墓地部分人群应由东而来。还可比较一下两者的时间关系，洋海一号墓地时代为公元前二千纪末到公元前一千纪前半期，焉不拉克文化时代上限为公元前1300年，略早于洋海一号墓地时代上限。可见也符合文化传播的时间条件。这一切均表明，洋海类型特别是它的早期即一号墓地所代表的文化，源于东边的焉不拉克文化。

洋海二、三号墓地所代表的中晚期遗存，墓葬地表虽仍保持"不封不树"的旧习，但葬式已多样起来，既有少量与一期相同的侧身屈肢葬、头向东南，更多的是仰身屈肢和仰身直肢葬，头向转而朝西，这些新出现的因素，不合早期特征，却与西边乌拉泊类型乃至更远的伊犁地区的穷科克文化一致。这当然是西边因素东进融入洋海类型而出现的新局面。这些新因素在西边的分布及其东进，进一步证明了洋海类型早期因素的非西边传统。此外，洋海三号墓地大量的偏室墓，其葬制葬俗及随葬品与甘肃的沙井文化惊人的相似，它们应是自沙井文化传播而来，具体论证见第三章。

洋海墓地附近的苏贝希墓地及三个桥墓地，也有洋海二、三号墓地一样的兼容东西的特征。具体情形见本章第三节"文化分期与类型"中的"苏贝希文化的类型"小节。

再看吐鲁番盆地中西部及天山中部山谷、东天山北麓等地。这些地方仅分布着苏贝希文化第二、三期遗存，它们有着葬制葬俗及器物上的一致性，已被命名为乌拉泊类型。该类型墓表形制为石围或土石堆，葬式均仰身直肢，头西足东，头向或略偏西北和西南，但均以西方为主方向。晚期偏室墓较流行。这些特征与其西边的穷科克文化完全一致。不过穷科克文化的偏室墓在新疆的年代最早。在随葬器物上，彩陶不甚发达，以矮胖的圜底器居多，与穷科克文化基本为圜底器、彩陶约占1/3的特征相似。但乌拉泊类型带耳器多于穷科克文化，这体现了东部因素的渗入。天山中部山谷阿拉沟出土过一件方座承兽铜盘，类似形制的器物也曾出土于伊犁地区的穷科克文化中（图2.4-6）。

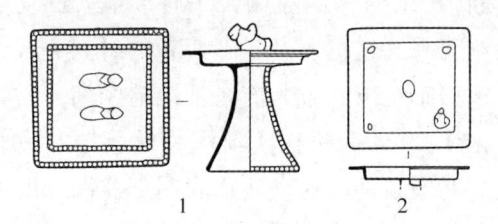

图2.4-6　阿拉沟与新源出土的方形承兽铜盘（采自邵会秋2007）
1. 阿拉沟　2. 新源

再比照一下穷科克文化与苏贝希文化第二、三期的时间关系。穷科克文化年代定在公元前9世纪——公元前后①，苏贝希文化第二、三期年代约在公元前800年——公元前后。穷科克文化本身有一个以尼勒克县为中心的向东西两端的扩展过程，其向东一直推进到天山北麓石河子市一带，形成穷科克文化南山类型。② 南山类型的继续东进，与苏贝希文化洋海类型的西进遭遇，形成遍及东天山北麓、中部天山山谷及吐鲁番盆地中西部的苏贝希文化乌拉泊类型。这便是笔者对乌拉泊类型形成的看法。

苏贝希文化的流向，应是当地陆续形成的各后续文化。例如吐鲁番盆地交河故城沟北和沟西墓地，属苏贝希文化第三期，随葬品中已出现汉式铜镜、五铢钱等物，显然已进入汉文化开始传入吐鲁番盆地的历史新时期。

二　相互关系

本小节仅简析新疆东部区域内五种考古文化之间的文化交流及影响，与区域外的新疆地区乃至新疆周边地区的文化交流，拟放在第三、四章讨论。

---

① 邵会秋：《新疆史前时期文化格局的演进及其与周邻地区文化的关系》，博士学位论文，吉林大学，2007年。
② 韩建业：《新疆的青铜时代和早期铁器时代文化》，文物出版社2007年版，第116页。

小河文化（公元前 2000—前 1300 年）与林雅文化（公元前 1900—前 1300 年）并存了约 600 年，两地相距不算遥远，但可能因沙漠戈壁阻隔，并未见两者有文化交流现象。

林雅文化隔天山与南湾文化并存了约 200 年。林雅文化是南湾文化的主要来源，南湾文化形成后，两者继续往来，一些陶器可以作为见证。如林雅文化第二期的一种双鼻耳罐，在南湾文化第二期后段能找到极为相似的同类器（图 2.4-7）。双耳罐是林雅文化最典型器物，因此应是林雅文化影响了南湾文化。

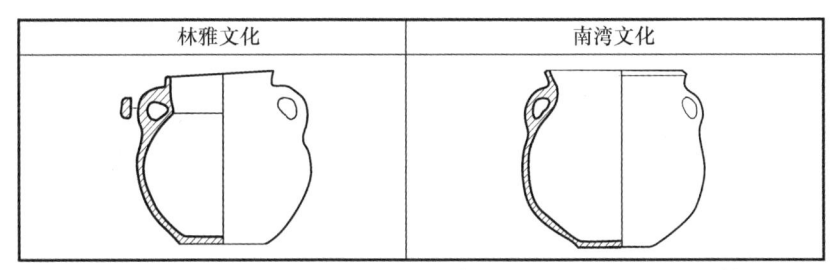

林雅文化	南湾文化

图 2.4-7　林雅文化与南湾文化双鼻耳罐比较（采自吕恩国等：《新疆青铜时代考古文化浅论》）

焉不拉克文化隔吐哈盆地间的戈壁及天山与苏贝希文化东西并峙，两者并存了五、六百年之久，除苏贝希文化早期受惠于焉不拉克文化外，其后两者相互影响的因素还很多。下面略举例申说。

焉不拉克墓地 M30 葬式为仰身直肢、头向西南，与该墓地其他墓葬较为统一的侧身屈肢、头向东南或西北的葬式大异，但却与苏贝希文化西部发端并持续东进的仰身直肢葬式一致（图 2.4-8）。因此，笔者认为这种葬式因素乃至墓主本人，是从苏贝希文化西来并融入焉不拉克文化的现象。不过，该墓随葬的已是焉不拉克文化常见的腹耳壶和单耳罐。看来该墓主在生活上已入乡随俗，仅在最难改变的葬俗中透露出自己不一样的身世。

无独有偶。苏贝希文化柴窝堡墓地也有一座迥异于其他多数墓葬的墓例。该墓与其他墓葬一样有圆形封土堆，但葬式却是屈肢得十分厉害的侧身屈肢，不禁让人联想到哈密五堡墓地的屈肢葬式。

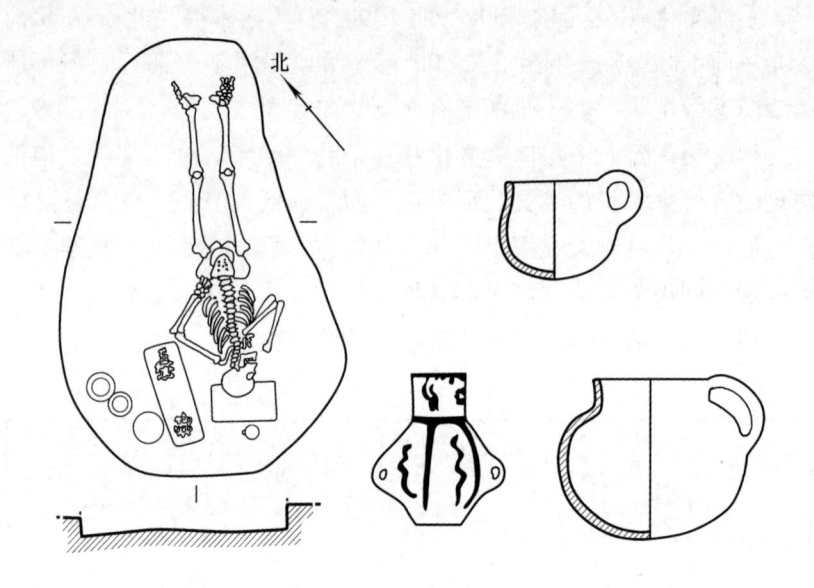

图 2.4-8　焉不拉克墓地 M30 墓葬形制及部分随葬器物（采自
　　　　　邵会秋 2007）

M30 平剖面图　1—3. 陶器　4. 木盘　5. 土坯

而其他墓葬除还有一座为头向西北的仰身屈肢外，全为头向西北的仰身直肢葬。因此笔者认为，侧身屈肢葬墓主应来自焉不拉克文化，另一仰身屈肢墓主可能来自东边的洋海类型人群。

第五节　生业方式

　　生业是指维持人类生存的产业。早期人类的生业方式包括渔猎、采集、畜牧、农业等等，这些构成了恩格斯所指称的两种生产之一种的主要方面，即生活资料的生产。所谓"民以食为天"，生业方式在每一个社会的文化结构中都占有基础的和重要的地位。在人类社会的早期阶段尤其如此。因此，考察早期社会的生业，便成为探索该社会的文化的重要手段。

　　新疆东部青铜时代的生业，总体上以牧业和农业为主，渔猎和采集是有益的补充。各生业形态在考古遗存中各有表现，如反映牧业的牲畜遗骸、皮毛制品、牧业工具、牧业岩画等，反映农业的作物籽实、植株及农具、农业岩画等，反映渔猎的工具、禽、兽遗骸和制品、狩猎岩画等等。下面按考古学文化为单位综述各文化的生业状况及各生业形态在该文化中所占比重，最后对新疆东部青铜时代生业形态的总体状况进行小结。

一 小河文化

小河文化的三处遗存都留下了当时的生业痕迹。

小河墓地棺盖板上包覆整张生牛皮，有的墓主身上置放牛头，有的木柱上悬挂有牛头，木柱围成的圈内及周围堆积中采集了大量牛头和羊头，在墓地北端一座木房式墓葬中，墓室前壁堆放有7层牛头，该墓的上部及周围扰沙中还发现有百余个牛头和羊头，可以想见该墓地当时消耗的牛羊数量当不在少。小河墓地随葬衣物中存在大量毛皮制品，如裹身的毛布（斗篷）、头上戴的毡帽、头下枕的羊皮、毛织腰衣、皮靴、各种毛线绳等，均是牧业产品。仅由小河墓地的这些随葬物，便可推知当时的牧业生产占有小河人很大的经济比重。

古墓沟墓地葬制葬俗同于小河墓地，也体现了浓厚的牧业经济形态。如木棺盖板上覆羊皮、墓主头戴毡帽、身裹毛布毛毯、足穿皮鞋，毛布、毛毯的原料主要为羊绒和羊毛。有随葬牛羊角习俗，其中一座墓中随葬牛、羊角多达26支。[①] 虽然随葬牛、羊角（头）的葬俗表达的是生殖崇拜的深刻寓意[②]，却也直观地向我们展示了牧业经济在小河文化人群中的重要地位。

铁板河墓地虽仅发掘二座墓葬，但所反映的牧业经济也十分明显，如墓主用毛布和羊皮裹身、头戴毡帽、脸盖羊皮、脚穿皮鞋等等。此墓地未发现用牛痕迹，小河文化三处墓地均不见马的踪迹，值得重视。

---

① 新疆社会科学院考古研究所：《孔雀河古墓沟发掘及其初步研究》，《新疆社会科学》1983年第1期。

② 参见本章第六节"生殖崇拜文化讨论"。

小河文化除了占重要地位的牧业经济形态，也见其他生业手段。在小河墓地和古墓沟墓地，均见小麦粒，它们作为随葬物品，或包于小包内、或散置周身，数量不多，有 10 数粒至 100 多粒不等。这自然可作为小河文化人群有农业，种植了小麦和黍类的证据。此外，考古工作者也见到古墓沟墓地中用马鹿角磨成的骨锥、大量禽骨做成的项链、手镯、小河墓地中用小动物皮制成的皮囊等，还在古墓沟墓地见到一块残破网罟，这反映了小河文化一定的渔猎经济成分。

综上，小河文化应属一种多生业形态经济，畜牧业占绝对主导地位，以种植小麦和黍类为主的农业占有一定比重，渔猎也应是日常生活的有益补充。

二 林雅文化

林雅文化代表性墓地林雅墓地不多见特别直观的生业形态遗存，其青铜器中的镰，石器中的杵，反映了农业经济成分的存在。少数墓中随葬有零星羊骨①，则反映了该墓地人群的牧业形态。随葬品中的细石镞、敲砸器等反映了该文化存在一定的狩猎经济。

林雅墓地有复杂的叠压打破关系，表明它延续了较长时间。大多数墓中随葬 1 件陶器，少数墓随葬 2 件或以上。铜器随葬数量虽最多，但仅出现于约 1/3 墓中。林雅文化的主要源头是活跃于甘青地区的"过渡类型"和四坝文化，它们的经济形态以农业为主或半农半牧。② 当文化西去时，这种经济形态也应该或多或少移植而去。结合上述各项特征，笔者可大致推断出林雅文化的生业形态来，它应是以农业为主，也有一定的牧业和狩猎经济成分。

---

① 新疆文物考古研究所等：《哈密市雅满苏矿、林场办事处古代墓葬》，《中国考古学年鉴》(1989 年)，文物出版社 1990 年版，第 274—275 页。

② 李水城：《四坝文化研究》，《考古学文化论集》(3)，文物出版社 1993 年版，第 80—121 页。

三 南湾文化

南湾文化遗存中有明显的生业形态遗痕可供辨认。经综合分析，该文化的生业形态是农牧兼营、半农半牧，也有少量渔猎经济成分。

南湾墓地墓葬分布密集，随葬品中陶、铜器较多，具有一定程度的农业部落墓地特征。石人子乡遗址和兰州湾子遗址发现炭化小麦粒、马鞍形石磨盘、钻孔石器①等农作物和农具，附近的东黑沟遗址，也发现有很多马鞍形石磨盘、石锄、石杵等器，四道沟遗址下层发现有石磨盘、杵、锄、臼等农业工具，东部的卡尔桑、乱石滩遗址也有马鞍形石磨盘、石杵、石质砍土镘等农具出土（图2.5-1）。这些均表明农业经济在南湾文化中具有分布广、比重较大等特征。

	马鞍形石磨盘	石质砍土镘		石杵
石人子乡	1 采自《考古》1964年第7期:图版五；12上	2	3	
		2.采自《考古》1959年第3期:图版七：2	3.采自《新疆文物》1989年、1封三	
兰州湾子	4 采自《哈密古代文明》	5	6	
		5.采自《哈密文物志》	6.采自《哈密古代文明》	

---

① 张平称这类钻孔石器为石质砍土镘，见张平：《石质砍土镘》，《农业考古》1986年第1期。

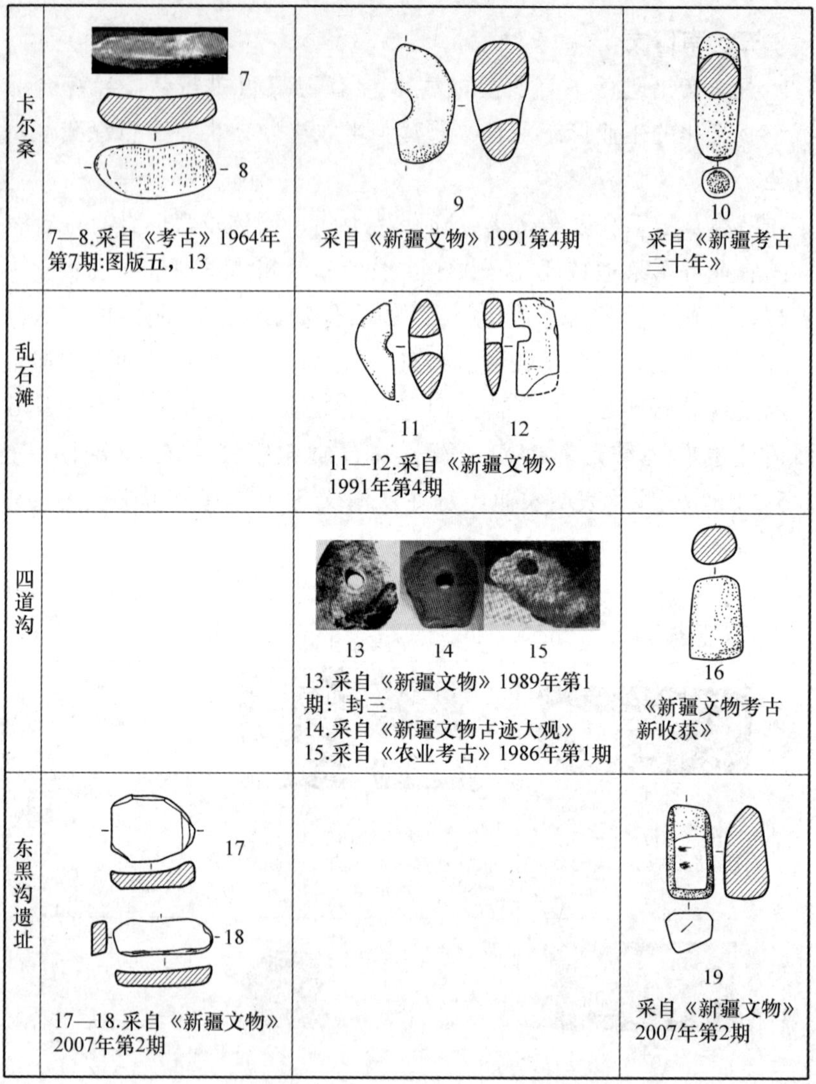

卡尔桑	7—8.采自《考古》1964年第7期:图版五,13	9 采自《新疆文物》1991第4期	10 采自《新疆考古三十年》
乱石滩		11 12 11—12.采自《新疆文物》1991年第4期	
四道沟		13 14 15 13.采自《新疆文物》1989年第1期:封三 14.采自《新疆文物古迹大观》 15.采自《农业考古》1986年第1期	16 《新疆文物考古新收获》
东黑沟遗址	17 18 17—18.采自《新疆文物》2007年第2期		19 采自《新疆文物》2007年第2期

图 2.5-1　南湾文化各遗存农具

南湾文化上述含有农业经济形态的遗存中，多半也含有牧业形态，体现了南湾文化农牧兼营的经济特征。南湾墓地有用牛、马、羊骨随葬的习俗，其特点是普遍随葬牛、马、羊的拐骨和牙齿，而不是头骨。① 墓地随葬品中有毛织物等牧业产品。② 石人子乡遗址试掘的探沟中发现了一百多块羊、马骨和牙齿。③ 兰州湾子石构建筑遗址内发现有马骨和羊骨。④ 东黑沟遗址房基内出土数十块羊距骨和1件牛肩胛骨。⑤ 四道沟下层灰坑内出土有羊骨和羊头骨等。⑥ 这些遗存中的牧业经济成分也很好地说明了牧业生产在南湾文化中可与农业比肩的重要地位。

此外，南湾文化也有一些渔猎经济的迹象。比如东黑沟遗址发现过网坠⑦，兰州湾子石构建筑遗址内发现过鹿骨⑧，四道沟下层遗址出土过石箭镞⑨，卡尔桑遗址发现过铜镞、鹿角器⑩，东黑沟遗址、卡尔桑遗址、盐池乱石滩遗址等均发现有狩猎工具石球等⑪。

四　焉不拉克文化

焉不拉克文化的生业形态在该文化诸遗存中有比较鲜明的体现。下面笔者对该文化主要遗存所反映出的生业形态进行归纳分析，最后总结焉不拉克文化生业形态特征。

先看焉不拉克类型。

焉不拉克墓地范围大，墓葬排列密集，延续时间很长，随葬品中陶器较多以及墓地附近小城堡的存在，说明焉不拉克人群过着定

---

① 张玉忠：《新疆狩猎、畜牧业考古概述》，《农业考古》1989年第1期。
② 同上。
③ 吴震：《新疆东部的几处新石器时代遗址》，《考古》1964年第7期。
④ 见本章第二节"兰州湾子石构建筑遗址"。
⑤ 新疆文物考古研究所等：《2006年巴里坤东黑沟遗址发掘》，《新疆文物》2007年第2期。
⑥ 新疆文物考古研究所：《木垒县四道沟遗址发掘报告》，《考古》1982年第2期。
⑦ 新疆文物考古研究所等：《2006年巴里坤东黑沟遗址发掘》，《新疆文物》2007年第2期。
⑧ 见本章第二节"兰州湾子石构建筑遗址"。
⑨ 新疆文物考古研究所：《木垒县四道沟遗址发掘报告》，《考古》1982年第2期。
⑩ 吴震：《新疆东部的几处新石器时代遗址》，《考古》1964年第7期。
⑪ 新疆文物考古研究所等：《2006年巴里坤东黑沟遗址发掘》，《新疆文物》2007年第2期；自治区文物普查办公室等：《哈密地区文物普查资料》，《新疆文物》1991年第4期。

居生活。随葬品中能辨识出是农具的有石铲、石磨盘、石杵等,也有少量牧业制品,如羊距骨和毛织物等①,但明显不及附近的五堡墓地。由此,可认为焉不拉克墓地人群的生业形态是以农业为主,兼营牧业。从出土较多的铜镞特别是平头铜镞看,也有一定的狩猎经济成分。

五堡墓地普遍随葬牛、羊、马骨,墓主随身衣物全部来自牧业制品,如皮帽、皮靴、皮大衣、皮裤、各式平、斜纹毛织物等,随葬品中还见饲养家畜的牧业工具腿绊和鼻栓等②,这些现象说明牧业经济在五堡墓地人群中占有很大比重。该墓地也发现有农业产品及农具遗存。农产品有小米饼、青稞穗壳③、大麦、谷子④,农具有三角形掘土器(木耒)、木耜⑤(图2.5-2)、石磨盘、木柄铜锛等。可见农业经济在五堡墓地人群中也占有一定比重,但似应低于牧业经济成分。综合起来,五堡墓地人群生业形态是农牧兼营,以牧业为主。

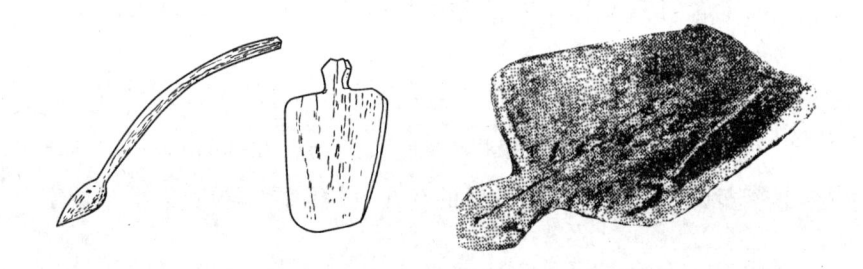

图2.5-2　五堡墓地出土木质农具(采自王炳华:新疆农业考古概述,《农业考古》1983年第1期)

左:哈密五堡出土木质掘土器耒、耜

右:哈密五堡出土木耜

---

① 新疆维吾尔自治区文化厅文物处等:《哈密焉不拉克墓地发掘报告》,《考古学报》1989年第3期。

② 新疆文物考古研究所:《哈密五堡墓地151、152号墓葬》,《新疆文物》1992年第3期;张玉忠:《新疆狩猎、畜牧业考古概述》,《农业考古》1989年第1期。

③ 张玉忠:《新疆狩猎、畜牧业考古概述》,《农业考古》1989年第1期。

④ 于喜凤:《新疆哈密五堡152号古墓出土农作物分析》,《新疆文物》1992年第3期;王炳华等:《新疆哈密五堡古墓出土大麦的研究》,《农业考古》1989年第1期。

⑤ 王炳华:《新疆农业考古概述》,《农业考古》1983年第1期。

艾斯克霞尔墓地出土了大量与牧业经济有关的毛织品、皮革制品、骨器、角器，以及砺石、铜刀、铜锥、羊骨和牲畜粪便等表明，该墓地人群过着以牧业经济为主的生活，主要饲养羊、牛、驴、骆驼等牲畜。墓地也发现有面制品和已炭化的粟类作物，表明也有一定的农业经济。总起来看，艾斯克霞尔墓地人群的生业应是以牧业为主，农业为辅的农牧兼营型经济。

再看寒气沟类型。

寒气沟墓地随葬羊、马、牛（头、腿、蹄）等牲畜非常普遍，也发现鹿角及骨箭镞、骨马镳、鹿角梳等①，表明寒气沟人群牧业经济比重大，也存在狩猎经济成分。墓地未见明显的农业遗存，但陶器在随葬品中的比重不小，或许暗示了该墓地人群生业形态中也有少量的农业成分。

庙尔沟墓地普遍随葬羊、马头骨或羊腿骨②，不见其他生业遗存，应是一处以畜牧业为主的族群，考虑到随葬陶器较多，或许有少量农业存在。

拜其尔墓地多数墓葬靠近墓主头部位置，有用木盘盛放羊骨或整羊的痕迹，墓葬填土中发现较多马、牛、羊骨，骨骼散乱分布，随葬品中还发现有毛织品。而在少数几座墓中，发现满陶罐的谷类作物。③ 这些现象说明，拜其尔人的生业形态以牧业为主，也存在一定程度的农业经济。

在分析了焉不拉克两个类型各三处典型遗存的生业形态后，可以对焉不拉克文化的生业形态做一总结。

焉不拉克文化以牧业和农业为主要生业，也有少量狩猎经济。两大生业在焉不拉克文化两类型和各遗存中并不均衡。大体上说，

---

① 新疆文物考古研究所等：《哈密寒气沟古墓地发掘简报》，《新疆文物》1996年第2期。
② 新疆文物考古研究所：《1996年哈密黄田上庙尔沟村I号墓地发掘简报》，《新疆文物》2004年第2期。
③ 托呼提·吐拉洪：《新疆伊吾县拜其尔墓地进行抢救性考古发掘》，《中国文物报》2005年2月11日。

焉不拉克类型农牧并重，但越往盆地边缘的山地走，牧业经济比重有越来越重的趋势，如艾斯克霞尔墓地和五堡墓地就比焉不拉克墓地所代表的人群有更重的牧业经济成分。寒气沟类型以牧业为主，农业为辅。这也符合该类型主体所在的巴里坤草原的山地草原环境。

五　苏贝希文化

苏贝希文化是新疆东部青铜时代分布范围最广且被发现的遗存点最多的一支考古文化。笔者先简述其主要遗存中的各种生业形态，最后对该文化的生业作总体归纳。

洋海墓地有大量牧业遗存。其 B、C 型墓普遍随葬牲畜，主要是整羊、羊排骨或羊腿等，还有羊头、牛头、马头、马下颌和马肩胛、牛角、野猪牙、狗等。同时还出土有众多的皮毛制品、马具、骨角器等。墓葬中也出土有弓箭和少量麦、粟、面制食品等。这说明洋海墓地人群生业以畜牧业为主也有少量狩猎和农业经济。

苏贝希墓地和遗址所体现的生业形态与洋海墓地接近。墓地出土了大量皮毛制品、马具、骨角器等，但未见随葬牲畜。墓地和遗址内也出土有石磨盘、石杵、弓箭等物。说明该墓地和遗址仍以畜牧业为主导生业，也有少量的农业和狩猎经济。

乌拉泊墓地近 1/3 墓葬随葬有动物骨骼，个别墓中随葬完整的马，更多的仅随葬马头、羊头、马蹄、羊蹄及大块动物骨殖。可见乌拉泊墓地人群的牧业经济在生业形态中占有很大的比重。据测定，乌拉泊墓地死者龋齿病较严重，这与食用富含淀粉类食品有关，再加上随葬品中陶器所占比重极大，说明当时的农业成分也不低。由此可认为乌拉泊人是一个兼营农牧的族群。

四道沟上层遗址出土较多石磨盘、石杵、石臼、石锛、石锄等农具，也出有石球、陶弹丸、陶狗头等与狩猎相关的遗物，还有牛拐骨制成的"璧石"，动物肢骨制成的纺轮、梳、镞、锥等，体现了一定的牧业经济成分。综合分析，四道沟上层遗址人群应是一个兼营农、牧、猎的综合性经济群体。

小西沟遗址采集到许多石器和兽骨。石器有磨盘、石球、石皿、杵、石砍锄等，兽骨有马、羊、骆驼等。可见此处也是一个农牧兼营的族群。

艾丁湖墓地未见随葬动物，随葬品以陶器为主，有少量生产工具，如磨石、铁刀、铁镞等。仅以这些情况看，该墓地人群生业形态应以农业为主，兼有狩猎经济成分。

苏贝希文化其他众多遗存生业形态接近，大多随葬羊、马骨或皮毛制品，以牧业经济为主导，有的兼营农业和狩猎。

总体上看，苏贝希文化生业形态以牧业为主，兼营农业，也有少数群落农业比重更大，而多数群落都有一定程度的狩猎经济成分。

六　小结

经过前文以考古学文化为单位的生业形态分析，可以看到，新疆东部青铜时代的生业形态有农牧二元结构特征，同时也有渔猎经济成分作为补充。但各文化农牧二元结构比重略有区别。大体上，小河文化以牧业为主，以农业为辅；林雅文化以农业为主，以牧业为辅；南湾文化半农半牧；焉不拉克文化和苏贝希文化农牧兼营，牧业略重于农业。

由此，还可得到两点认识。一是新疆东部的农牧业至少发生于公元前三千纪末二千纪初。二是新疆东部的农牧业生产技术应是由创造了该地区五种考古文化的外来人群携带而来。

第六节　生殖崇拜文化讨论

生殖崇拜文化是指原始人类运用种种文化手段如巫术、宗教、节庆、习俗等等，来表达他们渴望生殖、多育的愿望，体现着他们"狂热"的生殖崇拜意志。它是早期人类社会的主要精神文化，是当今世界人类多方面灿烂文化的萌芽。[1] 生殖崇拜文化与产食经济

---

[1] 赵国华：《生殖崇拜文化论》，中国社会科学出版社1990年版，第389页。

文化一起构成了恩格斯所指称的"两种生产"。① 但在过去的原始文化研究中，相较于产食经济文化，生殖崇拜文化的研究远远不够。这就需要研究者加大力气做这方面的更多探索。笔者在前面分析了新疆东部青铜时代的诸种物质文化，且多为产食经济文化，但还有必要探讨一下当时的精神文化。下面，笔者尝试以青铜时代的新疆东部为研究视域，讨论一下其时其地的早期人类社会主要精神文化——生殖崇拜文化。

在分析新疆东部青铜时代生殖崇拜文化的诸种表现之前，笔者先对"生殖崇拜""巫术思维"这两个基本概念做一界定，以为主体内容张本。最后，在明晰新疆东部青铜时代诸种生殖崇拜文化形式的基础上，做一总结性讨论。

一 对两个基本概念的界定

1. 生殖崇拜

生殖崇拜是指远古和上古人类基于为扩大自身的再生产，而对人类生殖的严重关切和推重。原始人口生产类型的特点是高出生率、高死亡率、极低的增长率。因此，人口问题在原始社会里成了关系到人类社会能否延续的根本大事。② 努力扩大人类自身再生产，"以无限的生殖对付连续不断的灾难和死亡，这是远古人类的根本哲学。这个哲学就是对生殖的崇拜。生殖崇拜是远古人类自我肯定的意识体现，是巫术和原始宗教的重要内容，是古代人类的普遍行为"。③

生殖崇拜大致经历了从女性生殖崇拜（女阴崇拜）到男性生殖崇拜（男根崇拜）再到男女结合的生殖崇拜几个阶段。当然，它们

---

① 恩格斯:《家庭、私有制和国家的起源》，人民出版社1999年版，第3页。其原文如下："根据唯物主义观点，历史中的决定性因素，归根结底是直接生活的生产和再生产。但是，生产本身又有两种。一方面是生活资料即食物、衣服、住房以及为此所必需的工具的生产；另一方面是人自身的生产，即种的繁衍。"

② 参见赵国华:《生殖崇拜文化论》，中国社会科学出版社1990年版，第391页。

③ 车广锦:《中国传统文化论——关于生殖崇拜和祖先崇拜的考古学研究》，《东南文化》1992年第5期。

呈向前兼容性,即后面阶段也继续包容了前面阶段的生殖崇拜内容。

生殖崇拜的内容是崇拜女阴、男根及其象征物。远古人类通过制造女阴、男根模型、选择那些外形酷似女阴、男根,内蕴繁育多子特征的动植物或自然物来加以膜拜。如状女阴的动植物有鱼、蛙、贝、螺、花、叶等等,男根象征物则有鸟、蜥蜴、蛇、龟等等,在自然物中,山谷、洞穴等天然低洼空洞之处成为女阴的象征,而山峰、石柱等则成为男根的象征。生殖器象征物随着人类思维的发展,有的还经历了从具象到抽象的演化过程,从而出现了代表女阴、男根的几何性符号,如表女阴的倒三角纹"▽、▼",圆圈纹"○、⊙",万字纹"卐、卍",表男根的十字纹"十",三叉戟纹"Ψ",正三角纹"△、▲"等等,乃至还出现了表男女结合的六角纹,即将正倒三角纹叠合在一起的图形,流行于南亚和西亚,并继续演化成表吉祥的符号。

远古人类制作、捏塑、描画、凿刻、采摘他们所选定的生殖崇拜象征物,并伴以一定的祭仪,认为这样就可以将那些象征物旺盛的繁殖力传递给自身,以达到生育、多育的目的。这种思维方式和祭仪活动,便是巫术思维和生殖巫术。[①]

对于已用科学思维武装起来的现代人来说,生殖崇拜不过是"远古人类对人口生产的一种虚幻和歪曲的观念,是一株'只会开花,不会结果'的意识之树"[②]。但是,它毕竟是人类社会发展过程中的必经阶段。由生殖崇拜而形成的生殖崇拜文化,"是原始社会人类的主要精神文化,甚至也是上古早期人类的主要精神文化"[③],它内容丰富、影响深远,涉及原始巫术和宗教,触发了原始绘画、音乐、舞蹈和造型艺术等各种艺术形式,与人类早期建

---

① 巫术及巫术思维含义,参见〔英〕弗雷泽著,徐育新等译:《金枝》,新世界出版社 2006 年版,第 15—62 页;户晓辉:《岩画与生殖巫术》,新疆美术摄影出版社 1993 年版,第 37—72 页。
② 杨学政:《衍生的秘律——生殖崇拜论》,云南人民出版社 1992 年版,第 3 页。
③ 赵国华:《生殖崇拜文化论》,中国社会科学出版社 1990 年版,第 389 页。

筑、服饰、饮食、生产生活用具等也形成了千丝万缕的密切关系。这就是说，研究生殖崇拜文化能帮助我们更好地理解人类原始文化。研究原始文化尤其是原始精神文化，回避不了生殖崇拜文化。

2. 巫术思维

在界定巫术思维之前先谈谈巫术。弗雷泽在《金枝》中做了很好的概括："巫术是一种被歪曲了的自然规律的体系，也是一套谬误的指导行动的准则；它是一种伪科学，也是一种没有成效的技艺"。[①] 弗雷泽还将两类巫术——顺势巫术和接触巫术，统归为交感巫术，它们分别建立在"相似律"和"接触律"的基础上。相似律是指"同类相生"或"果必同因"，接触律是指"物体一经互相接触，在中断实体接触后还会继续远距离的互相作用"。弗雷泽认为交感巫术不过是"联想"的两种不同的错误应用而已。"顺势巫术"是根据对"相似"的联想而建立的；而"接触巫术"则是根据对"接触"的联想而建立的。"顺势巫术"所犯的错误是把彼此相似的东西看成是同一个东西；"接触巫术"所犯的错误是把互相接触过的东西看成为总是保持接触的。但是在实践中这两种巫术经常是合在一起进行。弗雷泽还指出，正如人类在物质方面到处都有过石器时代一样，在智力方面也都有过巫术时代，对于巫术功效的信仰，是一种全民的，全世界性的信仰。

弄清楚了巫术，巫术思维也就容易理解了。巫术思维是原始思维的一种，是处在巫术时代的人们的认知体系和行为体系。从本质上讲，巫术思维是一种动作思维，即一种用手来进行的思维。在巫术思维中，人的主观意愿直接影响和控制着现实，人的活动永远是原因，现实的变化永远是结果，主体靠自身的活动和动作来强迫现实发生变化。巫术思维有三个特征：一、它认为世界上的一切都是有原因、有目的的；二、它在某个具体事物的整体与部分之间假定了一种特殊的联系，即部分直接就是整体，可以发挥整体的功用，控制局部就等于控制了整体；三、它对表象和真实、愿望与满足、

[①] ［英］弗雷泽著，徐育新等译：《金枝》，新世界出版社2006年版，第15页。

形象与实物缺乏明确的划分或区别。① 巫术思维"缺乏抽象的概念,而且为了理解纯粹的意义,它就必须把这种意义转化成物质性的实体或存在"。②

早期人类的生殖崇拜文化,正是在巫术思维的引领下形成那种局面的。了解了早期人类的巫术思维特征,有利于我们深入理解丰富多彩的生殖崇拜文化。

二 新疆东部青铜时代生殖崇拜文化的表现形式

新疆东部青铜时代居民的生殖崇拜观念,是通过生殖崇拜文化表现出来的。其形式多种多样,有性器模型的制作及表现男女结合的大型岩画的凿刻,更多的则是以女阴、男根的象征物为表现形式,将其用之于丧葬、施之于彩陶、铭之于其他器物等等,下面笔者从岩画、丧葬、彩陶、其他器物等四个方面来具体分析新疆东部青铜时代的生殖崇拜文化。

1. 岩画

关于史前岩画,无论国内外,均得了广泛的发现与研究。至于岩画的功能,虽然也还存在部分学者只看到岩画的表象,仅把它们看作是原始时代的一幅幅动物、围猎、人物等等场景,看作是原始雕刻、绘画、舞蹈等艺术形式,是原始先民"为艺术而艺术"的原始艺术遗存的现象;但对大多数学者来说,首先是把史前岩画作为巫术仪式(狩猎巫术或丰产巫术)的一种工具来理解的,不如此,岩画就失去了发生和生长的土壤。③ 这就是说,岩画在创造和使用它的人群眼里,绝对是有"实用"功能的,他们相信,对岩画的创造和巫术操作,能给他们带来人口和猎牧物的繁育兴旺。这就是他们创造岩画的全部目的,而不是为了审美或其他。

---

① 户晓辉:《岩画与生殖巫术》,新疆美术摄影出版社1993年版,第68页。
② 转引自户晓辉:《岩画与生殖巫术》,新疆美术摄影出版社1993年版,第69页。
③ 户晓辉:《岩画与生殖巫术》,新疆美术摄影出版社1993年版,第40页、第52页、第66页;牛克诚:《生殖巫术与生殖崇拜——阴山岩画解读》,《文艺研究》1991年第3期。

新疆东部青铜时代的岩画一样也是创作和使用它们的人们的巫术工具。不管是狩猎巫术还是丰产巫术，要解决的均是人类最最关切的"食"和"色（此处指人类的生殖）"两端。且在原始先民眼里，这"两种生产"是相互关联、相互统一的，动植物的丰产和人类的繁衍通常都被纳入相互影响、相互交感的巫术操作之中。

且以呼图壁县康家石门子大型岩雕刻画为例（图2.6-1）。石门子岩画的主体是众多的或衣或裸男、女及成排小孩，还有对马、老虎、弓箭等动物和工具。岩画所表达的生殖崇拜意蕴有显、隐两方面，"显"自然是指所刻划的直观的男女性器和交媾场面，其性器刻划带有夸张色彩，尤其是男根的刻划，有的几与本人等长，以彰显其生殖伟力。"隐"是指采用生殖器象征物或符号以曲折表达生殖崇拜的观念。这两方面已得到王炳华、刘学堂等的多方揭示[①]，可以参看。有鉴于此，笔者仅在岩画"隐"的一面，在吸收他们研究成果的基础上，做一分析。

图2.6-1　新疆呼图壁县康家石门子岩画（局部）（采自王炳华：《丝绸之路考古研究》）

石门子岩画有两幅对马图。这种对马图广布于欧亚大草原及中

---

① 王炳华：《新疆天山生殖崇拜岩画初探》，《丝绸之路考古研究》，新疆人民出版社1993年版，第362—400页；刘学堂：《呼图壁岩画的时代、作者及其它》，《新疆文物》2006年第3—4期。

亚地区众多遗址中，东部延伸至内蒙古阴山、河北北部等中国北方草原地区，以岩画、石雕、金银和青铜牌饰、带扣、青铜器、瓦当、画像砖等为载体。① 对马图的发现，除了能揭示创作它们的族群的来龙去脉及族属等情况外，还能反映此族群的"马祖崇拜"，即借马祠以求育的生殖信仰。赵国华认为，祭拜马祖实际是祭拜牡马的马势，以祈求男性具有牡马一样的生殖功能。中国古代神话中"龙"与"马"能相通，即"马八尺以上为龙"，也是由于马势如蛇而发生的变异。石门子岩画的两幅对马，公母对马各一幅，可见石门子先民并非只崇拜牡马。印度著名史诗《罗摩衍那》中记载过十车王通过巫师对孕马施行法术以求子的故事。可见崇马势（公马生殖器）只是一方面，在先民眼中，崇祀牡牝马均可求育致孕。分析到这儿，笔者是想说明石门子岩画中的对马图，除了无意中为研究者串联起了各地对马图的创制族群的关联性外，它被刻在图中是符合并促进了生殖崇拜的主题的。

石门子岩画中众多男女人像的双手摆放位置，呈一上举一下垂的"卍"形。"卍"形符号代表了女性生殖器，是生育和繁殖力的象征。如特洛伊遗址中发掘到一尊娜娜女神像，其"阴户以一个巨大的三角表示"②，在三角内正刻画有一"卍"形（图 2.6-2）。经刘学堂分析，人像的这种姿态正是要模拟"卍"形以求生育繁育。③ 可见石门子岩画中

图 2.6-2　娜娜女神像（采自芮传明等《中西纹饰比较》）

---

① 林梅村：《吐火罗神祇考》，《古道西风——考古新发现所见早期中西文化交流》，生活·读书·新知三联书店 2000 年版，第 3—32 页。
② 芮传明、余太山：《中西纹饰比较》，上海古籍出版社 1995 年版，第 76 页。
③ 刘学堂：《呼图壁岩画的时代、作者及其它》，《新疆文物》2006 年第 3—4 期。

除了直接的男女交媾场景的刻划，还通过这些象征姿态以强化他们的生殖崇拜观念。老虎、弓箭在生殖崇拜文化中也各有象征。老虎象征女性[①]、弓箭之弓象征女性、箭象征男性[②]都有定论。此岩画上所刻箭射向老虎的图案，也就代表了男女两性结合之意。

总之，石门子大型生殖崇拜岩画，不仅由直接的彰显男女性器及表现男女交媾的图案来表达强烈的生殖崇拜观念，还通过多种生殖崇拜象征物，作烘托和强化，共同表达早期人类生生不息的崇拜生殖、渴求生育多育的强烈愿望。

2. 丧葬

丧葬中蕴含了大量的生殖崇拜现象，前人已有讨论[③]，笔者在此仅结合男女生殖器象征物及早期人类的"死亡再生"观念，对新疆东部青铜时代墓葬中显示的生殖崇拜观念做一综合分析。其中蕴含了生殖崇拜寓意的彩陶和其他器具，虽也是作为随葬器大量发现于墓葬中的，但因其可能不仅仅作为随葬明器，即在随葬前它们也许还扮演了带有生殖崇拜寓意的"礼器"角色，故本书将在后面立专节讨论。

先说土葬这一葬式。我们知道，土葬虽是古代人类处置尸骨的一种最广泛的方式，但其并非从来就有。人类在处置同伴尸首时有一个从弃尸荒野到以土掩埋的过程。[④] 那么，是什么原因促使人类发生这种改变呢？笔者以为它跟人类发明了种植业及"死亡再生"观念的出现有关。原始先民从植物种子埋入土中能发芽再生，并长出更多的果实这一事实出发，并在长期观察大自然的过程中发现太阳每天东升西落（原始人认为是太阳每天死而复生）、一年四季周

[①] 户晓辉：《岩画与生殖巫术》，新疆美术摄影出版社1993年版，第196—201页。

[②] [美]魏勒著，史频译：《性崇拜》，中国文联出版公司1988年版，第211页；赵国华：《生殖崇拜文化论》，中国社会科学出版社1990年版，第296页；孙兴周：《中国原始艺术符号的文化破译》，中央民族大学出版社1998年版，第10页；刘学堂：《呼图壁岩画的时代、作者及其它》，《新疆文物》2006年第3—4期。

[③] 赵国华：《生殖崇拜文化论》，中国社会科学出版社1990年版，第396页。

[④] 此过程的详细讨论可参见刘志基：《汉字与古代人生风俗》"丧葬篇"，华东师范大学出版社1995年版，第124—127页。

而复始的"规律",得出万事万物都会"死亡再生"的观念,从而推想若将人的尸首埋入土中,会促进人口的繁衍。早期土葬墓"不封不树",也可见古人并非将葬地作祭奠之地,他们追求的是人的死亡后的"再生",且希望如植物一般繁殖多多。

以上分析的土葬之起因,适合于所有实行土葬的地区,非限于新疆东部。可新疆东部的墓圹型制却能进一步深化以上认识。新疆东部青铜时代墓圹多为圆形、椭圆形,少量不规则形。笔者以为,圆形、椭圆形墓圹实有状女阴之意,意谓死者回归母性子宫,以求再生。

在小河墓地,无论墓表墓内,均被生殖崇拜观念所笼罩。王炳华与刘学堂已作过很好的研究。① 如王炳华总结了小河墓地生殖崇拜观念的五种表现形式:第一种,随葬男根(模型);第二种,蛇、蜥蜴崇拜;第三种,棺前立男根、女阴形木桩;第四种,男根柱头上附卵圆形环;第五种,列木与宇宙树、祭天木柱。第一种、第三种是生殖崇拜的直观表现形式,无须解释。第二种是指小河墓地中随葬有蛇形木桩,且背部刻许多小菱形,腹部刻横刻线,横线之间刻一排锐角小三角形,内部涂红。另在随葬木祖中部掏空处发现蜥蜴骨。据研究②,蛇、蜥蜴代表男根、男性,菱形、三角形代表了女

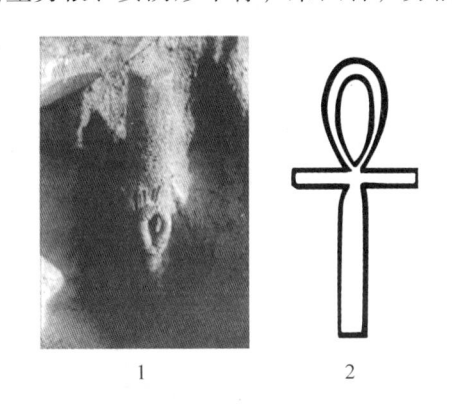

图 2.6 – 3 卵圆形环
1. 小河墓地"男根"柱头附草编卵圆形环
2. 古埃及意为"生命"的象形字

---

① 王炳华:《生殖崇拜:早期人类精神文化的核心——新疆罗布淖尔小河五号墓地的灵魂》,《寻根》2004 年第 4 期;刘学堂:《呼图壁岩画的时代、作者及其它》,《新疆文物》2006 年第 3—4 期。
② 赵国华:《生殖崇拜文化论》,中国社会科学出版社 1990 年版,第 282 页、第 292 页。

阴、女性，涂红也是女性经血的象征。通观这些器物、纹饰及遗骨，均有表促进生殖的含义。所以说它们是生殖崇拜观念的表现形式之一。第四种所言卵圆形环，指在二根通体涂红的男根立木顶端，发现各附一草编卵圆形环状物（图2.6－3），此环状物从外形看，酷似女阴的形状，与古埃及表"生命""繁殖力"的符号"♀"非常接近。显然，从形式到内涵它们之间有着密切的关系。

第五种所言列木，指小河墓地地表人工栽植的胡杨木杆，它们密密麻麻，相互靠得很近，宛如没有树叶的森林。这些列木应与早期人类对"生命树""宇宙树"的崇拜有关。而"生命树""宇宙树"正是供逝者灵魂上天入地的阶梯。

刘学堂也论及到小河墓地的生殖崇拜文化，除与王炳华所涉相同者外，还提到男根、女阴立木顶端所嵌小铜片，应与早期人类以为冶炼出来的"铜"是具有某种超自然力量的"神物"，在生殖巫术中能起关键作用有关。墓地所用船棺（图2.6－4），应是女阴的象征物。这一点周予同也曾提到，说西方古代民族以船表示女性性器官。① 笔者也赞同此看法，这正是小河文化人们怀有让逝者回到出生之地，以求再生的观念所致。刘学堂还提到小河墓地随葬众多木箭、冥弓及箭杆上刻小三角，也均是生殖崇拜象征物，如箭表男根、男性，弓、三角表女阴、女性等等，这些象征物并非小河墓地所仅见，其含义也已为学术界所认可。

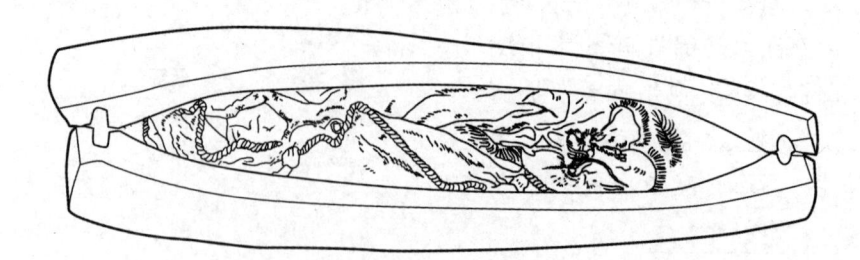

图2.6－4　小河墓地船棺（采自《新疆文物》2007年第1期）

---

① 周予同：《"孝"与"生殖器崇拜"》，朱维铮主编：《周予同经学史论著选集》，上海人民出版社1996年版，第70—91页。

有关小河墓地生殖崇拜文化因素,还应提到的是墓地众多的"尚七"现象及牛头随葬现象。先说"尚七"现象,此现象也被刘学堂提出过,惜未作解答。先将各种"尚七"事例做一番列举:女阴立木柄端多刻有七道弦纹;女尸所戴毡帽下方的小木棍上刻划七道细弦纹;毡帽上羽饰下端的尖木棍上刻有七道细线纹;雕刻有横向和斜向排列的三角纹的箭杆下方,阴刻七道粗阴弦纹;有二只木梳均由七支红柳质圆杆插入动物肌腱中制成,其中一只位于边侧的一支梳齿上刻划七组三角纹饰带;多支刻花木别针其柄端雕刻七组三角纹饰带,别针表面涂红;木雕人面像高鼻梁上横搭七道细线绳;一男尸右手腕绕系七圈小白珠穿成的手链;一草篓篓底正交两组经草均为七根;马蹄形木器所夹条石内侧刻划七道细槽,木器上两木片中段内侧平面上刻相对的七道横线,刻线的地方涂红,木器下方两木片相对处也刻有七道细线,并涂红;一两头尖木棍中部刻七道和五道弦纹等等,多不胜举(图2.6-5)。这么多的"七"的存在,自然不能说它是巧合或无甚深意。那么它到底又有什么含义呢?笔者联系赵国华曾指出的西方民族"尚七"观念可能与对一种女阴象征物"七叶树"的崇拜有关①,再根据与这些"七"相关的遗存现象均有生殖崇拜文化特色出发,认为小河墓地的"尚七"观念也是如此。"尚七"含义的明晰,一方面加深了对小河墓地生殖崇拜文化的认识,另一方面也为小河文化先民与西方早期人类的关系的辨识提供了一种新的参照。"尚七"观念源远流长,影响到了后来的昭武九姓胡②乃至阿尔泰语系的突厥语民族③,此是后话。

再说牛头随葬现象。小河墓地随葬有大量牛头,如泥壳木棺墓四周多棱形木柱上用草绳悬挂牛头(图2.6-6:1),木板房墓前

---

① 赵国华:《生殖崇拜文化论》,中国社会科学出版社1990年版,第330页。
② 蔡鸿生:《唐代九姓胡崇"七"礼俗及其源流考辨》,《中外交流史事考述》,大象出版社2007年版,第51—59页。
③ 王柯:《突厥语民族神秘数字"七""四十"探源》,《民间文学论坛》1987年第4期。

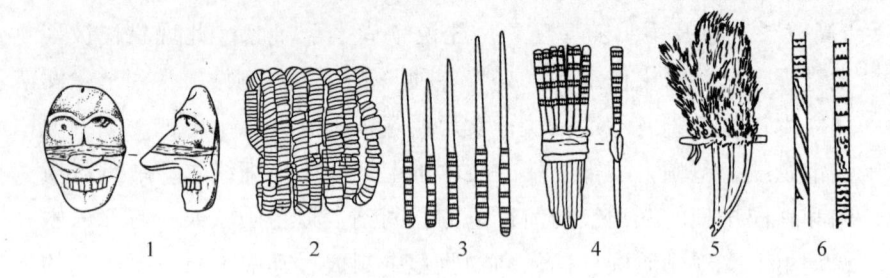

图 2.6 – 5 小河墓地部分"尚七"现象举例（采自《新疆文物》
2007 年第 1 期）

1. 木雕人像 2. 小白珠手链 3. 木别针 4. 木梳 5. 毡帽羽饰 6. 刻花木箭杆

壁两侧碎泥块上叠放 7 层牛头①，部分船棺墓中男尸或女尸腹部上方放置一牛头②，此牛头还经精心切割并在颅骨前后缠绕麻黄草、在颅面上涂抹网格纹红黑线条（图 2.6 – 6：2）。此外，在墓地地表及扰沙中，也发现有众多牛头和羊头。

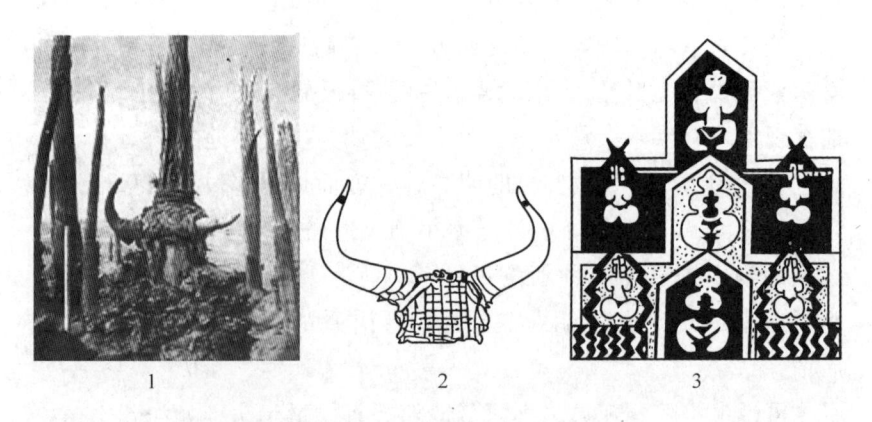

图 2.6 – 6 牛头及牛头形符号（1. 采自《吐鲁番学研究》2005 年第 1 期；
2. 采自《新疆文物》2007 年第 1 期；3. 采自《活着的女神》）

---

① 新疆文物考古研究所小河考古队：《罗布泊小河墓地考古发掘的重要收获》，《吐鲁番学研究》2005 年第 1 期。

② 新疆文物考古研究所：《2003 年罗布泊小河墓地发掘简报》，《新疆文物》2007 年第 1 期。

墓葬中随葬如此众多且经过精心装扮的牛头，其功用尚无人专门探讨。但有中外学者研究了与此密切相关的"牛角—牛首意象"①，给了我们极大的启发。叶舒宪从陕西神木新出土的汉画像石牛头西王母形象出发，梳理了欧亚大陆自旧石器时代晚期以来牛角—牛头与生育女神、月亮的三位一体神话关系，指出"生命力的自我再生和繁殖，如同牛角的再生"。②并援引金芭塔斯的观点：用牛头与牛角表达生殖，在于它们与女性子宫与输卵管的相似性。在土耳其公元前6000年的卡托·胡玉克神庙中，画着一系列女性形象，这些女性身体中子宫与输卵管所在位置均画成一牛头形（图2.6-6：3），牛头形饰物在后世不断地出现，并同坟墓与女神的子宫相联系。③很显然，上述引论揭示了牛角—牛头意象与女性生殖的比附关系及其起因。此意象在小河墓地又一次得到了强烈证实。换句话说，充满了浓厚生殖崇拜意味的小河墓地，除了前述的各种生殖崇拜文化因素，大量随葬的牛头也是构成此意味的重要因素之一。其实，随同入葬的大量羊头也当作如是观。

认识到牛角—牛首意象在史前乃至延续到历史时期的生殖崇拜意蕴，再反观我国史前遗存中出土的"牛角杯"、各种质地的牛首饰物及商周青铜器上的牛首纹饰、牛形青铜器、金文中的牛头牛角类符号、石刻壁画中的U形弯钩形符号等，都可得一全新的认识。

3. 彩陶纹饰

中国史前彩陶的发现始于1921年安特生对河南仰韶遗址的发掘。④此后从中原到边疆，彩陶的发现层出不穷，对它的研究和探

---

① M. Gimbutas, *the Language of the Goddess*, San Francisco: Haper & Row, 1989, pp. 265 – 271；叶舒宪：《牛头西王母形象解说》，《民族艺术》2008年第3期；汤惠生：《连臂舞·蛙纹·猫头鹰·公牛花——青海地区出土的史前彩陶纹饰释读》，《民族艺术》2002年第3期。

② 赫丽生著，谢世坚译：《古希腊宗教的社会起源》，广西师范大学出版社2004年版，第300页、第367页。

③ ［美］马丽加·金芭塔斯著，叶舒宪等译：《活着的女神》，广西师范大学出版社2008年版，第36—37页。

④ 安特生：《中华远古之文化》，《地质汇报》第五号，1923年，第11—12页。

索大大推进了人们对中国史前文化的认识。学者们对彩陶文化的研究，可分出两派。一派为考古学者所进行的研究，可称作考古学派。另一派为美术史、古代史、文学等学科学者的研究，可称作非考古学派或美术史派。两派学者对彩陶尤其是彩陶纹饰研究所采取的方法、关注的重点、得出的结论有诸多异趣。前者以苏秉琦[①]、严文明[②]、李水城[③]、王仁湘[④]等为代表，他们多采用考古类型学并结合地层学的方法，对彩陶器型和纹饰进行型式分析，从而确定彩陶的相对年代，进而为文化分期分区、分析源流等提供依据。至于为什么会出现彩陶？为什么是绘这些纹饰而不是其他？彩陶纹饰有什么深层的含义吗？有的话又是什么？考古学者们多未虑及。而美术史派关注的恰恰是考古学派不关注的问题，并给出了他们的理解和答案。这答案便是彩陶纹饰均为生殖崇拜的图式符号。[⑤] 笔者以为，美术史派对彩陶纹饰的含义研究有开拓之功，考古工作者应充分利用他们的研究成果于考古学研究中，以收集成之效。笔者正是抱着这样的目的，来试探新疆东部乃至新疆青铜时代的彩陶纹饰所蕴含的深层寓意。

穆舜英在《论新疆彩陶》一文中[⑥]，将新疆彩陶按分布地区和器物形制、图案花纹的差异，分为四组。以分组为前提，对各组彩陶纹饰进行了分析介绍。指出哈密彩陶"其花纹图案常见以横竖斜线组成的栅栏纹、网状纹，也有曲线水波纹、锯齿纹、三角纹、S型纹、如意纹和火焰纹，个别见有人形纹等"，天山南山谷地彩陶"图案花纹以正倒变体三角形（内填斜线或网纹）、网状纹、涡卷

---

① 苏秉琦：《关于仰韶文化的若干问题》，《苏秉琦考古学论述选集》，文物出版社1984年版，第163—169页。
② 严文明：《甘肃彩陶的源流》，《文物》1978年第10期。
③ 李水城：《半山与马厂彩陶研究》，北京大学出版社1998年版。
④ 王仁湘：《甘青地区新石器时代彩陶图案母题研究》，《中国考古学研究论集——纪念夏鼐先生考古五十周年》，三秦出版社1987年版，第171—202页。
⑤ 可参见赵国华：《生殖崇拜文化论》，中国社会科学出版社1990年版；徐建融：《彩陶纹饰与生殖崇拜》，《美术史论》1989年第4期；户晓辉：《地母之歌——中国彩陶与岩画的生死母题》，上海文化出版社2001年版。
⑥ 穆舜英：《论新疆彩陶》，《新疆彩陶》，文物出版社1998年版。

纹为主要纹饰，还有竖弧线纹、菱形纹、折线纹、同心半圆纹、水波纹……虚实方格纹、"竖斜线组成的针树枝纹等等"。和静—轮台彩陶"花纹图案常见有方格纹、菱形方格纹、虚实方格纹、三角网纹、山形纹、网状纹，还有曲折水波纹、回形纹、井字纹和竖条纹，以及变体的飞禽纹、爬虫纹……素描骆驼……同心半圆纹、S型纹。"伊犁彩陶花纹图案有棋盘格纹、三角纹、横曲线纹、菱形方格纹、半月形纹、网状纹、倒树枝纹、花纹等（图2.6-7）。

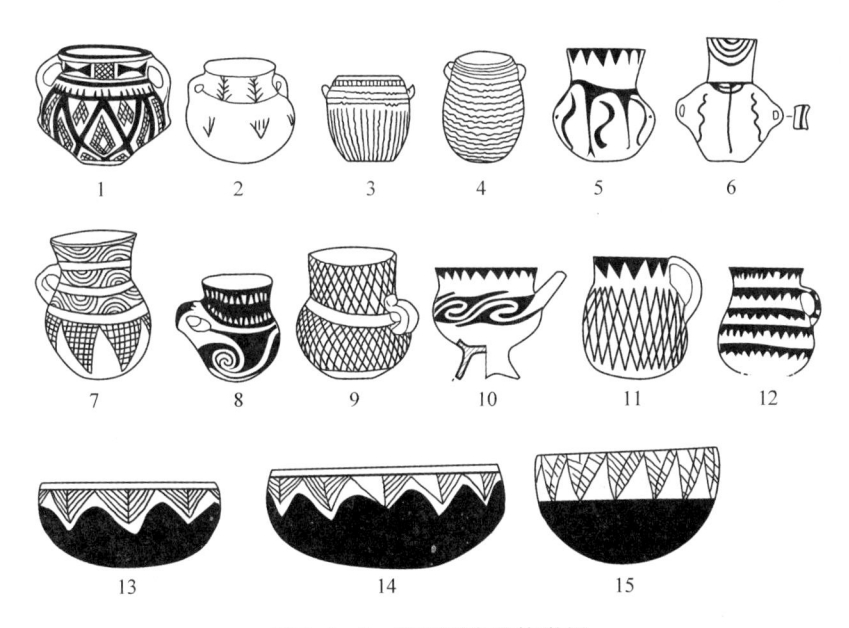

图2.6-7 新疆彩陶纹饰举例
上排：哈密地区彩陶　中排：天山南山谷地彩陶　下排：伊犁地区彩陶

以美术史派的研究成果为依据，可以对上述经考古学者描述的彩陶纹饰深层含义做一番对比分析。

赵国华已指出，彩陶上的鱼纹、蛙纹、花叶纹等均是女阴、女性象征物，而鸟纹、蜥蜴纹、山纹、树枝纹则代表了男根、男性。苏佟天进一步指出，"凡圆圈纹、圆点纹、旋涡纹、波浪纹、回形纹、云雷纹、花叶纹等都同鸟纹有关；凡网纹、弧线纹、锯齿纹、直线纹、三角形纹、棱（应为'菱'）形纹、方格形纹等都同鱼纹有关；凡拟蛙纹、拟人纹、折线纹与部分旋涡纹、波浪纹等都同蛙纹有关"。① 也即这些几何纹均是上面说到的代表女阴或男根象征物的抽象或变形。它们同样成为女阴、女性以及男根、男性的象征物，作为生殖崇拜的文化因素而存在于陶器上。

苏佟天对几何纹饰的归纳不一定全部准确，如旋涡纹、波浪纹、锯齿纹、云雷纹等也可能是蛇形的演化②，但无论是如苏佟天所说的与鸟纹、鱼纹有关，还是与蛇形有关，均与生殖崇拜有关（蛇代表男根、男性已见前文）。

拿着以上认识来比对新疆彩陶纹饰，几乎无有例外；只是尚没有被美术史派提到的同心半圆纹、S型纹、半月形纹、横曲线纹、火焰纹等，稍作分析，也是各有归属的。如同心半圆纹、半月形纹，应与同心圆圈纹、圆形纹有密切联系，可归于女性象征物，而S型纹、横曲线纹与蛇形纹有密切关系，可归于男性象征物。火焰纹也是生殖崇拜象征物，可见杨学政的研究；③ 还可以提及的是哈密有些陶罐，其内口沿圈带纹下有以七条短竖道组成的花纹，外口沿颈部也密布七圈平行横带纹和波纹，这些"七"的使用，显然不是随意而为，而是如前文所分析的因崇拜女阴象征物"七叶树"而来的"尚七"观念在起作用。

当然，新疆东部彩陶也有极个别纹饰如一组骆驼纹似无法用生殖崇拜现象去解释，这正如徐建融所言："生殖崇拜是统摄了彩陶艺术创作的一个主导性观念。但这并不排斥同时有其他观念如审美观念、物质功利观念等等掺杂其中。"④ 因为，"为艺术而艺术"的审美观念，正是在这些功利观念的反复实践中萌发出来的。

4. 其他器物

新疆东部青铜时代遗物，蕴含了人类生殖崇拜文化因子的，除

---

① 苏佟天：《汉字与彩陶八卦》，《美术史论》1989年第4期。
② 徐建融：《彩陶纹饰与生殖崇拜》，《美术史论》1989年第4期。
③ 杨学政：《衍生的秘律——生殖崇拜论》，云南人民出版社1992年版，第86—110页。
④ 徐建融：《彩陶纹饰与生殖崇拜》，《美术史论》1989年第4期。

上述各种外，特别值得拿出来讨论的还有木垒、奇台一带出土的大量"石杵、石磨盘"及吐鲁番洋海墓地出土的木桶。

先说"石杵、石磨盘"。这些"石杵、石磨盘"大多由从事农业劳动的农民从地下无意翻出，木垒四道沟和奇台半截沟遗址也有发现。它们所使用的石质细密，显然经过严格挑选，器表经过打磨极为光滑。"石杵"为圆柱形，长10多厘米不等，直径6—8厘米，通常一端粗一端细，细端常刻三圈凸棱，粗端底部平滑，没有研磨痕，显然不是实用器。"石磨盘"圆盘状，表面磨光，直径10多厘米，厚5—6厘米，圆盘中间有圆形凹窝，侧面有的也刻有三道凸棱。如此小巧精致的"磨盘"，说它是用来加工谷物的器具，未免太小太不实用，难以令人置信。

那它们的真实用途又是什么呢？学者们在四道沟出土"石祖"及"石杵、石磨盘"往往伴出的启发下逐渐意识到它们也是生殖崇拜的象征物。"石杵"是男根象征物，是"石祖"的演化和抽象化，现在也称"石祖"，"石磨盘"是女阴的象征物，现称作"石女阴"（图2.6-8）。①

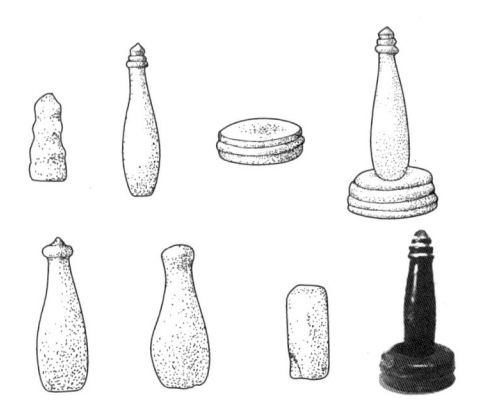

图2.6-8 木垒、奇台等地出土的"石祖""石女阴"（采自《新疆文物》1991年第1期）

---

① 孙伯海：《生殖崇拜的演化和发展——木垒石祖品类多且有男有女》，《新疆文物》1991年第1期；刘学堂：《新疆木垒等地发现的"石祖"和"石女阴"试释》，《中国文物报》2004年12月3日第7版。

"石祖""石女阴"出土的地方多不见其他遗迹现象，也不与它物伴出，唯一特例是奇台县发现的一处埋藏点除一套"石祖""石女阴"组合在一起外，还见两枚卵形石球，现已被认为是石睾丸。它们有的是被单埋，有时是配套埋入。这表明木垒、奇台一带当时有制作、埋藏"石祖""石女阴"的习俗。而之所以这样，应是在"顺势巫术"的巫术思维支配下，实施者希望借此促进土地丰饶，农业、牧业丰收，这是以生殖崇拜为内核而进行的原始丰产巫术实践。[1]

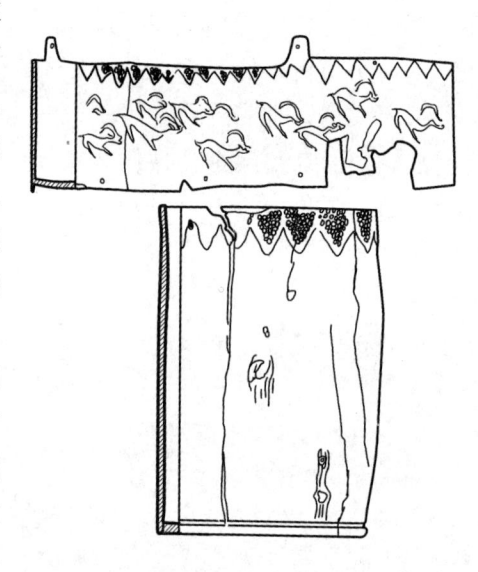

再说洋海墓地木桶。这些木桶口沿外雕刻或绘有与彩陶风格相同的三角纹、涡纹、飘带纹等图案，腹刻山羊、鹿、马、狗、狼、虎、鸟等动物，造型与该地区岩画题材近同。[2] 这些与彩陶或岩画近同的纹饰，其内涵也与彩陶或岩画相同，不必过多分析，倒是有两只木桶，其外口沿的一圈倒三角形，乃是用小花紫草的果实镶嵌而成，别具风格也别具深意，值得拿出来作进一步分析（图2.6-9）。

图2.6-9 洋海墓地小花紫草果实镶嵌三角纹木桶
上：M23：4 下：M81：1

小花紫草果实为小坚果，卵圆形，白色，少部分区域点缀着淡棕色小点。小花紫草果实光洁圆润，具有漂亮的外

---

[1] 刘学堂：《新疆史前考古中新发现的丰产巫术遗存》，《新疆文物》2005年第1期。

[2] 新疆文物考古研究所吐鲁番地区文物局：《鄯善县洋海一号墓地发掘简报》，《新疆文物》2004年第1期。

形，与薏苡果实外形很相似。①

关于薏苡，我国古籍中有禹母吞薏苡而生禹的故事②，薏苡在当时及以后很长时间里，被认为有"宜子"的功能，应是禹母吞薏苡而孕禹的故事产生的一种观念。《诗经·周南·芣苢》篇经闻一多考证，芣苢即薏苡，古籍中凡说到芣苢处，都说它有宜怀孕的功能。而《诗经》时代的妇女们，匆忙急迫地采摘芣苢，正是希望以此行为使自己多育多生。

关于倒三角形，我们知道它有代表女阴、女性之含义。这两件木桶上用小花紫草在其外口沿镶嵌出倒三角形，它所表达的生殖崇拜观念不言而喻。但需注意的是，构成倒三角形的物质是小花紫草果实，它与有"宜子"功能的薏苡外形酷似，按原始思维的"相似律"，紫草果实自然也有宜子功能的。所以用这种果实镶嵌成三角形，进一步强化了生殖崇拜观念。至于为什么是小花紫草而不直接用薏苡，可能跟洋海所在地不产薏苡而产小花紫草③，便用果实外形与薏苡类似的小花紫草代替有关。

总之，用小花紫草果实镶嵌成倒三角形"装饰"木桶外口沿，其装饰意义还在其次，其实用功能即蕴含着生殖崇拜观念是首要的。

三 结语

第一，生殖崇拜观念是人类早期遍及世界的一种历史文化现象，它对人类文化的发展、文明的形成，产生了不可估量的影响，它是人类文化的重要组成部分。其起源也早，其影响也远。直到今天，它仍旧闪现在人类社会的各种民俗文化、部分传统文化、一些

---

① 关于木桶上所嵌物质是小花紫草的鉴定以及薏苡的辨识，请参阅蒋洪恩博士论文及博士后出站报告：《吐鲁番洋海墓地植物遗存与古洋海人及环境之间的关系》，博士学位论文，中国社会科学院研究生院，2006年；蒋洪恩：《新疆（吐鲁番）若干重要遗址植物考古学研究》，2008年3月。

② 参见闻一多：《匡斋尺牍》，《诗经研究》，巴蜀书社2002年版，第40—53页。

③ 关于洋海墓地附近产小花紫草的推定，参见蒋洪恩：《吐鲁番洋海墓地植物遗存与古洋海人及环境之间的关系》，博士学位论文，中国社会科学院研究生院，2006年。

后进民族及受教育程度低的人群思想观念之中。能不能认识到人类早期历史中的生殖崇拜文化，关系到我们对今天仍然存在的上举民俗文化、传统文化中生殖崇拜现象的理解，更关系到我们对早期考古遗存的全面认识和人类早期历史的准确把握。可以说，是否意识到早期人类强烈的生殖崇拜观念，是判别研究人类早期社会的研究者是否已登堂入室的分水岭。

第二，生殖崇拜文化虽是遍及世界的早期人类精神文化现象，有其共同的人类心理、观念和表现形式。但因生存环境的各异、生业方式的不同，在"近取诸身，远取诸物"来表达他们的生殖崇拜观念时，会出现同中有异的生殖崇拜象征物。例如：西方更多地以蛇象征男根，而东方的此象征义则出现偏晚，似是受西方影响所致；西方多用三角形、船形代表女阴、女性，东方则多用鱼纹、蛙纹、花叶纹作为象征。东方有以薏苡表促进生殖的观念，西方则未见等等。这些区别可作为分析考古学文化因素来源时的一个指征，同时如在一处遗存中发现这两方面的文化现象，便成了东西文化传播、交流的一个证据。

第三，弗雷泽曾指出，人类思维经历了巫术思维、宗教思维和科学思维三个阶段，由此他将人类社会的发展阶段相应地称之为巫术时代—宗教时代—科学时代。① 大家知道，生殖崇拜观念产生于巫术时代，且巫术是生殖崇拜文化的主要表现形式，离开了巫术，"生殖崇拜"这一现象恐怕就只剩下了观念而不成其为文化了。生殖崇拜观念及其文化也没有止步于巫术时代，它挟其余威，照样弥漫于宗教时代，残存于科学时代。因此，受不同时代思维方式的影响，生殖崇拜表现形式及程度会有所不同。研究者可以以此来帮助判定考古遗存所处时代，即遗存是处于单纯巫术时代还是已进入了原始宗教乃至成熟宗教时代。当然，巫术这种人类文化现象也不仅存在于巫术时代，它照样兴盛于宗教时代、残留于科学时代尚未受到科学之光普照的人类群体中。这是研究者分析巫术、生殖崇拜等

---

① ［英］弗雷泽著，徐育新等译：《金枝》，新世界出版社2006年版，第58页。

文化现象要有的清晰认识。

　　第四，新疆东部青铜时代的生殖崇拜现象，正如它的文化乃由于东西文化相交融而形成一样，是可以区分出它们的东方或西方来源的。尽管有些生殖崇拜现象已完全融合在一起，共同体现在一件器物上。例如，马祖崇拜、蛇形木杆、成排的倒三角纹装饰、"尚七"现象、男根立木柱头上所附卵圆形环等，是只见于西方而在东方民族中不见或出现较晚的文化现象，自然是西方的文化因素。而彩陶上的网格纹、波浪纹、折线纹、垂幛纹等，在东方均是鱼、蛙纹的变形或引申，代表了鱼、蛙所象征的女性生殖崇拜，可看成是东来的生殖崇拜文化因素。至于洋海墓地两只木桶上的小花紫草果实镶嵌而成的一排倒三角纹，可看成东西方文化因素融合的结果。即成排倒三角代表了西方因素，而构成倒三角纹的小花紫草果实，却用的是东方的传统和寓意，可谓东西合璧，相映增辉。

第三章　新疆东部所见早期东西文化交流的考古学探索

上一章在分析新疆东部青铜时代的文化谱系时，笔者讨论了各考古文化的源流和相互关系，发现新疆东部青铜时代早期文化主体源于或西或东的周邻文化，晚期文化除继承当地先行文化因素外，继续受到周邻文化的强烈影响，正是东西方异种文化在新疆东部的碰撞和融合，才形成了繁荣丰富的新疆东部青铜文化。以上仅是从文化源流角度对新疆东部与该区域以外的文化关系所做的一种宏观考察。其实，如果从文化因素①这一微观角度来观照新疆东部的青铜文化，它们与东西方文化之间的传播和交流关系是什么样子？也许会得到一些更具体和细致的答案。

我们知道，新疆东部青铜文化如做一个一分为二的解构，不外乎印欧人种所创造的文化和蒙古人种所创造的文化。前者源于新疆东部以西（包括西北和西南），后者源于新疆东部以东（包括东北和东南）。这种位置关系乃由黄、白两大人种的地理分布所决定。由此，我们要考察早期东西文化交流在新疆东部的表现，也就是要将浑然一体的新疆东部青铜文化辨析、分解成西来因素和东来因素两类，并追根溯源。这样一来，早期东西文化在新疆东部的传播和交流踪迹便可水落石出。

当然，追踪早期东西文化交流迹象的手段很多。著名语言学家

---

① 何驽：《考古学文化因素分析法与文化因素传播模式论》，《考古与文物》1990年第6期。

王士元先生就曾提出"探索过去的三个窗口"① 理论。三个窗口指的是三门学科：人类学，特别是考古学和体质人类学；遗传学，特别是人类群体遗传学；进化（历史）语言学。这三门学科已被一些学者综合在一起用以探究人类史前史问题。② 它们也特别适合探索早期东西文化交流问题，且其合力应比单一学科的"单打独斗"更具效果。故此，笔者也希冀打开这"三个窗口"，合三者之力，透视新疆东部及邻近地区青铜时代的东西文化交流问题。本章先开启考古学手段，其他学科手段将放在下一章利用。

第一节　西来文化因素的考察

西来文化因素包括从西方、西北方和西南方流播而来的文化因素，实际上就是指印欧人种所创造或带来的文化因素。

一　建筑

建筑因素包括建筑实体、建筑材料和建筑技术、建筑装饰等，其中建筑实体又包括生前的居所和死后的葬所。新疆东部聚落遗址发现极少，故本节的建筑实体考察主要着眼于墓地建筑。

1. 墓葬地表"封树"③ 现象

"封树"现象存在于小河文化、苏贝希文化的乌拉泊类型和焉不拉克文化的寒气沟类型。是指墓葬地表存在的石围、石（土）堆

---

① 王士元：《探索过去的三个窗口》，潘悟云主编：《东方语言与文化》，东方出版中心2002年版，第1—30页；王士元：《语言的探索——王士元语言学论文选译》，北京语言文化大学出版社2000年版，第155—186页。

② Cavalli-Sforza et al. , 1988, Reconstructions of Human Evolution: Bringing Together Genetic, Archeological and Linguistic Data, *Proceedings of the National Academy of Sciences*, 85, pp. 6002 – 6006; Greenberg, turner, and S. Zegura, 1986, Settlement of the Americas, *Current Anthropology* 27, pp. 477 – 497; Renfrew Colin, 1992, Archaeology, Genetics and Linguistic diversity, *Man*, 27, pp. 455 – 478.

③ 此说法源于中国典籍《周易》《礼记》等中的"不封不树"概念，此处反其意用之。"不封不树"概念参见唐明邦主编：《周易详注》，中华书局1995年版，第230页；吕友仁、吕咏梅译注：《礼记全译》，贵州人民出版社1998年版，第264页。

和立木。

除了本书研究视域内的新疆东部,新疆西北阿尔泰地区的切木尔切克文化、西部伊犁河流域的安德罗诺沃文化、穷科克文化、塔里木盆地北缘的察吾乎文化等,均有墓葬地表石围石堆结构。而这并非此丧葬现象的分布极限,放眼新疆以西的欧亚草原,会发现石围石堆墓的渊源十分久远,分布极为广阔。美国考古学家金芭塔斯(M. Gimbutas)认为,封堆墓是印欧文化的特征。[1]可以看到,欧亚草原上属于印欧人考古文化的颜那亚文化(竖穴墓文化)、阿凡纳谢沃文化、辛塔什塔文化、安德罗诺沃文化、卡拉苏克文化、塔加尔文化等[2],均有墓葬地表石围石堆结构。即便隶属蒙古大人种的奥库涅夫文化,因地处印欧人文化传统的米努辛斯克盆地,也存在墓表石围墙现象。[3]

从时间上看,欧亚草原封堆墓出现的时间早于新疆封堆墓出现时间。[4]且新疆地区内,存在一个封堆墓由西向东推进的趋势,如西部伊犁河流域和西北部阿尔泰地区封堆墓出现于公元前二千纪初,而中部的察吾乎文化、苏贝希文化封堆墓出现于公元前一千纪初,东部的焉不拉克文化寒气沟类型,已晚至公元前一千纪后半期。

新疆东部乃至新疆石围石堆墓的类型,都能在欧亚草原找到原

---

[1] Gimbutas, M., 1970, *Proto-Indo-European culture: the Kurgan Culture During the 5th-3rd millennia BC*, in *Indo-European and Indo-Europeans*, eds., G. Cardona, H. M. Koeningswald & A. Senn, Philadelphia (PA), University of Pennsylvania Press, pp. 155 – 198; Gimbutas, M., 1973, *The Beginning of the Age in Europe and the Indo-Europeans 3500 – 2500 BC*, 1973, pp. 163 – 214; Gimbutas, M., 1980, The Kurgan Wave 2 into Europe and the Following Transformation of Culture, *JIES* 8, 1980, pp. 273 – 315.

[2] 上述印欧人考古文化的具体文化特征,参看邵会秋:《新疆史前时期文化格局的演进及其与周邻地区文化的关系》,博士学位论文,吉林大学,2007年。

[3] 参见邵会秋:《新疆史前时期文化格局的演进及其与周邻地区文化的关系》,博士学位论文,吉林大学,2007年。

[4] 颜那亚文化已存在封堆墓,该文化时代为公元前3600—前2200年。最近新发现属于特列波里文化的迄今最早的封堆墓,这个文化的人群可能已操印欧语。参见郭物:《新疆天山地区公元前一千纪的考古学文化研究》,博士学位论文,中国社会科学院研究生院,2005年。

型。而仅在南俄草原的丰提克一地早期印欧文化中，就包含了新疆所有封堆墓类型①（图3.1-1）。

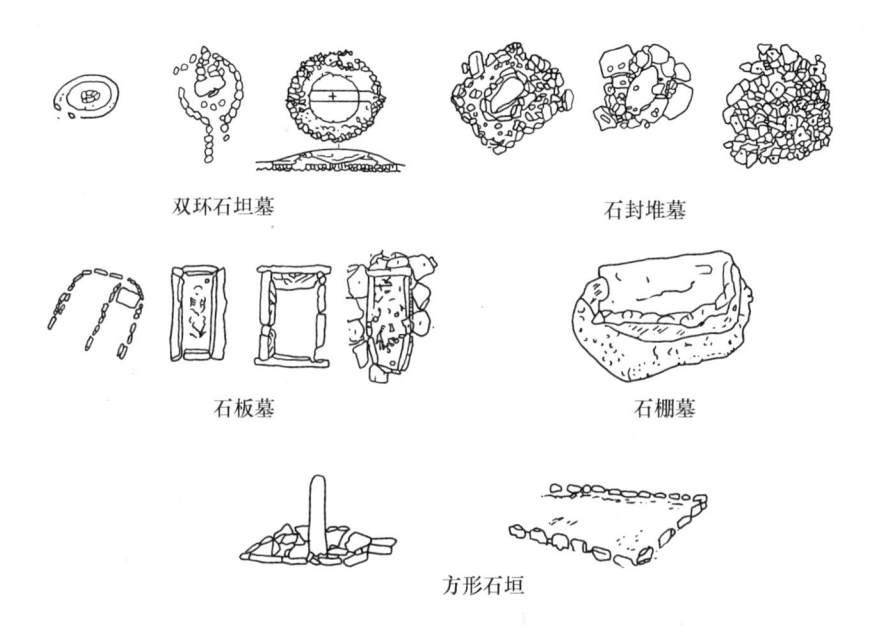

双环石坦墓　　　　　　　　　　石封堆墓

石板墓　　　　　　　　　　　　石棚墓

方形石垣

图3.1-1　南俄草原丰提克地区青铜时代石构封堆形制
（采自郭物2005）

由以上分析，说新疆东部墓葬"封树"现象是源于西来的文化因素，应不容置疑了。但仍要探讨的是小河文化的"立木为标"，这在欧亚草原墓表形制中不见。那它源自何处？还是自创新局？有学者提到小河文化墓前木雕人像、墓内随葬木俑，其功能可相当于切木尔切克文化墓地石人和随葬石俑。② 这提供了一种思路，但两者间其他葬俗上的巨大差异又难以让人将它们串联起来。另俄罗斯国家博物馆展示的那批极类似小河文化文物，我们不知道它们所属墓葬墓表是否也同于小河文化，若是，自然就可认为新疆东部墓葬

---

① 参见郭物：《新疆天山地区公元前一千纪的考古学文化研究》，博士学位论文，中国社会科学院研究生院，2005年。
② 林梅村：《吐火罗人的起源与迁徙》，《新疆文物》2002年第3—4期。

全部的"封树"现象都来源于西方了。

2. 洞室墓

洞室墓也称偏室墓或竖穴偏室墓①,是指在长方形竖穴墓道下部的一端或一侧或两侧掏挖土洞而成墓室,尸体置于其中的墓葬结构。其墓表见有封堆和无封堆两种,前者见于欧亚草原和新疆西部地区,后者见于甘青和新疆东部部分地区。

新疆东部的洞室墓主要存在于苏贝希文化,其时代均处于该文化的中晚期,晚于其西边穷科克文化同类墓,也晚于其东边的半山、马厂、齐家、四坝、卡约、辛店和沙井文化同类墓。而纵观整个欧亚大陆,存在一个自南欧草原、中亚至我国新、甘、青等地长约 6000 公里的竖穴洞室墓文化带。② 这条文化带上洞室墓出现的时间,以西边的黑海北部及高加索地区最早(公元前 3000—前 2200 年)③,东边的甘青地区其次(约为公元前 2500—前 500 年),中间的中亚地区、新疆等地最晚。④ 呈一个两端早中间晚的马鞍形。各地洞室墓除存在洞室开在一端或东、南、西、北壁的一侧或两侧及西部洞室墓有地表封堆,东部的新疆部分地区和甘青地区洞室墓不存在地表封堆的区别外,很多特征都相似或相同。如洞室口部用木棍、木板、石块、石板或土坯封堵,有的洞室底部低于墓道底部,在与洞室口相对的墓道上形成二层台,一般都有木棺、木板或草席葬具等,总之是墓葬地下部分的结构上有诸多相似之处,不应是偶然的巧合。这说明它们之间有文化发生学上的关系,即应有共同的文化起源。同时也说明处于时间低谷的新疆洞室墓应源自或东或西

---

① 洞室墓的称呼还有多种,如土洞墓、偏洞墓、偏洞室墓、横穴洞室墓、竖井侧穴墓等等,乃因发掘和研究者各自创名而造成,建议统一称作洞室墓。另洞室墓文化内涵复杂、存在时间较长,仅我国就存在于新石器时代至汉唐时期,本书要探讨的仅是新疆东部青铜至早期铁器时代及与其相关的洞室墓文化。

② 陈戈:《新疆发现的竖穴洞室墓》,中国社会科学院考古研究所编著:《中国考古学论丛》,科学出版社 1993 年版,第 413 页。

③ 转引自郭物:《新疆天山地区公元前一千纪的考古学文化研究》,博士学位论文,中国社会科学院研究生院,2005 年。

④ 陈戈:《新疆发现的竖穴洞室墓》,中国社会科学院考古研究所编著:《中国考古学论丛》,科学出版社 1993 年版,第 413 页。

的更早期同类遗存。

既然有共同起源，源头自应在洞室墓出现时代最早的地方。如此，洞室墓的源头应是南俄草原的洞室墓文化。但从洞室墓文化带时间上的马鞍形特征看，甘青地区的洞室墓非传自新疆，应另有途径。具体会是什么途径，现在并不明晰。但大致应在其北面的蒙古草原西部，这是另一个值得深入探讨的问题。

由以上分析，可知洞室墓这一文化因素总体上是西来因素。但具体到新疆东部的苏贝希文化，其洞室墓文化因素都来自西边吗？答案是否定的。

经分析，苏贝希文化南泉墓地、四道沟上层遗址、柴窝堡墓地、苏贝希墓地、三个桥墓地、洋海二号墓地等处的洞室墓应源自西边的穷科克文化，而洋海三号墓地、交河故城沟北和沟西墓地的洞室墓，应源自东边的沙井文化。下面试作简析。

先看与穷科克文化的关系。

南泉墓地有一座石堆竖穴偏室墓，偏室开在竖穴的北壁，偏室内葬一人，仰身，下肢微上屈，头向西。无随葬品。

四道沟遗址发现一座洞室墓，3人合葬，均头向西南，仰身直肢，随葬铜环状器、铜饰等。

柴窝堡墓地发现二座竖穴偏室墓，一座封堆由砂砾土和卵石混堆而成，偏室开在墓道南壁，顶壁向南斜弧至墓底。墓内葬一人，仰身直肢，头西脚东，随葬陶钵、单耳陶罐、带流陶片、铜签和羊尾骨。另一座封堆相似，偏室也在墓道南侧，偏室内葬一人，仰身直肢，头西脚东，随葬陶瓮、陶钵、铜、铁锈块、羊尾骨等。

洋海二号墓地有三座带封堆洞室墓（洋海墓地仅此三座墓有封堆），偏室开在墓道南侧，有二层台，偏室内置四腿木板尸床，死者仰身直肢，头向西。偏室口用成排圆木封堵。

苏贝希墓地有二座偏室墓，一座无封堆，偏室开在墓道南壁，葬式为仰身直肢，头向西南，偏室口以圆木封挡。另一座有封堆，偏室开在南壁，葬式为单人仰身直肢，头向西北，偏室口也以圆木封挡。

　　三个桥墓地发现一座偏洞室墓，偏室开在墓道北侧，三人合葬，二人一次葬，仰身直肢，头向西。一人二次葬。

　　这些洞室墓的主要特征是：墓表起封堆；偏室开在南壁或北壁；一次葬者多仰身直肢，头向西；有的墓道底部与偏室相对的一侧有二层台；有的偏室口有用圆木封堵的现象。

　　这五个方面的墓葬特征，在穷科克文化偏室墓中均有反映，且时代上较新疆东部为早。因此我们说苏贝希文化上述偏室墓文化因素来源于西边的穷科克文化。

　　再看与沙井文化的关系。

　　洋海三号墓地以竖穴偏室墓为主，计52座。其特征是：墓葬地表无封堆，偏室多开在西北侧，个别为西南、东北双侧室。大多在偏室口封挡圆木，再盖上树枝、干草，竖穴墓道中填土。葬式均为仰身直肢，头向东北。底部多有生土二层台。

　　交河故城沟北和沟西墓地发现的偏室墓也较多，但因扰乱严重，不清楚墓表是否有封堆，其偏室多开在墓道南侧，个别为北侧。多有二层台。葬式推测为仰身直肢，头向东。

　　沙井文化竖穴偏室墓的特征是：墓葬地表无封堆；偏室开在墓道西北侧壁；洞室口用圆木封堵；与洞室口相对的墓道东南侧底部有二层台；均单人仰身直肢葬，有的除墓主外另有一头骨或儿童残肢骨；随葬品主要是铜刀、铜锥、铜镞、铜饰件、铁刀、骨镞、石珠、骨珠、皮革制品和毛、麻织物等，绝大多数墓葬还随葬羊、马、牛头及趾蹄。[①]

　　两相对照，沙井文化偏洞室墓与洋海三号墓地洞室墓有着墓制上的惊人相似。交河故城沟北和沟西墓地洞室墓在墓表形制、葬式、头向上与沙井文化可能相同，但偏室所在方位又颇为不同，故不似洋海三号墓地洞室墓与沙井文化洞室墓的纯然一致，考虑到两

---

　　① 陈戈：《新疆发现的竖穴洞室墓》，中国社会科学院考古研究所编著：《中国考古学论丛》，科学出版社1993年版，第408页。

者毕竟大同而小异①,可归入洋海三号墓地一类。

陈戈曾将苏巴什(苏贝希)一洞室墓形制及随葬陶器与沙井文化同类墓做了形象比较(图3.1-2),发现两者不仅墓葬形制、葬式一致,某些随葬陶器也完全一样。如图中所举的双耳壶和单耳桶状杯等。洋海三号墓地洞室墓中出土的单耳桶形杯,也一样同于沙井文化同类器(图3.1-3)。可见,除了最稳定的葬俗揭示了它们之间的渊源关系外,即便容易流变的陶器,仍然把它们串联在一起。

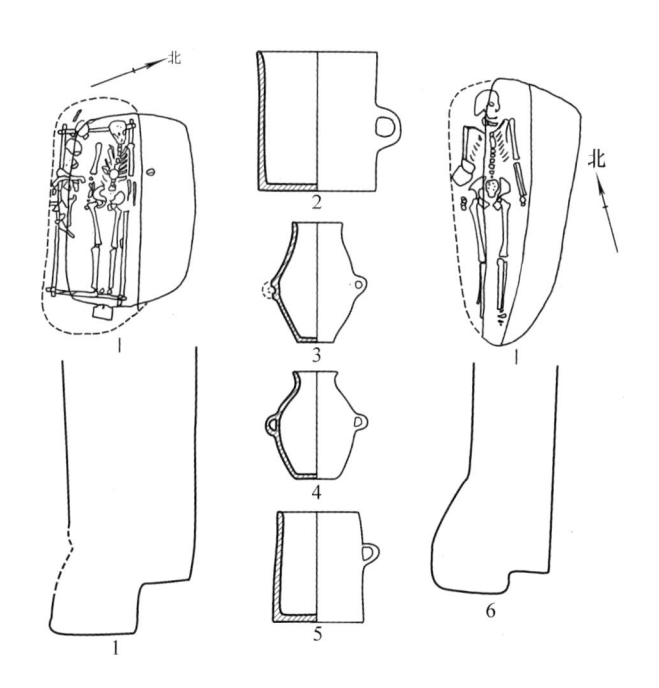

图3.1-2 苏贝希墓地与沙井文化洞室墓比较(采自陈戈1993)
地点:1—3. 苏贝希 4—6. 沙井。本图说明:1、6. 墓葬形制 2、5. 单耳桶形陶杯 3、4. 双耳陶壶

---

① 交河故城在洋海墓地以西,与自西向东传播的穷科克文化洞室墓因素有更多的接触机会,其洞室墓特征应是在东部洋海类型的基础上又受到西边的穷科克文化或苏贝希文化西部类型影响的结果。

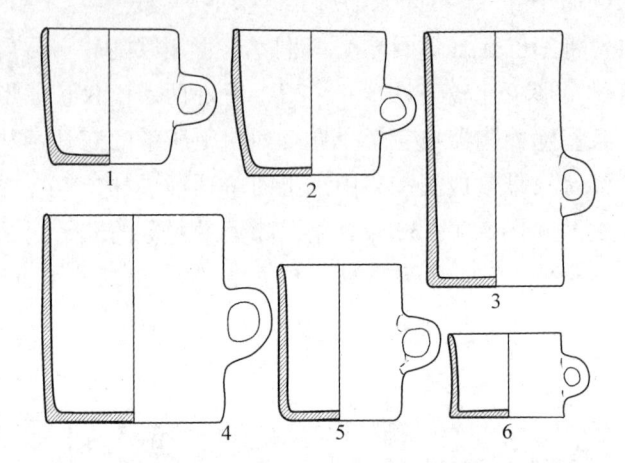

图 3.1-3　洋海三号墓地出土桶形杯（采自《吐鲁番学研究》2004 年第 1 期）
1. M344∶6　2. M341∶1　3. M371∶2　4. M372∶2　5. M373∶10　6. M346∶4

　　由以上分析，可知苏贝希文化洋海类型中的洞室墓源于甘肃地区的沙井文化。

　　虽然洋海类型洞室墓文化因素看似东来，但考虑到前文已分析过甘青地区的洞室墓也源于欧亚草原西部的洞室墓文化，故将新疆东部的洞室墓文化因素均看作是西来文化因素是大致不差的，只不过要明晰其间可分直接来源和间接来源两种。

　　3. 土坯

　　土坯在新疆东部青铜时代的林雅文化、焉不拉克文化和苏贝希文化中有大量分布，如林雅墓地、焉不拉克墓地、焉不拉克古城、艾斯克霞尔墓地、苏贝希遗址、洋海墓地等，主要用作墓室建筑材料，也有作为城墙、房屋建材。其形制大多为长方体，以焉不拉克墓地为例，其长约 45 厘米、宽约 25 厘米、厚约 10 厘米，一面平整，另一面用手指按划出点、叉、槽、圆圈等纹饰。因其系干晒而成，未有羼合料，故又称日晒土坯或日晒砖。新疆东部的土坯当以林雅墓地的发现最早，但因林雅墓地资料尚未全面报道，不清楚土坯是在该墓地的哪一期开始出现，故准确的最早出现时间也不清楚。如笼统地讲，自然不会超过林雅文化的时间上限公元前二千纪初。

环顾四周，土坯这一建材并非新疆东部独有。东边的四坝文化东灰山墓地①、诺木洪文化搭里他里哈遗址②等也有发现。东灰山日晒土坯形制长约30厘米、宽约20厘米、厚约10厘米，比焉不拉克墓地土坯要短要窄，但厚度一致。张忠培探讨了东灰山土坯，认为"东灰山四坝文化制造土坯技术的出现，不仅难以同其他东方邻居的文化交往获得解释，也不便从其所在的东部文化氛围中，乃至这文化的传统及发展中得到说明，而只能归结为四坝文化与新疆古代文化的联系"。③ 即是说东灰山土坯非本地起源，其源头应向新疆追溯。水涛也认为诺木洪文化以土坯建筑为主的一些文化因素来源于新疆东部青铜文化。④

那么新疆东部的日晒土坯是自我发明还是另有源头呢？在回答这个问题之前，让我们再看看西边的情况。国内学者已作过这方面的总结。那便是：最早使用日晒土坯的地区是安纳托利亚高原新石器时代早期（公元前8000年）和约旦耶利哥遗址下层（公元前7000—前6000年），形制为面包状。在向东传播的过程中至少到了安诺文化，变为扁平的长方体。⑤ 南俄草原的辛塔什塔文化发现了土坯构筑的墓葬、城墙和居址。⑥ 林梅村更直接认为林雅墓地的青

---

① 张忠培：《东灰山墓地研究——兼论四坝文化及其在中西文化交流中的位置》，《中国考古学：走向与推进文明的历程》，紫禁城出版社2004年版，第273页；甘肃省文物考古研究所等：《民乐东灰山考古——四坝文化墓地的揭示与研究》，科学出版社1998年版。

② 青海省文物管理委员会等：《青海都兰县诺木洪搭里他里哈遗址调查与试掘》，《考古学报》1963年第1期。

③ 张忠培：《东灰山墓地研究——兼论四坝文化及其在中西文化交流中的位置》，《中国考古学：走向与推进文明的历程》，紫禁城出版社2004年版，第273页。

④ 水涛：《甘青地区青铜时代的文化结构和经济形态研究》，《中国西北地区青铜时代考古论集》，科学出版社2001年版，第283页。

⑤ 汤惠生：《条析与整合——读水涛的〈西北地区青铜时代考古论集〉》，《考古与文物》2005年第1期。

⑥ 郭物：《新疆天山地区公元前一千纪的考古学文化研究》，博士学位论文，中国社会科学院研究生院，2005年。

铜短剑、日晒土坯、实木车轮和权杖头等，源自辛塔什塔文化。①

笔者认为，新疆东部土坯与欧亚草原同类物的关系，虽囿于材料还不好直接下论断，但鉴于林雅墓地的文化因素多有东西两边的源头，且不见本地因素。因此与其说土坯是林雅人的发明或继承自本地更早文化，不如认为它源自辛塔什塔或相关考古文化。

综上，本书将日晒土坯看作西来文化因素。

4."井"字形原木葬具

"井"字形原木葬具是指用四根原木拼成"井"字形，四角不加固的葬具。它存在于新疆东部的南湾文化、苏贝希文化，也见于新疆东部以西的托里县萨孜村②、穷科克文化③乃至更西的安德罗诺沃文化④、里海北岸的迈卡乌洛夫卡下层—凯米奥巴文化⑤等，它流行于各文化的时间呈现西边早、东边晚的趋势。因此可认为"井"字形原木葬具源于西方的迈卡乌洛夫卡下层—凯米奥巴文化，是西来文化因素。

"井"字形原木葬具后来成为新疆青铜—早期铁器时代广泛流行的葬具，且出现发展变异现象。如在苏贝希文化洋海墓地第一、二期墓葬中，原木葬具四角安上了榫卯结构的短圆柱形足，中间用细木棍和苇席等铺成尸床⑥，苏贝希三号墓地个别墓葬墓底见尸床，其用圆木采取榫卯结构，做成井字形木框架，四角立有床腿⑦，而苏贝希一号墓地尸床也别有特征：用粗树枝绑成井字形框架，四角的立腿用树枝叉支起，不用榫卯结构⑧。这些均可看作是井字形原

---

① 林梅村：《吐火罗人的起源和迁徙》，《新疆文物》2002年第3—4期。
② 新疆文物考古研究所等：《托里县萨孜村古墓葬》，《新疆文物》1996年第2期。
③ 韩建业：《新疆的青铜时代和早期铁器时代文化》，文物出版社2007年版，第76页，该书称本书所指的"穷科克文化"为"伊犁河流域文化"。
④ 新疆文物考古研究所等：《托里县萨孜村古墓葬》，《新疆文物》1996年第2期。
⑤ 郭物：《新疆天山地区公元前一千纪的考古学文化研究》，博士学位论文，中国社会科学院研究生院，2005年。
⑥ 新疆文物考古研究所等：《鄯善县洋海一号墓地发掘简报》；新疆文物考古研究所等：《鄯善县洋海二号墓地发掘简报》，《新疆文物》2004年第1期。
⑦ 穆舜英主编：《新疆通志文物志》，新疆人民出版社2007年版，第294页。
⑧ 同上书，第296页。

木葬具的变异或发展，其中带榫卯结构的尸床，虽属晚起的更"高档"形式，但其主体框架源于井字形原木葬具形式是有迹可寻的。

二 金属器

新疆东部的金属器（或许包括冶金术）出现于该区域青铜时代早期（约公元前2000年前后），但相对于金属器出现最早的近东（公元前7000年）、较早的欧亚草原（公元前4500年）和甘青地区（公元前3000年左右），该地一如前面交代过的洞室墓一样，也处于时间马鞍的鞍底部。上述欧亚草原、新疆及甘青地区冶金术和铜器形制的诸多相似，使我们相信它们之间存在着源流关系。具体到新疆东部，一如其考古文化多由甘青和欧亚草原的青铜文化碰撞汇流而成，其金属器和冶金术，也分别包含有东部甘青地区和西部欧亚草原的文化因子。

下面先分析来自西方的文化因素。

1. 青铜矛

青铜矛（图3.1-4：6）见于林雅墓地，矛身呈柳叶状，有扁平短柄（铤），用来安插矛杆。类似形制还见于新疆西北部的塔城（图3.1-4：5），其铤部呈六棱形。更多的类似青铜矛广泛见于欧亚草原的安德罗诺沃文化（图3.1-4：4）、辛塔什塔文化（图3.1-4：3）、阿凡纳谢沃文化（图3.1-4：2）、颜那亚文化（图3.1-4：1）等，根据它们之间的时间早晚关系，此种矛自然是由颜那亚文化发端并逐步传到新疆东部来的。

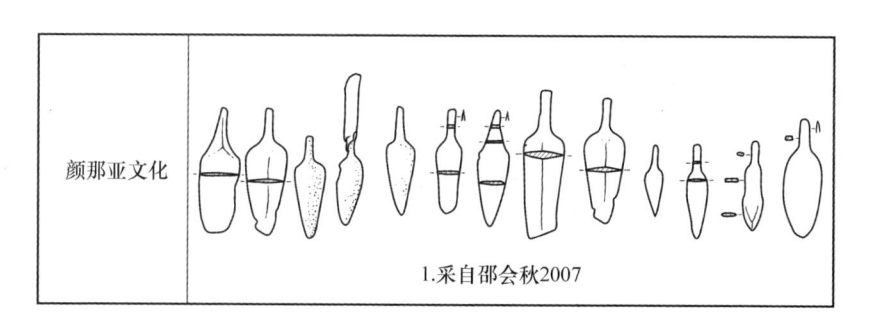

颜那亚文化

1.采自邵会秋2007

文化	图
阿凡纳谢沃文化	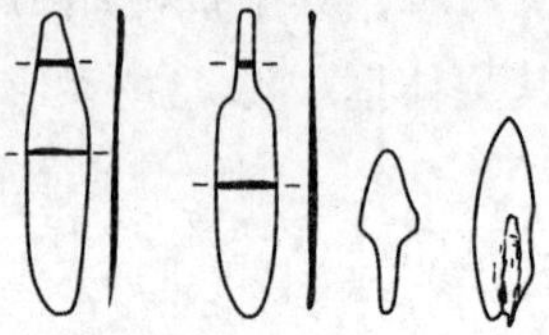 2.采自邵会秋2007
辛塔什塔文化	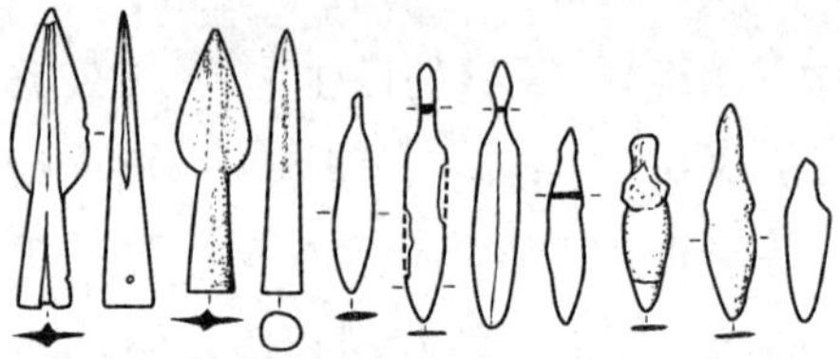 3.采自邵会秋2007
安德罗诺沃文化	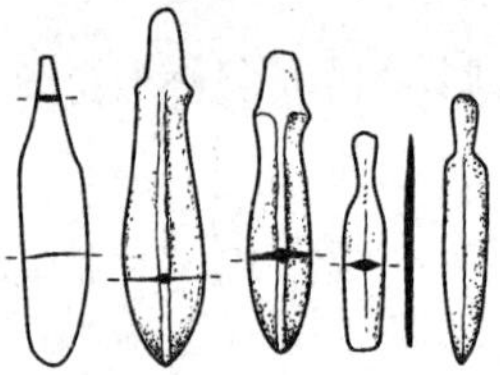 4.采自邵会秋2007
塔城	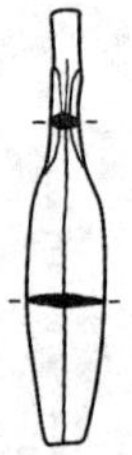 5.采自李肖等：《新疆文物》1995年第2期
林雅文化	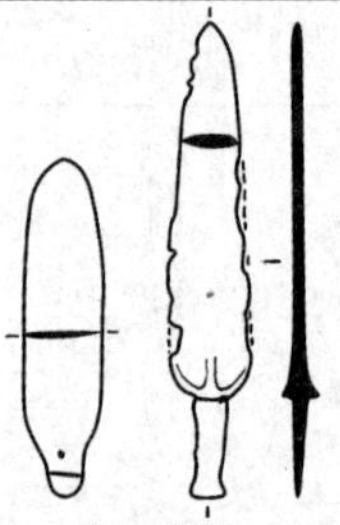 6.采自李水城：《考古学报》2005年第3期

图 3.1-4 欧亚草原至新疆各考古文化的青铜矛

2. 青铜镰

青铜镰也见于林雅墓地，弧背凹刃，锋尖锐，略微向上翘起，尾部有一圆孔。该型铜镰广见于新疆西北和欧亚草原上的安德罗诺沃文化，由该型铜镰出土数量上后两者的多见而前者的仅见，并参考三者的存在时间，可知青铜镰也是自西而东传播的（图 3.1-5）。

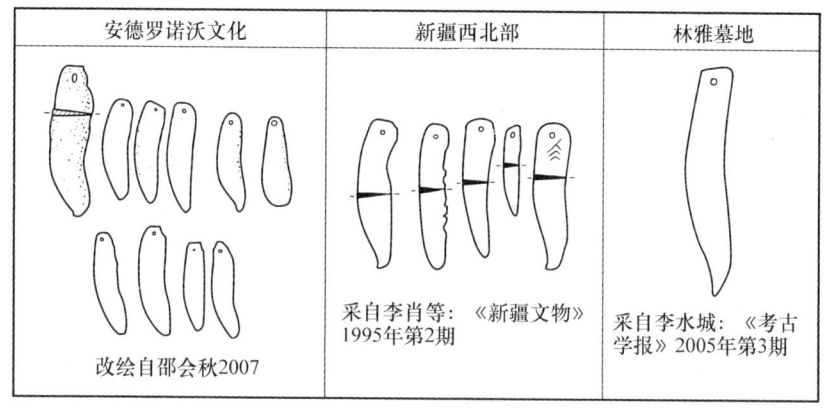

图 3.1-5　安德罗诺沃文化、新疆西北及林雅墓地出土铜镰

3. 铜钩镰

铜钩镰发现于南湾墓地，其镰锋有一倒钩，故名。在中国境内尚未再发现同类型器物，却与哈萨克斯坦的安德罗诺沃文化晚期瓦里科瓦亚（Valikovaya）陶器文化圈的同类器相似，应是后者影响了前者之故（图 3.1-6）。

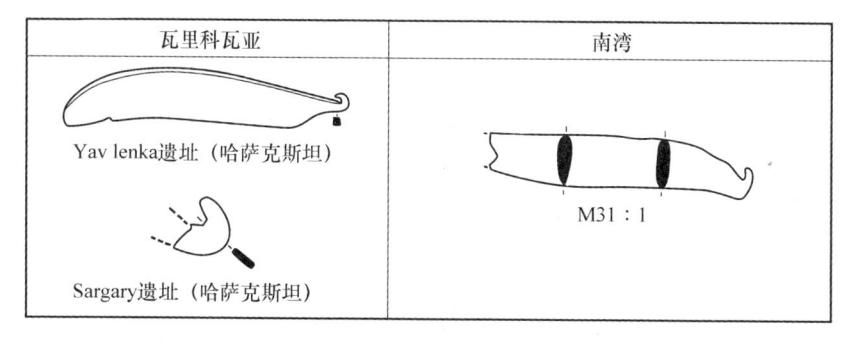

图 3.1-6　瓦里科瓦亚与南湾铜钩镰（采自潜伟 2006）

4. 横銎斧

横銎斧是指銎管方向与斧刃—斧尾方向呈垂直或接近垂直的管銎斧。横銎斧见于新疆东部的南湾墓地和洋海一号墓地（图3.1-7：1-3）。銎管均较长，形制上略有别。南湾墓地横銎斧在斧面与銎管相交处的两侧各有一圆孔。銎尾上附有圆孔环，但已残，故也可能仅是两个一大一小的突起。因未见实物，遽难断定。洋海一号墓地两件横銎斧斧尾均有环状突起。其中一件銎上有五个小圆孔，圆孔上下两侧各有一条点状装饰带。另一件管銎两端各有卷唇突起。这种长管横銎斧形似"马首"，应与产生于伊朗地区的马首形管銎斧有渊源关系（图3.1-7：4）。① 但在它们之间应还有演变的中间环节。如南湾墓地斧体横截面呈六边形，与大多数呈圆角长方形相比大异其趣。与此形成对照的是，中国北方晋陕黄河两岸，也出土了较多马首形管銎斧（图3.1-7：5-7），且它们的形制与起源地伊朗地区的同类器更为接近。这又说明晋陕高原的马首形管銎斧虽传自伊朗，但传播路线恐非新疆地区。此外，卡约文化潘家梁遗址也见有一件横銎斧（图3.1-7：8），它倒是显示了与中国北方地区横銎斧更多的近似性。

5. 竖銎斧

竖銎斧见于林雅和洋海一号墓地（图3.1-8：1-2）。是指銎孔方向与斧刃—斧尾所在方向平行的管銎斧。在新疆境内还见于新疆西北地区的伊犁特克斯县（图3.1-8：3）和塔城市（图3.1-8：4）。而时代更早的应是塞伊玛—图比诺文化中的同类器②（图3.1-8：5-10）。甘青地区的齐家文化也出土过单耳和双耳竖銎斧（图3.1-8：11-12）。故林雅和洋海一号墓地的竖銎斧也有东来影响的可能性。但考虑到即便是齐家文化的竖銎斧，也是源自西方

---

① 李刚：《中国北方青铜器的欧亚草原文化因素》，博士学位论文，南开大学，2004年。

② 梅建军、[日]高滨秀：《塞伊玛—图比诺现象和中国西北地区的早期青铜文化——兼评帕尔青格教授"塞伊玛—图比诺现象和西伯利亚动物纹饰的起源"一文》，《新疆文物》2003年第1期。

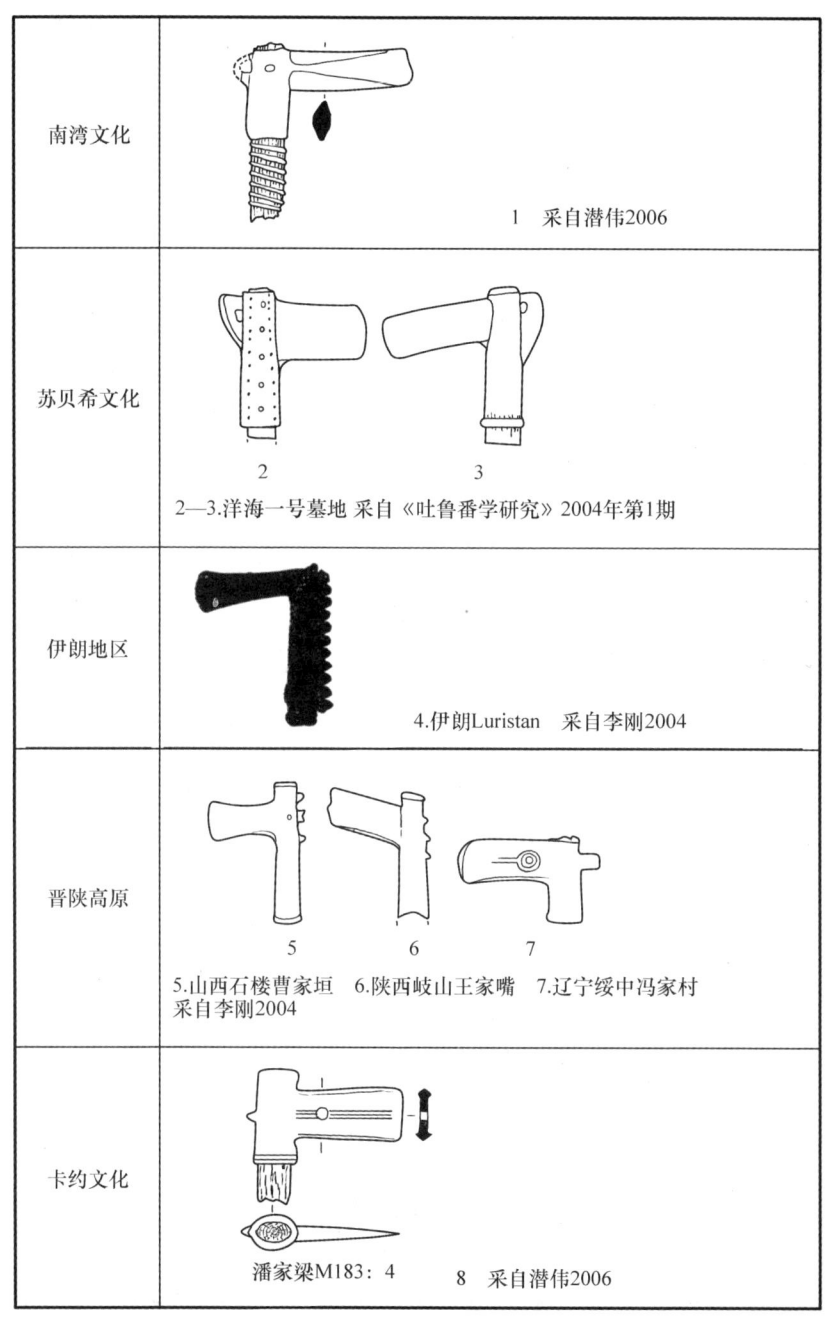

第三章　新疆东部所见早期东西文化交流的考古学探索　241

南湾文化	1　采自潜伟2006
苏贝希文化	2　　3 2—3.洋海一号墓地　采自《吐鲁番学研究》2004年第1期
伊朗地区	4.伊朗Luristan　采自李刚2004
晋陕高原	5　6　7 5.山西石楼曹家垣　6.陕西岐山王家嘴　7.辽宁绥中冯家村 采自李刚2004
卡约文化	潘家梁M183：4　　8　采自潜伟2006

图 3.1-7　南湾文化与伊朗地区及晋陕高原马首形横銎斧比较

林雅墓地	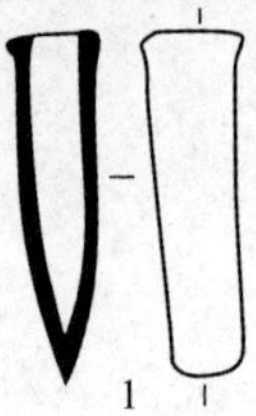 1 采自《苏秉琦与中国当代考古学》
洋海一号墓地	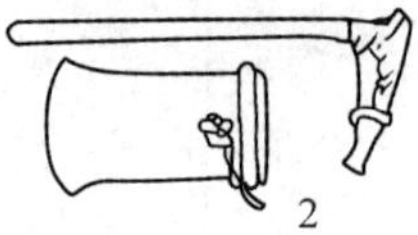 2 采自《吐鲁番学研究》2004年第1期
新疆西北地区	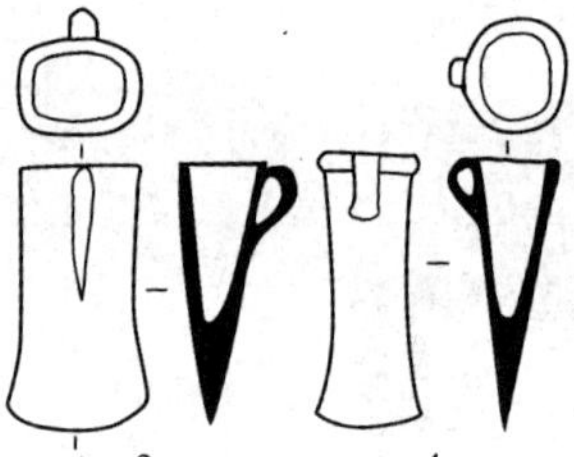 3 4 3.伊犁特克斯县 4.新疆塔城 采自《新疆文物》1995年第2期
塞伊玛—图比诺文化	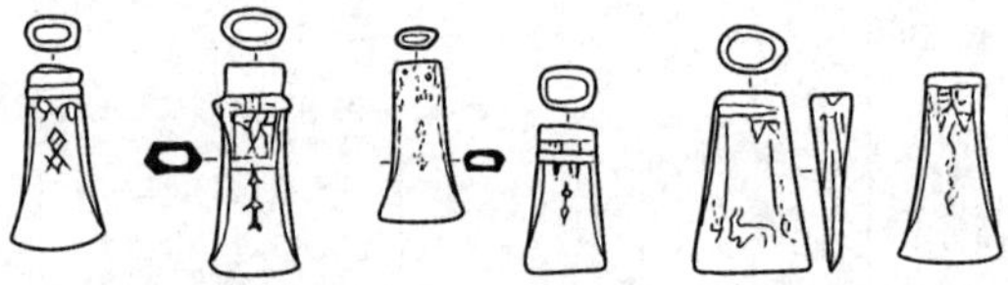 5 6 7 8 9 10 采自邵会秋2007
齐家文化	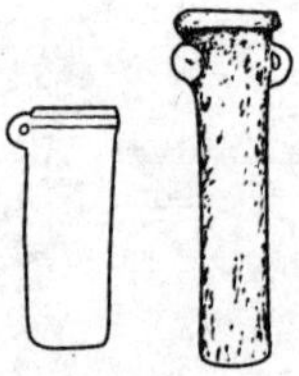 11 12 采自李水城:《考古学报》2005年第3期

图3.1-8 林雅墓地及相关遗存的竖銎斧

的塞伊玛—图比诺文化。① 故从文化传播的起始点上来看,说林雅和洋海一号墓地的竖銎斧源于西方,属西来的文化因素,是没有问题的。

6. 透銎斧

透銎斧是指銎孔从斧面一侧穿透而出的管銎斧。这种斧也见于新疆东部的林雅墓地(图3.1-9:1)。还见于新疆西北部的塔城(图3.1-9:2)和甘青地区的四坝文化(图3.1-9:3),而最远端的发现地点是中亚和西伯利亚②(图3.1-9:4)。它们的相同或类似形制透露了它们之间的传承关系。而据研究,透銎斧的传播大方向是从西向东。③ 这样,即便林雅墓地的透銎斧像竖銎斧一样仍有从东边(四坝文化)向西传到新疆东部的可能性,但鉴于我们已对该器物起源地的把握,将新疆东部的透銎斧看作是西来的文化因素是符合我们对该器物的总认知的。

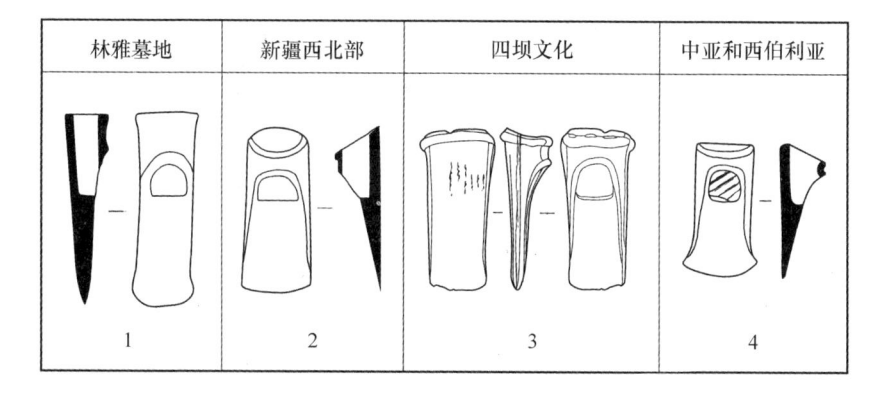

林雅墓地	新疆西北部	四坝文化	中亚和西伯利亚
1	2	3	4

图3.1-9 林雅墓地透銎斧与相关遗存同类器比较(采自李水城:《考古学报》2005年第3期)

---

① Louisa G. Fitzgerald-Huber, Qijia and Erlitou: the Question of Contacts with Distant Cultures, *Early China*, 20 (1995), pp. 40-52.

② 李水城:《西北与中原早期冶铜业的区域特征及交互作用》,《考古学报》2005年第3期。

③ 同上。

7. 长銎铜戈

长銎铜戈发现于苏贝希文化。板房沟铜器群出土一件,洋海墓地出土过两件。其形略似中原的戈,最大区别是中原的戈其胡乃扁平形,边有穿,而苏贝希文化戈乃长管銎形,銎上有一圆孔。南西伯利亚的塔加尔文化有大量长銎铜戈的发现。它们之间有明显的继承和演变关系,根据年代和各地发现数量多寡的比较,应是后者影响了前者(图3.1-10)。

塔加尔文化	苏贝希文化	
	板房沟	洋海
李肖:《新疆文物》1995年第2期;邵会秋2007	李肖:《新疆文物》1995年第2期	李肖:《新疆文物》1995年第2期

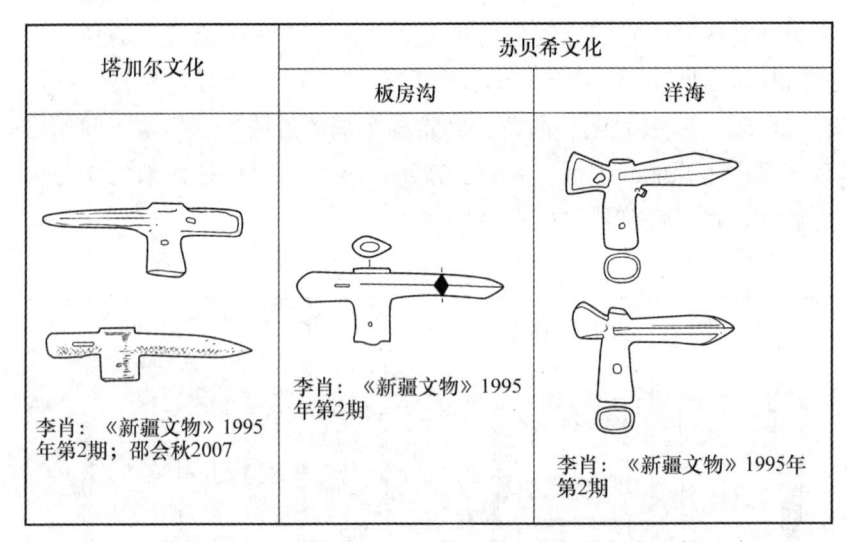

图3.1-10 塔加尔文化与苏贝希文化长銎铜戈比较

8. 环首铜刀

环首铜刀在新疆东部的林雅、南湾、焉不拉克和苏贝希文化中都有发现,且多数呈弓背,也称环首弓背刀。据吕恩国等的介绍[①],林雅文化第二至四期均有发现,按所介绍的不完全统计,该文化有7—8件之多(有一件柄端已残,按形制推断似有环首)。南湾文化发现有2件,分别出自东黑沟和兰州湾子石筑高台遗址。焉不拉克

---

① 吕恩国、常喜恩、王炳华:《新疆青铜时代考古文化浅论》,《苏秉琦与当代中国考古学》,科学出版社2001年版,第183页。

文化发现有4件①，均出土于焉不拉克墓地，其中2件也有残断，推测其原有环首。苏贝希文化发现有3件，均出土于洋海一号墓地。② 此种刀还发现于东边的齐家和四坝文化③，西边则远至欧亚草原的安德罗诺沃文化和塞伊玛—图比诺文化④。这些环首刀形制的相似说明了它们之间有密切的传承关系。有学者已研究了四坝文化铜器⑤，发现一些器形如环首铜刀、穿銎斧、骨柄铜锥、喇叭口耳环、连珠饰等表现出与北方欧亚草原铜器相一致的风格。至于这种一致是否能说明两者之间的渊源关系，有的学者存而未论⑥，有的学者认为齐家、四坝文化同欧亚草原青铜文化有联系，其通道大致在河西走廊和新疆东部⑦。笔者赞同胡博（Huber）的观点，即塞伊玛—图比诺文化影响了齐家文化，前者向后者传播文化的比较可能的路线是从罗托夫克沿鄂毕河上游向东，进入蒙古，沿蒙古阿尔泰山向南，最后沿额济纳河到达甘肃河西走廊。⑧ 这即是说，齐家和四坝文化的环首铜刀（实物或制作技术）是由西方的安德罗诺沃和塞伊玛—图比诺文化传播而来。新疆东部的环首刀则有两种传

---

① 新疆维吾尔自治区文化厅文物处等：《哈密焉不拉克墓地发掘报告》，《考古学报》1989年第3期。
② 新疆文物考古研究所等：《吐鲁番考古新收获——鄯善县洋海墓地发掘简报》，《吐鲁番学研究》2004年第1期。
③ 李水城：《西北与中原早期冶铜业的区域特征及交互作用》，《考古学报》2005年第3期。
④ 邵会秋：《新疆史前时期文化格局的演进及其与周邻地区文化的关系》，博士学位论文，吉林大学，2007年。
⑤ 李水城、水涛：《四坝文化铜器研究》，《文物》2000年第3期；梅建军、[日]高滨秀：《塞伊玛—图比诺现象和中国西北地区的早期青铜文化——兼评帕尔青格教授"塞伊玛—图比诺现象和西伯利亚动物纹饰的起源"一文》，《新疆文物》2003年第1期。
⑥ 李水城、水涛：《四坝文化铜器研究》，《文物》2000年第3期。
⑦ 梅建军、[日]高滨秀：《塞伊玛—图比诺现象和中国西北地区的早期青铜文化——兼评帕尔青格教授"塞伊玛—图比诺现象和西伯利亚动物纹饰的起源"一文》，《新疆文物》2003年第1期。
⑧ [美]胡博：《齐家与二里头：远距离文化互动的讨论》，[美]夏含夷主编：《远方的时习——〈古代中国〉精选集》，上海古籍出版社2008年版，第25—37页。但笔者认为外来文化最先到达的地方是甘肃东部而非其西的河西走廊，这从外来文化综合体首先出现的区域可以感觉到。如兰州土谷台半山—马厂文化中出现的屈肢葬和洞室墓等。

播可能性：东来或西来。但正如竖銎斧和透銎斧一样，即便是直接传自甘青，追根溯源，其西方文化因素的本质不会改变（图3.1–11）。

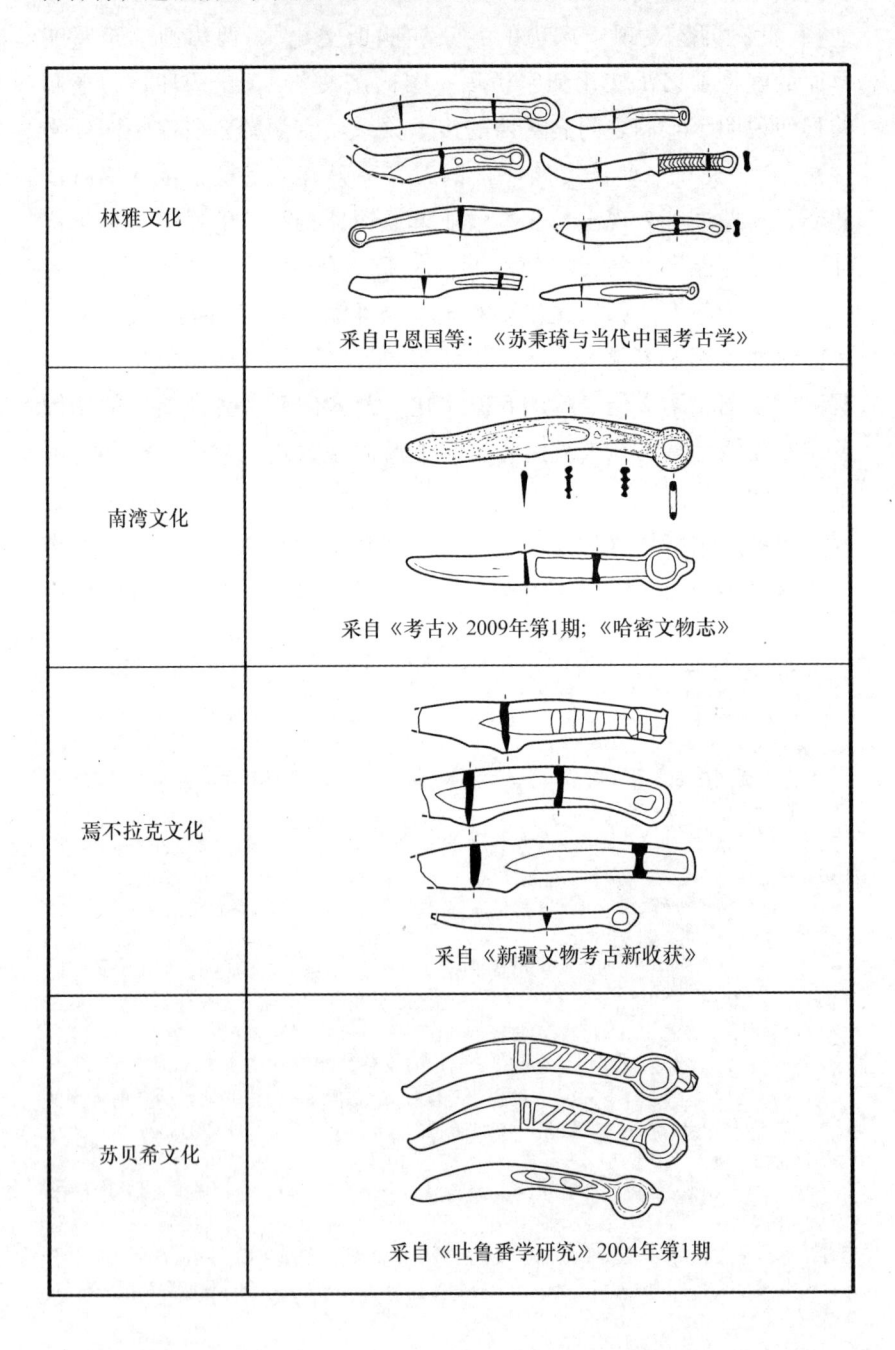

林雅文化	采自吕恩国等：《苏秉琦与当代中国考古学》
南湾文化	采自《考古》2009年第1期；《哈密文物志》
焉不拉克文化	采自《新疆文物考古新收获》
苏贝希文化	采自《吐鲁番学研究》2004年第1期

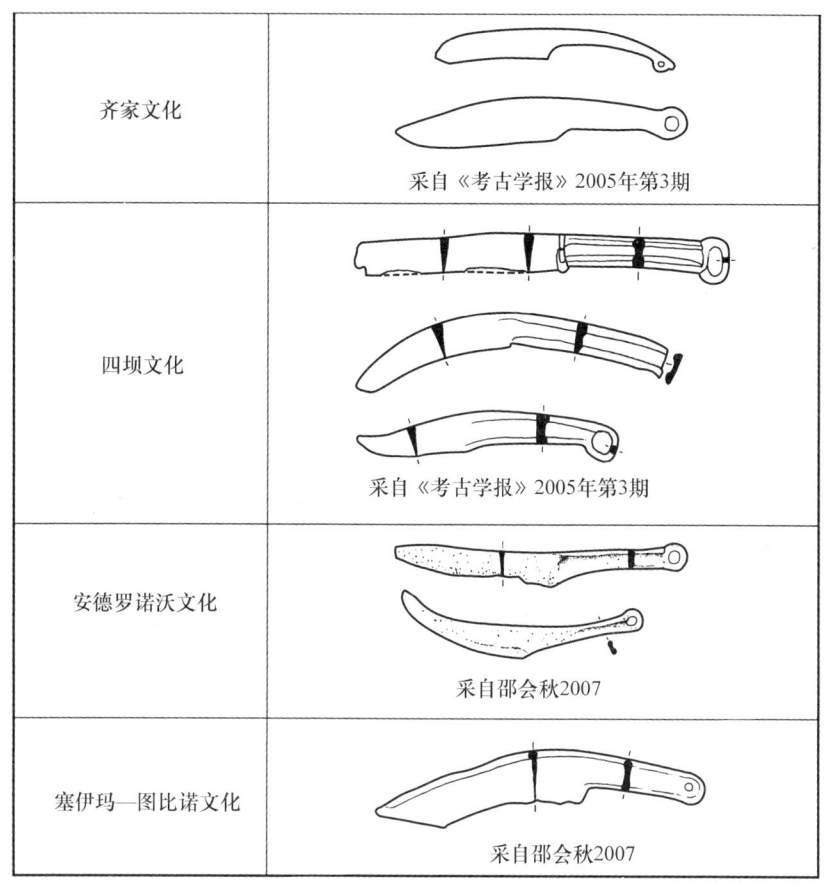

齐家文化	采自《考古学报》2005年第3期
四坝文化	采自《考古学报》2005年第3期
安德罗诺沃文化	采自邵会秋2007
塞伊玛—图比诺文化	采自邵会秋2007

图 3.1-11 新疆东部发现的环首铜刀及与周缘地区同类器比较

9. 骨（木）柄铜锥

骨柄铜锥已见于新疆东部的南湾、焉不拉克和苏贝希文化，其形制一端为圆锥形的铜锥，有尖锋；另一端常呈圆角四棱形，安装在骨柄或木柄内。此种铜锥在东边的齐家和四坝文化中也有发现，而远在西北方向的南西伯利亚奥库涅夫和塞伊玛—图比诺文化也有形制上完全相同的同类器。梅建军等认为四坝文化的铜锥应是受到奥库涅夫文化影响的产物。[①] 笔者完全赞同。至于新疆东部的铜锥，

---

① 梅建军、［日］高滨秀：《塞伊玛—图比诺现象和中国西北地区的早期青铜文化——兼评帕尔青格教授"塞伊玛—图比诺现象和西伯利亚动物纹饰的起源"一文》，《新疆文物》2003 年第 1 期。

仍存在受东边的四坝文化的直接影响和受西边的近邻影响这两种可能。但考虑到甘青地区的铜锥也应看作是西来的文化因素这一认识，故将骨（木）柄铜锥放在此节加以介绍（图3.1-12）。

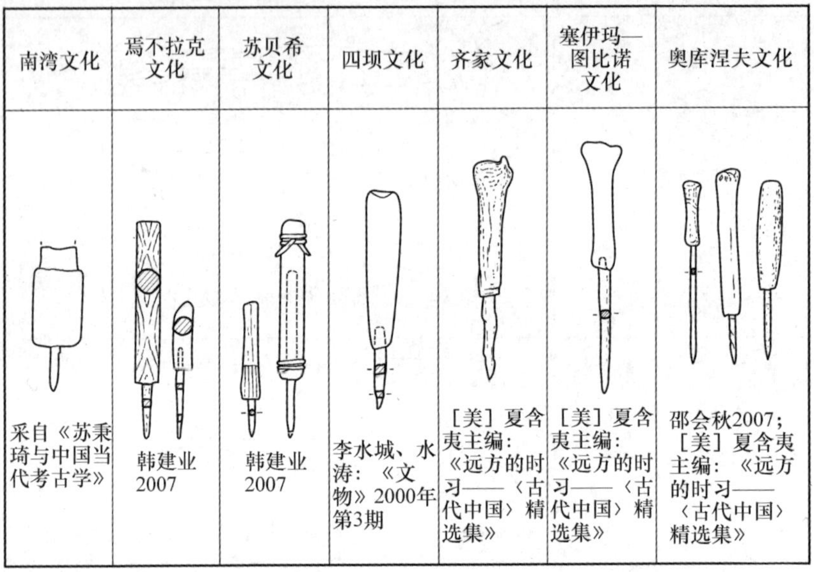

南湾文化	焉不拉克文化	苏贝希文化	四坝文化	齐家文化	塞伊玛—图比诺文化	奥库涅夫文化
采自《苏秉琦与中国当代考古学》	韩建业2007	韩建业2007	李水城、水涛：《文物》2000年第3期	[美]夏含夷主编：《远方的时习——〈古代中国〉精选集》	[美]夏含夷主编：《远方的时习——〈古代中国〉精选集》	邵会秋2007；[美]夏含夷主编：《远方的时习——〈古代中国〉精选集》

图3.1-12 新疆东部骨（木）柄铜锥及与周缘地区同类器比较

10. 青铜承兽方盘

此盘发现于苏贝希文化阿拉沟竖穴木椁墓，属该文化第三期。方盘器底为喇叭形方座，座上承方盘，盘中伫立二异兽。兽与盘、盘与器座之间用"贴焊"方法连接固定。类似器物在伊犁地区、中亚七河地区和东哈萨克斯坦均有发现（图3.1-13），虽细部特征有异同，但其基本风格一致。① 有的学者称其为祭台。② 具有此种功能的器物在里海北岸的萨夫罗马泰文化中有大量发现，只是该文

---

① 穆舜英等：《建国以来新疆考古的主要收获》，《新疆考古三十年》，新疆人民出版社1983年版，第5页。
② ［俄］А.Н.伯恩斯坦姆：《谢米列契和天山历史文化的几个主要阶段》，《新疆文物》，1992年译文专刊，第17—44页。

化祭台大部分以石头制成，上面往往装饰有动物纹。可见苏贝希文化中的承兽盘源于西方是没有问题的。

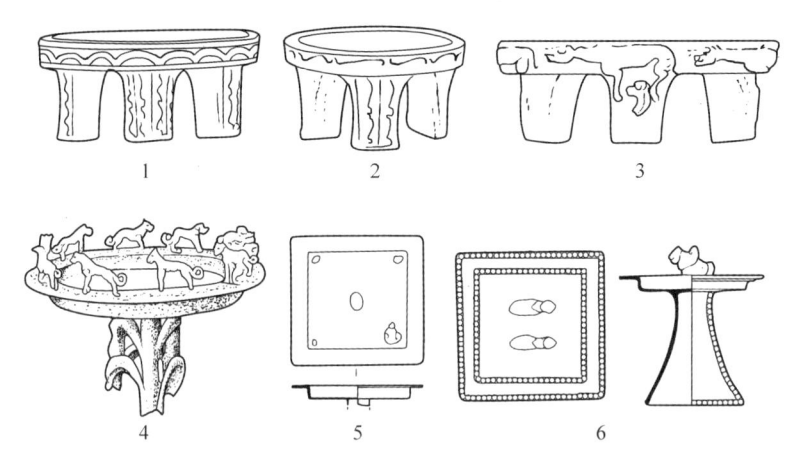

图 3.1－13　各地出土的承兽盘及相关器物比较（改绘自邵会秋 2007）

1—3. 萨夫罗马泰文化　4. 东哈萨克斯坦　5. 新源　6. 阿拉沟墓地 M30

11. 青铜镜

青铜镜见于新疆东部的林雅、南湾、焉不拉克和苏贝希文化（图 3.1－14）。多为圆形，背面正中有一桥形钮。只有出土于苏贝希文化的铜镜无桥形钮，其中苏贝希三号墓地的一件铜镜残缺处存两个铜眼，柴窝堡墓地的一枚铜镜在镜边缘突起一环状钮，从而有别于其他铜镜。关于中原出土的数量不多的西周以前的青铜镜的来源，刘学堂作过很好的研究，他认为中原青铜镜应源自西域。① 在笔者看来，更不能忽略甘青地区齐家、卡约等文化中的铜镜对中原的影响。因为它们之间的文化交流及地利之便更盛于西域。② 故与其说中原青铜镜源自西域，不如说其源自甘青更能让人信服。且新

---

① 刘学堂：《新疆地区青铜时代到早期铁器时代考古文化中的两个问题》，《青果集——吉林大学考古专业成立二十周年考古论文集》，知识出版社 1993 年版，第 309—313 页。

② Louisa G. Fitzgerald-Huber, Qijia and Erlitou: the Question of Contacts with Distant Cultures, *Early China* 20 (1995), pp. 40－52.

疆东部的青铜镜也有来自甘青地区的可能性。现在的问题是，甘青地区的铜镜其源头何在？笔者将要在本章第三节集中讨论甘青地区的"外来文化综合体"问题，这其中之一的外来文化因子便是冶金术和铜器。我们认为，甘青地区的冶金术及铜器和其他外来文化因子一样，均源自西北方向的欧亚草原。美国学者胡博（Huber）曾讨论过齐家文化与欧亚草原上的塞伊玛—图比诺文化的关联，他从齐家文化诸多金属工具如竖銎斧、带柄刀、骨柄刀、骨柄锥等均能在塞伊玛—图比诺文化中找到源头出发，论证了前者受到后者影响的观点。[1] 虽然目前尚未看到塞伊玛—图比诺文化中是否有铜镜，但考古工作者在中亚的安德罗诺沃文化遗存中发现了带柄铜镜。而后两者在欧亚草原有频繁的文化交流，完全可以将具有同种功能的铜镜文化传递到新疆和甘青地区。

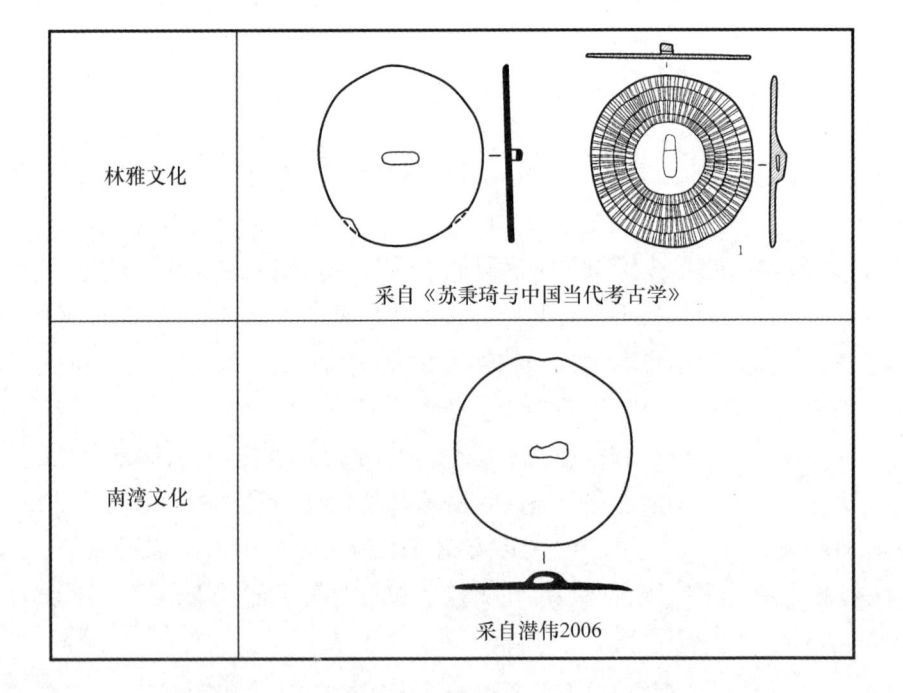

林雅文化	（采自《苏秉琦与中国当代考古学》）
南湾文化	（采自潜伟2006）

---

[1] Louisa G. Fitzgerald-Huber, Qijia and Erlitou: the Question of Contacts with Distant Cultures, *Early China* 20 (1995), pp. 40–52.

焉不拉克文化	采自《考古学报》2005年第3期
苏贝希文化	左:采自《新疆通志文物志》 右:采自韩建业2007
齐家文化	采自《新疆文物》2003年第1期；《考古学文化论集》（一）
卡约文化	采自潜伟2006
安德罗诺沃文化	采自邵会秋2007

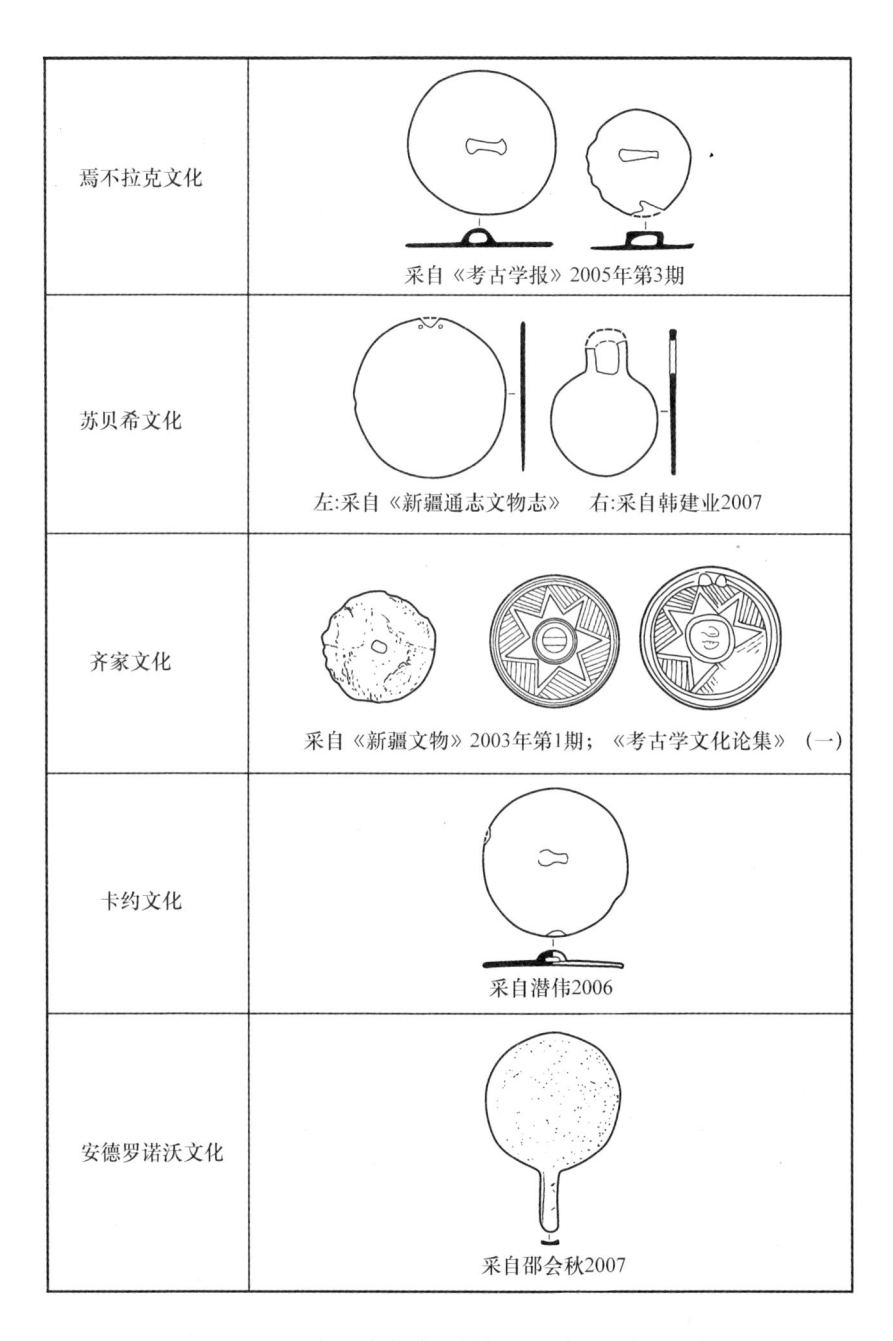

图 3.1-14 新疆东部青铜镜与周围地区同类器比较

12. 六角金花

六角金花是指一种金质六角花形饰物，在苏贝希文化中有较多发现，如洋海墓地、交河沟北墓地、艾丁湖墓地、阿拉沟墓地等，其中阿拉沟墓地还伴出大量金银饰牌，有一件虎纹圆金牌，在伊朗见有同类物（图 3.1-15）。①

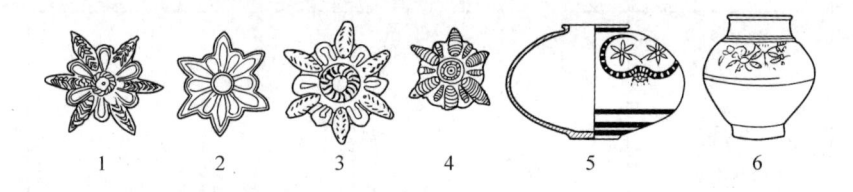

图 3.1-15 苏贝希文化六角金花与相关器物比较（采自邵会秋 2007）

1. 洋海墓地 2. 阿拉沟墓地 3. 交河沟北墓地 4. 艾丁湖墓地 5. 早期印度文化 6. 哈拉帕文化

六角金花不见于我国内地，也尚未发现欧亚草原有此类物，但在西亚、中亚南部及印度地区的早期定居社会中，有较为普遍的花形装饰，当地流行的印章很多都制成花的形状。② 因此六角金花饰品或许是受到了中亚南部的影响而出现的。

13. 格里芬形象牌饰

格里芬形象牌饰发现于巴里坤东黑沟墓地。属苏贝希文化晚期。三件牌饰出于一座墓，两件为同形的圆银牌饰，压模而成，格里芬形象特征为鸟首、鹿角和马蹄足。另一件为方形银牌饰，属长方形牌饰残截后继续使用。故主体图案不完整，只见一个鸟首和兽体的后半部，推测也应是格里芬形象（图 3.1-16）。

格里芬作为一种传说中的神兽，近来得到了学者们的关注和研

---

① 穆舜英等：《建国以来新疆考古的主要收获》，《新疆考古三十年》，新疆人民出版社 1983 年版，第 5 页。

② 邵会秋：《新疆史前时期文化格局的演进及其与周邻地区文化的关系》，博士学位论文，吉林大学，2007 年。

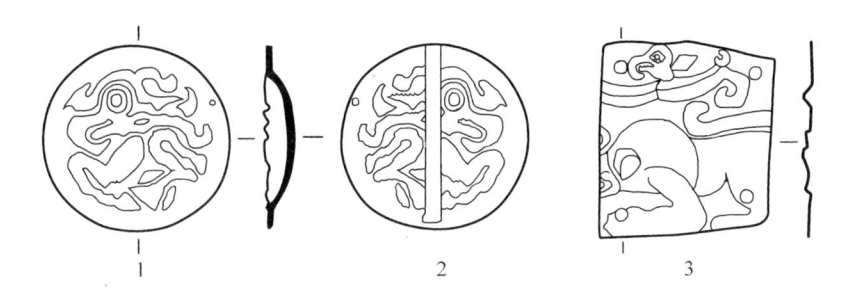

图 3.1－16　东黑沟墓地出土格里芬形象银牌饰（采自《新疆文物》
　　　　　　2007 年第 2 期）

1—3. M012 银牌饰

究。① 尤以日本学者林俊雄对该艺术形象进行了全方位的探讨。② 他认为格里芬形象诞生于美索不达米亚的苏萨，然后向西、东两方传播，他指出巴泽雷克 2 号墓古尸的文身中具有格里芬部分特征，还认为新疆伊犁出土的对兽铜环实际是格里芬形象装饰品，可能是祭祀时用来覆盖铜镜的。现在巴里坤草原格里芬形象的发现，弥补了该形象继续向东传播中新疆东部应具有的一环。

汉晋南朝石刻中的有翼神兽，属格里芬形象在中国的表现之一，但已超出本书要讨论的范围，不赘。

三　陶器

陶器是人类的伟大发明。自新石器时代以来，已分布到世界各地的人类在自身文化的基础上创制了各具特色的陶制品。在笔者看来，东西方早期陶器最大的分野便在于有耳和无耳。东方陶容器多带耳，西方陶容器均无耳，晚期少量带耳器的出现，显是受到东方影响的结果。且不管这种分野的内在机制如何，仅从表象，这种二

---

①　林梅村：《谁是阿尔泰深山金字塔式陵墓的主人》，《古道西风——考古新发现所见中西文化交流》，生活·读书·新知三联书店 2000 年版，第 85—96 页；李零：《入山与出塞》，文物出版社 2004 年版，第 87—144 页。

②　[日] 林俊雄：《グリワィンの飛翔——聖獸からみた文化交流》，雄山阁 2006 年版。

分现象可以作为判别新疆东部陶器文化因素东西来源的指针。

西方系统的无耳器还可细分出三大陶器系统：尖底陶器；平底陶器；圜底陶器。它们分别对应于欧亚草原的印欧系统文化阿凡纳谢沃文化、辛塔什塔文化和安德罗诺沃文化、卡拉苏克文化。而这三大系统陶器在颜那亚文化中均有发端。①

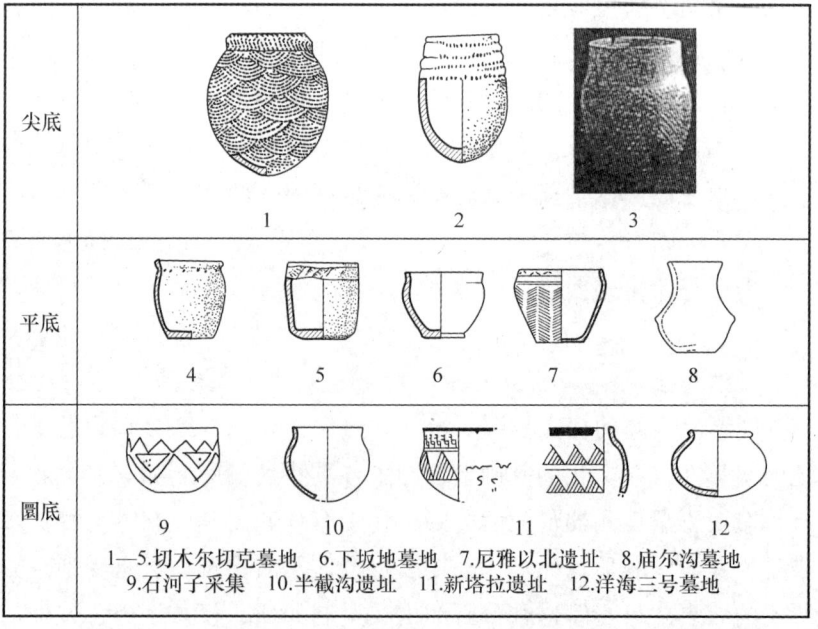

图3.1-17反映的是全疆的西来因素陶器，具体到新疆东部，有天山北麓的奇台西坎尔孜遗址的尖底卵形陶罐、奇台半截沟遗址圜底罐、新疆东部天山南北大量发现的无耳壶、杯、钵、盆、釜等陶器。它们应属西来文化因素作用下出现的器物。相对于新疆东部青铜时代大量存在的带耳陶器，它们在数量上比较微弱，只是到了晚期无耳器数量上才有了增加，显示了西来文化因素在陶器上影响

1—5.切木尔切克墓地　6.下坂地墓地　7.尼雅以北遗址　8.庙尔沟墓地
9.石河子采集　10.半截沟遗址　11.新塔拉遗址　12.洋海三号墓地

图3.1-17　新疆西来文化影响的三大系统陶器举例（部分改绘自郭物2005）

---

① 郭物：《新疆天山地区公元前一千纪的考古学文化研究》，博士学位论文，中国社会科学院研究生院，2005年。

的加深。但相比带耳器,数量上仍不占优。

林雅墓地曾出土有数件圜底和平底贯耳陶罐(图 3.1 - 18),其器体造型显然来自西方系统,但双贯耳和彩绘风格不见于西方而属东来文化因素。这属于一种"融合型"器物①,即在一件器物上便包括了不同来源的文化因素。它们将东西文化交流现象细化到了某一件器物上,值得特别重视。

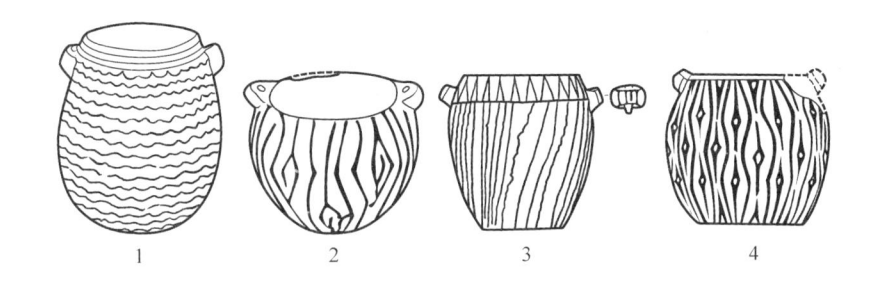

图 3.1 - 18　林雅墓地出土的贯耳陶器(分别采自李水城:《新疆文物》1999 年第 1 期;吕恩国等:《苏秉琦与中国当代考古学》)
1—2. 双贯耳圜底罐　3—4. 双贯耳平底罐

还需要提到的是零星出现于新疆的胡须纹陶器。它的特征是在陶器的颈肩部,有一条附加堆纹装饰带,但带端不封闭,而是向下折成短尾,短尾之间有一小间隔,形如胡须。这种纹饰是中部欧亚草原青铜时代晚期的突出特征,西方称绳纹陶文化,一般装饰在平底缸的肩部,向东分布到了新疆和甘肃。有学者认为这种陶器的扩散反映了操原始伊朗语人群的扩张。② 这种陶器在新疆东部的木垒、奇台和哈密花园乡各出有一件缸形陶罐,甘肃河西走廊也有发现。

---

① 宋玲平:《关于文化因素分析方法在青铜文化研究实践中的思考》,《中原文物》2006 年第 6 期。
② 郭物:《新疆天山地区公元前一千纪的考古学文化研究》,博士学位论文,中国社会科学院研究生院,2005 年。

另在伊吾卡尔桑遗址发现有这种器物口沿。① 焉耆盆地的多岗墓地发现有不少带胡须纹的带流罐，群巴克墓地也发现一件（图3.1-19）。这反映了本地陶器器形与西来陶器纹饰的结合。

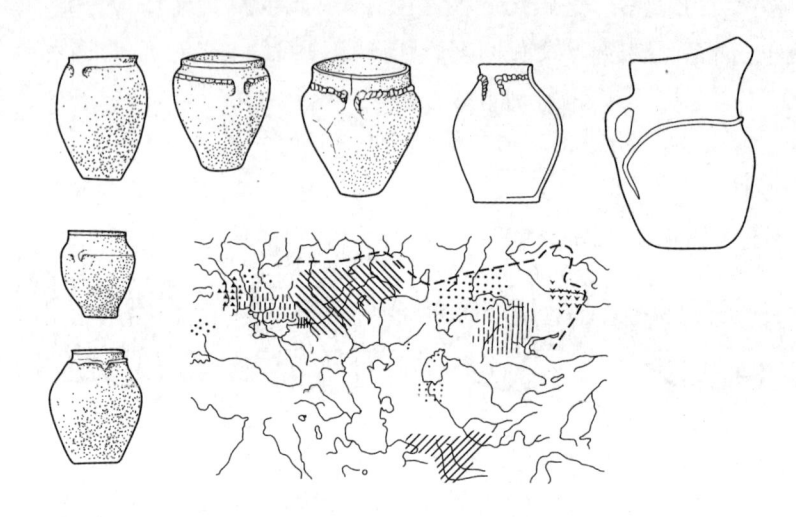

图3.1-19　欧亚草原及新疆的部分胡须纹陶器（采自郭物2005）

四　其他文化因素

新疆东部的青铜时代，西来的文化因素除上述三类外，还涉及很多方面。下面再举其大略，以概其余。

1. 仰身屈肢、仰身直肢葬式

新疆东部的仰身屈肢葬式主要存在于苏贝希文化第二期，焉不拉克文化第二期也有少量发现。而小河文化的全部葬式和苏贝希文化的大部分葬式为仰身直肢。

仰身屈肢葬式最早见于颜那亚文化，被称为"颜那亚葬式"。②

---

① 郭物：《新疆天山地区公元前一千纪的考古学文化研究》，博士学位论文，中国社会科学院研究生院，2005年；刘学堂、李文瑛：《中国早期青铜文化的起源及其相关问题新探》，《藏学学刊》第3辑，四川大学出版社2007年版，第46页。

② 郭物：《新疆天山地区公元前一千纪的考古学文化研究》，博士学位论文，中国社会科学院研究生院，2005年。

也见于阿凡纳谢沃文化、辛塔什塔文化、奥库涅夫文化。此葬式在上述文化中与侧身屈肢葬式并存。新疆以东地区不见仰身屈肢葬。即便在新疆东部的哈密盆地，青铜时代早期的林雅文化全为侧身屈肢葬，直到晚期的焉不拉克文化中期，才出现少量仰身屈肢葬式，这应该是从西边的吐鲁番盆地传播而来。由上述分析可知，新疆东部的仰身屈肢葬式应源自西边的欧亚草原诸存在该葬式的文化。

仰身直肢葬式在欧亚大陆史前文化中有广泛分布。它也一直是东亚大陆的主要葬式。在欧亚草原，它先出现于卡拉苏克文化，后又成为后续考古文化塔加尔文化、新疆西北部的穷科克文化的主体葬式，并且一直向东进入苏贝希文化分布区。而此时的哈密盆地，仍是侧身屈肢葬式占绝对优势。即便存在极个别的仰身直肢葬（如焉不拉克墓地M30），经与其他葬俗一并分析后，可认定其源于西边的苏贝希文化。因存在着哈密盆地侧身屈肢葬式的隔离，故其东的甘青地区如四坝文化等虽以仰身直肢葬式为主，但不可能将此种葬式越哈密盆地传播到以西的新疆地区。因此，苏贝希文化的仰身直肢葬式只可能有一种来源，那便是其西边的穷科克文化。这就是说，新疆东部的仰身直肢葬式属西来文化因素。

至于小河文化的仰身直肢葬式，因其开始年代早于卡拉苏克文化，不可能受后者影响。但其全部文化面貌属西方即印欧文化的范畴，自然也排除了单在葬式上受东方影响的可能性。故小河文化的仰身直肢葬式也应如该文化的所有因素一样，纯然来自西方的印欧文化，属西来文化因素。只是具体到它的文化源头何在？还需我们做更深入的研讨才能解答。

2. 无头葬

无头葬指骨架中不见头骨的墓葬。新疆东部此种葬式主要见于苏贝希文化，如大龙口墓地①、东黑沟墓地M001②等。西边的穷科

---

① 新疆文物考古研究所：《新疆吉木萨尔县大龙口古墓葬》，《考古》1997年第9期。
② 新疆文物考古研究所等：《2006年巴里坤东黑沟遗址发掘》，《新疆文物》2007年第2期。

克文化也见有这种葬俗。①

在中原，殷墟有很多身首异处的"人头坑"和"无头葬"，苏雪林认为那是故意做成无头战神或战神部下的模样来保卫王陵。并推测被黄帝斩杀，头葬寿张、身葬巨野的蚩尤乃是一位无头战神。②

关于无头战神，西方神话里更是渊源有自。苏雪林梳理了印度、希腊、西亚等地的无头战神资料，认为它们之间有渊源关系，均源于西亚神话。③

新疆地区的无头葬，或许也是这种神话思维支配的结果。如是，其源头当在西方。前面谈到的殷墟无头葬，蚩尤身首异处等，也当是这种思维东传的结果。只不过，这说明此种西方文化因子进入东土的时代很早，且早于新疆在公元前一千纪才出现的无头葬。这又说明中原的无头葬若源自西方，则其传播路线并非新疆，而是另有途径。考虑到殷墟文化与北方青铜文化和南西伯利亚的卡拉苏克文化的交往关系，其途径当在北方草原。

3. 祭坛

祭坛是指用以祭祀的地方，通常用砂石构筑成高台形状。石构祭坛被认为是印欧文化的一个特点④，其常以牛、马、羊等牲畜为牺牲，不同于东方设坑为祭，以猪作牺牲。当然东方也有以牛、羊为牺牲的，但较为晚出。

中亚地区的石构祭坛很普遍，常见用石块堆成圆环形或先用扁平石板铺设地面，周围再绕以石圈。⑤

新疆地区的石构祭坛也很多见。穷科克文化的穷科克Ⅰ号

---

① 新疆文物考古研究所：《尼勒克县穷科克一号墓地考古发掘报告》，《新疆文物》2002年第3—4期。

② 苏雪林：《屈赋论丛》，武汉大学出版社2007年版，第12页。

③ 苏雪林：《国殇与无头战神》，《屈原与〈九歌〉》，武汉大学出版社2007年版，第205—229页。

④ 郭物：《新疆天山地区公元前一千纪的考古学文化研究》，博士学位论文，中国社会科学院研究生院，2005年。

⑤ [法] A. H. 丹尼等主编，芮传明译：《中亚文明史》第一卷，中国对外翻译出版公司2002年版，第293页。

墓地、察吾乎文化的察吾乎Ⅳ号墓地、哈布其罕Ⅰ号墓地均有发现。新疆东部的祭坛遗存主要存在于兰州湾子石构建筑遗存、东黑沟遗址中的石筑高台遗存等。类似的高台建筑在南湾文化分布区还有多处，它们均十分高大。苏贝希文化祭坛发现了大龙口和柴窝堡两处，它们的外表更像是墓葬形状，只是地下不见墓穴，有的底部铺设一层卵石等，与南湾文化的高大祭坛区别较大，而近于西边的察吾乎文化、穷科克文化及中亚的贝希肯特墓地等。①

甘青地区的齐家文化，除了发现有祭祀坑这样的东方文化因子外，也见到石圈祭坛这样的西来因素。如在大何庄和秦魏家遗址发现由砾石筑成的"石圆圈"遗迹。大何庄1号"石圆圈"遗迹东边有一具被砍掉头的母牛骨架，腹内还有尚未出生的小牛骨骼。西边有一具羊骨架。在附近还发现卜骨和动物骨骼等。② 齐家文化兼具东西的祭祀遗迹值得特别重视。其实不光是石构祭坛这一样西方因素存在于齐家文化，甘青地区的半山—马厂文化、齐家文化、四坝文化等还或多或少存在着屈肢葬、洞室墓、冶金术、砷铜、权杖头、小麦等属于西方因素的文化综合体。这些综合体的出现时间反比它们在新疆出现的时间早，它们从何而来？笔者在此先提出问题，然后在本章第三节中专门予以探讨。

4. 殉马

殉马是指下葬时以马为殉，随葬于墓坑或墓葬附近的殉马坑中的现象。欧亚草原从颜那亚文化开始出现殉马现象，辛塔什塔文化尤其突出。有学者统计辛塔什塔墓葬殉牲比例高达90%③，除了多见殉马外，也有殉葬羊、牛等其他动物。

---

① ［法］A. H. 丹尼等主编，芮传明译：《中亚文明史》第一卷，中国对外翻译出版公司2002年版，第293页。

② 谢端琚：《甘青地区史前考古》，文物出版社2002年版，第127—128页。

③ S. A. Grigoryev, The Sintashta Culture and the Indo-European Problem, In: *Commplex Societies of Central Eurasia from the 3rd to the 1st Millennium BC*, Washington D. C, 2002, pp. 149 – 160.

新疆青铜至早期铁器时代存在殉马现象的有穷科克文化、察吾乎文化和苏贝希文化。在苏贝希文化中，有见整匹马分层殉葬于墓坑填土中①，更多的是殉于专设的殉马坑中。如交河沟北墓地，殉马坑多为圆形竖穴土坑，一坑殉1—2匹，个别4匹。也偶见殉驼的。一组大墓殉马20—30匹左右。②

殉马现象尚不见于哈密盆地，更不见于其东的甘青地区，这充分说明了这一现象的西方文化特质。

5. 牛头、羊头、马头随葬现象

相对于殉马现象，新疆东部青铜时代以牛头、羊头、马头或牲畜其他部分随葬的现象更为普遍。新疆东部的五支考古文化，除林雅文化仅发现零星的羊骨随葬外，其余四支文化均有较多牲畜随葬现象。在这里特别想辨别的是牛、羊、马头随葬现象的文化来源。

其实在上章"生殖崇拜文化讨论"一节中，笔者辨析牛头、牛角随葬的寓意时已涉及过该文化现象的源头。即该现象应源于以土耳其公元前6000年的卡托·胡玉克神庙壁画为代表的西方。且羊头、马头随葬也一并有此寓意和起源。

新疆东部青铜时代的五支考古文化中，小河文化和苏贝希文化乌拉泊类型的牛头、羊头、马头随葬现象更为普遍，而其东的林雅文化、南湾文化、焉不拉克文化及苏贝希文化洋海类型等，此类随葬现象较少甚或微乎其微。这种方位上的分布规律进一步说明了此现象的西来性质。

6. 倒三角符号

倒三角符号是指平面呈倒三角的图形，它广泛存在于新疆东部青铜时代的彩陶、木器、服饰及其他器物上，通常成排或成组出现。

---

① 新疆文物考古研究所等：《2006年巴里坤东黑沟遗址发掘》，《新疆文物》2007年第2期。

② 联合国教科文组织驻中国代表处等：《交河故城——1993、1994年度考古发掘报告》，东方出版社1998年版，第36—45页。

关于倒三角符号的寓意，有多位学者作过研究①，并得出了较为一致的结论：倒三角符号象征女阴或女性，表达女性生殖及早期人类强烈的生殖崇拜愿望。我们尚需追索的是表达这一意愿的倒三角纹的文化渊源。

法国人类学家勒鲁瓦—古昂对欧洲旧石器晚期洞穴岩画上的动物及刻画符号进行了研究，认为岩画上的三角、椭圆、长方形符号表示雌性生殖器。② 我们再看一幅公元前 1400 年的古埃及绘画，在画面中上部占主体位置的是一象征天空和星星的女神，她四肢着地，身体凌空横置，全身满画着星星符号，在其下腰处画有一倒三角，其意甚明（图 3.1－20）。施里曼在特洛伊遗址中发掘到一尊娜娜女神像（图见第二章图 2.6－2），其"阴户以一个巨大的三角表示"。③

图 3.1－20　古埃及绘画中所描述的关于天空、星星、人、神和大地的传说（采自岑家梧：《图腾艺术史》）

可以看出，西方自旧石器时代晚期以来，用倒三角符号表示女

---

① 例如法国的勒鲁瓦—古昂著，俞灏敏译：《史前宗教》，上海文艺出版社 1990 年版；国内的有卫聚贤、芮传明、余太山、龚维英、赵国华、刘学堂等学者。

② ［法］勒鲁瓦—古昂著，俞灏敏译：《史前宗教》，上海文艺出版社 1990 年版，第 104 页。

③ 芮传明、余太山：《中西纹饰比较》，上海古籍出版社 1995 年版，第 76 页。

阴和女性不仅寓意明确,且渊源有自。新疆东部众多青铜时代遗存中的倒三角符(图3.1-21),仍表达的是这一寓意,其文化源头自不待言。

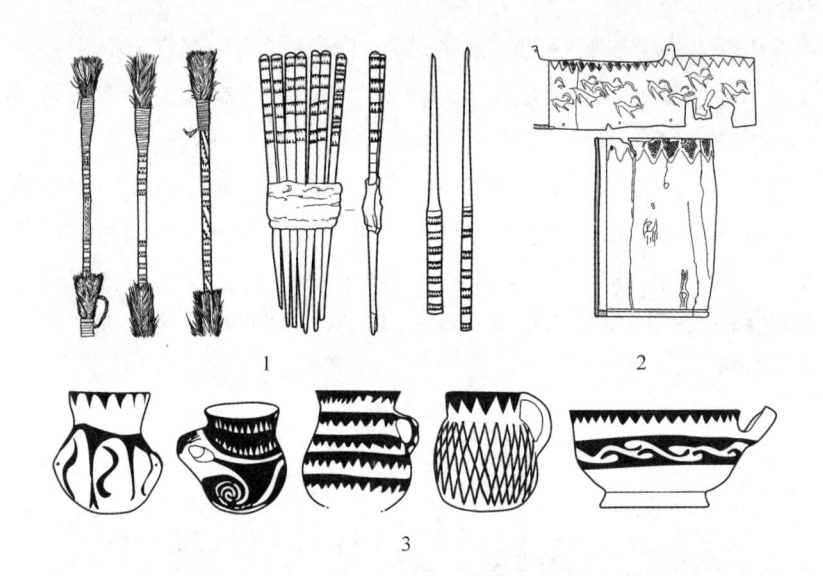

图3.1-21 新疆东部各种器物上的倒三角纹举例
1. 小河文化的木器 2. 洋海墓地的木桶 3. 新疆东部各遗存彩陶上的倒三角纹

7. "尚七"现象

"尚七"现象是指古代印欧民族在生殖崇拜文化中崇尚数字"七",将"七"这一数字概念用于日常生活和死后世界的方方面面的现象。如印度婆罗门教神话中有七重世界、世界上有七大洲,古印度的马祭要立二十一根祭柱(7×3),西亚民族宗教建筑有七座拱门、七个尖塔、七级台阶,甚至南北的窗户也各为七扇等等,至于源自西方的一周七天的星期制度,现更是传播到世界各地,成为当今世界共享的文化成果。

新疆东部的"尚七"现象,笔者在上章"生殖崇拜文化讨论"一节中已分析过小河墓地的众多"尚七"现象,此不赘述。在新疆东部其他遗存中,也还存在一些"尚七"现象。如大龙口墓地有一座大墓周缘环布7个小石圈（图3.1-22：1，现只残存2个）。南湾文化的横銎斧柄上有七道弦纹（图3.1-22：2），哈密五堡和焉不拉克墓地各出土了一把羊形柄七齿木梳（图3.1-22：3）等等。

西方的"尚七"观念也有传播到甘青地区的迹象。如齐家文化中便出有一枚七角星纹铜镜（图3.1-22：4）。不过从时间上看，该铜镜的时代早于新疆东部存在相关"尚七"现象的遗存，故不应传自新疆，它应仍是甘青地区非传自新疆的外来文化综合体的一分子。

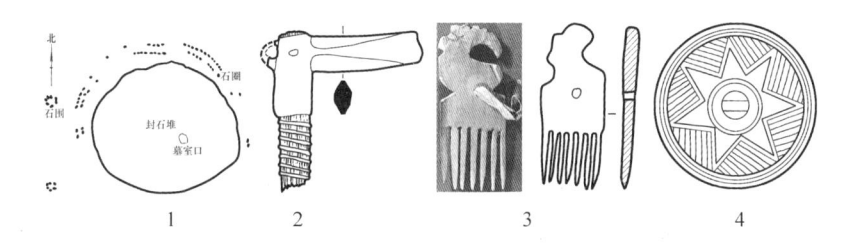

图3.1-22 新疆东部及甘青地区"尚七"现象遗存举例
1. 大龙口M9石圈外7个小石围 2. 南湾墓地横銎斧 3. 五堡和焉不拉克墓地七齿木梳 4. 齐家文化七角星纹铜镜

8. 兽首柄容器

兽首柄容器是指安有兽首（牛头、羊头）的容器，质地有石、陶、木等。笔者认为，牛、羊头柄容器之所以塑出牛、羊头的形象，仍是前文已述及的牛首—牛角意象的反映，其生殖崇拜意蕴和文化来源一仍其旧。下面以实例说明。

伊朗著名的苏萨遗址曾出有一个牛头石杯（图3.1-23：1）。无独有偶。在北疆克尔木齐（切木尔切克）墓地，也出有一牛首石杯（图3.1-23：2），只是牛首与苏萨的相比略有简化。此外巴里坤草原的卡尔桑遗址（图3.1-23：3）、焉耆盆地的新塔拉遗址（图3.1-23：4），也曾发现有柄石臼，它们是上述牛头石杯的进一步简化形式。苏贝希文化洋海墓地发现过两件羊首陶豆（图3.1-23：5-6），其文化基因应与牛头杯一致。

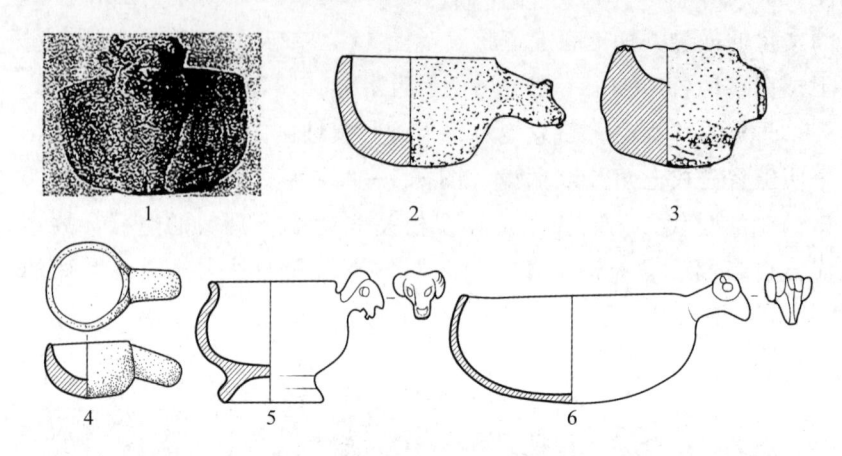

图 3.1-23　自西向东传播的兽首柄容器举例（图中 1—4
　　　　　　改绘自郭物 2005）
　　1. 苏萨遗址　2. 克尔木齐墓地　3. 卡尔桑遗址　4. 新塔拉遗址　5—6. 洋海二号墓地

9. 权杖头

新疆东部发现权杖头的遗存有三处，分别是小河墓地①、哈密市二道沟、奇台县红旗机器厂②。小河墓地权杖头发现于该墓地木房式墓葬墓室底部，圆形石质，中部的圆孔里还插有已朽断的木质杖杆（图 3.1-24）。

关于权杖头的源流，李水城做过很好的研究。③ 他认为权杖头属外来文化因素，起源于公元前 3500 年或更早的古埃及和近东一带，中国发现的权杖头全部出于西北地区，主要为甘肃、陕西西部、新疆等地，其形态与近东和中亚发现的同类物非常相似。值得注意的是，中国境内出土的最早的权杖头并非处在东西文化交流前

---

① 新疆文物考古研究所小河考古队：《罗布泊小河墓地考古发掘的重要收获》，《吐鲁番学研究》2005 年第 1 期。
② 李水城：《权杖头：古丝绸之路早期文化交流的重要见证》，《中国社会科学院古代文明研究中心通讯》第 4 期。
③ 同上。

沿地带的新疆，而是偏向中原的甘肃天水（公元前3000年左右）。① 这种状况会使哈密二道沟和奇台红旗机器厂出土的权杖头无法肯定是来自西方还是传自甘肃，但小河墓地的单一文化特征能让我们肯定出于该处的权杖头应源自西方。

权杖头这一西方文化因素在进入现今中国境内时不是首先落脚新疆而是偏于中原的甘肃，再一次与前文提到的甘青地区外来文化综合体相契合。这种文化现象背后的历史动因是什么？大大值得玩味。笔者将尝试在本章第三节作解析。

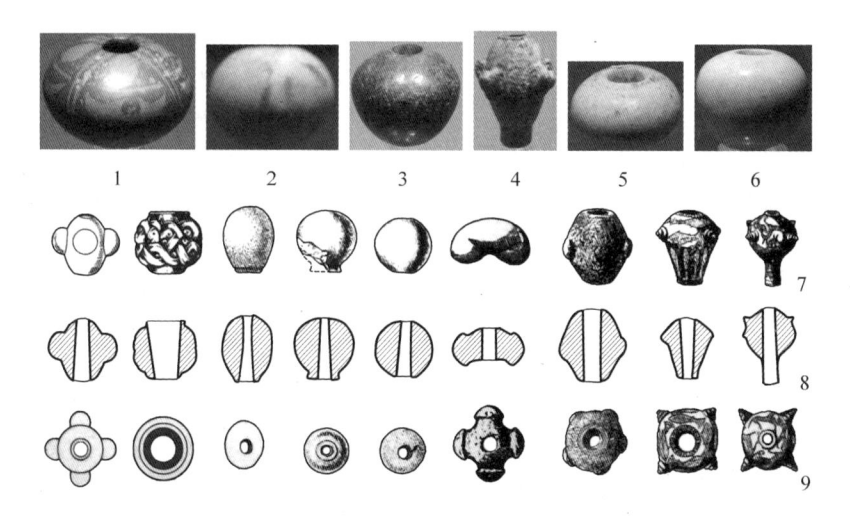

图3.1-24 甘青地区发现的权杖头与近东的同类器比较

1—6. 甘肃省境内出土的彩陶、石质、青铜权杖头 7—9. 古埃及、近东、黑海、里海周边地区的权杖头（7为正视图、8为剖视图、9为俯视图。1—9均引自甘肃省博物馆丝绸之路文化展览）

10. 马车（车轮）

车、车轮和马车这种凝聚了人类复杂智慧的"高科技"产品，当然不是从来就有的，也不太可能一夜春风便千树齐开于世界各

---

① 李水城：《权杖头：古丝绸之路早期文化交流的重要见证》，《中国社会科学院古代文明研究中心通讯》第4期。

地,尤其是那种结构上相同或有承袭关系的车,应该有着共同的起源。

关于马车的起源,学者们已做了很多研究。多数学者的观点是:车子起源于两河流域和高加索地区,然后向西传入欧洲、非洲,向北、向东传入欧亚草原、印度和中国。① 也有部分学者倾向中国马车是本土起源。② 这里说的中国马车,实际指的是中原马车。至于新疆青铜时代出现的马车遗存,其西来迹象十分清晰,想必持中国马车本土起源说的学者,也不会有不同意见。

新疆东部马车遗存目前已发现两类:无辐车轮和车辆岩画。前者出土于哈密五堡墓地,后者分布甚多,尤集中于巴里坤草原各山前地带。

五堡墓地无辐车轮由三块胡杨木相叠并以榫卯连接而成。直径79厘米,轮宽12厘米左右。车毂很难同轮体区分开来,只是在中部微有变厚。毂中空纳轴,毂孔内还残留着轴木。车轮表面有明显使用痕迹,并有砂粒嵌入其中(图3.1-25)。无辐车轮毂的形态随时代而起变化,通常时代越早越接近于平面,较晚的毂部比较突出。由此可知五堡车轮属偏早阶段。王海城认为五堡车轮与高加索地区发现的以喀申墓地为代表的无辐车轮(四轮或双轮车)最为接近,时代约为公元前1500年左右。③

---

① Littauer, M. A. and J. H. Crouwel, 1979, *Wheeled Vehicles and Ridden Animals in the Ancient Near East*, Leiden: E. J. Brill;李学勤:《比较考古学随笔》,广西师范大学出版社1997年版,第71—79页;林沄:《对南山根M102出土刻纹骨版的一些看法》,《林沄学术文集》,中国大百科全书出版社1998年版,第296—301页;乌恩:《论古代战车及其相关问题》,《内蒙古文物考古文集》第一辑,中国大百科全书出版社1994年版,第327—335页;王巍:《商代马车渊源蠡测》,《中国商文化国际学术讨论会论文集》,中国大百科全书出版社1998年版,第380—388页;王海城:《中国马车的起源》,《欧亚学刊》第三辑,中华书局2002年版,第1—75页。

② 孙机:《中国古代马车的系驾法》,《自然科学史研究》1984年第2期;王建中、邱克:《殷代战车渊源初探》,《公路交通编史研究》1987年第5期;翟德芳:《商周时期马车起源初探》,《华夏考古》1988年第1期;郑若葵:《论中国古代马车的渊源》,《华夏考古》1995年第3期。

③ 王海城:《中国马车的起源》,《欧亚学刊》第三辑,中华书局2002年版,第41页。

第三章　新疆东部所见早期东西文化交流的考古学探索　267

无论西亚还是欧亚草原，四轮和双轮无辐车一直很流行，年代最早的可追溯至公元前四千纪末。据统计，俄罗斯境内目前已发现了250多辆四轮和双轮无辐车，这些车子的年代都比五堡墓地的车轮要早。① 另外，美国学者芭博研究了五堡墓地出土的毛织品，认为它们的纺织技术源于公元前二千纪后期的高加索地区。② 这为五堡车轮源自高加索地区的观点又加重了一重砝码。

图 3.1-25　五堡墓地车轮（采自《哈密古代文明》）

巴里坤草原发现的车辆岩画很多（图 3.1-26）。且多为有辐车，少数为无辐车。从形制上看它们应晚于五堡车轮所代表的时代。

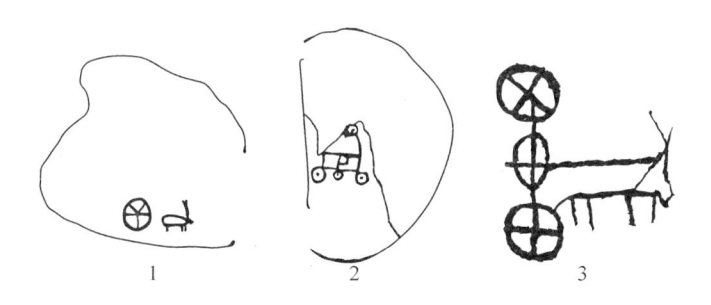

图 3.1-26　巴里坤草原的车辆岩画（采自苏北海：《新疆岩画》）
1—2. 巴里坤县兰州湾子岩画　3. 巴里坤县李家湾岩画

---

① 王海城：《中国马车的起源》，《欧亚学刊》第三辑，中华书局 2002 年版，第 42 页。
② Barber, E. J. W., 1998, Bronze Age Cloth and Clothing of the TarimBasin: The Koraina (loulan) and Qumul (Hami) Evidence, In *The Bronze Age and Early Iron Age Peoples of Eastern Central Asia*, ed. Victor H. Mair, philadelphia, University of Pennsylvania Museum, vol. 2, pp. 647–655.

11. 复合弓

复合弓又叫反曲弓，它是相对于简单弓而言。简单弓张弦后外形如"D"，复合弓张弦后外形如"B"，后者在弓干上增加了复合材料，结构上比前者复杂得多。比如复合弓需要在弓干的木板条或竹板条的外侧面粘贴上牛筋（或其他动物肌腱），在内侧面粘贴或绑缚上牛角片（或牛和其他动物的骨片），以加强弓的弹力，增加弓的射程。

新疆东部发现复合弓的遗存有洋海一、三号墓地、苏贝希一、三号墓地（图3.1-27），共发现复合弓三十余张，其中洋海一号墓地属苏贝希文化早期，苏贝希三号墓地属该文化中期，洋海三号墓地、苏贝希一号墓地属该文化晚期。可见复合弓贯穿于苏贝希文化始终，那么复合弓在该文化出现的最早时间也应在公元前一千纪初。

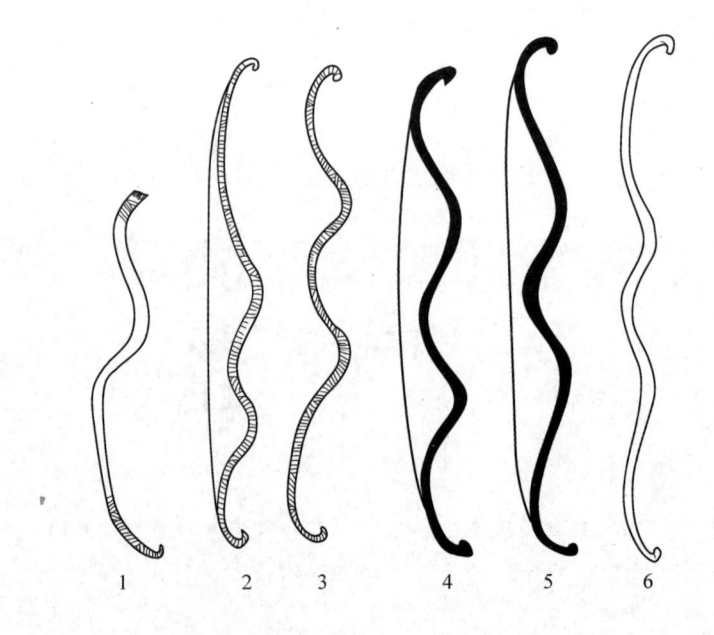

图3.1-27 苏贝希文化复合弓［采自《吐鲁番学研究》，2004年第1期；《新疆文物考古新收获》（续）］

1. 洋海一号墓地（半弓） 2—3. 洋海三号墓地 4—5. 苏贝希三号墓地 6. 苏贝希一号墓地

人类重要而古老的发明，绝大多数是在一个中心创造并从那里向外传播的，复杂的技术尤其如此。这在今天已经被越来越多的研究所证明。正如今天全世界的机械钟表或电子计算机不是各个地方同时发明的一样。① 那么复合弓这种远古时期的"高科技"是从哪里发端的呢？

周及徐根据文字记载和历史比较语言学的方法，证明复合弓技术发端于公元前3100左右的尼罗河流域，然后传播到欧亚大陆各地。这便是"弓"的另一汉语名称"柎（弣）"的上古音 * Phog 对应于印欧语词根 * Bheug（h）（弯曲）的原因。②

我们知道，甲骨文中已有"弓"字，纯然是复合弓的象形。而吐鲁番盆地的复合弓出现最早时间约为公元前一千纪初，要晚于殷墟时期。这说明殷墟期的复合弓并非由新疆传来，而是另有途径。

12. 箜篌

新疆东部的洋海墓地出土了3件木箜篌，分别属苏贝希文化的早中期，三箜篌结构类似。下面以早期箜篌为例做一描述（图3.1－28）。

木箜篌由音箱、颈、弦杆和弦组成。音箱与颈连为一体，用整块胡杨木刻挖而成。似经打磨抛光。音箱上口呈长圆形，长30厘米、宽9.8厘米、深3.5厘米。底部正中有三角形发音孔，边长3.6厘米。箱壁厚0.5—0.8厘米。口部蒙羊皮，周缘黏附箱口外沿上。蒙皮正中竖向穿着一根加工好的柽柳棍，再用5个小柽柳枝等距分穿于棍下，枝、棍交叉呈"十"字形，露出蒙皮外。再分别引一根牛筋腱做的弦到弦轴上。颈为圆柱形，长30.6厘米、直径2.8厘米。颈尾连接音箱。颈首较厚，呈圆角长方体，长8厘米、宽5.6厘米、厚3厘米，其上凿刻了圆形的铆眼以穿弦杆。弦杆圆柱形，长22厘米、直径1.8厘米，杆尾较粗，插于颈首圆孔，与箜

---

① 周及徐：《"弓"的传播和史前世界文化交流》，《历史语言学论文集》，巴蜀书社2003年版，第107页。

② 同上书，第109页。

箜颈夹角82度，杆首有明显的五道系弦痕（图3.1-28）。①

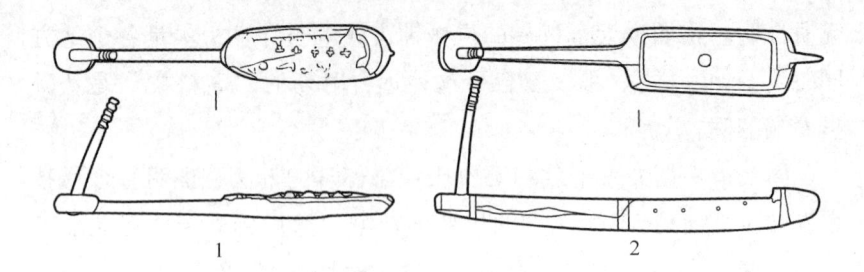

图3.1-28 洋海墓地木箜篌（采自《吐鲁番学研究》2004年第1期）
1. 洋海一号墓地　2. 洋海二号墓地

另新疆南部且末县扎滚鲁克墓地也曾发现3架木箜篌②，贺志凌认为这6件箜篌在制作材质、型制结构、各部件的比例关系及蒙皮方式上基本相似，它们具有同源关系，属于箜篌分类中的竖箜篌，其渊源为美索不达米亚的水平角形竖琴③。王博也认为扎滚鲁克箜篌主要吸收了美索不达米亚角形箜篌的基本特征。④伊斯拉菲尔·玉苏甫等认为两河流域的竖箜篌至少诞生于乌尔第一王朝（公元前27—前26世纪）时期，有乌尔第一王朝王陵中的包金牛首箜篌为证。⑤

看来，箜篌这一古老的乐器属西来的文化因素似没有什么问题。西来的箜篌并没有止步于新疆，而是继续向东进入汉地，其来

---

① 新疆文物考古研究所等：《吐鲁番考古新收获——鄯善县洋海墓地发掘简报》，《吐鲁番学研究》2004年第1期。
② 新疆博物馆等：《新疆且末扎滚鲁克一号墓地》，《新疆文物》1998年第4期；新疆博物馆考古部等：《且末扎滚鲁克二号墓地发掘简报》，《新疆文物》2002年第1—2期。
③ 贺志凌：《新疆出土箜篌的音乐考古学研究》，博士学位论文，中国艺术研究院研究生院，2005年。贺志凌在文中介绍，现代学者根据箜篌形态及奏法上的区别，将箜篌归纳为四种型制：卧箜篌、竖箜篌、弓形箜篌、凤首箜篌。
④ 王博：《新疆扎滚鲁克箜篌》，《文物》2003年第2期。
⑤ 伊斯拉菲尔·玉苏甫、安尼瓦尔·哈斯木：《古老的乐器——箜篌》，《西域研究》2001年第2期。

也久，竟至早已变身为中国传统乐器中的一员。

13. 家畜动物：羊、马、牛

说到家畜动物，还得先说说由英国考古学家柴尔德提出的"新石器革命"这一概念。新石器革命又称农业革命或食物生产革命，是指新石器时代人类由食物采集者向食物生产者转化的过程。柴尔德认为由农耕、畜牧而达到食物生产，是人类自掌握用火以来历史上一次"最伟大的经济革命"①，而革命（畜牧、农耕的起源）的策源地，柴尔德认为就旧大陆西部地区而言，发生在西亚。它以六种野生的植物、动物，变为家培作物和家畜为基础。这六种植物和动物是：二粒小麦（Emmer）、大麦、山羊、绵羊、猪，以及牛的祖先，此外还有单粒小麦（Einkorn）。②总之，山羊、绵羊和牛以及小麦和大麦，被认为最先在西亚受驯化而成为家畜和家培作物。而后随着农人和牧人的扩散而传播至欧洲、非洲和远东。

一般认为马的驯化较其他家畜为晚。通常认为在公元前3000年的亚洲中部草原，马开始被驯化并已作为畜力使用。③

新疆东部的马、牛、羊等家畜，自应由迁徙至此的农牧人所带来。小河文化尚不见东西文化交流的迹象，其遗存中牛、羊的源头自应纯属西方。其他考古文化均存在东西文化交融局面，因甘青地区有比新疆更早的畜牧业存在，故这几个文化中的马、牛、羊应存在东、西两个源头的可能。不过考虑到甘青地区比新疆东部更早就与欧亚草原上的青铜文化发生了联系④，其牧业的出现应是后者影响的结果。如此算来，即便新疆东部的牧业文化因素有一部分来自

---

① ［英］柴尔德著，安家瑗等译：《人类创造了自身》，上海三联书店2008年版，第53—80页；日知：《关于新石器革命》，《世界古代史论丛》第一集，生活·读书·新知三联书店1982年版，第234—245页。

② 转引自日知：《关于新石器革命》，《世界古代史论丛》第一集，生活·读书·新知三联书店1982年版，第237页。

③ 李璠等编著：《生物史》第五分册，科学出版社1979年版，第111页。

④ ［美］胡博著，李永迪译：《齐家与二里头：远距离文化互动的讨论》，［美］夏含夷主编：《远方的时习——〈古代中国〉精选集》，上海古籍出版社2008年版，第3—54页。

甘青，但若追踪起最远源，仍应是西边的欧亚大草原。

14. 家培植物：大麦、小麦、黍和葡萄

新疆东部青铜时代各考古文化均有一定程度的农业，农作物有小麦、大麦、黍①、粟、黄豆、葡萄等。能肯定源于西方的作物有小麦、大麦和葡萄。小麦、大麦起源于西亚，其来龙去脉已很清楚，此不多论。葡萄原产于高加索和里海地区，公元前20世纪已有栽培，其后向东、西两方传播。② 故新疆东部葡萄来自西方也没有问题。唯需辨析的是小河墓地发现的黍粒，它也是源自西方吗？

通常认为中国中原乃是粟、黍的发源地，它们向西传播到了甘青、新疆乃至更西方。小河墓地发掘者正是持此观点而判定小河文化已存在东西文化接触交流。③ 但笔者早就分析过，小河文化是一纯然的印欧文化，尚不见东方因素。如认为小河墓地发现的黍乃从东方而来，就得推翻前面的观点。孰是孰非？试作分析。

我们知道，文化因素的传播很少单一行动，我们在分析它的传播时经常能找到伴随因素。我们通常也以是否能找到伴随因素来强化某个文化因子是否存在传播现象的认定。这有点好比刑法学和历史学中的孤证不立。而在小河墓地，除了上述黍粒，笔者还真未能找到属于东方系统的文化因子。因此这黍粒便有了"孤证"的味道。

此外，著名农学家游修龄先生曾着重讨论过黍、粟的起源问题，为我们对上述悬而难决的"黍"的来源问题提供了新思路。游修龄主张黍、粟为多源起源。它们分别起源于东亚、中亚和欧洲，但分散的起源并不排斥相互间的传播与影响，分散起源的时间有先

---

① 出土大麦的遗存有五堡墓地，出土小麦的遗存有小河墓地、南湾文化的兰州湾子遗存、东黑沟遗址、石人子乡遗址等，另苏贝希遗存发现糜子（黍、粟的通称），五堡墓地发现谷子（即粟），黍发现于小河墓地，发掘者起初认作粟，后经蒋洪恩博士鉴定，更正为黍。

② ［日］星川清亲著，段传德等译：《栽培植物的起源与传播》，河南科学技术出版社1981年版，第217页。

③ 新疆文物考古研究所小河考古队：《罗布泊小河墓地考古发掘的重要收获》，《吐鲁番学研究》2005年第1期。

后,不能认为后起的一定是从早起的传播而来等等。① 如此一来,小河墓地乃至新疆的黍、粟的来源就存在东来或西来这两种可能性。具体到小河墓地,其出土的黍粒与其说成是东来文化的孤证,不如看作是西来众多文化的一分子。也就是说,小河文化的黍粒源于西方这一结论更有说服力。

至于新疆东部其他地方青铜时代遗存中出土的黍、粟,因其他众多伴生文化因子存在东西两个源头,故它们的源头也存在着或东或西的两种可能性,无法予以认定。

第二节 东来文化因素的考察

新疆东部青铜时代遗存中东来文化因素中的"东",包括东方的甘青地区、东北方的蒙古草原,实际上是指东方蒙古人种所创造或带来的文化因素。

一 丧葬习俗

1. 墓葬地表"不封不树"

我们知道,中国古代的华夏族群自上古直到西周时期,墓葬地表既不积土为坟,也不种树以标其处②,即所谓"不封不树"③。至于其后为何又开始了既封且树,那是另一个值得探索的问题。我们关心的是这种"不封不树"葬俗是否传播到了新疆东部。

答案是肯定的。在新疆东部的5支考古文化中,有林雅文化、焉不拉克文化焉不拉克类型、南湾文化、苏贝希文化洋海类型等,均不见墓葬地表封堆或立木,这种现象同于它们的东邻甘青地区乃至更远的中原,而大别于同时代或更早的新疆西部、中

---

① 游修龄:《黍和粟的起源及传播问题》,《农史研究文集》,中国农业出版社1999年版,第47页。
② 王仲殊:《中国古代墓葬概说》,《考古》1981年第5期;王世民:《中国春秋战国时代的冢墓》,《考古》1981年第5期。
③ 唐明邦主编:《周易评注》,中华书局1995年版,第230页。

亚、欧亚草原等地，后者都有或石围或石堆等墓葬地表封堆建筑。

如果在洋海墓地和南湾文化西缘画一条线，其东边的青铜时代奉行"不封不树"的葬俗，其西边见到的却都是石围或土、石堆墓。只是到了公元前一千纪后半叶，随着苏贝希文化的东扩，原南湾文化分布区也开始出现封堆墓，只有哈密盆地将这一"不封不树"的葬俗顽固地保存了下来，仅在天山南麓焉不拉克文化晚期的庙尔沟墓地，因受天山以北同类文化影响，也开始出现封堆标志。

总之，新疆东部之东半部的青铜时代墓葬奉行"不封不树"葬俗，显然是受到东边甘青地区的影响所致，属东来的文化因素。

2. 侧身屈肢葬式

新疆东部奉行"不封不树"葬俗的墓葬，其葬式多为侧身屈肢，只有苏贝希文化洋海类型，因受西边乌拉泊类型的持续影响，虽"不封不树"葬俗一直坚持了下来，但晚期竖穴土坑墓的葬式也变为了仰身直肢。至于占洋海类型第三期主体的竖穴偏室墓，其仰身直肢葬式应不同于上述而另有来源，后面详论。

另焉不拉克文化寒气沟类型虽仍保持着该文化的侧身屈肢葬式，但墓表开始出现封堆。除了这些例外，新疆东部"不封不树"葬俗与侧身屈肢葬式存在着对应伴随关系，它们应是同一族群反映在葬俗上的一体性习俗。

既然源出同一族群，那侧身屈肢葬式也是来自东边的甘青地区吗？

陈洪海曾对甘青地区史前墓葬葬式做过分析。[①] 他发现侧身屈肢葬式曾突然出现于半山—马厂文化阶段，其分布区域集中于东起甘肃景泰西至青海民和的黄河、洮河、大夏河流域和湟水下游。但到了其后的齐家文化阶段，此前的屈肢葬分布区虽依然存在此葬

[①] 陈洪海：《甘青地区史前墓葬中的葬式分析》，《古代文明》第二卷，文物出版社2003年版，第138—153页。

式,却只占少数,可其西的仰身直肢葬中心地区,屈肢葬的比例大为增加,即屈肢葬有西进的趋势。

我们知道,新疆东部的林雅文化早期正是甘青地区的马厂文化西进哈密盆地并与自西而来的青铜文化碰撞交融而形成。那么马厂人,特别是处于景泰与民和之间的施行屈肢葬的马厂人将屈肢葬式和"不封不树"等葬俗带到新疆东部便毫不为奇。

我们还知道,欧亚草原自颜那亚文化开始,历经阿凡纳谢沃文化、辛塔什塔文化、安德罗诺沃文化等,其屈肢葬式渊远而流长[①],新疆东部的屈肢葬会是欧亚草原直接传播过来的吗?下面略作分析。

新疆西北的切木尔切克文化和伊犁河流域的安德罗诺沃文化,与中亚山水相连,文化性质接近或一致,它们所采用的屈肢葬式自然可看成是西方的屈肢葬东传的结果。但在新疆中部天山南北,却不见公元前二千纪上半叶的考古遗存,若说新疆东部的屈肢葬是跨越这一空白地带自西而来,反倒不会从地域更近、文化相连的甘青传来,似乎于理不合。且天山中部南北略晚时候分布着自西传来的仰身直肢葬式族群,如倒推上去,也能说明该区域不存在屈肢葬的传统。

从新疆东部东西两边的考古遗存比较分析,可以认定,新疆东部的屈肢葬是甘青地区拥有此葬式的族群西进时伴着"不封不树"葬俗等一并携带而来。

至于甘青地区的屈肢葬,突然出现于该区域,显属外来文化,后文将具体分析。在此笔者可先拿出结论:甘青地区的屈肢葬源自其西北的欧亚草原。因此,新疆东部的屈肢葬,虽直接源自甘青,但若找其最早的根源,仍应是新疆东部以西的欧亚草原。这么说来,新疆东部的侧身屈肢葬式可以说成是从东边来的西方文化因素。

---

① 邵会秋:《新疆史前时期文化格局的演进及其与周邻地区文化的关系》,博士学位论文,吉林大学,2007年。

3. 仰身直肢葬式

新疆东部青铜时代大部分仰身直肢葬式,应是传自西边的穷科克文化。这已在上节中做过分析。但也有少量的该葬式传自甘青。

我们指的是苏贝希文化洋海类型中的洋海三号墓地竖穴偏室墓中的仰身直肢葬俗。

据上节分析,这些偏(洞)室墓源自甘肃的沙井文化,那么它的仰身直肢葬式也应源自该文化才对。检视沙井文化的葬式,它们流行的正是单人仰身直肢葬。洋海三号墓地偏室墓墓主的头向全为东北向,与同时代大多数苏贝希文化墓葬头西足东的方向正相反。按张正明先生"头向代表民族来向"的观点,正相符合,可作为一个旁证。

二 金属器

1. 源自四坝文化的铜器

林雅文化与四坝文化诸墓地出土的铜器非常接近,主要的装饰品、工具和兵器类都能在四坝文化中找到相似的器物(图3.2-1)。林雅墓地与四坝文化干骨崖墓地相似的铜器且有断代分期的墓葬有 M500、M502 和 M627,分别属于干骨崖墓地的五、六、七段;与火烧沟墓地相似的铜器且具有断代分期的墓葬有三段的 M683。[①] 这说明林雅文化与四坝文化相似的铜器,其时代处在四坝文化的中晚期。而四坝文化本身的铜器自早至晚渊源有自。因此,林雅文化与四坝文化相似的铜器,应是后者影响了前者而不是相反。

由下图可看到,林雅文化的主体铜器都来自四坝文化,属于东来的文化因素。但需指出的是,甘青地区的冶金术和铜器跟欧亚草原有密切关系,这将在下一节予以分析。由此也可以认为,林雅文化的冶金术和金属器,虽是直接受到东方的影响,但根源仍在西边的欧亚草原。

---

① 潜伟:《新疆哈密地区史前时期铜器及其与邻近地区文化的关系》,知识产权出版社 2006 年版,第 93 页。

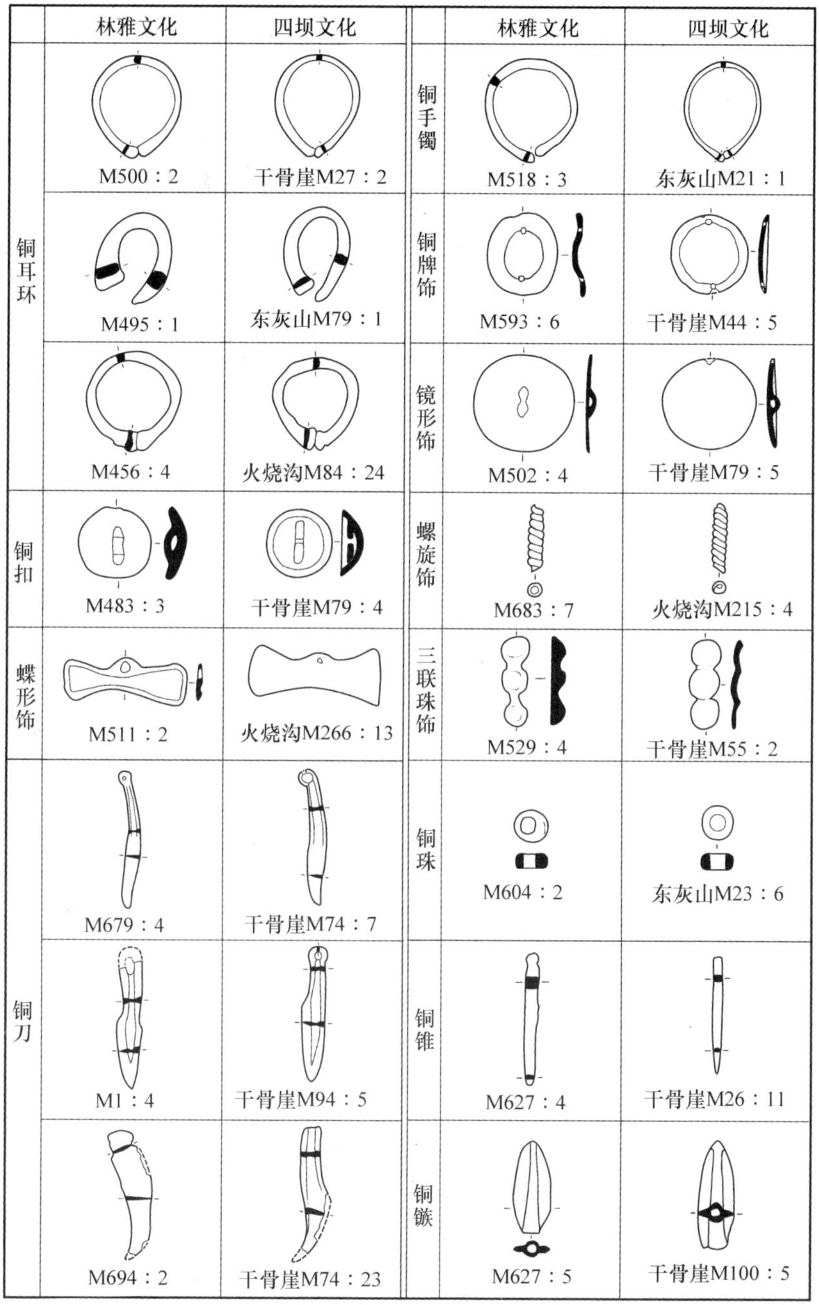

第三章　新疆东部所见早期东西文化交流的考古学探索　277

	林雅文化	四坝文化		林雅文化	四坝文化
铜耳环	M500:2	干骨崖M27:2	铜手镯	M518:3	东灰山M21:1
	M495:1	东灰山M79:1	铜牌饰	M593:6	干骨崖M44:5
	M456:4	火烧沟M84:24	镜形饰	M502:4	干骨崖M79:5
铜扣	M483:3	干骨崖M79:4	螺旋饰	M683:7	火烧沟M215:4
蝶形饰	M511:2	火烧沟M266:13	三联珠饰	M529:4	干骨崖M55:2
铜刀	M679:4	干骨崖M74:7	铜珠	M604:2	东灰山M23:6
	M1:4	干骨崖M94:5	铜锥	M627:4	干骨崖M26:11
	M694:2	干骨崖M74:23	铜镞	M627:5	干骨崖M100:5

图3.2-1　四坝文化与林雅文化相似铜器比较（采自潜伟2006）

2. 青铜鍑

青铜鍑是指一种深腹、圜底、双耳、高圈足的青铜容器,也有少量无耳或不带圈足或三足鍑。它大约于"商周之际,至迟在西周中期即为生活在中国北方农牧交错地带的北方民族所发明"[①],并很快沿着草原丝绸之路向西传播(图3.2-2)。

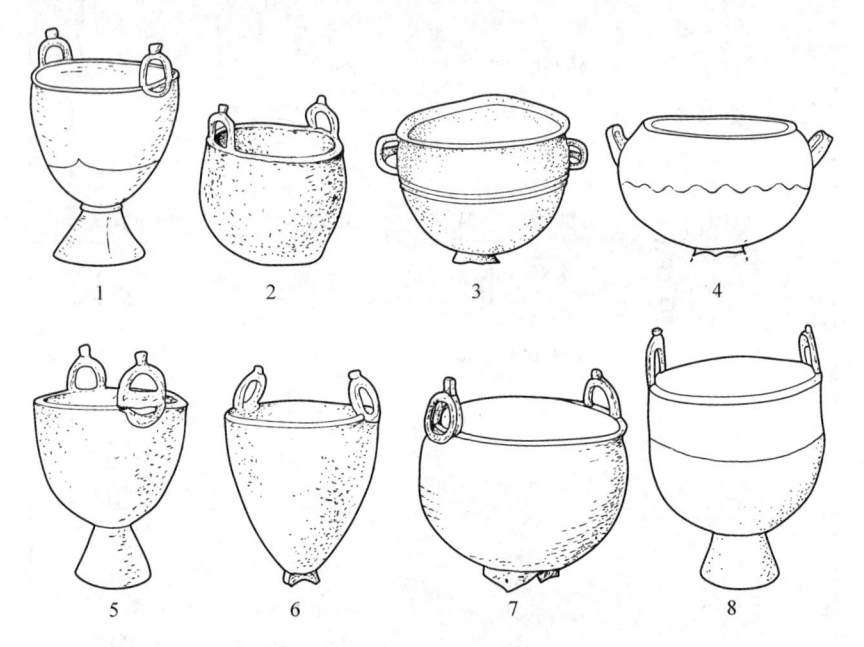

图3.2-2 新疆东部铜鍑举例(采自《考古》2005年第4期)

1. 巴里坤兰州湾子 2. 巴里坤大河乡 3. 奇台碧流河 4—5. 巴里坤南湾 6. 巴里坤红山农场 7. 乌鲁木齐 8. 奇台坎尔孜

就目前资料,新疆出土的铜鍑总数已有30件,其中新疆东部占有10件,多数年代可定在公元前一千纪中期左右,个别年代可晚至公元二三世纪。除2件发现于南疆西部天山南麓以外,其余均出自北疆,且主要集中于天山北麓一带,如巴里坤和伊犁,以及阿

---

① 郭物:《青铜鍑在欧亚大陆的初传》,《欧亚学刊》第一辑,中华书局1999年版,第122页。

尔泰山地草原区。①

郭物经过对中国北方和新疆所出铜鍑的型式分析，认为新疆铜鍑在春秋中期以前，无论是型式的种类还是形态的变化都与黄河流域铜鍑保持一致。② 即是说新疆铜鍑乃由黄河流域传播而来。

但也有学者主张铜鍑源于西方，如伊朗高原或外高加索一带，有较早的锻造而成的圈足铜鍑。③ 但尚不能提供自西而东的演进轨迹，且东西方一方是铸造另一方是锻造，其制作工艺也判然有别。

梅建军等对新疆铜鍑所做的自然科学分析表明，新疆东部奇台碧流河铜鍑的合金成分及耳部"三只脚"造型均可在南西伯利亚找到相似器。④ 根据两者的时代早晚，可认为是奇台铜鍑影响到了南西伯利亚。⑤ 这说明，新疆东部铜鍑在西传的过程中也向北传播。

3. 鄂尔多斯式动物饰牌

新疆东部出土了较多的鄂尔多斯式动物饰牌⑥，尤其是在苏贝希文化分布区。如虎叼羊、鹰嘴怪兽搏虎、野猪搏虎、双马纹、双羊纹及一些单体猫科动物（图 3.2 - 3）。这些动物纹饰牌在中国北方草原和中国境外欧亚草原都比较流行，其中内蒙古的鄂尔多斯地区出土过大量以这些动物纹为母题的青铜器，被最初

---

① 梅建军、王博、李肖：《新疆出土铜鍑的初步科学分析》，《考古》2005 年第 4 期。

② 郭物：《青铜鍑在欧亚大陆的初传》，《欧亚学刊》第一辑，中华书局 1999 年版，第 124—134 页。

③ N. L. Chlenova, 1994, On the Degree of Similarity Between Material Culture Components within the "Scythian World", In *The Archaeology of the Steppes*: *Methods and Strategies*, ed. Bruno Genito, Napoli, Istituto Universitario Orientale, p. 506; Emma C. Bunker (eds.), 1997, *Ancient Bronzes of the Eastern Eurasian Steppes from the Arthur M. Sackler Collections*, New york, The Arthur M. Sackler Foundation, p. 178.

④ 梅建军、王博、李肖：《新疆出土铜鍑的初步科学分析》，《考古》2005 年第 4 期。

⑤ 郭物：《青铜鍑在欧亚大陆的初传》，《欧亚学刊》第一辑，中华书局 1999 年版，第 135—140 页。

⑥ 柳洪亮：《吐鲁番艾丁湖潘坎出土的虎叼羊纹铜饰牌》，《新疆文物》1992 年第 2 期。

的研究者称之为"鄂尔多斯式青铜器"。① 上述动物纹饰牌中,虎叼羊饰牌在甘宁地区发现了很多,应是后者影响了前者。猫科动物和鹰嘴怪兽形饰牌,在阿尔泰巴泽雷克古墓及黑海北岸的斯基泰文化中都有大量发现。它们应是从欧亚草原传播而来。

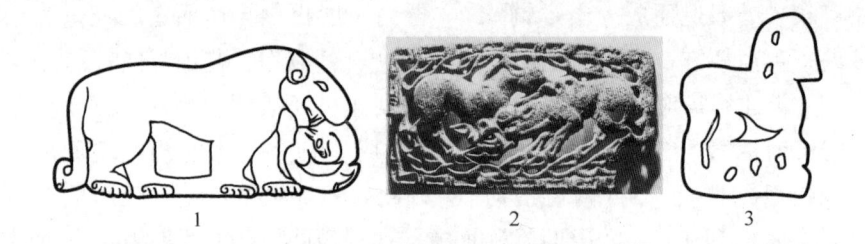

图 3.2-3 新疆东部的鄂尔多斯式动物饰牌 [分别引自《新疆文物》1992 年第 2 期;《新疆古代民族文物》第 121 幅;《新疆文物考古新收获》(续)]

1. 艾丁湖墓地:虎叼羊 2. 木垒县征集:野猪搏马纹 3. 哈密寒气沟墓地:双羊铜饰牌

三 陶器

在新疆东部的东来文化因素中,陶器绝对是大宗。它不但将新疆东部涂抹上了浓厚的东方文化色彩,还继续西进一直影响到伊犁河流域等新疆西部地区。这些属东方文化系统的陶器,跟西来陶器相比有两大不同的特征:器物多有耳;多彩陶。且这两大特征往往共于一器。下面为分析方便,分别归纳这两种东方陶器特征。

1. 带耳陶器

新疆东部青铜时代诸考古文化,除小河文化外,带耳陶器十分流行,且时代越早带耳陶器越普遍,只是到了苏贝希和焉不拉克文化晚期,因受西边陶器影响,无耳陶器才开始出现。在带耳器中,

---

① 田广金、郭素新:《鄂尔多斯式青铜器》,文物出版社 1986 年版,第 1 页。

以双耳和单耳为主,也有少量四耳器,这些均为竖耳,还有少量横贯耳器和竖立耳器,如林雅文化中的双贯耳罐、苏贝希文化中的单横耳杯和立耳杯等。在各文化的典型陶器中,均为带耳器(小河文化除外),如林雅文化的双耳罐、南湾文化的双腹耳罐(壶)、焉不拉克文化的单耳罐、单耳钵、双腹耳壶、单耳豆等,苏贝希文化的单耳罐等等。

2. 彩陶

严文明先生曾著文探讨甘青彩陶的源流,他认为甘青彩陶源于关中而不是相反。① 现已成为学界共识。自东向西传播的彩陶文化并没有止步于甘青,而是继续向西进入新疆地区。这可以从它们之间的诸多相似得到证明。例如:新疆彩陶的制法、陶衣和彩绘颜色等,与甘青地区的彩陶基本一样;新疆彩陶的器形与甘青地区彩陶器形基本一致;新疆彩陶纹饰中的竖条纹、网格纹、平行条纹、三角纹等,在甘青地区的彩陶中都有发现;二者都有内彩,饰彩部位和纹饰基本相同等等。另外,新疆彩陶的年代晚于甘青地区彩陶的年代,且前者年代上限紧接着后者年代下限。②

新疆东部彩陶虽发端于甘青,但也发展出了自身的不同于甘青彩陶的特色。例如纹饰中的倒三角纹,虽甘青彩陶中也有,但所占比例极小,新疆东部乃至新疆彩陶中的倒三角纹,却成为最普遍最多见的纹饰,这应与继承吸收了以小河文化为代表的来自西方的倒三角纹装饰传统有关。倒三角纹寓意已在"生殖崇拜文化讨论"一节中阐述,此不再赘述。

同时,笔者还觉得,即便是甘青地区彩陶中的倒三角纹,特别是器物内外口沿处的倒三角纹,应与洞室墓、屈肢葬、冶金术等为代表的外来文化综合体在甘青地区的突然出现有关,即甘青地区的彩陶倒三角纹,是与上述外来文化综合体一起传自西方。

---

① 严文明:《甘肃彩陶的源流》,《文物》1978年第10期。
② 陈戈:《略论新疆的彩陶》,《新疆社会科学》1982年第2期。

四 其他文化因素

1. 马鞍形石磨盘

马鞍形石磨盘多见于南湾文化。在石人子乡遗址、兰州湾子石构建筑遗址、东黑沟石筑高台遗址、卡尔桑遗址、乱石滩遗址、四道沟遗址均很常见。焉不拉克文化和苏贝希文化中也见这种石磨盘，且还有西传到新塔拉遗址、尼雅遗址、和田买力克阿瓦提遗址、喀什阿克塔斯社拉遗址等地方（图3.2-4）。

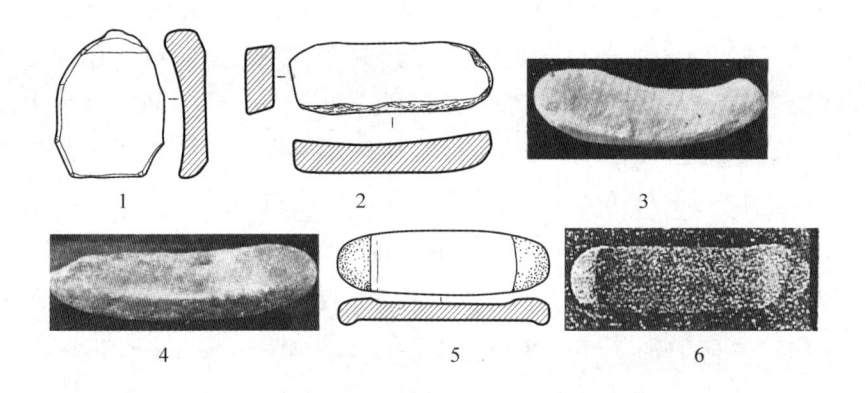

图 3.2-4 各地出土的马鞍形石磨盘（5—6 引自郭物 2005，其他出处见本书第二章第五节相同器物出处）

1—2. 东黑沟遗址　3. 石人子乡遗址　4. 卡尔桑遗址　5. 新塔拉遗址　6. 阿克塔拉遗址

甘青地区的四坝文化比较流行这种马鞍形石磨盘。[①] 我们知道，四坝文化是南湾文化的主源之一，且南湾文化早期与四坝文化晚期时间衔接。故此种磨盘只能是由四坝文化传到南湾文化中。

[①] 马鞍形石磨盘最早出现于黄河流域新石器时代文化，四坝文化该类器是东传而来。参见郭物：《新疆天山地区公元前一千纪的考古学文化研究》，博士学位论文，中国社会科学院研究生院，2005年。

2. 穿孔石锄

穿孔石锄在新疆东部的青铜时代比较多见，又被称为石质砍土镘。① 可以看作是现今仍存在于广大新疆农村的金属砍土镘前身。穿孔石锄常与马鞍形石磨盘等石器共存，它们应有共同的存在背景和渊源。

甘青地区的四坝文化也多见各种形状的穿孔石锄，由上述对马鞍形石磨盘文化渊源的分析可知，新疆的穿孔石锄也应从四坝文化与马鞍形石磨盘等一道自东传播而来（图3.2-5）。

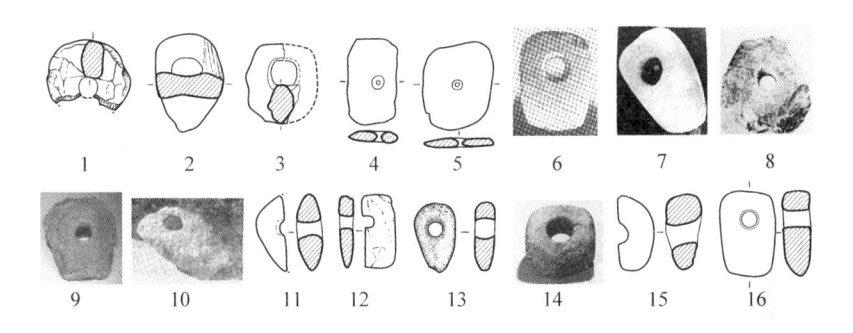

图3.2-5 四坝文化与新疆出土的穿孔石锄（其中1—5引自李水城：《四坝文化研究》，其他见于本书前篇）

1. 山丹四坝滩 2. 民乐东灰山 3—4. 玉门沙锅梁 5. 民乐西灰山 6—7. 巴里坤石人子遗址 8—10. 四道沟早期遗址 11—12. 伊吾乱石滩遗址 13—14. 巴里坤兰州湾子遗址 15. 卡尔桑遗址 16. 东黑沟遗址

3. 带倒刺骨镞

带倒刺骨镞见于新疆东部青铜时代的南湾文化四道沟下层遗址和焉不拉克文化寒气沟墓地（图3.2-6）。甘青地区的四坝文化火烧沟墓地发现过一件可铸两枚箭镞的石范，其范槽上有明显的倒刺，当然这是用来铸造铜箭镞的石范。石范范槽所显示的箭镞形制，与新疆东部的寒气沟墓地骨箭镞较为相似，它们应有渊源关系。根据四坝文化与南湾文化和焉不拉克文化的时间先后关系，可

---

① 张平：《石质砍土镘》，《农业考古》1986年第1期。

判定新疆东部的带倒刺骨镞来源于甘青地区。

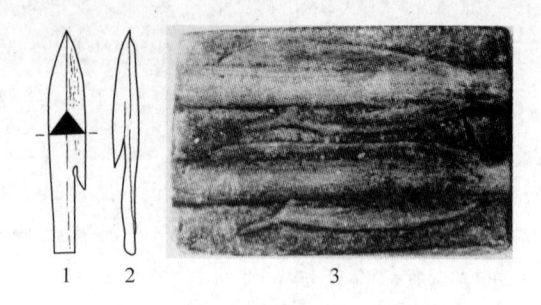

图 3.2-6 新疆东部带倒刺骨镞及四坝文化同类器石范（1、2 分别引自《新疆文物考古新收获》及其续篇，3 引自孙淑云：《文物》1997 年第 7 期）

  1. 四道沟下层遗址 2. 寒气沟墓地 3. 火烧沟遗址

4. 陶埙

陶埙发现于东天山北麓伊吾县拜其尔墓地。该埙出土于 M49，形似红薯，中空，一端有吹孔，一侧并排有四个音孔，另一端有眼，便于穿绳携带①（图 3.2-7）。按质地本可放在上一小节介绍，但考虑到它与众多陶容器相比更为特别，故改放在此予以分析。

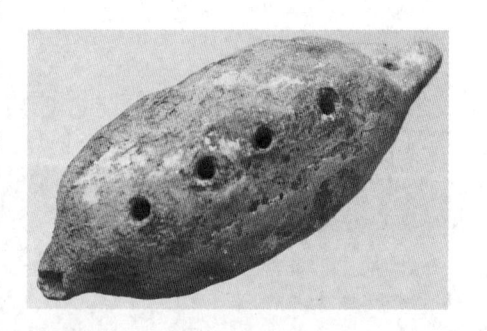

图 3.2-7 伊吾拜其尔墓地陶埙（于建军供图）

  陶埙是一种古老的乐器，最早见于新石器时代。它用泥土捏制成形，晾干后用火烧成。早期陶埙大多呈蛋形，底稍平，顶上设吹孔，腹部开按音孔，按音

---

  ① 拜其尔墓地报告正在出版环节当中，尚未正式面世。笔者有幸得于建军兄提供该墓地出土陶埙资料，特此致谢！

孔 1—7 个不等。也有少量异形陶埙，如四坝文化火烧沟遗址出土的鱼形埙。陶埙在中国中原地区的新石器时代至商周时期有较多发现，甘肃四坝文化火烧沟遗址出土陶埙 20 多件，均呈鱼形、鼓腹、中空、两肩内收，鱼口部为吹孔，有 3 个音孔，分别在两肩及腰下偏左侧部位。吹孔为椭圆形或圆形，音孔皆圆形。主体下端作鱼尾状或鸟首状，上穿 1 孔或 2 孔，可穿挂饰物。埙体大多彩绘条纹、网格纹、三角纹或折线纹，色彩黑红相间；素陶则通体光洁（图 3.2-8）。[①]

拜其尔陶埙应辗转源自四坝文化。

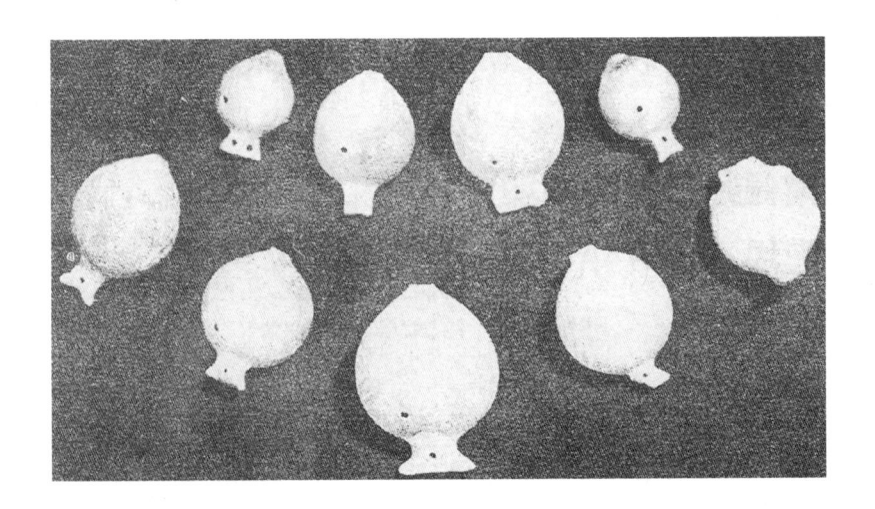

图 3.2-8 甘肃玉门火烧沟陶埙（采自王子初：《中国音乐考古学》）

第三节 小结

前两节，从考古学的角度，笔者先后分析了西来文化因素和东来文化因素在新疆东部青铜时代的存在情况，但还有必要探讨一下两者在新疆东部青铜时代文化结构中的地位和作用。而为了解决好

[①] 王子初：《中国音乐考古学》，福建教育出版社 2003 年版，第 59 页。

这一问题，也还需分析前文反复提起过的甘青地区外来文化综合体问题。下面便分别研讨总结这两个问题。

1. 关于甘青地区外来文化综合体

甘青地区外来文化综合体是指该地区自新石器时代晚期至青铜时代早期同时或先后出现的一批有别于当地传统的外来文化因素。包括屈肢葬、洞室墓、冶金术、畜牧业、小麦、权杖头、砷青铜、倒三角纹饰等等。

屈肢葬突然出现于半山—马厂文化时期，且出现一个屈肢葬分布区，即东起甘肃景泰西至青海民和的黄河、洮河、大夏河流域和湟水下游。在该区域内，屈肢葬成为主体葬式。其后在齐家文化时期屈肢葬比例下降，这一阶段屈肢葬分布区，融入了较多的仰身直肢葬式，而屈肢葬式却有向西北方扩展的趋势，如武威皇娘娘台墓地，上一阶段是直肢葬的中心分布区，现在屈肢葬所占比例达到了42%。四坝文化也有少量屈肢葬。① 再其后的甘青地区，屈肢葬进一步式微，只是到了战国时代的秦人墓，此葬式依然流行。它们之间或许有着渊源关系，值得专门探讨。总之，屈肢葬就像一股狂风，来势虽凶猛，其后却逐渐微弱下来，仅留下一些流风余绪。甘青地区这块本是仰身直肢葬传统的土地上，又回复到原来的传统中。

但我们知道，欧亚草原自颜那亚文化以来，屈肢葬一直是它们的主流葬式，可谓渊远而流长。② 甘青地区突然出现的屈肢葬跟它们有源流关系吗？如果仅此一项类同，说它们有源流关系，还是应打上大大的问号。但若能找到两者间有多项因素相类同，再说它们之间有文化交流关系就能大大地令人信服。而它们之间，还的确有着除屈肢葬以外众多的类同因素。下面继续分析。

洞室墓也是突然出现于半山—马厂文化，且一出现就有极高的

---

① 陈洪海：《甘青地区史前墓葬中的葬式分析》，《古代文明》第 2 卷，文物出版社 2003 年版，第 138—153 页。

② 邵会秋：《新疆史前时期文化格局的演进及其与周邻地区文化的关系》，博士学位论文，吉林大学，2007 年。

比例，如兰州土谷台半山文化墓葬34座，洞室墓有31座，占墓葬总数的91%。① 其后绵延于齐家、四坝、卡约、辛店、沙井、先周和西周文化中。② 洞室墓和屈肢葬有着相同的出现时间，在半山—马厂文化时期，洞室墓集中分布于湟水下游的兰州土谷台、民和马排、乐都柳湾等几处墓地，这也正是屈肢葬和仰身直肢葬分布区的交汇地区。③

在洞室墓出现于甘青地区的早期阶段，其与屈肢葬式有重合性，如兰州土谷台半山—马厂文化墓葬，59座洞室墓全为屈肢葬式④，但随着洞室墓分布范围的扩展，葬式中新增了仰身直肢、二次葬等，且越到后来，仰身直肢葬式越占主体地位，如沙井文化、先周和西周文化中的洞室墓，仰身直肢葬式已成为主流，侧身屈肢葬式却江河日下成明日黄花。

甘青地区洞室墓和屈肢葬由完全重合到部分重合再到各行其道，应是不同文化主体交流融合并重组的结果。

我们知道，黑海北岸的南俄草原，存在一支青铜时代早期的洞室墓文化（公元前3000—前2200年）⑤，它与颜那亚文化有密切关系并且占据着大致相同的地域。死者葬于洞室中，侧身屈肢。陈戈已将甘青地区的洞室墓与南俄草原的洞室墓进行过比较，认为它们在墓葬形制结构、葬式、葬具等方面多有雷同。⑥ 既如此，它们必有关联。笔者认为，甘青地区洞室墓的源头应是南俄草原的洞室墓文化。

冶金术方面，甘青地区最早的铜器发现于马家窑文化，仅一件

---

① 谢端琚：《试论我国早期土洞墓》，《考古》1987年第12期。
② 至于历史时期广布于中原的土洞墓，其源头，笔者以为应来自甘青地区的洞室墓。
③ 陈洪海：《甘青地区史前墓葬中的葬式分析》，《古代文明》第2卷，文物出版社2003年版，第138—153页。
④ 甘肃省博物馆等：《兰州土谷台半山—马厂文化墓地》，《考古学报》1983年第2期。
⑤ 洞室墓文化存在年代为英国学者马劳瑞最新研究，与莫润先在《中国大百科全书·考古学》中介绍的时间存在差异。今从马劳瑞说。
⑥ 陈戈：《新疆发现的竖穴洞室墓》，《中国考古学论丛——中国社会科学院考古研究所建所40年纪念》，科学出版社1993年版，第401—414页。

青铜刀和数块冶炼残留的铜块。① 马厂文化中发现3例铜器,分别为青铜刀、红铜锥和红铜块。② 齐家文化和四坝文化是甘青地区冶金术的大发展时期。③ 因此关于甘青地区的冶金术,可认为它起源于马家窑文化,成熟于齐家和四坝文化。至于马家窑文化中的青铜器（或冶金术）,与其说起源于本地;不如认为它源于欧亚草原。美国学者胡博便讨论了齐家文化中的竖銎斧、青铜刀、骨柄刀和锥与位于南西伯利亚的塞伊马—图尔比诺东支同类器的一致性。认为后者是前者上述器物的源头。他还推测了两者联系的路径:"从罗斯托夫克沿鄂毕河上游向东,最后沿今内蒙古西部的额济纳河到达甘肃河西走廊。"他继续指出,"从齐家聚落里出现的牛和马,以及殉妻葬俗的流行来看,两者之间的关系应该不只是从偶尔交换可搬运物品行为中所显示的个别孤立接触。已有的资料似乎提示了两个群体之间有着较持续性的接触,也提示了齐家聚落附近多少具体存在着与塞伊马—图尔比诺有关联的北方群体"。④ 这些推论中,无论是两者间文化传播路径上的推测,还是对齐家文化时外来文化更可能是外来人群携带而来而不仅仅是简单的物品交换等等论定,都给了笔者极大的启发。沿着这些思路继续探索,必将大大有助于对甘青地区外来文化综合体的全面揭示和深刻认识。

甘青地区以畜牧业为主的经济形态始于齐家文化中晚期和四坝文化,学者们多将该区域的生业以农业为主变为以畜牧业为主的现象归于气候和生态的变化。⑤ 笔者认为,气候变化是充分条件但不

---

① 李水城:《西北与中原早期冶铜业的区域特征及交互作用》,《考古学报》2005年第3期。

② 李水城:《西北与中原早期冶铜业的区域特征及交互作用》,《考古学报》2005年第3期;梅建军:《关于中国冶金起源及早期铜器研究的几个问题》,《吐鲁番学研究》2001年第2期。

③ 李水城:《西北与中原早期冶铜业的区域特征及交互作用》,《考古学报》2005年第3期。

④ [美]胡博著,李永迪译:《齐家与二里头:远距离文化互动的讨论》,[美]夏含夷主编:《远方的时习——〈古代中国〉精选集》,上海古籍出版社2008年版,第29—37页。

⑤ 水涛:《甘青地区早期文明兴衰的人地关系》,《中国西北地区青铜时代考古论集》,科学出版社2001年版,第168—185页。

是充要条件，外来的畜牧业文化因素顺应了该地区新的生态环境才是主因。

甘青地区先秦时期的小麦遗存发现有四处。甘肃二处，分别是民乐东灰山①和天水西山坪②，青海二处③。考古学及驯化地理学、遗传学的研究表明，小麦和大麦是最早在近东一带被驯化的作物。最近，有学者通过研究地中海东岸里凡特地区的考古资料，深入分析了小麦、大麦最初的驯化区域及其传播过程。结果证明，那里至少在距今一万年前已开始驯化大麦和小麦。而且在此之前，已有过很长一段采集野生谷物的生产实践。④ 这就是说，甘青地区的小麦也应源自西亚。民乐东灰山小麦遗存的碳十四年代为公元前2500—3000年，西山坪小麦遗存年代为公元前2600年，青海二处年代上限均不早于公元前二千纪中叶，而新疆小河、古墓沟两处小麦年代在公元前2000年左右，其余八处多在公元前1000年上下。⑤ 排比这些时间，可看出，东灰山墓地的小麦明显早于新疆出土的小麦年代，而后者有的已是新疆最早的农业遗存，这进一步告诉我们，甘青地区的小麦虽源自西亚，通道却并非新疆。

权杖头在甘青地区多有发现，其中年代最早（公元前3000年）的2件出土于甘肃天水的仰韶文化中晚期。⑥ 这一时间与马家窑文化青铜刀的出现时间接近。处于河西走廊的四坝文化权杖头的时代晚于天水权杖头，新疆也如是。笔者在第一节已讨论过

---

① 甘肃省文物考古研究所等：《民乐东灰山考古》，科学出版社1998年版，第140页。
② 李小强等：《考古生物指标记录的中国西北地区5000aBP水稻遗存》，《科学通报》2007年第6期。
③ 李水城：《文化馈赠与文明成长》，吉林大学边疆考古研究中心：《庆祝张忠培先生七十岁论文集》，科学出版社2004年版，第15页。
④ 李水城：《文化馈赠与文明成长》，吉林大学边疆考古研究中心：《庆祝张忠培先生七十岁论文集》，科学出版社2004年版，第13—14页；OferBar-yosef, 1998, The Natufian Culture in the Levant, Threshold to Origins of Agriculture, *Evolutionary Anthropology*, 6 (5), pp. 159 – 177.
⑤ 李水城：《文化馈赠与文明成长》，吉林大学边疆考古研究中心：《庆祝张忠培先生七十岁论文集》，科学出版社2004年版，第15页。
⑥ 李水城：《权杖头：古丝绸之路早期文化交流的重要见证》，《中国社会科学院古代文明研究中心通讯》第4期。

权杖头乃西来的文化因素,据上面的分析,新疆权杖头的出现晚于甘肃,则甘青地区的权杖头必不是由新疆东传而来,而是另有途径。

砷青铜在甘青四坝文化中占有很高比例,且它在铜器中所占比例随时代演进而减少,如时代偏早的东灰山遗址,所出铜器基本为砷青铜;时代偏晚的干骨崖,所出铜器主要是锡青铜,其次才是砷铜;时代最晚的鹰窝树,所出全为锡青铜。还有一特征是,四坝文化中位置偏东的遗址,砷青铜比例高,而位置偏西的遗址,锡青铜比例高。① 新疆东部尤其是哈密地区的早期铜器中,砷青铜也有较广泛使用,但新疆其他地区砷青铜器物却发现极少,仅在克里雅河流域发现过一件残砷铜块。② 我们知道,西方冶金史上的冶铜术经历了红铜—砷铜—青铜三个发展阶段③,公元前三千纪,砷铜在西亚、中亚及欧亚草原地带的使用已相当普及。④ 那么甘青偏东地区突然出现的高比例砷铜,不应该忽略其西来的影响。但可以肯定的是,它并非传自新疆和河西走廊,因后者出现砷铜的比例低于前者,时代也晚于前者。恰恰相反,我们认为新疆东部和河西走廊的砷铜器,应是甘青四坝文化偏东遗存逐渐西传的结果。在传播的过程中,形成愈西时代愈晚,砷铜所占比例愈低的局面。

倒三角纹饰这一西方因素始现于半山—马厂文化彩陶罐和彩陶鼓上,以后的齐家、辛店、卡约、四坝、沙井等考古文化的彩陶纹饰中,均存在少量倒三角纹(图3.3-1),其出现的时间及存在的地域恰好是甘青地区突然出现外来(西来)文化综合体的时空范围,其属外来文化综合体的一分子似无疑义。

总体上说,甘青地区彩陶上的倒三角纹饰远不如新疆该类纹饰

---

① 李水城、水涛:《四坝文化铜器研究》,《文物》2000年第3期;梅建军:《关于中国冶金起源及早期铜器研究的几个问题》,《吐鲁番学研究》2001年第2期。
② 潜伟:《新疆哈密地区史前时期铜器及其与邻近地区文化的关系》,知识产权出版社2006年版,第114页。
③ 潜伟:《古代砷铜研究综述》,《文物保护与考古科学》2000年第2期。
④ 梅建军:《关于中国冶金起源及早期铜器研究的几个问题》,《吐鲁番学研究》2001年第2期。

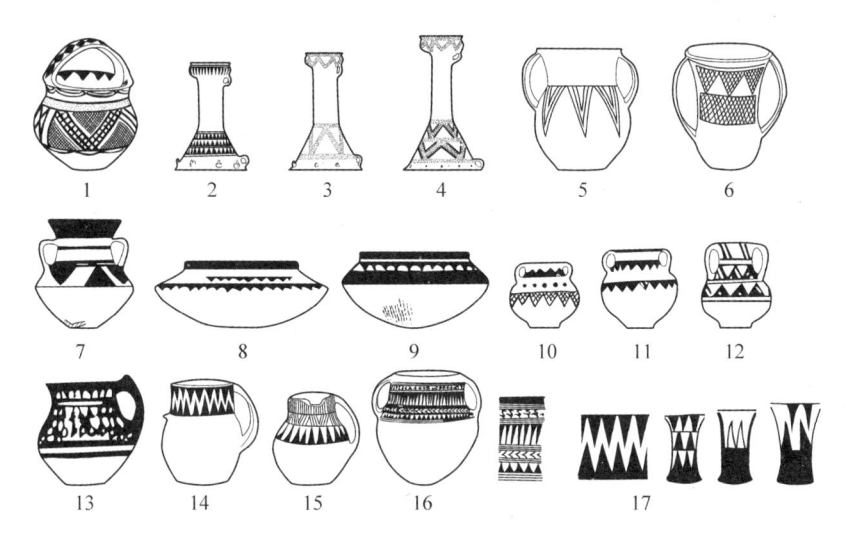

图 3.3-1 甘青地区诸青铜时代考古文化彩陶纹饰中的倒三角纹举例
（1—4 采自谢端琚：《甘青地区史前考古》；5—17 采自
水涛：《中国西北地区青铜时代考古论集》）

1—4. 半山—马厂文化　5—6. 齐家文化　7—9. 辛店文化　10—12. 卡约文化

13. 四坝文化　14—16. 沙井文化　17. 沙井文化彩陶三角纹局部

在木器、彩陶中的高出现率，且连接甘、新的河西走廊上如四坝文化中的三角纹饰极少，显然未起到连接两者的桥梁作用，故笔者认为甘青地区的三角纹与新疆的同类纹饰缺乏直接联系，它们应是同源而异流的关系。

上述甘青地区外来文化综合体，都能在遥远的欧亚草原找到相似文化因素，这已在前文中多有涉及，不再复述。且后者那些相似文化因素出现时间都早于甘青地区。如果说甘青地区晚出的那些相似文化因素，仅在某一点上与欧亚草原略有近似，可看作是偶然的巧合，现诸多因素四方辐辏，形成了外来文化因素综合体，就不能再说是巧合而是有因果关系。我们认为，甘青地区外来文化综合体是源于欧亚草原的西来文化因素的集合。

这些远道而来的异域文化因子，传播路径何在？根据文化年代的早晚，首先可以肯定不是新疆。相反，新疆东部青铜时代的很多本属西方的文化因素，却直接传自甘青地区。例如新疆东部的屈肢葬、砷青铜、一部分冶金术等等。否定了新疆这一传播路径，我们只能将目光聚焦于北方草原。近年在宁夏发掘了一批新石器时代晚期遗存，如宁夏固原店河墓地①、宁夏海原菜园村遗址②等，其葬式均有屈肢葬。这为笔者找寻文化传播途径提供了线索。可更远一点的蒙古草原上是否有踪迹可寻？也已露出了一些苗头。例如21世纪初，俄罗斯和蒙古国学者联手对蒙古高原的青铜时代和早期铁器时代遗存进行科学调查，发现了可以早到公元前2800年的阿凡纳谢沃文化、公元前2800—1800年的切木尔切克文化等考古文化③，这些新发现解决了欧亚大草原西部与甘宁青外来文化综合体可能存在的文化传播关系的中间环节问题。当然，对于传播路径的最终解决，还有待时日，我们还大有可为。

分析至此，笔者可以肯定地指出，早期东西文化交流的场所绝非新疆一处，甘青地区是另一个重要的早期东西文化交流桥头堡，在早期东西文化交流的时间表上，它明显早于新疆东部。外来的文化综合体在甘青地区站稳脚跟后，开始将它们的新式文化向外扩张，向东传到中原的二里头④，向西递到新疆东部，直接影响到了新疆东部青铜文化的构建。

2. 关于东西方文化因素在新疆东部青铜时代文化中的比重和地位

新疆东部青铜时代的5支考古文化，除小河文化属呈一边倒的

---

① 宁夏文物考古研究所：《宁夏固原店河齐家文化墓葬清理简报》，《考古》1987年第8期。

② 宁夏文物考古研究所：《宁夏海原县菜园村遗址、墓地发掘简报》，《文物》1988年第9期；宁夏文物考古研究所：《宁夏海原花园村遗址切刀把墓地》，《考古学报》1989年第4期。

③ ［俄］科瓦列夫等著，邵会秋等译：《蒙古青铜时代文化的新发现》，《边疆考古研究》第8辑，科学出版社2009年版，第246—269页。

④ ［美］胡博著，李永迪译：《齐家与二里头：远距离文化互动的讨论》，［美］夏含夷主编：《远方的时习——〈古代中国〉精选集》，上海古籍出版社2008年版，第3—54页；李水城：《西北与中原早期冶铜业的区域特征及交互作用》，《考古学报》2005年第3期。

西方印欧文化，尚未受到东方因素的影响外，其他4支考古文化均为东西文化交融的融合型文化。但东西文化因素在各考古文化中所占比重并不相同。

先看它们的生业形态。小河文化中的牧业和农业源自西方无须再论。其他文化中的牧业，既可能东来，也可能西来，但据上文分析，都可归为西方因素。农业中的大麦、小麦，自然是西来因素，小河文化中的黍，也是西方因素。至于其他文化中的黍和粟，东来西来的概率各占一半。由此可见新疆东部青铜时代的生业主要受西方因素支配。

再看青铜时代人们生活中最重要器类青铜器和陶器。新疆东部的青铜器受到东西两方的影响，且两方的影响都很大。但考虑到甘青地区冶金术本就传自欧亚草原，故可以认为新疆东部的青铜器属西方文化系统。

新疆东部的陶器多带耳，早期彩陶比例高，器形和花纹均与甘青地区有明显的渊源关系，显系东方文化因素，只是到青铜时代晚期和早期铁器时代，才出现少量来自西方的无耳器，但从未像西方那样占据主体地位。因此可以说，新疆东部青铜时代的陶器是以东方文化因素为主体。

三看表现在丧葬上的精神文化。小河文化的丧葬习俗纯然属西方因素，不必多论。林雅文化、南湾文化、焉不拉克文化焉不拉克类型、苏贝希文化洋海类型等文化或类型，它们的墓葬地表均采用"不封不树"的东方丧葬习俗，葬式也属源自甘青的屈肢葬。这些显然是东来的文化因素。但按前文的探讨，屈肢葬这一丧葬习俗，虽直接来自甘青，但根源却是欧亚草原，故应将其从东方因素中剔除。焉不拉克文化寒气沟类型和苏贝希文化乌拉泊类型墓葬地表有土、石封堆或石围，属西来文化因素。葬式上前者屈肢葬，是新疆东部早期屈肢葬的孑遗，后者仰身直肢或屈肢葬，直接源自西方。苏贝希文化出现的洞室墓，洋海墓地以西的直接源自西边的穷科克文化。洋海墓地及其以东的洞室墓源自甘青地区的沙井文化，但我们知道，甘青地区的洞室墓乃辗转源自欧亚草原，也即西方。所以总体来看，新疆东部青铜时代的丧葬习俗，除"不封不树"的墓表现象及陶器随葬现象外，更多的丧葬习俗应归于西方因素。

最后，综合以上分析，在新疆东部青铜时代的文化构成中，西方文化比重明显大于东方文化。属东方文化系统的陶器虽占据了主体地位，但与属西方文化因素的青铜器相比，前者对社会生产力的决定性上自然不及后者，加上丧葬等精神文化上西方因素的压倒性优势，因此可以认为，在构建新疆东部青铜时代文化的两种不同因素中，西方因素起到了更重大的作用。

这是从考古学上所做的粗浅分析，如果从其他相关学科出发，分析新疆东部的早期东西文化交流情况，会是什么样的结果呢？

第四章　相关学科研究所见早期东西文化交流

王士元先生所倡导的"探索过去的三个窗口"①，人类学中的考古学已在上章中采用，本章笔者想用上其他窗口——包括人类学中的种族人类学、遗传学、语言学等——继续探索早期东西文化交流在新疆东部及相关地区的表现。此外，历史文献和民俗材料也是非常好的重建过去的宝贵资料，笔者本想在此也一并加以利用，但限于学力和精力，在此仅略用一些历史文献，其他想写而未写的文字，但愿将来能够补上。

第一节　种族人类学

种族人类学是体质人类学的一个子项，它通过对古代人类遗骸的观察和测量，并结合统计学分析，从而判定研究对象所属人种或分支。对于不同人种成分融于一体的融合型个体，种族人类学方法也能作出有效的判断。若遗传学手段再加入进来，问题会得到更圆满的解决。

一　小河文化

小河文化目前发现有三处墓地，下面先介绍各墓地种族人类学研究成果，再作综合分析。

---

① 三个窗口是指人类学、遗传学和语言学。

小河墓地专门的种族人类学研究成果尚未发布,但陈列于新疆文物考古研究所文物标本展厅里的女性干尸、考古报告中的干尸照片及对出土干尸的文字描述,则提供了最直观的形态观察标本和记录。笔者亲见的干尸标本和照片,均属印欧人种外形,考古报告中对这些干尸外形的描述,诸如"眼窝深陷,亚麻色长睫毛,鼻梁高直,薄唇……亚麻色头发"[1]等等,与目测的结果一致。小河墓地墓葬资料尚未全部报道,故还不能作墓地全部人骨的种系统计,但据笔者向发掘者了解,所有干尸均有印欧人种系的外观。因此,可以认定,小河墓地的主人在种系上应属印欧人种。至于会是印欧人种中的哪一分支?就只能等待种族人类学者的专门研究了。

古墓沟墓地所采集人骨经过了种族人类学研究。[2] 研究者认为其属欧洲人种,具体说是原始欧洲人种的古欧洲人类型,且可细分为两组,一组对应于地表无放射状列木的早期墓,与阿凡纳谢沃类型接近,另一组对应于地表有放射状列木的晚期墓,与安德罗诺沃类型接近。他们可能代表了时间略有先后的两批古欧洲类型移民。

铁板河墓地那具被誉为"楼兰美女"的女性干尸,也经过种族人类学研究。[3] 研究者通过形态观察,其人种特征为"棕色浅波型头发,眼裂水平;鼻根高度中等,但具较突出的鼻梁,鼻梁形状为凸形,鼻梁长;左右鼻孔皆三角形,鼻孔最大径斜;颧部突出中等"。[4] 表现为较明显的欧罗巴人种特征(图4.1-1)。再经过测量和比较分析,认为该女尸为原始欧洲人种的古欧洲人类型。即她与古墓沟墓地人种类型一致,这也与他们之间具有相似的物质文化遗存相符合。

---

[1] 新疆文物考古研究所:《2003年罗布泊小河墓地发掘简报》,《新疆文物》2007年第1期。
[2] 韩康信:《孔雀河古墓沟墓地人骨研究》,《丝绸之路古代居民种族人类学研究》,新疆人民出版社1993年版,第33—70页。
[3] 王博:《新疆楼兰铁板河女尸种族人类学研究》,《新疆大学学报》1994年第4期。
[4] 同上。

第四章　相关学科研究所见早期东西文化交流　297

综上，可以认为，小河文化人群均为单一的欧罗巴人种，具体是原始欧洲人种的古欧洲人类型，还可细分为阿凡纳谢沃类型和安德罗诺沃类型。这从人种学的角度告诉我们，青铜时代的罗布泊，尚是单一的欧洲人种的天下，蒙古人种还不曾接触到他们，更不存在两大人种的混血个体。小河文化人种上的纯欧洲人种特性与它的文化上也为纯印欧文化特性保持一致，两者之间可互为印证、互相支持。

图 4.1-1　铁板河"楼兰美女"电脑复原图（采自《楼兰——千年的传奇和千年的谜》）

关于原始印欧人的原住地，学者们有过很多的探索。① 最有影响的是美国考古学家马丽加·金芭塔斯（Marija Gimbutas）的库尔干（Kurgan）理论。即地域——从黑海到伏尔加河下游的草原地区，时代——从公元前 5000 年到 2500 年的库尔干文化，为原始印欧人文化。② 库尔干理论虽得到了较广泛的认同，但并未能一锤定音。其后仍不时有新见涌出，如美国学者大卫·W. 安东尼（David W. Anthony）提出印欧人的故乡在公元前 4 千年后半期的里沃夫—基辅地带。③ 苏联语言学家盖克和

---

① 参见徐文堪、陈有铿等人论著的相关介绍。如徐文堪：《关于吐火罗语和吐火罗人的起源问题：从一件婆罗谜字帛书谈我国古代的印欧语和印欧人》，《吐火罗人起源研究》，昆仑出版社 2005 年版，第 50—82 页、第 1—49 页；陈有铿：《印度欧罗巴人的起源和扩展》，《上海师范大学学报》1985 年第 1 期。

② Marija Gimbutas, 1970, *Proto-Indo-European Culture: the Kurgan culture during the 5*th *to the 3*rd *millennia B.C*, in *Indo-European and Indo-Europeans*, eds. G. Cardona, H. M. Koeningswald & A. Senn, Philadelphia (PA), University of Pennsylvania Press.

③ David W. Anthony, 1986, The "Kurgan Culture" Indo-European Origins, and the Domestication of the Horde: A Reconsideration, *Current Anthropology* 27.

伊万诺夫（Thomas V. Gamkrelide，V. V. Ivanov）认为印欧人的故乡在中近东[①]等等。但不外乎在欧洲和西亚。中国学者徐文堪综合诸说，也提出了他的看法：印欧人的故乡当在以黑海北岸为中心，向西伸展到多瑙河流域，向东伸展到里海沿岸，包括南俄第聂伯河和顿河流域在内的地带。[②] 笔者也认可此说。因此，创造小河文化的原始印欧人，当从新疆东部的西方而来。

二 林雅文化

笔者在讨论林雅文化的源流时，曾指出在物质文化上它已形成东西两个系统文化你中有我的融合局面。那么创造林雅文化的人们共同体，也存在东西两大人种共存共融的现象吗？林雅墓地人骨的种族人类学研究为我们回答了这一问题。

王博等选取了林雅墓地13具颅骨，进行了形态观察、测量及种系分析。[③] 结果发现，6具男性颅骨有1具是欧罗巴人种类型，另5具属蒙古人种类型。将前者称作O组，后者称作M组。7具女性颅骨中，2具属欧罗巴人种类型，4具属蒙古人种类型，另1具从颅骨形态观察上看趋向欧罗巴人种体质特征，从测量数据上看又可以归入蒙古人种类型，这可能与种族间混血有关。

研究者进一步比较了林雅墓地颅骨与两大人种的颅面测量特征。在欧罗巴人种和蒙古人种颅面的14项显著的测量特征中，林雅墓地M组有10项落入蒙古人种变异范围，1项趋向于蒙古人种的变异范围，3项落入或趋向于欧罗巴人种变异范围。说明M组属于蒙古人种类型。林雅墓地O组有7项落入欧罗巴人种变异范围，2项趋向于欧罗巴人种变异范围，有6项落入了蒙古人种的变异范

[①] Thomas V. Gamkrelide, V. VHIvanov, 1973, Sprachtypologie und die Rekonstruktion der gemeinidg, *Verschlüsse*, *Phonetica*, 27.

[②] 徐文堪：《从一件婆罗谜字帛书谈我国古代的印欧语和印欧人》，《吐火罗人起源研究》，昆仑出版社2005年版，第37页。

[③] 王博、常喜恩、崔静：《天山北路古墓出土人颅的种族研究》，《新疆师范大学学报》2003年第1期。

围。这说明林雅墓地 O 组虽趋向欧罗巴人种类型，但有明显的两大人种混血现象。

同时，他们还比较了林雅墓地 M 组与亚洲蒙古人种各类型颅、面测量特征组间的差距。研究者将林雅墓地 M 组的 18 项颅、面测量特征放入亚洲蒙古人种地区类型中进行比较，发现除鼻根指数超出外，其余皆落入亚洲蒙古人种的变异范围中。其中有 10 项落入北亚蒙古人种类型，10 项落入东北亚蒙古人种类型，10 项落入东亚蒙古人种类型，8 项落入南亚蒙古人种类型变异范围。同时，有 1 项接近北亚蒙古人种类型，3 项接近东北亚蒙古人种类型，1 项接近东亚蒙古人种类型，2 项接近南亚蒙古人种类型变异范围。因此，林雅墓地 M 组大体接近东北亚蒙古人种类型。

研究者接着又将林雅墓地 M 组与邻近地区古代组做了比较。发现林雅墓地 M 组颅长距罗布泊突厥组最近；颅宽距焉不拉克 M 组最近，其次是罗布泊突厥组、东灰山组；颅高距焉不拉克 M 组最近，其次是齐家组；额最小宽距五堡 M151M 组最近，其次是齐家组、东灰山组；颧宽距东灰山组最近，其次是焉不拉克 M 组；上面高距东灰山组最近，其次是五堡 M151M 组；眶高距齐家组最近，其次是东灰山组、甘肃史前组；眶宽距五堡 M151M 组最近，其次是东灰山组、火烧沟组、焉不拉克 M 组；鼻高距五堡 M151M 组最近，其次是东灰山组、火烧沟组；鼻宽距罗布泊突厥组最近，其次是焉不拉克 M 组、甘肃史前组、五堡 M151M 组；总面角距五堡 M151M 组最近，其次是东灰山组；颅指数距罗布泊突厥组最近，其次是焉不拉克 M 组；颅长高指数距五堡 M151M 组最近，其次是焉不拉克 M 组、齐家组；颅宽高指数距东灰山组最近，其次是焉不拉克 M 组；上面指数距甘肃史前组最近，其次是东灰山组；眶指数距东灰山组最近；鼻指数距甘肃史前组最近，其次是焉不拉克 M 组、五堡 M151M 组；额宽指数距甘肃史前组最近，其次是焉不拉克 M 组、五堡 M151M 组。由以上比较可以看出，林雅墓地 M 组距离焉不拉克 M 组最近，其次是东灰山组和五堡 M151M 组。

这 13 具颅骨虽不能全面地反映林雅文化居民的种族特征，但作为抽样调查，仍具有一定的代表性。

综上，林雅文化的种族特征可概括如下：林雅文化的创造者包括两大人种——蒙古人种和欧罗巴人种，但蒙古人种占多数，欧罗巴人种其次。还存在两大人种混血的个体。蒙古人种与邻近的焉不拉克 M 组、五堡 M151M 组、东灰山组、火烧沟组等接近。

上述林雅文化的人们共同体的体质特征，与笔者所发现的该文化物质遗存特征存在密切的对应关系。这不仅印证了物质文化遗存分析的正确性，还进一步说明，林雅文化构成因素中东西方文化因子的共存，并非只是物品交换或迁移的结果，更是物品的创造者和使用者——林雅文化中的两大种群接触交融的结果。这是一种更深刻更彻底的东西文化交流，它们既交流了物质文化，也交流了思想意识等精神文化，甚至还有血亲，其结果是文化和人群的深度融合。这种现象的存在，能让东西文化交流的考证变得确定无疑。

林雅文化所在的新疆东部，作为东西文化交流的前哨之一，会是这种交流的最早地域吗？只有全部考察了所有可能存在早期东西交流的区域，比如甘宁青地区、中国北方地区等前哨，才能做出较为可信的回答。

三 南湾文化

因南湾文化到目前为止尚未进行过种族人类学研究，对其想要进行的讨论只能阙如。但愿不久的将来能补上这一节。

四 焉不拉克文化

焉不拉克文化的焉不拉克墓地、五堡墓地及寒气沟墓地，均已作过墓地人骨或干尸的种族人类学研究，现以墓地为单位分述并综合讨论如下。

焉不拉克墓地获取了 29 具头骨，经形态观察及测量[①]，发现该

[①] 韩康信：《哈密焉不拉克古墓人骨种系成分之研究》，《丝绸之路古代居民种族人类学研究》，新疆人民出版社 1993 年版，第 176—260 页。

墓地也存在东西两大人种系统，其中属东方蒙古人种支系的约占21具（男11具、女10具），可归入西方欧洲人种支系的约8具（皆男性）。这说明该墓地所代表的居民种族组成以蒙古人种为主成分（约占72%），同时也有相当规模数量的欧洲人种成分（约占28%）。在与其他古代、近代人种支系类型的对比中发现，焉不拉克墓地蒙古人种成分（简称 M 组）与甘肃史前组、火烧沟组以及近代藏族 B 组较为接近。焉不拉克欧洲人种成分（简称 C 组）与古墓沟组明显相似，同属原始欧洲人种的古欧洲人类型。然而，焉不拉克 C 组与古墓沟组相比依然有某些形态上的变异。如前者颅形更狭长一些，颅高略微降低，上面高稍升高，面宽变狭，面部水平突度也略有减弱，眶形增高，鼻形趋狭等等。C 组的这些形态偏离显示了它与焉不拉克 M 组的某种趋近。韩康信认为这种现象如非偶然，要么是相同地理生态环境下形成的某种趋同，要么是两大人种支系成分混杂。他更倾向前一种可能，即认为是"物理"混居的结果。但在笔者看来，人种的混杂即混血更有可能，而所谓"相同的地理环境下的某种趋同"，在人种形成以后已不太受外在环境的影响了。这就如同白人去了非洲和美洲，只要不发生异种混血，即便经历了若干代，他们也不会变成黑人或黄种人。

另外，两大人种共创共享一种文化，共用一处墓地，说他们之间是井水不犯河水不存在婚姻关系的两个隔离群体，太让人难以置信。况且，他们的文化前身——林雅文化就已存在人种混血现象，后继者仍存在此现象就是顺理成章毋庸置疑的了。

焉不拉克墓地人骨两大种族成分在该墓地不同期别中占有不同比例。29具头骨中，属于第一期的有17具，其中蒙古人种14具，约占82%，欧洲人种3具，约占18%；第二期有6具，蒙古人种2具，占33%，欧洲人种4具，占67%。这表明，墓地第一期主要为蒙古人种，欧洲人种仅占少量；第二期欧洲人种数量迅速增加，且超过蒙古人种数量。第三期因未采集到完整头骨，具体情况不清。当然，这29具头骨仅是抽样统计，与全部墓葬人数相比很微弱，故可能存在一定程度的偏差。但焉不拉克墓地所代表的古代居民包含有东西两大人种，他们共创共享一种文化，共用一处墓地，存在着混居混血的婚姻关系。这是确定无疑的了。

五堡墓地能做种族人类学研究的材料有干尸和人骨两类。干尸的研究在发掘不久就已开展①，研究者据干尸②头面部特征，如面部扁平度中等，颧部较突，鼻根高度高，鼻梁硬骨部直；发色为棕黄色等特征，认为该干尸"非汉族无疑，应属古代新疆地区的少数民族"。这是20世纪80年代的提法，搁在今天，就可以径直称该干尸属印欧人种。这只是对这一个干尸的形态观察结果，只能说明五堡墓地存在印欧人种居民，至于该墓地总的人种构成是什么样子，还得依靠更多的出土人骨形态观察和测量、对比的结果来说明。

1995年，王博等分析了五堡墓地M151、M152两墓共6具颅骨的人种类型③，认为有2具属欧洲人种，4具属蒙古人种。前者接近古墓沟组，具有原始欧洲人种特征。后者趋近于北蒙古人种和东蒙古人种，与焉不拉克M组接近。此两墓存在同穴异种现象。他们既然死后共处一室，不难想象生前也一定有密切关系，这种关系恐怕只能用婚姻关系来解释。这再一次证明了焉不拉克文化中存在两大人种的混居混血现象。

2002年，何惠琴等分析了五堡墓地57具颅骨。④ 这些颅骨皆由1986年发掘的102座墓葬中选取。经颅面形态观察和头骨测量，认为其中的33具属欧洲人种支系，称C组，13具属蒙古人种支系，称M组。其余个体存在明显种族偏离倾向，弃去不论。经聚类分析，五堡C组与阿拉沟墓地、洛普山普拉墓地、察吾乎四号墓

---

① 徐永庆、陈芝仪：《新疆哈密古尸研究综合报告》和徐永庆、何惠琴：《人类学观察和测量》，上海自然博物馆：《考察与研究》总第4辑，上海科学技术文献出版社1984年版，第51—53页、第59—61页。

② 指78HWM24中的一具女性干尸。

③ 王博、崔静：《新疆哈密五堡古墓M151、M152出土颅骨种族人类学研究》，《新疆文物》1995年第1期。

④ 何惠琴、徐永庆：《新疆哈密五堡古代人类颅骨测量的种族研究》，《人类学学报》2002年第2期。

地、焉不拉克C组欧洲人种头骨特征接近，五堡M组与现代藏族B组及华北组之间距离很小，它们之间的形态距离大概不超出"同族不同头骨测量值"之间的形态距离。

还需指出的是，研究者认为五堡C组人骨与新疆其他地区以及新疆周边地区分布的欧洲人种之间有一定的形态偏离，如鼻根指数、颅宽、眶高、鼻宽、鼻高、上面高和颧宽等，这种偏离可能反映了五堡C组的欧洲人种形态有些弱化，而似乎有些近于蒙古人种。即是说，五堡C组虽总体归属欧洲人种，但在一些形态特征上，又有些靠近蒙古人种。研究者同时指出了这种现象的一种可能性：原始欧洲人类型群体在由西向东的分布中，与非欧洲人种混杂而产生的影响。笔者完全赞同这种切乎实际的推断。这再次说明五堡墓地主体居民多存在黄、白两大人种混血的情况。

寒气沟墓地经过种族人类学研究的有3具颅骨，1具男颅，2具女颅，出土于1994年发掘的4座墓中。① 经形态观察和颅骨测量，研究者认为与焉不拉克C组相似，倾向于欧洲人种。当然，因所分析颅骨过少，还不能就此把握寒气沟墓地总的人种情况。

综上，焉不拉克文化居民种族构成上呈现欧洲人种和蒙古人种的二元结构，此外还存在两大人种的混合类型。该文化居民种族特征与物质文化上的东西二元结构相一致，说明该文化中的东西文化交流形式，是以东西文化的创造者的直接接触交融为载体的，这种深入直接的文化交流和融合，不仅丰富了原有的东西文化成分，更能创造出全新的融合型文化和融合型人群。

五 苏贝希文化

苏贝希文化有三处墓地的人骨材料和干尸经过了种族人类学研究。分别是洋海墓地、苏贝希墓地和阿拉沟墓地，三墓地分属该文化两个类型及"混合类型"，能较好地代表该文化的人种构成。下

---

① 崔静、王博：《新疆哈密寒气沟墓地出土颅骨的研究》，《人类学学报》1999年第1期。

面先分述对各墓地人骨及干尸的研究成果,然后进行综合讨论。

洋海墓地出土人骨材料较多,目前仅发表了1987年和1988年春采集的21具颅骨的分析结果①,其后特别是2003年的全面发掘又采集了较多的人骨和干尸,尚在整理之中。

21具颅骨中有男性8具,女性13具。经形态观察及测量,认为男性颅骨中有2具明显属欧洲人种支系,1具明显属蒙古人种支系,3具属两大人种的中间类型,即混合类型。女性颅骨中有4具明显属蒙古人种支系,5具属混合类型,另有1具带尼格罗人种特征,可能属个体变异。其余5具(男性2具,女性3具)颅骨仅存的颧骨宽测量项目可作人种鉴定,其绝对值落入蒙古人种范围。但与以上洋海组各人种特征的颧骨宽情况进行比较,也非常接近混合类型。因此邵兴周等总结道:洋海组颅骨存在一些欧洲人种和蒙古人种的个体类型。蒙古人种个体特征与北亚类型较接近,还有一具表现出一些尼格罗人种特征,可能属个体变异。大多数个体兼有蒙古人种和欧洲人种两种特性,表现了洋海墓地所代表居民种族上的复杂性。②

王博对这批材料也有过专门分析③,他鉴于大多数颅骨残缺严重,观察和测量项目有限,仅能从个别项目上看出大人种上某一特点,不能全面地反映该颅骨的种族特征,便以保存较完好的2具男颅为例进行种族类型分析。这2具颅骨在形态上表现出的主要种族特征是眉弓突度稍显—显著、眶口垂直—前倾、犬齿窝较深、颧骨转角欠陡直等一些欧洲人种的基本特点。测量项目上,鼻指数、鼻尖指数、鼻颧角等与蒙古人种接近,或比较接近;但在眶高、颧宽、鼻根指数上与欧洲人种相近,混血比较严重。从观察和测量项目两者结合起来考虑,洋海组可划入欧洲人种范畴。笔者对上述结论的理解是:王博认为两例颅骨属两大人种严重混血的混合类型,

---

① 邵兴周、王博:《吐鲁番古墓人颅的种系研究——洋海古墓》,《新疆文物》1991年第3期。
② 同上。
③ 王博:《吐鲁番盆地青铜时代居民种族人类学研究》,《交河故城保护与研究》,新疆人民出版社1999年版,第392页。

但从总体上考察，更近于欧洲人种范畴。不过这仅是从两例颅骨出发做出的判断，还缺乏广泛的代表性。

通过与新疆境内及邻近地区一些古代组间的比较分析，发现洋海组与焉不拉克 C 组、古墓沟组、阿凡纳谢沃和安德罗诺沃组比较接近。又与其中的 8 个组（焉不拉克 M 组除外）进行组间的形态距离系数比较及聚类分析，欧氏距离系数 Dik 与焉不拉克 C 组最小，说明最为接近。根据聚类图上的组间分布，可将古墓沟组、焉不拉克 C 组、安德罗诺沃组、阿凡纳谢沃组等归入一个组群中。

上面分析的洋海组与焉不拉克 C 组最为接近的现象，颇值得关注。我们知道，在分析苏贝希文化渊源时，已指出洋海类型特别是它的早期，源于东边的焉不拉克文化。现又得到种族人类学的支持，看来这两者之间的文化传播关系已确定无疑。还可进一步指出的是，洋海类型早期遗存是焉不拉克文化部分人群西迁的结果。

阿拉沟墓地可供观察和测量的较完整头骨有 58 例（男 33 例、女 25 例），出自 8 座墓葬。大部分采自时代较早的竖穴石室丛葬墓（45 具），竖穴土坑墓中采集了 12 具，另有 1 具失掉了墓号。这批头骨除 2 具难以确定人种外，其余据形态观察和数据测量，49 具可归入欧洲人种支系，约占可分类总数的 87.5%，5 具可归入蒙古人种支系，约占 8.8%，2 具属两大人种混合类型，后两者加在一起占 12.5%。由此可见，即便这些鉴定出现某些误差，我们仍可看出，阿拉沟墓地人骨所代表的居民种族构成是以欧洲人种为主，蒙古人种为次同时还兼有少量二者的混合类型的局面。

阿拉沟墓地也存在同穴异种现象。如 M1，可归入欧洲人种支系的有 5 人，可归入蒙古人种支系的 2 人；M21 中，可归入欧洲人种的 15 人，蒙古人种 2 人。如果同穴埋葬者间为共同家族成员关系，那么两种异种系成员之间既非血缘关系，就只能是两性婚姻关系，这为混合类型个体的存在找到了根源。不过，这批材料中的混合类型相对于单一种族来说数量极少（仅 2 具），这一方面说明两大人种混杂的规模有限（这与两大人种数量上极不均等有关），另一方面也说明两者之间混杂的时间还不长，尚未形成稳定的混合遗传群体。

　　阿拉沟欧洲人种成分还可划分为三个体质倾向不同的形态亚组。第Ⅰ组呈长狭颅、高狭面、面部水平方向突度强烈结合狭鼻倾向，接近地中海东支类型，在与邻近地区古代组比较中发现其接近帕米尔塞克组（该组是同质性很强的一组地中海东支或印度—阿富汗类型）。该组头骨约占阿拉沟欧洲人种支系头骨总数的 16.3%。第Ⅱ组头骨的形态介于Ⅰ组和Ⅲ组之间，即颅形比Ⅰ组短，但比Ⅲ组长；与Ⅲ组相比，Ⅱ组仍保持类似Ⅰ组的高狭面特点，但在面部水平上与Ⅲ组不存在明显区别，但又保持了比Ⅲ组更高的眶形，形态上介于地中海东支和中亚两河类型之间。Ⅱ组头骨约占 32.7%。第Ⅲ组头骨明显短颅化，面型趋向低宽，面部水平突度中等，不如Ⅰ组强烈，鼻形呈现阔鼻倾向和低眶倾向，这样一些特征使Ⅲ组头骨比较接近中亚两河类型或古欧洲类型向中亚两河类型的过渡形式。该组头骨约占 40.8%。由此可看出，阿拉沟墓地欧洲人种支系中，除了数量上更多的安德罗诺沃—中亚两河类型外，还有长颅的地中海东支类型成分，这两种欧洲人种亚种的接触与融合，很可能就形成了Ⅱ组的"中间类型"。

　　阿拉沟墓地蒙古人种支系成分也不是单一体质类型，有的具短宽面低颅的倾向，与现代布里亚特人或蒙古族这一类大陆蒙古人种类型接近；有的是偏长颅近高颅特点，配以狭长的面型，接近甘肃的古代东亚类型，可以在甘肃河西走廊青铜时代的头骨中找到相同类型。①

　　苏贝希Ⅰ号和Ⅲ号墓地共采集的 19 具人骨及Ⅲ号墓地出土的 10 余具干尸，经过了种族人类学研究。② 19 具完整成人颅骨经形态

---

　　① 王博：《吐鲁番盆地青铜时代居民种族人类学研究》，《交河故城保护与研究》，新疆人民出版社 1999 年版，第 388—391 页；韩康信：《阿拉沟古代丛葬墓人骨研究》，《丝绸之路古代居民种族人类学研究》，新疆人民出版社 1993 年版，第 71—176 页。

　　② 陈靓：《苏贝希出土人骨的人种学考察及相关问题》和王博：《吐鲁番盆地青铜时代居民种族人类学研究》以及吕恩国：《苏贝希发掘的主要收获》，《交河故城保护与研究》，新疆人民出版社 1999 年版，第 396—404 页、第 387—395 页、第 383 页。

观察，可大致分为欧洲人种、蒙古人种和这两大人种的混合类型三类。其中欧洲人种支系 13 具，占总数的 68.4%。蒙古人种支系 3 具，占 15.8%。混合人种类型 3 具，也占 15.8%。10 余具干尸身材都较高，男性多在 170 厘米以上，女性在 160 厘米以上。面部特征：多发达的眉弓，强烈突起的鼻骨，狭窄的面部，纤细的颧部，深陷的鼻根点，内曲的下颌颏部，卷曲的棕黄色头发等。其人类学特征接近欧洲人种。仅有 1 具干尸是个例外。

综上，可认为，苏贝希墓地人骨及干尸所代表的古代居民中，欧洲人种占主要成分，蒙古人种占次要成分，还见有两大人种的混合类型。且存在同穴异种现象，如Ⅲ号墓地 M17，测定了 4 具颅骨，其中 A（中年，男）和 E（中年，女）为欧洲人种，C（中年，女）为蒙古人种，而 B（青年，男）为混合人种。这种同穴埋葬者的关系，最有可能是一个家庭的成员关系，这样的家庭产生像 B 那样的混合人种类型是完全可能的。

苏贝希墓地 13 具欧洲人种还可分出三个亚组：Ⅰ组属原始欧洲人种类型，男 4，占全部欧洲人种的 23.1%。普遍具有较长的颅形，发达的眉弓和眉间突度，较突起的鼻梁，低而宽的面型，较宽的颧骨，较低的眶型。鼻较宽，梨状孔多心型。Ⅱ组属地中海人种类型，又与典型的地中海类型存在差异，男 5 具，女 3 具，占全部欧洲人种的 69.2%。具有长的颅型，高且狭的面型，较窄的颧骨，略高的眶型。鼻较狭，梨状孔多梨型。Ⅲ组属中亚两河人种类型，男 1，占全部欧洲人种的 7.7%。短颅型（颅指数 80.263），颅长高指数为正颅型，阔颅型（颅宽高），狭鼻型，眶型偏低，鼻颧方向面部突度较小。

将苏贝希墓地欧洲人种与邻近地区古代组进行欧氏距离系数计算，发现苏贝希Ⅱ组与阿拉沟Ⅰ组的 Dik 值最小，是 2.16，其次是焉不拉克 C 组。苏贝希Ⅰ组与古墓沟最近，在面部项目中与哈萨克斯坦安德罗诺沃组最近，古墓沟次之。苏贝希Ⅲ组在颅指数、颅长高指数、颅宽高指数、上面指数以及面宽、鼻颧角上等与昭苏乌孙组最近。

我们知道，在苏贝希文化的类型划分中，苏贝希墓地被看作是一个兼具东西两个类型特征的混合类型，即既受到东边的洋海类型又受到西边的乌拉泊类型的影响。这种现象与上述种族人类学的研究若合符节。如苏贝希Ⅱ组与阿拉沟Ⅰ组的 Dik 值最小，其次是焉不拉克 C 组，即这三者间有非常接近的体质类型。由此我们甚至可以说，苏贝希人主要是由东边的洋海人与西边的阿拉沟人等为代表的欧洲人种及其他蒙古人种和混合类型人种所构成。

六 小结

在考察完新疆东部所有已发表的青铜时代种族人类学研究成果后，似乎可将新疆东部划作四区，分别是罗布泊地区、哈密盆地、吐鲁番盆地及天山中部山谷、东天山北麓等。其中东天山北麓现今尚无种族人类学研究成果问世，暂付阙如。其他三区则在种族特征上各有特点，下面略作申述。

首先，看罗布泊地区。此区青铜时代种族特征呈单一的欧洲人种，具体说是原始欧洲人种的古欧洲人类型。在其下可细分为两个类型，一是阿凡纳谢沃类型，对应于小河文化的早期遗存（无墓葬地表环状列木），另一是安德罗诺沃类型，对应于小河文化的晚期遗存（有墓葬地表环状列木）。

其次，看哈密盆地。该区域青铜时代人种构成由蒙古人种与欧洲人种及这两大人种的混合类型人种构成。但在林雅文化及焉不拉克文化早期阶段，以蒙古人种为主体，欧洲人种及混合人种其次。到焉不拉克文化中后期，欧洲人种及混合人种数量上有上升趋势。这体现了欧洲人种东进的势头与时俱进，愈来愈猛。且与蒙古人种融合的程度愈来愈深，从而产生出了更多的混合人种类型。

最后，看吐鲁番盆地及天山中部山谷。此区明显以欧洲人种为主，蒙古人种及混合人种其次。欧洲人种又划分为三个亚组。即阿拉沟Ⅰ组和苏贝希Ⅱ组为代表的长颅型地中海人种类型支系；苏贝希Ⅰ组、阿拉沟Ⅱ组、洋海组为代表的原始欧洲人种支系或介于地中海与中亚两河类型之间；阿拉沟Ⅲ组和苏贝希Ⅲ组为代表的短颅型中亚两河类型支系，具有原始欧洲人种类型向中亚两河类型的过渡性。此区蒙古人种虽比例不高，但情况也相当复杂，有东北亚类型、东亚类型、北亚类型和南亚类型，数量都很少。

哈密盆地、吐鲁番盆地及天山中部山谷青铜时代的人种构成情况，是与它们的相对地理位置（前者居东，后者居西）及蒙古人种和欧洲人种的中心分布区地理位置（前者在东，后者在西）相符合的（图4.1-2）。

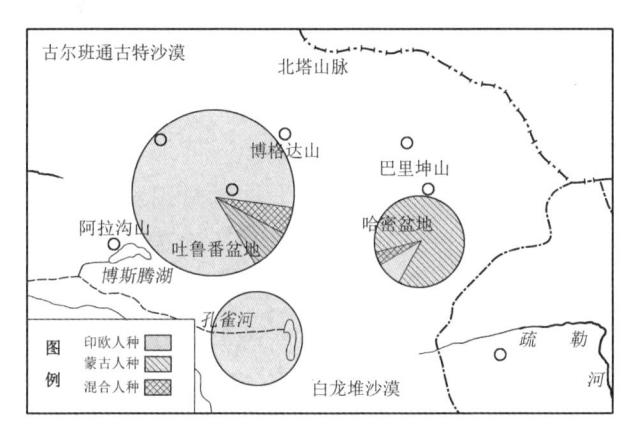

图4.1-2 新疆东部青铜时代人种构成饼形图
审图号：GS（2016）2928号　自然资源部　监制

笔者上面所考察的仅是利用物理手段所做的"表面"工作（即种族人类学研究），但人类有一些遗传基因并不全显露于外表，而是隐藏于身体内部，只用传统的形态观察和数据测量手段并不能揭示出来。例如今天的土耳其人，大多数都有着欧洲人的外表，但历史告诉我们，他们有着不低的蒙古种系突厥人血统，就连今天他们仍说着的民族语言土耳其语也即历史上的突厥语，也显示着土耳其人身上具有的东方蒙古人种阿尔泰语系属语言基因。对于他们，除了历史文献和语言仍能揭示着他们的过去，遗传学领域的DNA研究，也能从分子水平上揭示出土耳其人身上流淌的血液中的多血统来源。那么，对于缺失历史文献和只存在少量死语言的新疆东部青铜时代的居民，要想弄明白他们的种族、血统和文化，一门新学科——古DNA研究便成了最好的工具。对于这一工具的利用及成果分析，我们放在下一节讨论。

第二节 遗传学

随着科学技术的发展，如今人类学和考古学已由单一的学科发展成为跨学科的交叉科学，而分子遗传学的加入，又为这项研究"古老"的科学注入了新的时代活力。

"远古的物质遗存，对考古学知识的洞察和细心解释，可以告诉我们许多关于过去的事情。但是，还存在对过去的另外一些指示器，它们并未埋入那些沉寂的墓葬等待发现，而是恒定不变地存在于今天的我们每一个人之中。这就是用我们的基因来表示的生物学遗产"。[①] 王士元先生指出了分子遗传学已能使我们从基因水平上直接研究现代人类自身的体质特征和遗传演化踪迹。而通过对保存在古代人类遗骸中的DNA[②]序列进行分析，可以更直接的揭示出人类个体和群体特征的众多遗传信息和复杂变异，为我们进行民族识别和分析族群起源、迁徙和融合过程提供了直接证据。

具体到新疆东部，历史上出现过多次的族群迁徙、融合和战争，如仅从现代新疆东部人的遗传特征和核酸序列来反推数千年前的族群状况，就有点刻舟求剑的味道，必然会受到上述复杂历史过程的影响，而使用古DNA来研究当时的人类群体遗传结构，无疑是对这一问题的近距离考察。此外，我们知道，mtDNA属母性遗传，而子女的骨骼特性不完全遗传自母亲，即也可能遗传自父亲。这样，在做混血人群的种族人类学研究时，研究者从形态观察和数

[①] 王士元：《探索过去的三个窗口》，潘悟云主编：《东方语言与文化》，东方出版中心2002年版，第6—7页。

[②] 古DNA是指那些存在于古生物材料中的DNA分子。通过对保存在古代遗骸中的古DNA序列的检测与研究，可以直接揭示古代群体中的遗传信息，使人们直接探寻到漫长年代中生物种群的系统发生与演变情况。

据测量上所判定的人种特征，有可能与他们的 mtDNA 不一致。如果仅停留在种族人类学（形态学）研究阶段，就会误判这类人群的种族属性。这也是进行古 DNA 研究的必要性之一。下面，笔者逐一评述相关专家对新疆东部青铜时代的古 DNA 和遗传结构研究，最后作相关讨论。

新疆东部青铜时代有三个小区做过古 DNA 研究，分别是罗布泊地区、吐鲁番盆地和哈密盆地。

研究者从罗布泊孔雀河古墓沟墓地的 10 个样本中共得到了 10 个长度为 363bp 的不同线粒体系列，使用 Arlequin2.0 软件包计算了该墓地古代人群 mtDNA 的核酸多样性和碱基平均配对差异值，将其与东亚和欧洲人群进行比较，发现古墓沟墓地古代人群的核酸多样性为 0.0103，远远小于东亚人群（0.0187—0.0274），而与欧洲人群的值相似（0.0082—0.0193）。在配对差异分析中，该墓地古代人群碱基平均配对差异值为 3.5272，低于东亚人群（6.4533—6.8273），属于欧洲人群体范围内（2.6833—4.0728）。[①] 由此可见，古墓沟墓地所代表的古代居民，完全由欧洲谱系组成序列组，从核酸多样性、平均配对差异值上看，这个群体均与欧洲群体接近，这一点与体质人类学研究（形态学）结论一致。[②]

研究者又从吐鲁番盆地三处古墓地（洋海墓地、苏贝希墓地、交河故城一号台地墓地）选取了 20 个样本，得到 19 个长度为 363bp 的不同线粒体 DNA 序列。研究者将吐鲁番古代序列与现代新疆境内维吾尔族和哈萨克族人群以及周边的中亚的四个群体线粒体 DNA 进行了比较，以便观察他们之间的关系，探讨这一地区古代群体的演化过程和现代中亚群体的起源。[③]

[①] 崔银秋等：《新疆罗布诺尔地区铜器时代古代居民 mtDNA 多态性分析》，《吉林大学学报》（医学版）2004 年第 4 期。

[②] 韩康信：《孔雀河古墓沟墓地人骨研究》，《丝绸之路古代居民种族人类学研究》，新疆人民出版社 1993 年版，第 33—58 页。

[③] 崔银秋：《新疆古代居民线粒体 DNA 研究——吐鲁番与罗布泊》，吉林大学出版社 2003 年版，第 99—123 页。

吐鲁番古代群体核酸多样性为 0.0173，与新疆维吾尔族和哈萨克族以及中亚的四个群体的核酸多样性之间无明显差异（p > 0.05）。新疆及中亚 6 个群体包括吐鲁番古人群的核酸多样性均要略小于东亚群体（0.0198—0.0274），而高于欧洲群体（0.0078—0.0012）。

平均配对差异分析是将一个或多个群体的任两个序列进行两两比较得出的各序列间的配对差异情况。一般说来，一个群体在生命流播过程中有过扩张或持续增长的经历，其配对差异分布会呈现单峰钟形分布，而群体大小在发展过程中保持稳定时，配对差异分布曲线则呈多峰分布。吐鲁番古代人群平均配对差异值为 5.9368，而新疆及中亚的 6 个现代群体为 5.7711—6.3662，它们的分布曲线几乎重叠在一起，形状均为钟形的单峰分布。这说明上述群体在发展过程中均有扩张或持续增长的经历，且它们之间的线粒体 DNA 序列无明显区别。

研究者还根据核酸序列间的遗传距离短阵构建了现代新疆及中亚群体与吐鲁番古代人群之间的系统发育树（图 4.2-1）。为了便于比较，将欧洲的巴斯克人和撒丁岛人以及东亚的中国人、蒙古群体加入其中，在这个系统的发育树中，吐鲁番古代人群与新疆及中亚的现代群体之间的距离最近，同样位于东亚和欧洲群体之间。罗布泊古墓沟人与欧洲的巴斯克和撒丁岛人群相近，位于系统树的一端。蒙古是与现代新疆及中亚群体距离最近的东亚群体。吐鲁番古代人群在树中的位置与现代新疆及中亚群体相比更偏向欧洲一侧。在与现代新疆及中亚群体的距离上，吐鲁番古代人群与中亚维吾尔族最近，而新疆境内的维吾尔族则更靠近蒙古一侧。不过这些分支的自展值（1000 次重复）并不高（<60%），这可能是由于这一地区的相邻群体间的高迁徙率和群体的高异质性造成的。[①]

以上分析表明吐鲁番古代人群所接受的欧洲谱系影响要比现代

[①] 崔银秋、周慧：《从 mtDNA 研究角度看新疆地区古代居民遗传结构的变化》，《中央民族大学学报》（哲学社会科学版）2004 年第 5 期。

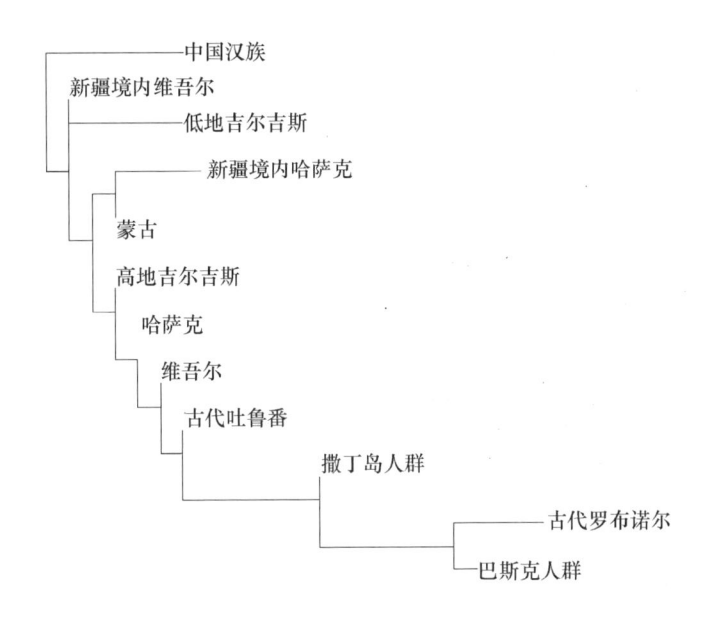

图4.2-1 现代新疆及中亚群体与吐鲁番古代人群之间的无根系统发育树（采自崔银秋等：《中央民族大学学报》2004年第5期）

新疆及中亚群体大一些。这一现象说明在吐鲁番古代人群生存的年代，吐鲁番及中亚地区存在着欧洲和东亚群体的交叉，而当时欧洲谱系对遗传结构的影响与现在相比要大。随着东亚群体向西迁徙的增加，欧洲谱系的影响出现弱化的趋势。[①] 这一认识与对该区域青铜时代种族人类学研究结果一致。

大家知道，距今约3800年的古墓沟墓地居民线粒体DNA表现为单一的原始欧洲人序列特征，而距今约2000年前的吐鲁番盆地三处古代人群却同时含有属于欧洲和亚洲谱系的序列，且无论从核酸多样性、配对差异分析，还是遗传距离等方面看，吐鲁番盆地古代人群均处于欧洲和东亚群体之间。根据Cavalli-Storza的三角法，

---

① 崔银秋：《新疆古代居民线粒体DNA研究——吐鲁番与罗布泊》，吉林大学出版社2003年版，第98—109页。

通过计算统计频率距离所得的距离距阵可得到欧亚谱系在吐鲁番盆地古代人群中的混合比例，结果显示，吐鲁番盆地青铜时代人群基因来源中，欧洲成分占76%，亚洲成分占24%，而对现代新疆的哈萨克族和维吾尔族人群的计算，发现欧洲成分已减少到35%，亚洲成分增至65%左右。[①]

形态学（种族人类学）分析表明，青铜至早期铁器时代的吐鲁番盆地居民是一个由大量的欧洲人种的古欧洲人类型、地中海类型、中亚两河类型及他们的混合类型和少量的蒙古人种共同构成的混合族群。遗传学分析也显示出了这一特征，如在吐鲁番19个古DNA序列中，有8个序列分布在欧洲谱系之中，其中的6个序列在现代欧洲人群中可以找到；有11个序列分布在东亚谱系中，其中有8个在现代亚洲人群中可以找到共享序列。我们知道，欧洲和东亚的谱系之间几乎无交叉共有序列，但吐鲁番古代人群却同时具有两者的序列。同时，从核酸多样性、配对差异分析及遗传距离上，吐鲁番古代人群均处于欧洲和东亚群体之间。

上述吐鲁番盆地青铜时代居民在形态学和遗传学的研究结论上虽保持着较高的一致性，但在一些具体的mtDNA序列中，也存在少量形态学与遗传学研究结论上的错位现象，下面试举例说明并讨论成因。

如研究者所取的6个苏贝希样本的形态学特征均显示其为欧洲人种支系（其他两个墓地样本未见人类学数据），但其中8号、9号样本含有16223（C→T）的取代，这一位点在中亚、东亚的谱系中占很大的比例（Momgolian 65.0%，Xinjiang 48.5%，Japan 41.7%），欧洲的谱系中却很少见，只占7%左右。6号、7号、10号样本序列含有16362（T→C）的取代，同样，这一位点在欧洲和中东发生率极低（0—5.1%），而在中亚、东亚的谱系中占有很大

[①] 崔银秋、周慧：《从mtDNA研究角度看新疆地区古代居民遗传结构的变化》，《中央民族大学学报》（哲学社会科学版）2004年第5期。

的比例（Momgolian 38.6%，Xinjiang 28.9%，Ainu 31.4%）。在系统发育分析中，苏贝希的 3 个样本也与东亚谱系的关系更近，这种差异可能是由于线粒体为母系遗传，而形态学的特征是由染色体决定而产生的。① 即是说，苏贝希样本遗传学上接近中亚、东亚谱系，应是隐性的线粒体母系遗传所致，而形态学上的欧洲人种特征，应来自欧洲人种的父亲遗传所致。更简洁地说，就是这几个样本乃由欧洲人种父亲与蒙古人种母亲结合所产生。这说明早在青铜时代的吐鲁番盆地，已存在欧亚人群的混血现象。这种现象也告诉我们，混血人群的种族属性，如仅以形态学的观察和测量为依据，是不能准确和充分地揭示其属性的，还需进入遗传学的古 DNA 分析层次，才可能得到完全准确的揭示。

哈密盆地五堡墓地有 11 例样本抽取到了 mtDNA②，经 mtDNA D 环结构比较与分析，发现有 2 例属欧洲人种，8 例属蒙古人种，1 例无法判定。上述分析结果与形态学研究结果相比有 6 例一致，有 3 例不一致，即形态学结果是欧洲人种，而遗传学分析结果是蒙古人种。这应仍是这 3 例样品属混血人群所致。

上述分析可以告诉我们两点：第一，从遗传学角度，五堡所代表的哈密盆地古代人群存在欧亚两大人种，且蒙古人种比例明显高于欧洲人种；第二，哈密盆地青铜时代欧亚两大种系人群已存在混血现象。这两点认识，与我们从种族人类学研究中得到的结论是一致的。它们之间可以互相支持互为补充。

综上，新疆东部青铜时代的三个小区的相关古 DNA 研究结果，均与各小区的种族人类学研究结论一致，这便是：至少在汉代以前，欧洲人种和蒙古人种在新疆境内存在反向渗入，相比之下，亚洲序列向西的渗入比较零碎，不如欧洲谱系成分的东进活跃。而吐鲁番盆地和哈密盆地存在一些遗传学与形态学研究结果不一致的样

---

① 崔银秋：《新疆古代居民线粒体 DNA 研究——吐鲁番与罗布泊》，吉林大学出版社 2003 年版，第 121—123 页。
② 何惠琴等：《3200 年前中国新疆哈密古人骨的 mtDNA 多态性研究》，《人类学学报》2003 年第 4 期。

本，一方面说明这两地存在欧亚两大人种的混血个体，另一方面还体现出单一形态学研究的局限性及形态学与遗传学综合研究所带来的准确性和全面性。

第三节　语言学

"考古学工作是与化石和人工制品打交道，遗传学观察人类身体的证迹，而语言学资料则是古代的典籍和当代的语言。"①王士元先生在论述"探索过去的三个窗口"时，简述了三者的学术路径。那么在探讨早期东西文化交流时，语言学又能发挥哪些功用？笔者认为起码有两点：一、考察所探讨的早期东西文化交流发生地最古老地名的语源及其在各相关古代语言中的存在和流变情况；二、考察所探讨的早期东西文化交流发生地及其周邻地区古代语言中的外来语借词现象。具体到新疆东部，曾经存在过的古老语言有吐火罗语、塞语、藏缅语、匈奴语等，其中大部分已成为死语言，只能依靠新近出土的这些死语言写卷及仍残留于当代语言如汉语、维语等中的借词来讨论它们曾经的使用和相互交流情况。而语言的交流，正揭示了语言的使用者的群体交流及文化交流。下面，笔者先简述曾存在于新疆东部的古代语言，然后探讨该区域的古老地名语源及各古代语言间的相互借词现象，借以从语言学的角度洞悉早期东西文化交流在新疆东部及其相邻地区的情形。

一　新疆东部古代语言简述

关于新疆的古代语言，国内外的研究可谓汗牛充栋。这项研究发端于19世纪末20世纪初在新疆出土的古代语言写卷，首先由国外的东方学家关注并展开了热烈的讨论，随后中国学者也涉足其

---

① 王士元：《探索过去的三个窗口》，潘悟云主编：《东方语言与文化》，东方出版中心2002年版，第13页。

间，用力深者有方壮猷①、王静如②、季羡林③、徐文堪④、林梅村⑤等，他们在吸收国外相关研究成果的基础上，深化了这一研究领域。下面便以国内上述学者及国外学者的研究成果为凭依，介绍新疆东部青铜至早期铁器时代可能存在过的各种古代语言。

1. 吐火罗语⑥

经中外学者的不懈努力，发现存在于古代新疆的印欧语系语言主要有三种：吐火罗语、塞语和粟特语。其中粟特语已属于新疆的历史时期，不在本书讨论之列。而前两种印欧语均涉及新疆东部，塞语将在下一小节介绍，这里单叙吐火罗语的发现和研究简况。

吐火罗语文献发现于塔里木盆地北缘的库车、焉耆和吐鲁番盆地的高昌故城及敦煌藏经洞，以大批佛教和摩尼教写经、医学文献、契约和籍账文书等形式呈现，采用印度古文字婆罗谜文中亚斜体字拼写。起初，这种文献中的字母虽能单个识别，但除了按照规律必须分开写的以外，都是连在一起的，如果不熟悉内容和语法，无法将其分成一个个单字。后来，德国语言学家缪勒（F. W.

---

① 方壮猷：《三种古西域语之发现及其考释》，《女师大学术季刊》第一卷第四期（民国十九年）。
② Wang Ching-ju（王静如），"Arsiand Yen-ch'i 焉耆，Tokhriand Yueh-shih 月氏"，Momumenta Serica（华裔学志），*Journal of Oriental Studies of the Catholic University of Peking*, Vol. IX, 1944, pp. 88-91；王静如：《重论 arai, argi 与焉夷、焉耆》，《史学集刊》第五期（民国三十六年），第147—158页；王静如：《论吐火罗及吐火罗语》，《中德学志》第五卷第一、二合期（民国三十二年），第217—277页。
③ 季羡林：《吐火罗语的发现与考释及其在中印文化交流中的作用》，《中印文化关系史论文集》，生活·读书·新知三联书店1982年版，第97—112页；季羡林：《吐火罗文研究》，江西教育出版社1998年版，第7—179页；季羡林：《吐火罗文"弥勒会见记"译释》，江西教育出版社1998年版，第7—138页。
④ 徐文堪：《吐火罗人起源研究》，昆仑出版社2005年版，第2—81页。
⑤ 林梅村：《西域文明——考古、民族、语言和宗教新论》，东方出版社1995年版，第133—155页；林梅村：《汉唐西域与中国文明》，文物出版社1998年版；林梅村：《古道西风——考古新发现所见中西文化交流》，生活·读书·新知三联书店2000年版，第323—369页。
⑥ 本小节内容主要引自林梅村：《丝绸之路上的古代语言概述》，《西域文明——考古、民族、语言和宗教新论》，东方出版社1995年版，第133—135页。

K. Müller）在回鹘文本《弥勒会见记》中发现一条题记，提到这部回鹘文剧本译自 Toxri（吐火罗语）。因此，缪勒将上述不知名语言命名为"吐火罗语"。随后，德国学者西格（E. Sieg）和西格林（W. Siegling）发表文章表示赞同。他俩对此种语言锲而不舍地钻研，终于读通吐火罗语，成为世界语言学史上的一件大事。

语言学家们惊奇地发现，吐火罗语虽然发现于东方，属印欧语系东支分布区，但它和印欧语系东支 Satem 语组的语言，如梵语、婆罗钵语存在较大差异。相反，倒与印欧语系西支 Centum 语组的语言，如凯尔特语、意大利语很接近。与公元前 1400 年左右流行于小亚的 Centum 语组的赫梯语关系尤为密切。也就是说，吐火罗语属印欧语系西支。所以，吐火罗语应是最古老的印欧语系语言之一。

婆罗谜文拼写的吐火罗语有两种方言。一种流行于焉耆和高昌（今焉耆和吐鲁番），称"东部吐火罗语""焉耆语"，也有称"吐火罗语 A 方言"或"吐火罗语甲方言"。另一种流行于龟兹（今库车），称"西部吐火罗语""龟兹语"，也有称"吐火罗语 B 方言"或"吐火罗语乙方言"。在语言形态方面，龟兹语较焉耆语早。

吐火罗语还有第三、四种方言。第三种方言又称"吐火罗语 C 方言"，保存在楼兰佉卢文书中。佉卢文是拼写犍陀罗语的一种文字，但塔里木盆地发现的佉卢文书的语言不是单纯的犍陀罗语，它杂有许多土著方言。据英国语言学家巴罗分析，这种土著方言即吐火罗语方言。因此，犍陀罗语传入楼兰之前，楼兰人讲的是一种吐火罗语，即吐火罗语 C 方言。

吐火罗语的第四种方言便是月氏语。月氏人本居"敦煌祁连间"，经林梅村考证，"敦煌"指天山中部主峰博格达山，"祁连"山指现今的天山，具体是指天山东部的巴里坤山①，则月氏人应居于今天的东天山以北的草原地带。敦煌唐光启元年写本《沙州伊州地志》记小月氏龙家部落说："龙部落本焉耆人"。古代印度史学

---

① 林梅村：《吐火罗人与龙部落》，《西域研究》1997 年第 1 期。

家迦尔汉的罽宾史《王河》则称西迁中亚的大月氏为"Turuska（吐火罗）"之后裔。另敦煌所出宋人写本《西天路竟》中，将"焉耆"称作"月氏国"。黄盛璋对此进行了研究①，认为焉耆、龟兹为大月氏西迁路上的遗留部族，从而论证了吐火罗语实即月氏语。

月氏西迁前没有在中国西部留下文字材料，西迁后改用大夏语、犍陀罗语、塞语等中亚民族的语言，仅有零星词汇保存在上述语言的碑铭中，没有发现完整的月氏语文献。楼兰语也未见完整的文献，仅有数百个词汇和语法现象在公元3世纪左右的佉卢文书中保存下来。目前见到的完整的吐火罗语文献均为婆罗谜字母拼写。德国学者西格、西格林和法国学者烈维分别主持了柏林和巴黎所藏吐火罗文献的解读和刊布工作。20世纪50年代前，德方发表了《吐火罗语残卷A》两卷（1921年）、《吐火罗语B》两卷（1949—1953年）；法方发表了《龟兹文献残卷》一卷。20世纪50年代后，这项研究改由德国学者W.托马斯、法国学者费里奥扎和我国学者季羡林继续进行。费里奥扎于1958年在巴黎出版《龟兹语医学和咒语文献残卷》。季羡林陆续刊布了新疆博物馆藏吐火罗语《弥勒会见记》，并于1998年结集出版，同时还出有《吐火罗文研究》一书。②

2. 塞语③

新疆说塞语的民族是继吐火罗人之后第二拨西来的印欧人。塞语属印欧语系东伊朗语支。塞语文献也是用婆罗谜字母拼写，国内存在于塔里木盆地西部巴楚、和田和克里雅古代遗址及敦煌藏经洞。新疆东部虽未见塞语文献出土，但据考古发掘及研究，也同样

---

① 黄盛璋：《敦煌写本〈西天路竟〉历史地理研究》，《历史地理》1981年创刊号。
② 季羡林：《吐火罗文"弥勒会见记"译释》，江西教育出版社1998年版，第7—138页；季羡林：《吐火罗文研究》，江西教育出版社1998年版，第7—179页。
③ 本小节主要参考了林梅村：《丝绸之路上的古代语言概述》，《西域文明——考古、民族、语言和宗教新论》，东方出版社1995年版，第136页。

存在塞人踪迹。故在此将塞语列为新疆东部的古代语言之一加以介绍。

塞语文献发现之初，也不知道是何种语言。经多位国外学者的钻研，最终认定是于阗语。后来又发现，这种语言与伊朗语接近，故又称作"东伊朗语"。最后，德国语言学家吕德斯证明这种语言与中古伊朗语东部方言中的塞语最为接近，从而将其定名为"塞语"。我国也称"和田塞语"。这个命名已为学界广泛接受。

新疆塞语文献可以分为于阗、疏勒和扜弥三种方言。于阗语流行于塔里木盆地西南和田河流域，扜弥语流行于和田之东克里雅河流域，疏勒语则流行于塔里木盆地西部喀什噶尔河流域。

3. 藏缅语①

藏缅语在语言系属上被认为是一种最接近汉语的语言。它分布于现今的中国西南、缅甸北部、阿萨姆（Assam）、尼泊尔和印度北部。但在史前时期，说藏缅语的民族更靠近北方，即他们应有一个从中国西北向西南及中南半岛、东南亚迁徙的过程。有人假设藏族与诺羌有关，诺羌这一游牧民族曾存在于汉代的青海和新疆。中国早期历史上的羌和戎被认为是藏缅部落的先民。一位戎人首领曾这样说："我诸戎饮食衣服不与华同，贽币不通，言语不达。"② 可见他们的语言确非华夏之声。新疆东部青铜时代文化中的蒙古人种族群，经考古学分析，主要来自甘青地区，而后者正是羌戎族系的分布区，故这些蒙古人种族群的语言最有可能是原始藏缅语。进入历史时期，在楼兰出土的佉卢文书中，多次提到楼兰南方的苏毗人（Supīya）经常侵扰鄯善南境。苏毗人是吐蕃王国兴起之前的藏语部族，说明古代藏缅族人与楼兰居民有接触。③

---

① 藏缅语资料主要参考了蒲立本：《上古时代的华夏人和邻族》，王小盾编：《扬州大学中国文化研究所集刊》第一辑，江苏古籍出版社 1998 年版，第 346—349 页、第 370—371 页。

② 张燕瑾主编：《文白对照全译左传》下册，《襄公十四年》，国际文化出版公司 1993 年版，第 66—67 页。

③ 徐文堪：《从一件婆罗谜字帛书谈我国古代的印欧语和印欧人》，《吐火罗人起源研究》，昆仑出版社 2005 年版，第 10 页。

4. 匈奴语

匈奴语一如吐火罗语已是一种死语言。研究者仅能从保留在今天几种语言中极少量匈奴语汇和相关历史记载，去推断匈奴语的系属。经学者们的多年探索，今天能够肯定一点的是，匈奴语属阿尔泰语系。但具体属阿尔泰语系三个语族中的哪一个语族？还是自成一个语族？至今未有定论。李法军结合考古学和人类学方面的线索，认为以外贝加尔地区为中心的匈奴主体可能在语言上更接近蒙古语，而中亚地区的匈奴人群可能操以蒙古语为主，夹杂其他语言特别是突厥语的某种混合语言。①

5. 小结

以上所介绍的存在于新疆东部青铜时代的四种古代语言，如果跟操这些语言的人群的种族类型及地理位置联系起来，可以区分为甲乙两组。甲组由吐火罗语和塞语组成，属印欧语系，操这两种语言的人群为印欧人种，乃由西而东进入新疆。乙组由藏缅语和匈奴语组成，分属汉藏语系和阿尔泰语系，操这两种语言的人群，均为蒙古人种②，乃由东而西进入新疆。他们之间体现在语言上的接触和交流，正是笔者下两节要考察的对象。

二 新疆东部及邻近地区地名语源考察

本小节以新疆东部现今地名或曾存在于新疆东部的古地名为考察对象，追溯它们的语源，与青铜时代使用于该地的古语言建立起可能的联系。根据实际情况，考察的范围有时也扩及邻近地区。

1. 敦煌与祁连

"敦煌"与"祁连"两名联袂首现于《史记·大宛列传》，其

---

① 李法军：《匈奴的语言属性——来自考古学和人种学的线索》，《青海民族学院学报》2007年第4期。另关于匈奴语系属的讨论，可参看马长寿：《北狄与匈奴》，广西师范大学出版社2006年版，第44—49页；孟达来：《北方民族的历史接触与阿尔泰诸语言共同性的形成》，中国社会科学出版社2001年版，第22—25页。

② 仅是从两组语言接触前的情况而言，接触后两组人群不管仅是语言交际或物品贸易还是混居甚至发生同婚混血现象，均会出现别于此前两组语言和人群种系界限分明的混合状态。

文曰："始月氏居敦煌祁连间"，是说月氏人最初居于敦煌和祁连两地之间。至于敦煌和祁连的具体所在，除唐人司马贞的《史记索隐》曾提到"祁连一名天山，亦曰白山也"（此处"天山""白山"在司马贞眼里不一定是指今天新疆境内的天山）的话外，后代人多顾名思义，认定即是今天甘肃境内的敦煌和祁连山。故千百年来想当然地认为月氏人主体当游牧于河西走廊西部。直到近年，经林梅村和王建新钩沉索隐，分别提出"祁连"乃指东天山的巴里坤山①和天山②。林梅村又指出"敦煌"即汉代以前的"敦薨"，乃指天山东部最高峰博格达山。③ 这样一来，汉代以前的"敦煌"和"祁连"，均非现今所指，而是位于新疆东部。下面笔者再来讨论两地名的语源问题。

先说"敦煌"。林梅村认为"敦煌"是前吐火罗语"高"字的音译，相当于吐火罗语 A 方言的 Täprone（高）和 B 方言的 Täprauñe（高）以及楼兰方言 Diparona（高）。④ 这即是说"敦煌"一词源于吐火罗语。王宗维在前人研究的基础上指出"敦煌"是"吐火罗"的简译。⑤ 他列出各种古代文献对吐火罗的译法，如藏文作 Tho-kar, Tho-gar, Thod-gar, Thod-kar, Thod-dkar；回鹘文作 Twxry, Twqry, Toxri；粟特文作ˊTxwˋrk，西文作 Tokhara, Tokara 等等，"敦煌"正是与这些译法有同源关系的汉语对"吐火罗"前两个音节的简译。

"单桓""吐鲁番"与"敦薨""敦煌"的关系，也得到了学

---

① 林梅村：《吐火罗人与龙部落》，《汉唐西域与中国文明》，文物出版社 1998 年版，第 71—73 页。

② 王建新：《中国西北草原地区古代游牧民族文化研究的新进展——古代月氏文化的考古学探索》，《周秦汉唐文化研究》第三辑，三秦出版社 2004 年版，第 240—243 页。

③ 林梅村：《吐火罗人与龙部落》，《汉唐西域与中国文明》，文物出版社 1998 年版，第 77 页。

④ 同上。

⑤ 王宗维：《"敦煌"释名——兼论中国吐火罗人》，《新疆社会科学》1987 年第 1 期。

者们的研讨。《汉书·西域传》记载："单桓国，王治单桓城，去长安八千八百七十里。"据林梅村研究，此"单桓"在天山北麓今昌吉州境内，应对音于"敦薨"和"敦煌"。① "吐鲁番"一词，当为非汉语译词，梅维恒等国外学者已提出："吐鲁番"与"敦煌"应是同源词。②

此外，新疆东部乃至其周邻地区，有众多与"吐火罗"音近的地名，如伊吾县城西南不远处有一吐葫芦乡；甘肃安西县城东约五十里有一兔葫芦村；今若羌以东敦煌以南的阿尔金山一带，汉代有一"去胡来"部；玄奘在《大唐西域记》中记有一位于塔里木盆地南缘的"睹货逻故国"；斯文赫定在《亚洲沙漠探险记》中说"和田附近有村庄名托赫拉（Tochla）"。今和田县有托乎拉村，两者可能是同名异译；墨玉县有托胡拉村；莎车有塔克拉村；再加上南疆著名的大沙漠塔克拉玛干中的"塔克拉"等等，均应视作"吐火罗"的对音。③

至此，对"敦煌"一名可如此结论："敦煌"一词的语源为吐火罗语，它正是"吐火罗"一词的对译。其最初使用地当以东天山南北麓为中心，以后随部族迁徙，流播到甘肃西部、塔里木盆地南缘等更广阔的区域。敦薨、单桓、吐鲁番、吐葫芦、兔葫芦、去胡来、睹货逻、托赫拉、托乎拉、托胡拉、塔克拉等等不同时代不同地点出现的地名，当均为"吐火罗"一词的对音。这些地名所散布的地域，部分显现了吐火罗人即其后裔在新疆东部及邻近地区流布盘桓的情形。

再说"祁连"。林梅村专门著文讨论了"祁连"和"昆仑"的

---

① 林梅村：《吐火罗人与龙部落》，《汉唐西域与中国文明》，文物出版社1998年版，第76页。

② V. H. Mair, Reflections on the Origins of the Modern Standard Mandarin Placename "Dunhung", 李铮等编：《季羡林教授八十华诞纪念论文集》，江西人民出版社1991年版，第901—954页；J. Harmatta, Origin of Name Tun-huang, in A. Cadonna, (ed.), Turfan and Tunhuang: the Texts, *Orientalia Venetiana* IV, Firenze: Leo S. Olschki Editore, 1992, pp. 15–20.

③ 王宗维：《"敦煌"释名——兼论中国吐火罗人》，《新疆社会科学》1987年第1期。

语源。① 他指出，"祁连"即"天"，西域胡人谓今"天山"为"祁连山"，因是外来语，故还有译为音近的"祁罗漫山""初罗漫山""析罗漫山""折罗漫山"等等，如《旧唐书·地理志》伊吾条云："天山在州北二十里，一名白山，胡人名析罗漫山。"这些译名应来自吐火罗语 A 方言的 Klyom，B 方言的 Klyomo，意为"天""圣天"。

"祁连"仅是该吐火罗语词的汉代译名，而不见于先秦文献。经林梅村考证，"祁连山"在先秦时称为"昆山"，也即"昆仑山"，如此，则"昆仑"便为吐火罗语 ∗Kilyom（o）一词最早的汉语译名。大概也是汉语词汇中最早的印欧语借词。

"祁连""昆仑"这一吐火罗语借词，其音、义一起除引入了汉语，也被借入了阿尔泰语系诸语言。

《史记·匈奴列传》说："匈奴谓天曰撑犁"。"撑犁"与"祁连"，显然是同源同音词异译，相比吐火罗人和匈奴人在新疆活动的先后，当然应为匈奴语"撑犁"借自吐火罗语"∗Kilyom（o）"。其后，突厥语呼"天"为 Tangi，Tangri，Tängrim，蒙古语呼之为 Tangri，Tengeri，汉译为"腾格里""登凝梨""登里""腾吉里"或"腾格尔"等，其源头均为匈奴语和吐火罗语。古汉语"天"字音 Tien，Ten，也与上述诸语的"天"具有同源关系。② 还值得一提的有南疆塔里木盆地之"塔里木"，西文译称"Tarim"，与突厥语和蒙古语呼"天"之音是非常接近的。或许它们之间也有同源关系。汉语及阿尔泰语系诸语"天"的语源来自吐火罗语的现象，反映了人类历史早期阶段这几种语言之间的交流和操这几种语言的人群之间的文化交流情形。

2. 伊吾

伊吾现为新疆哈密地区天山以北的伊吾县县名。但在隋唐以前，其名称的涵盖范围比现在要广，包括今伊吾县、哈密市和巴里

---

① 林梅村：《祁连与昆仑》，《汉唐西域与中国文明》，文物出版社 1998 年版，第 64—69 页。

② 赵云田主编：《北疆通史》，中州古籍出版社 2003 年版，第 63 页。

坤县东北部。伊吾显然也非汉语地名，其语源经林梅村研究，认为"伊吾"是吐火罗人对"马"的称谓，相当于吐火罗语 B 方言的 Yäkwe（马）。① 即"伊吾"是吐火罗语 Yäkwe（马）的汉语音译。

我们知道，月氏人以擅长养马而驰名中外。公元 3 世纪粟特人康泰撰《外国传》介绍："外国称天下有三众，中国人众，大秦宝众，月氏马众也。"哈密地区自古以来就是著名的养马场，直到今天，巴里坤草原仍存在一有名的养马场——伊吾军马场，军马场冠之以伊吾，恐非巧合。这个现象可以作为"伊吾"源自吐火罗语 Yäkwe（马）的旁证。

3. 蒲类

"蒲类"是"巴里坤"的古名。《汉书·西域传》称"巴里坤"为"蒲类海"。现今的巴里坤湖，古称蒲类海，唐时也称作婆悉海。② 林梅村考证认为，"蒲类"当对音于吐火罗语 A 方言的 Wär（水）或 B 方言的 War（水），源于吐火罗人对"水"的称谓。即"蒲类"是吐火罗语 Wär（War）的汉语音译。而现代地名"巴里坤"，当是与"蒲类"同一语源的同名异译。据冯承钧考订，"巴里坤"来自突厥语 Barkul，亦作 Bars-köl，意为"虎湖"。清代的巴尔库勒、巴里库勒、巴里坤，皆为其音译。③ 林梅村则认为，Barkul 前一音节 Bar，相当于汉代文献中的"蒲类"，也即突厥语音节 Bar 相当于吐火罗语 War。笔者以为完全可能，且可进一步认定，突厥语 Barkul 也源于吐火罗语 Wär（War）的音译。这就是说，吐火罗语 Wär（War）是巴里坤的最古老地名，汉语中的"蒲类""巴里坤"等及突厥语中的 Barkul 均源于吐火罗语 Wär（War）。

4. 车师

车师是分布于吐鲁番盆地及其以北，有文献记载的时代约为公

---

① 林梅村：《吐火罗人与龙部落》，《汉唐西域与中国文明》，文物出版社 1998 年版，第 73—74 页。
② 于维诚：《新疆地名与建制沿革》，新疆人民出版社 2005 年版，第 22 页。
③ 冯承钧：《西域地名》，中华书局 1982 年版，第 11 页。

元前 2 世纪至公元 5 世纪中期的一古族名和国名。汉初也称姑师。西汉晚期，车师在汉和匈奴势力的影响下被分成前后两部。即天山以南为前部，以北为后部。刘学堂认为，吐鲁番盆地的喀格恰克类型、苏贝希类型、交河故城竖穴土坑墓分别代表了车师文化的不同阶段。① 这种比附相当于笔者在本书中所划分的苏贝希文化柴窝堡类型。但如从考古学文化上看，到苏贝希文化洋海类型的晚期，车师人已东进到该类型分布区并与其迅速融合，使盆地中的两个类型文化渐趋统一。

"车师"或"姑师"这一名称的语源是什么呢？耿世民提出了他的看法。他发现车师（*Kushi）、龟兹/库车/曲先（Kuci/Kucha/Kusan）、乃至甘肃的姑藏（*Kuzan），远至中亚费尔干纳的古都贵山（Kusan）城，再到贵霜/大月氏（Kushan）帝国，它们均有极为近似的发音，也与月氏的古音 *Kushi/ *Kusi/ *Kuti 近似，这不应是偶然的巧合。耿世民还提到著名的伊朗学家亨宁（W. B. Henning）的一篇论文，论述公元前三、四千年前，说古代印欧语的 Kuti 人和 Tukri 人（他们经常一起行动），从遥远的小亚东迁到新疆和甘肃一带。亨宁认为这里的 Kuti 就是月氏，Tukri 就是回鹘文献中的 Toxri/Tuxri。最后耿世民还介绍了瑞士学者包默尔（C. Baumer）认为月氏是"吐火罗"的一部分的观点，并提出自己的看法："吐火罗人"是月氏的一部分，而不是相反。②

无论如何，上述耿世民及包默尔的观点有一点相同：吐火罗人和月氏人说的是同一种语言。月氏语或叫吐火罗语。且耿世民虽未明示，但笔者可以帮他说出：车师是月氏的对音，应属吐火罗语（月氏语）"月氏"的汉语音译。上述与"车师"音近的各个地名，是"月氏"的同名异译。如是这样，通过上述诸地名的分布情形，倒是可以帮助我们从地名上推断月氏人的流布情况。

---

① 刘学堂：《5 世纪中叶以前吐鲁番盆地考古、历史述论》，《交河故城保护与研究》，新疆人民出版社 1999 年版，第 455 页。
② 耿世民：《古代龟兹国与"吐火罗"人及其语言》，《新疆历史与文化概论》，中央民族大学出版社 2006 年版，第 187—192 页。

5. 焉支/燕支

焉支或燕支是汉代文献中开始出现的山名。如《史记·匈奴列传》记载："汉使骠骑将军去病将万骑出陇西，过焉支山，千余里，击匈奴"。同书附《史记正义》引《西河故事》云："匈奴失祁连、焉支二山，乃歌曰：'亡我祁连山，使我六畜不蕃息；失我焉支山，使我妇女无颜色'。其悯惜乃如此。"又附《史记索隐》引《西河旧事》云："匈奴失二山，乃歌云：'亡我祁连山，使我六畜不蕃息；失我燕支山，使我嫁妇无颜色'。祁连一名天山，亦曰白山也。"

上述引文可知两点：一、焉支和燕支是同名异译，指同一座山；二、焉支山与祁连山并提，应距其不远。

笔者在前文中已介绍过学者们对祁连山最初地理位置的探讨，指出该山最初是指新疆的天山，更具体地是指新疆东部的巴里坤山。那么焉支山又是何指呢？林梅村考证认为，巴里坤山以东还有一座高山，今称"哈尔里克山"，乃突厥语的汉语音译，意为"黑山"。而在吐火罗语 A 方言中，表示"黑色"的词写作"Arkent（=B 方言 Erkent），焉支应正是吐火罗语 Arkent（黑色）一词的汉语音译。[①] 林梅村同时还指出，《穆天子传》中的"至于焉居禺知之平"的"焉居"，也是"焉支"的同名异译。如此说来，"焉支"一词与"祁连"一样，也是源于吐火罗语。至于今天汉译的"哈尔里克山"，虽源于突厥语，但其突厥语名也必与"焉支"一样，同源于吐火罗语。

三 与早期东西文化交流有关的外来语借词现象

外来语也叫外来词、借词，指一种语言从其他语言中借用或引进的词语。世界上每一种语言里都有数量不等的外来语借词，即便是古老的语言也大致如是。语言中的借词现象，反映了借入和借出

[①] 林梅村：《吐火罗人与龙部落》，《汉唐西域与中国文明》，文物出版社 1998 年版，第 74 页。

语言所属群体间的语言和文化交流。因此在作早期东西文化交流研究时，自然也应给予与早期东西文化交流有密切关系的外来词以关注。下面选择一些较重要的汉语中的外来语借词，试作介绍与分析。

1. 狮子与狻猊

狮子是中国传统文化中表示吉祥镇邪的瑞兽。其流布之广，影响之深，乃至早已成为中国传统文化的一分子。但追根溯源，狮子这种动物并不产于中国，它仅产于非洲和西亚。这种动物和名称在中国的出现，纯粹是东西文化交流的结果，是彻头彻尾的舶来品。

在中国史籍中，狮子始见于先秦文献，但当时不叫狮子，而称"狻猊"。《穆天子传》卷一记载："名兽使足□，走千里，狻猊□野马走五百里"。晋人郭璞作注曰："狻猊，师子（当时还未用"狮"字，说明"师子"之名也才草创，尚未定型），亦食虎豹"。

关于"狻猊"的词源，中外学者均有研究①，笔者倾向林梅村的说法："狻猊"一词来自塞语。他根据英国语言学家贝利（H. W. Bailey）的研究：于阗塞人称狮子为 Sarau。该词形容词形式作 Sarvanai；抽象名词作 Sarauna。因此推断"狻猊"源于和田塞语 Sarvanai 或 Sarauna（狮子）。②

西汉初年，中国对"狮子"有了新的称谓：师子。该词首见于《汉书·西域传》。但与此同时，也有直接写成现代通行的"狮子"，如荀悦《汉纪·武帝纪》卷三："乌弋国去长安万五千里，出狮子、犀牛"。那么"狮子"的语源又是什么呢？

1933 年，德国梵学家吕德斯（H. Lüders）提出新论："狮子"一词应源于吐火罗语。在吐火罗语 A 方言里狮子被称作 Šisäk，相当于 B 方言里的 Secake。吕德斯认为"狮子"和 Šisäk 的发音极为近似，应有同源关系。而后者又来自梵语 Simha。此说法现为学术

---

① 详情参阅林梅村：《狮子与狻猊》，《汉唐西域与中国文明》，文物出版社 1998 年版，第 88—89 页。

② 同上。

界普遍采纳。①

如此，狮子与狻猊均属源于印欧语系的外来词，这与狮子的原产地及早期东西文化交流的时间和途径是契合的。

2. 轻吕与径路

"轻吕"是周人对剑的古称。如《逸周书·克殷》："泰颠、闳夭皆执轻吕以奏王。……先入，适王所，乃克射之，三发而后下车，而击之以轻吕，斩之以黄钺。"孔晁注："轻吕，剑名。"司马迁在《史记·周本纪》中径直写成"轻剑"，应属音译与意译的合成。当然，即便"剑"字，也应是外来音译词，后面再论。

而在《汉书·匈奴传下》中，出现了"径路"一词。原文如下："（韩）昌、（张）猛与单于及大臣，俱登匈奴诺水东山，刑白马。单于以径路刀、金留犁挠酒。"颜师古注引应劭文："径路，匈奴宝刀也。"张永言讨论了"轻吕"和"径路"的关系，认为它们同属一物，是对"剑"的突厥语（Kingrāk）的音译。② 徐文堪也持相同观点。③

林梅村在前人研究的基础上，全面追溯了"剑"在古代东方诸语言中的生成转换关系（图4.3-1），发现在丝绸之路上流行的17种古代东方语言或方言中的"剑"字无一例外都源于古印欧语。具体说，"轻吕"来自吐火罗语 Kare（剑），"径路"来自和田塞语 Cälona/*Cäloka（剑），而汉语"剑（Kǐwam）"和匈奴人对剑的别称"鋋（Dʻzan）"，可能源于吐火罗语月氏方言。

我们知道，商末周初突然出现于中原的青铜剑是东西文化交流的产物。④ 现在"剑"及其他译名语源明晰后，又让我们明白，在

---

① 林梅村：《狮子与狻猊》，《汉唐西域与中国文明》，文物出版社1998年版，第91页。
② 张永言：《"轻吕"和"乌育"》，《语文学论集》（增补本），语文出版社1999年版，第285—287页。
③ 徐文堪：《外来语古今谈》，语文出版社2005年版，第46页。
④ 林梅村：《商周青铜剑渊源考》，《汉唐西域与中国文明》，文物出版社1998年版，第39页。

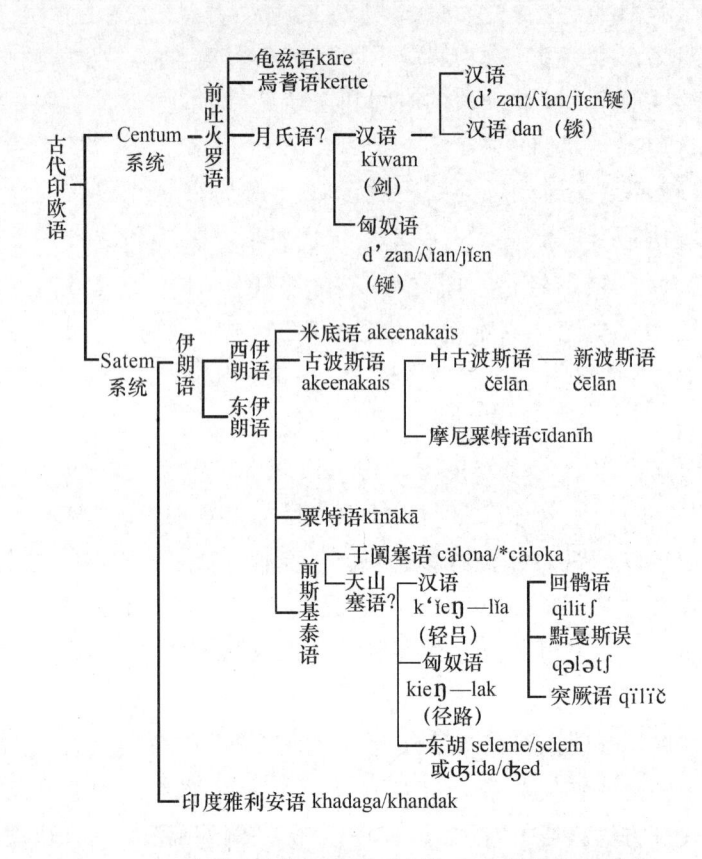

```
                    ┌─ 龟兹语 kāre
                    │  焉耆语 kertte
         ┌─ 前吐火罗语 ─┤                  ┌─ 汉语
         │           │                  │  (d'zan/ʎĭan/jĭɛn 锃)
   ┌─ Centum ┤           └─ 月氏语？── 汉语 ──┤
   │  系统    │                 kĭwam    └─ 汉语 dan（镦）
   │         │                 （剑）
   │         └─ 匈奴语
   │            d'zan/ʎĭan/jĭɛn
   │            （锃）
古代│
印欧│         ┌─ 西伊 ┌─ 米底语 akeenakais
语 │         │  朗语 │  古波斯语     ┌─ 中古波斯语 ── 新波斯语
   │         │       │  akeenakais │  čēlān         čēlān
   ├─ Satem ─┤ 伊朗语─┤            ─┤
   │  系统    │       │              └─ 摩尼粟特语 cīdanīh
   │         │  东伊
   │         │  朗语 └─ 粟特语 kīnākā
   │         │
   │         │        ┌─ 于阗塞语 cälona/*cäloka
   │         │  天山 ─┤  汉语        ┌─ 回鹘语
   │         └─ 前斯  │  k'ĭeŋ—lĭa   │  qilitʃ
   │            基泰  │  （轻吕）    │  黠戛斯误
   │            语？ ─┤  匈奴语     ─┤  qəlɛlp
   │                  │  kieŋ—lak    │  突厥语 qïlïč
   │                  │  （径路）    └
   │                  └─ 东胡 seleme/selem
   │                     或 dʒida/dʒed
   │
   └─ 印度雅利安语 khadaga/khandak
```

图 4.3-1 古代东方诸语言中"剑"字生成转换关系图
（采自林梅村：《汉唐西域与中国文明》）

"剑"这种物品交流的同时，它的名称也随之传播，如影随形。且传播的语言涉及印欧、汉藏、阿尔泰三大语系，这又为笔者探讨这三大语系语言及人群的早期接触提供了鲜活的语言材料。

3. 沐猴/母猴

"沐猴而冠"是一个流传较广的成语，辞书中将"沐猴"解释为猕猴，意指猕猴戴帽子，比喻人本质不好，却装扮得很像样。该词语出《史记·项羽本纪》："（项王）心怀思欲东归，曰：'富贵不归故乡，如衣绣夜行，谁知之者！'说者曰：'人言楚人沐猴而冠耳，果然！'"。另《吕氏春秋·察传》中有"母猴"一词，原文是："故狗似玃，玃似母猴，母猴似人，人之与狗则远矣。"此"母猴"之"母"不似公母之母，而应是起记音作用。书中注释也将"母猴"释作"猕猴"。可见"沐猴""母猴"应是同一动物，属同词异写。如此，"沐"和"母"一定是起记音作用的字眼，那它们记录的又是何种语言的语音呢？

据张永言研究，这是一个由非汉语语素加汉语语素构成的合璧词，语素"沐"或"母"为藏缅语 M（j）uk/＊Mjok（猿/猴）的记音字。① 徐文堪指出，吐火罗语文献中也有这个词，如焉耆语写作 Mkow，龟兹语写为 Moko，当来自藏缅语。② 徐虽未直接提出吐火罗语 Mkow/Moko 来自藏缅语的证据，但这两种语言间"猴"一词音义完全一致，其有同源关系是确定无疑的了。现代英文"猴"的拼写是"Monkey"，其渊源关系一目了然。

由《吕氏春秋》和《史记》等秦汉文献有沐猴和母猴的记载看，汉语、藏缅语和吐火罗语至少在秦汉时期便有了接触和交流。当然这个证据并非东西文化交流的最早实例。

4. 蜜

要说"蜜"是一个外来词，恐怕不会有太多的中国人相信。这正如张永言所说：一些在远古和上古时代吸收进汉语词汇的外来成分，早已完全"归化"，与汉语的固有成分水乳交融，难于区别，人们也感觉不到它们是"外来户"了。③ "蜜"正是这样一个词。"蜜"字在战国时的《韩非子》、西汉王充的《论衡》中已有出现，论者认为它源于吐火罗语 B 方言 Mit（蜜），且与其他印欧语如梵语 Mādhu（甜蜜的，蜜，蜜酒）、希腊语 Méthu（葡萄酒；果酒）、

---

① 张永言：《语源探索三例》，《语文学论文集》（增补本），语文出版社1999年版，第269—276页。
② 徐文堪：《外来语古今谈》，语文出版社2005年版，第11页。
③ 张永言：《汉语外来词杂谈》，《语文学论文集》（增补本），语文出版社1999年版，第292页；又见徐文堪：《外来语古今谈》，语文出版社2005年版，第11页。

古教堂斯拉夫语 Medǔ（蜜）、古英语 Meodu（蜜酒）等有同源关系，还可以一直追溯到原始印欧语 ＊Médhu 中。①

5. 巫

"巫"作为一个汉语外来词被美国学者梅维恒做了深入讨论。②"巫"字的上古音被构拟为"＊Mʸag"，"巫"在商周时代的职责有负责释梦，进行占卜，解释征兆，吟唱圣歌与祈祷文，观察天象以预测未来事件，以及在神圣的祭坛上献祭。这与古波斯语"Maguš"的发音及其职责相同。另外，当代英语中的 Magician（巫）也与上述音、义一致。就是说，汉语"巫"和当代英语中的"Magician"或"Mage"都源于古波斯语 Maguš。

6. 车

梅维恒在论证"巫"等同于古波斯语 Maguš 时，不相信仅有此一例能联系起东西民族的交往关系。便在研究笔记中不断积累了上百个或多或少古汉语从原始印欧语或其派生语中的借词，并在讨论"巫"的文章中举出了"车"字，以起呼应之效。

梅维恒指出，"车"字的古音可构拟为 ＊Klʸag，有两个软腭音和一个 ＊L，这暗示着它与印欧语的 ＊Kwékwlo—（"Wheel"）有一定的联系，＊Kwékwlo- 也有两个圆唇软腭音和 ＊L。而在吐火罗语 A 方言 Kukäl 或 B 方言 Kokale 中，已有了"马车"的意思。不过，梅维恒又认为，这个被借入汉语的词应该来自某种原来有圆唇软腭音而后来发这种音的时候不用圆唇的语言，吐火罗语在较晚的时候才这么做，故吐火罗语似乎不是合适的来源。而印度-伊朗语很早就发圆唇软腭音时唇化消失。考虑到那些在中亚居优势地位的群体——斯基泰人，很可能就是将马车传播到东方的传播者，故伊朗语似乎就是汉语"车（＊Klʸag）"的来源。最后梅维恒认定汉语

---

① 徐文堪：《外来语古今谈》，语文出版社 2005 年版，第 10 页。
② ［美］梅维恒：《古汉语巫（＊Mʸag）、古波斯语 Maguš 和英语 Magician》，［美］夏含夷主编：《远方的时习——〈古代中国〉精选集》，上海古籍出版社 2008 年版，第 55—81 页。

"车（*Klʸag）"借自于古伊朗语的 Caxra-（或其某一派生语词）。①

四 小结

以上从语言学的角度介绍并分析了新疆东部及邻近地区的早期东西文化交流情况。综合起来，我们至少可得到三点认识，分述如下。

第一，新疆东部及邻近地区有着众多的吐火罗语语源地名，如昆仑、祁连、敦煌、敦薨、单桓、吐鲁番、吐葫芦、兔葫芦、睹货逻、托胡拉、塔克拉、伊吾、蒲类、巴里坤、车师、龟兹、库车、曲先、姑藏、贵山、焉支、燕支等等，这说明，青铜及早期铁器时代的新疆东部及邻近地区，最先居住着的是一群说吐火罗语各方言的吐火罗人（包括月氏人），发现于上述有些地区、属公元6—8世纪的吐火罗语文献，应是自青铜时代以来就已迁徙至此的吐火罗人后裔所遗留。

第二，新疆东部有些地名，先有了吐火罗语原名，后又出现于匈奴语、突厥语中，如"祁连"和"焉支"，本是吐火罗语山名，后出现于匈奴挽歌"亡我祁连山，使我六畜不蕃息；失我焉支山，使我妇女无颜色"之中。当是后者的直接借用。还有"哈尔里克"山（黑山），其汉译"哈尔里克"译自突厥语，但源头却是吐火罗语 arkent（黑色）。这种地名借词现象（包括借音或借义），表现了说不同语言的族群在新疆东部的更替或融合。这种情况与我们从文献中得知的月氏人、匈奴人及后来的突厥人在新疆东部的活动是相符的。

第三，因语言的出现和成熟远远早于文字的出现，故这些探讨早期东西文化交流的语言学材料，虽是被历史时期的古文字所记录，但往往记下的却是从久远时代流传下来的古民族语音，它们绝对是一份除人类学（考古学）、遗传学以外，特别值得重视的人类历史证迹。在探索早期东西文化交流的过程中，需充分利用好这批

---

① ［美］梅维恒：《古汉语巫（*Mʸag）、古波斯语 Maguš 和英语 Magician》，［美］夏含夷主编：《远方的时习——〈古代中国〉精选集》，上海古籍出版社 2008 年版，第77—81 页。

人类宝贵的语言学材料。

第四节　文献学

　　文献是研究历史问题的基础。在考古学诞生以前，它甚至是历史研究的唯一材料来源，故才有"史学便是史料学"之说。① 现代考古学出现后，考古研究和历史研究在研究对象上渐有互不来往各行其是的趋向。其实一如历史学的进展越来越需依靠考古学提供新材料，考古学也应该广开门路，以收多学科合作来探讨文史问题的学术新路。自王国维的二重证据法提出后，学者们又不断趋新，近年提出了三重证据法②和第四重证据③。笔者愿在前辈和时贤的鼓呼下躬亲实践，略尽绵力。在早期东西文化交流研究中充分利用多学科材料和成果，以收多重证据汇成证据链的互证之效。当然，法乎其上，能取其中就让笔者大为满足了。限于学力，只能是虽不能至，但心向往之。

　　故此，在本章前三节分别从种族人类学、遗传学、语言学的角度探讨了早期东西文化交流问题后，这里继续从文献学的角度予以发扬。下面以"大夏（吐火罗）新探""鬼方种族考"及"《穆天子传》所反映的战国时期东西文化交流"为题，从三个角度揭示它们各自所隐含的早期东西文化交流现象。

一　大夏（吐火罗）新探

（一）引言

　　"大夏"是中国先秦诸多史籍记载过的一部族名和因"地从族

---

　　① 傅斯年：《史学方法导论》，中国人民大学出版社2004年版，第2页。
　　② 张正明：《读书·考古·采风——南方民族史的史料学问题》，《张正明学术文集》2007年；叶舒宪：《人类学"三重证据法"与考据学的更新》，《诗经的文化阐释——中国诗歌的发生研究》，湖北人民出版社1994年版，第1—16页。
　　③ 叶舒宪：《第四重证据：比较图像学的视觉说服力》，《文学评论》2006年第5期；叶舒宪：《二里头铜牌饰与夏代神话研究——再论"第四重证据"》，《民族艺术》2008年第4期。

名"①所形成的地名。依据这些史籍推断,在传说中的五帝时代前后,"大夏"部族曾活跃于晋南、晋北及河套以北地区②,留下了"大夏""夏虚""大夏之虚""大夏河"等地名。汉代张骞应汉武帝之募,出使西域联络大月氏共抗匈奴。张骞归国后在给武帝的报告中提到中亚的吐火罗斯坦(阿姆河两岸)有一大夏国,且称流贯大夏的阿姆河为妫水,而留有众多大夏之虚的晋南正有一条河也叫妫水。张骞为什么用晋南的古老地名和水名去称呼远在异域的地名(或国名)和水名?难道他们之间有什么联系?为什么汉武帝在知道了中亚有个大夏国后,"数问骞大夏之属"③,然后不畏艰辛积极经营西南夷,"欲地接以前通大夏";再派张骞二使西域以便招徕大夏;武帝此后还六次幸临河东(今山西),立后土祠于汾阴脽上。而此前他即位已21年,却从未踏上过河东的土地。④总之,武帝君臣如此重视一个"兵弱畏战"的大夏是为了什么呢?当时的史籍未作交代。经过后代史家们的多方考证,已得出一些有利于解答上面某些问题的结论,笔者也不揣谫陋,试图在前辈和时贤们的研究基础上,提出一些新的看法,来解答上述诸问题,以就正于方家。

前辈和时贤们较一致的结论是:东方的大夏便是西方的吐火罗⑤,也即是说张骞用"大夏"指称中亚两河流域的吐火罗人,正是看出了他们之间的相似相继关系,而不仅仅出于翻译上的对音

---

① 王宗维:《"敦煌"释名——兼论中国吐火罗人》,《新疆社会科学》1987年第1期。
② 余太山:《古族新考》,中华书局2000年版,第5—10页。
③ 司马迁:《史记·大宛列传》,中华书局1962年版,第3168页。
④ 参见王雪樵:《博望侯的"大夏情结"》,《运城高等专科学校学报》1999年第4期。
⑤ 王国维:《西胡考下》,《观堂集林》,河北教育出版社2003年版,第310—311页;黄文弼:《重论古代大夏之位置与移徙》,《黄文弼历史考古论集》,文物出版社1989年版,第83页;杨建新:《吐火罗论》,《西北史地》1986年第2期;王宗维:《"敦煌"释名——兼论中国吐火罗人》,《新疆社会科学》1987年第1期;林梅村:《开拓丝绸之路的先驱——吐火罗人》,《文物》1989年第1期;余太山:《塞种史研究》,中国社会科学出版社1992年版,第46—86页;季羡林:《敦煌吐鲁番吐火罗语研究导论》,新文丰出版公司(台北)1993年版,第2—270页。

[上古"大夏"之发音近于"驮互"①，也正合于 Tocharian（吐火罗）之对音]。关于吐火罗（大夏）人的语言和体质特征，现在也有了一致的认识：他们操一种古老的印欧语，脱离印欧共同体的时间相当早，尽管他们居住在印欧语系东方语支（Satem）分布区，却具有西方语支（Centum）许多特点。吐火罗人在到达中国新疆及北方地区之前，曾有过长途远徙的历史，在此过程中，它又与许多印欧语和非印欧语发生接触。吐火罗人在体质上也表现出典型的原始印欧人种的特征，也就是说他们属于一支古老的原始印欧人。②

在中亚与中国"大夏"源与流的关系上，也有了一致的结论，即前者是流而后者是源。③但在中国"大夏"故地的具体位置上，却颇多分歧。如王国维、张星烺、马尔瓜尔、法兰克的和田且末之间说（即靓货逻故国）④，黄文弼的凉州、河州、兰州一带说⑤，王守春的阴山、河套一带说⑥，余太山的晋南乃至山东说⑦等等。在笔者看来，上述诸说因各种主客观原因，大多把大夏西迁的中转地（停留地）当成了起源地，难免离真相隔了一段距离。笔者虽同意余太山先生的晋南说，但仍有内在的区别。余太山先生是想构拟一个古代中国欧罗巴种人的假说（即中国上古部族少昊氏、陶唐氏、

---

① 参见杨建新：《吐火罗论》，《西北史地》1986 年第 2 期。
② 徐文堪：《吐火罗人起源研究》，昆仑出版社 2005 年版，第 91—92 页；林梅村：《吐火罗人的起源与迁徙》，《西域研究》2003 年第 3 期；王欣：《吐火罗史研究》，中国社会科学出版社 2002 年版，第 21—24 页。
③ 王国维：《西胡考下》，《观堂集林》，河北教育出版社 2003 年版，第 310—311 页；余太山：《大夏溯源》，《古族新考》，中华书局 2000 年版，第 1—28 页；王欣：《吐火罗史研究》，中国社会科学出版社 2002 年版，第 21—24 页；杨共乐：《东西大夏同族承继考》，《北京师范大学学报》（社会科学版）2006 年第 4 期。
④ 王国维：《西胡考下》，《观堂集林》，河北教育出版社 2003 年版，第 310—311 页；张星烺：《中西交通史料汇编》第一册引，中华书局 2003 年版；马尔瓜尔、法兰克二氏的观点转引自黄文弼：《重论古代大夏之位置与移徙》，《黄文弼历史考古论集》，文物出版社 1989 年版，第 81 页。
⑤ 黄文弼：《重论古代大夏之位置与移徙》，《黄文弼历史考古论集》，文物出版社 1989 年版，第 81—84 页。
⑥ 王守春：《大夏原居地及其西迁》，《西域研究》1999 年第 4 期。
⑦ 余太山：《古族新考》，中华书局 2000 年版，第 7—52 页。

有虞氏都是欧罗巴种)①，由此余太山先生的晋南说可说是地地道道的本土说。而笔者则相信晋南的大夏也不过是大夏人从遥远的西方东迁而来的最远一个落脚点。相对于早就世居于此的蒙古人种华夏先民，他们只能算是匆匆过客。至于大夏人又是如何东迁而来，笔者在后文中会作适当探讨。

另外，王欣先生在肯定了中国北方的大夏是东迁而来的原始印欧人的前提下，在具体的东来西迁路径和年代上，难以熔铸所有材料于一炉，便只好把早于他所能接受的相关文献记载判为假托②，这也是笔者不敢同意的。

由此，在充分吸收前人研究成果，尽可能广泛地占有材料并放宽历史视野的前提下，笔者尝试提出中亚大夏的东方起源地，大夏和虞氏的西迁路线及年代，大夏、虞氏与尧、舜、禹部落的关系，大夏在东方起源地之前的起源地等一系列看法。诚如伯希和先生之言："吐火罗语问题是一种必须深知中亚历史始能解答的问题……要使问题明了，只能作陆续接近的研究，各人利用前人研究的成绩，整理自己的主张，而为一种暂时学说。"③ 吐火罗语问题如此，吐火罗问题的外延更大，就更是如此了。正是仗着前贤的说教，笔者才敢草此小文，希望在探索吐火罗问题的道路上，能起到一块铺

---

① 余太山：《古族新考》，中华书局 2000 年版。余太山先生此假说等于说咱们的老祖宗五帝及其部众是印欧人。可我们现在却不是了。但中国历史文化的一脉相承性让我们找不到历史上民族和种族大换血的痕迹。这是一个矛盾。余先生假说的最大症结就是要解决好这个矛盾。

② 王欣：《吐火罗史研究》，中国社会科学出版社 2002 年版。其基本观点为：吐火罗人于公元前二千纪末到一千纪初由中亚大草原进入塔里木盆地，然后沿盆地南北缘继续东进，北支受阻于焉耆、吐鲁番一带并停留下来，南支大部东徙河西走廊和中国北部，到达中国北部的时间可能在公元前 10 世纪左右，大致相当于西周前期。至迟在齐桓公时代（公元前 685—前 643 年？），又从晋南等地西徙河西，并继续从河西经天山北麓西迁，历伊犁河、楚河流域、锡尔河以北地区，最后于前 141 年前后，越阿姆河占领巴克特里亚（即后来所称的吐火罗斯坦）。王欣判为假托的史料有：《吕氏春秋·古乐篇》《左传·昭公元年》《汉书·律历志》等，因这些史料所记中国北方大夏存在时间早于他所推定的公元前 10 世纪左右。

③ ［法］伯希和著，冯承钧译：《说吐火罗语》，《中国西部考古记吐火罗语考》，中华书局 2004 年版，第 158 页。

路石的作用。

（二）中亚大夏（吐火罗）源自晋南

1. 对几种非晋南说的辨析

在证实中亚大夏（吐火罗）源自中国晋南之前，先对前文提及的三种非晋南说略作分析。

和田且末之间说。持此说者有王国维①、张星烺②、李希霍芬③、马尔瓜尔④、法兰克⑤等。他们的依据是唐玄奘《大唐西域记》卷十二所述之覩货逻故国。具体内容为：自于阗东境，"行四百余里，至覩货逻故国。国久空旷，城皆荒芜。从此东行六百余里，至折摩驮那故国，即沮末地也，城郭岿然，人烟断绝。"⑥沮末即且末，覩货逻即吐火罗（Tochari）之异写。从《汉书·西域传》的记载来看，此地当属汉代小宛国的范围。已有学者推断中亚大宛国也是吐火罗人所建，且大宛国与民丰、且末间的小宛国存在某种渊源关系，"小宛民有可能是从帕米尔东进塔里木盆地的Tochari人"。⑦如此比照，"覩货逻故国"便很可能是汉代的小宛国。⑧笔者认同覩货逻故国便是汉代的小宛国，但对大宛与小宛的关系，则倾向于类同大月氏与小月氏的关系，即西迁费尔干纳盆地的大部为大宛，其不能去者留在原地的称小宛。这之间可能存在的具体迁徙动因和线路，容待后节详述。

凉州、河州、兰州一带说。持此说者有黄文弼先生。黄文弼先

---

① 王国维：《西胡考下》，《观堂集林》，河北教育出版社 2003 年版，第 310—311 页。

② 张星烺：《中西交通史料汇编》第一册，中华书局 2003 年版，第 21—22 页。

③ Richthofen：*China*，vol Ⅰ，Berlin，1877. p. 440.

④ *Eransahr*，p. 206，f. 转引自黄文弼：《重论古代大夏之位置与迁徙》，《黄文弼历史考古论集》，文物出版社 1989 年版，第 81 页。

⑤ 转引自黄文弼：《重论古代大夏之位置与迁徙》，《黄文弼历史考古论集》，文物出版社 1989 年版，第 81 页。

⑥ （唐）玄奘、辩机著，季羡林等校注：《大唐西域记校注》，中华书局 2000 年版，第 1031—1032 页。

⑦ 余太山：《塞种史研究》，中国社会科学出版社 1992 年版，第 72 页。引文中的 Tochari，即吐火罗。

⑧ 王欣：《吐火罗史研究》，中国社会科学出版社 2002 年版，第 76 页。

生乃依据《管子·小匡篇》所记齐桓公西征事。原文："西征，攘白狄之地，遂至于西河，方舟投柎，乘桴济河，至于石沉，悬车束马，逾太行与卑耳之溪。拘秦、夏，西服流沙西虞，而秦戎始从"。① 《国语·齐语》所载与小匡篇略同，唯"石沉"作"石抗"，"卑耳"作"辟耳"，"西虞"作"西吴"。文中"秦、夏"推测乃"泰夏"之讹②，而"泰夏"即"大夏"。《管子·封禅篇》也有"西伐大夏，涉流沙，束马悬车，上卑耳之山"等语，与小匡篇略同。黄文弼先生分析《管子》等篇所述地理形势，指出："春秋时之白狄，在今山西、陕西北部，即保德州与榆林府一带。西河即今宁夏一带。由白狄至西河，是桓公由山西北境西行，经陕西北边，至宁夏渡河，过贺兰山，即《管子》所称之卑耳山也，故云'悬车束马'再西行，经流沙之南，西至大夏，故云'涉流沙'。倘此推论不误，再参以《吕氏春秋》'昆仑在大夏西'之语，则古时之大夏，必分布于凉州、兰州、河州一带。……今河州（即临夏）为古大夏之中心区也。"③ 当然，黄文弼先生还列举了其他文献如《汉书·地理志》《水经注·河水篇》《十三州志》等所记"大夏川水""大夏县""大夏水"等，证明今临夏地区确有古大夏的存在。余太山先生也有类似证明。④ 笔者完全认同今临夏一带曾有过大夏人的活动这一"史实"，且留下了至今还存在的临夏、大夏河等地名。但这些证据并不能否定大夏人在更早的时候也存在于中国的其他地区，也就是说，黄文弼先生的论证可以证明大夏人曾到过今临夏一带，但说今河州（临夏）一带乃古大夏之中心区就不一定了。

宁夏平原或河套与阴山地区说。持此说者有王守春先生。王守春在《大夏原居地及其西迁》一文中指出，大夏西迁前的原居地在

---

① 国学整理社：《诸子集成5·管子》，上海书店出版社1986年版，第126页。
② 余太山：《古族新考》，中华书局2000年版，第24页注释（15）。
③ 黄文弼：《中国古代大夏位置考》，黄烈编：《黄文弼历史考古论集》，文物出版社1989年版，第80页。
④ 余太山：《大夏溯源》，《古族新考》，中华书局2000年版，第7页。

河套和阴山或宁夏平原，但他又说大夏族的发祥地在今甘肃临夏地区。即大夏有一个从临夏地区沿着黄河向下迁徙的过程，到齐桓公西征时已居宁夏平原或河套与阴山地区。照笔者理解，该文所说"发祥地"类似起源地，如此，王守春也可归入大夏起源于"凉州、河州、兰州一带说"的观点中。但该文花费了大量笔墨论证齐桓公西征前大夏曾居于宁夏平原或河套和阴山地区，这一点前两说不曾提到，是追索中亚大夏起源地的一个重大进步。故笔者将其单列为一说。我们非常欣赏王守春先生将《管子·小匡篇》中"大夏"和"流沙"的空间位置做了不同于前说的厘定，即"大夏应在流沙之东，而不是流沙之西或西南"。① 至于流沙所指，黄文弼、余太山等先生为了论证齐桓公西征的目标大夏在临夏一带，便将"流沙"指定为今腾格里沙漠。现既然大夏在流沙之东，显然齐桓西涉流沙的目标就不是大夏了，而是《管子·小匡篇》等提到的"西虞"。西虞是春秋以前中原人对月氏的称呼之一（关于西虞和月氏的关系，后节详论），时处今巴丹吉林沙漠以西的新疆东部地区。由此，流沙当指"巴丹吉林沙漠"。这样，齐桓公越太行、拘大夏、涉流沙、服西虞就成了一条合理而便捷的西征路线。

但是，笔者不能同意王守春所言河套阴山或宁夏平原的大夏迁自甘肃临夏一带的说法，而认为他们应迁自山西。下面便试作分析。

2. 中亚大夏源自晋南的证据

很多史籍记载了山西的晋南乃至晋北古大夏族的活动。余太山先生已作过相关史料的细致梳理和研究②，有开拓之功。为说明问题，不妨对相关史料择要罗列一番。

《左传·昭元年传》："昔高辛氏有二子，伯曰阏伯，季曰实沉……迁实沉于大夏，主参，唐人是因……"③ 杜注："大夏，今

---

① 王守春：《大夏原居地及其西迁》，《西域研究》1999 年第 4 期。
② 余太山：《古族新考》，中华书局 2000 年版，第 7—10 页。
③ （战国）左丘明撰，（西晋）杜预集解：《左传》，上海古籍出版社 1997 年版，第 1196 页。

晋阳县。"晋阳即今太原。不过《史记·郑世家》"集解"引服虔语："大夏在汾浍之间，主祀参星。"汾浍之间指汾河、浍河两水之间，地在晋南。这两说虽有牴牾，但都明言大夏地在今山西境内。

《左传·定四年传》："分唐叔以大路、密须之鼓、阙巩、沽洗、怀姓九宗、职官五正。命以《唐诰》而封于夏虚，启以夏政，疆以戎索。"杜注："夏虚，大夏，今太原晋阳也。"然而《史记·郑世家》"正义"引《括地志》云："故唐城在绛州翼城县西二十里。"再据《史记·晋世家》："武王崩，成王立，唐有乱，周公诛灭唐。……于是遂封叔虞于唐。唐在河、汾之东，方百里。"晋阳在汾水之西，而翼城正在河、汾之东，汾浍之间，可见唐叔封地夏虚当在翼城，则晋南翼城也有大夏之虚。

《吕氏春秋·本味篇》："和之美者：……大夏之盐。"① 此"盐"当指史上有名的河东解池之盐，解池在晋西南现运城市，故此"大夏"所指便也只能是在晋西南境内。《史记·郑世家》"正义"引《地记》云："唐氏在大夏之墟，属河东安县。今在绛城西北一百里有唐城者，以为唐旧国。"这又是一条晋西南（河东安县）有夏虚的证据。

《史记·秦始皇本纪》及同书"李斯列传"均有"禹凿龙门，通大夏"之语。这条史料至少透露给我们两点信息：一是大夏之地在龙门附近，而龙门在今晋西南河津市内；二是能说明此语中的"大夏"与大禹所代表的夏部落是二而非一，如是一回事，就成了自己通自己，于文不通，于理不合了。这进一步告诉我们，"夏虚"之语虽也可指夏部落乃至后来的夏朝所存遗迹，但史籍中更多的是指夏部落形成之前的"大夏之虚"。即此"大夏"与后来的夏后氏乃至夏朝无涉，那些所载史事明显早于夏禹部落出现前的"大夏"，就更是如此了。

由上列史料可知，大夏人确曾活动于晋南、晋中的许多地方，

---

① 陈奇猷校释：《吕氏春秋校释》（二），学林出版社1984年版，第741页。

留下了"大夏""大夏之虚""夏虚"等诸多地名。但凭什么说此"大夏"就一定是属印欧人种的中亚大夏人的源头？让我们回到张骞时代，再做一些更细致的推敲和分析吧。

张骞将自己在中亚吐火罗斯坦所见的吐火罗人称之为"大夏"，前文已分析那不仅仅是出于简单的对音，而是他注意到了吐火罗人与先秦史籍上的大夏人之间的相承相继关系，乃至他将吐火罗人面临的阿姆河也音译作"妫水"。我们知道，历史上因民族的迁徙，从而把出发地的地名、水名带到迁徙地继续使用的现象，是屡见不鲜的。或许当时的阿姆河被译作"妫水"也是这一现象的反映。

中亚大夏的被发现，受到了西汉朝廷的空前重视，乃至被看作是张骞西使的最大功绩而彪炳史册。如《史记·建元以来侯者年表》在述及张骞西使功绩时，只提"使绝域大夏"，而不及西使的初始目标大月氏之事。《史记·卫将军骠骑列传》在论说张骞首次西使时，同样突出大夏而不及其余。《汉书·叙传下》竟用"博望仗节，收功大夏"八字总结张骞的一生。史册上对大夏的突出体现了当时西汉社会尤其是朝廷对大夏的重视。

而西汉社会对大夏的重视又跟汉武帝本人对大夏的着迷分不开。《史记·大宛列传》写道："天子数问骞大夏之属"。在张骞的建议下，又派其第二次西使以便"大夏之属皆可招来"，同时不畏艰辛大规模经营西南夷，在西南置郡以便"欲地接以前通大夏"。自武帝元狩四年（公元前119年）张骞二次西使回国后，武帝先后六次临幸河东。第一次在元鼎四年（公元前113年），"冬十月，东幸汾阴。十一月甲子，立后土祠于汾阴脽上"。① 而此前武帝即位已21年，却从未踏上过河东的土地。

武帝君臣为何如此着迷于一个"兵弱畏战"，已被大月氏臣服的大夏？如果它与中土无任何瓜葛，就像当时正如日中天的罗马帝国，他们自然犯不着念兹在兹。如此，就只能设想武帝君臣认为中

---

① （东汉）班固：《汉书·武帝纪第六》，中华书局1962年版，第183页。

亚大夏是与中土大有干系了。笔者的看法是：他们相信中亚之大夏迁自中土之晋南，并认为武帝家族血统与大夏人有着密切关系。是寻根问祖、认土归宗的心理支持着武帝"欲通大夏""六临河东"等行为。下面借相关史料及"夏""吴""唐"等字的释义进行综合解析。

《史记·高祖本纪》："高祖为人，隆准而龙颜，美须髯。"这与描述自大宛以西至安息，包括大夏人在内皆"深眼，多须髯"是颇为相似的。再说得透亮点，高祖刘邦颇有印欧人的外貌特征。为什么会这样呢？

《汉书·高帝纪》"赞"可以为此作进一步解释："《春秋》晋史蔡墨有言：'陶唐氏既衰，其后有刘累，学扰龙，事孔甲，范氏其后也。'而大夫范宣子亦曰：'祖，自虞以上为陶唐氏，在夏为御龙氏，在商为豕韦氏，在周为唐杜氏，晋主夏盟为范氏。'范氏为晋士师，鲁文公世奔秦，后归于晋，其处者为刘代。刘向云：战国时刘氏自秦获于魏，秦灭魏，迁大梁，都于丰。……是以颂高祖云：汉帝本系，出自唐帝。降及于周，在秦作刘。涉魏而东，遂为丰公。丰公，盖太上皇父，其迁日浅，坟墓在丰鲜焉。"此段话告诉我们，高祖刘邦乃刘累之后，刘累学过扰龙（即驯养马，扰为驯服之意，龙指马）。这也可见出刘累与善养马的吐火罗系游牧民族较密切的关系。或许正是因他身上流淌有善养马的吐火罗人血液，才机缘凑巧去学"扰龙"，这不也正体现了基因遗传，擅长祖业的特征吗？而刘累又是陶唐氏之后。陶唐氏虽指的是尧部落，但笔者在后文中会分析陶唐氏的民族构成。这里作简要介绍以利理解。即迁自山东济阴定陶的尧部落有陶氏，在讨伐了晋南的有唐氏（大夏）之后，迫使有唐氏大部北迁，少部分则融入有陶氏之中，形成新的部落联合体——陶唐氏。陶唐氏以来自山东的蒙古人种尧部落为主体，但既以陶唐为号，除了占据了有唐氏之地外，融入部分印欧种的大夏人也极为自然。所以，陶唐氏之后刘累及其后裔高祖刘邦一系含有部分印欧人（即大夏人）血统从而表现出一些印欧人的外貌特征，也是完全可能的。如以上推论不误，武帝对中亚大夏的着迷就能得到一个合情合理的解释。

我们还可以分析一下"夏"字的字形，从祖先造字中体会"大夏"之本意。许慎在《说文解字》中释"夏，中国之人也。引申之义为大也"。① 笔者倒认为这引申义是它的本义，本义是后起之义。金文和篆文的"夏"字，"像一个挺胸叉腰，四肢健壮、高大威武的人形，其本义指高大威武之人，引申为物之壮大者"。② 笔者以为此说甚当。以夏字所组字词为例进一步申述如后。"夏季"，指一年当中的第二个季节，俗话说春生夏长，秋收冬藏，因夏有壮大之意，安排它做一年当中的生长季节再合适不过。再比如"厦"字，指大房子，就是取"夏"之"大"意。

因此可以说，蒙古人种华夏先民用"大夏"指称这些远道而来，游牧的高大威武之吐火罗人，既照顾到发音［上古"大夏"音近"驮互"，与 Tochari（吐火罗）音近③］又兼顾形义（高大威武之人），是十分形象贴切的。

在此一并讨论一下"吴""唐"等字之义，以为后文张本。夏、吴、虞三字古音相同，音近现代"互"音。"吴"字《说文解字》曰："大言也。""吴"字甲骨文由"口"和"天"或其变体构成。"天"字是双手舞动的示意图，有跳舞的含义，整个字的意思是又跳舞口中又唱歌，由此产生娱乐的含义。后来"吴"字其旁加"女"，专指娱乐之义。④ "唐"在说文中释为"大言也"，与"吴"同义。也有释为"大"⑤，则与"夏"同义。即无论如何，"唐"与"吴""夏"字总有千丝万缕的关系。余太山先生以为"'唐［dang］'无妨视为'大（夏）'或'吐［火罗］'的省译"。⑥ 可备一说。

---

① 许慎撰，段玉裁注：《说文解字注》，中州古籍出版社2006年版，第233页。
② 谢光辉：《汉语字源字典》，北京大学出版社2000年版，第56页。
③ 杨建新：《吐火罗论》，《西北史地》1986年第2期。
④ 窦文宇、窦勇：《汉字字源》，吉林文史出版社2005年版，第201页。
⑤ 张永言主编：《古汉语字典》，巴蜀书社2003年版，第585页。
⑥ 余太山：《古族新考》，中华书局2000年版，第15页。

3. 晋南虞氏与"西虞（吴）""月氏""大夏"的关系

下面再讨论晋南的"虞氏"与"西虞（吴）"和"月氏""大夏"的关系。

《论衡·正说篇》："唐、虞、夏、殷、周者，土地之名。尧以唐侯嗣位，舜从虞地得达，禹由夏而起，汤因殷而兴，武王阶周而伐，皆本所兴昌之地，重本不忘始，故以为号，若人之有姓矣。"①这段话告诉我们，舜部落的"有虞氏"之称，乃是因他们到了"虞"这个地方得以发展壮大，便以"虞"为号才有的。即因地名得族名而不是相反。同理禹因从"夏"地兴起而得"夏后氏""夏"之号。我们已论证过"夏"的地望，那么"虞"又在什么地方呢？让我们继续分析下面的史料。

《尚书·尧典》："帝曰：'我其试哉！女于时，观厥刑于二女。'釐降二女于妫汭，嫔于虞。"② 孔安国疏："虞与妫汭为一地。……妫水在河东虞乡县历山西，西流至蒲板县，南入于河，舜居其旁。周武王赐陈胡公之姓为妫，为舜居妫水故也。"

《尚书·尧典》引皇甫谧："尧以二女妻舜，封之于虞。今河东太阳山西虞地是也。然则舜居虞地，以虞为氏，尧封之虞为诸侯，及王天下，遂为天子之号。故从微至著，常称虞氏。"

由这两段史料可知，虞地在河东（今山西）太阳山西虞地妫汭，也即今山西南部平陆一带。且进一步肯定了舜部落号称虞氏或有虞氏，是因其居于妫水之汭即虞地而得名。那么，虞地又是如何得名的呢？

笔者在前文已说过虞、吴、夏上古音相同，字义相近，而虞地所在晋南也与大夏之虚在一个地域。这就提示我们，使晋南妫汭得名"虞"的人群可能也是吐火罗人，或许虞与夏的关系是一个族群的不同部族。前文所分析的"吴"的本义是"又跳舞口中又唱歌"和"大言"，倒是十分契合属游牧民族的吐火罗人的民族特性。直

---

① （东汉）王充著，袁华忠、方学常译注：《论衡全译》，贵州人民出版社1993年版，第1727—1728页。

② 顾颉刚、刘起釪：《尚书校释译论》第一册，中华书局2005年版，第86页。

到今天的游牧民族都有能歌善舞,豪迈大言的天性,看来是其来有自的!

还有几条史料对证明"虞"的族群特征有些帮助。《左传·僖二年传》:"晋苟息请以屈产之乘与垂棘之璧假道于虞以伐虢。"杜注:"屈地产良马,垂棘出美玉,故以为名。"①《春秋公羊传·僖二年传》何注:"屈产,出名马之地。"②《太平寰宇记·隰州·石楼县》(卷四十八)载:"屈产泉在县东南四里,土人相传,昔白马母饮此泉生得龙驹。"《春秋》曰:"晋献公以屈产之乘假道于虞以伐虢,盖此地生良马也。"③这三段史料虽对产名马之地是叫"屈"还是"屈产"理解有异,但都认为该地产名马。大家知道,先秦时期,能培育、驯养名马的族群,仍以游牧的印欧人群或阿尔泰语系族群为多。"屈"或"屈产"在今天的隰县、石楼县一带,地属晋南,靠近黄河,今天仍有屈产河注入黄河。目前尚未有有关阿尔泰语系族群在春秋时期便深入晋南的蛛丝马迹,那么晋南能出现生产名马的地方只能是跟吐火罗系的印欧人群有关了。余太山先生甚至推断,"屈产(Khiuet-shean)"也许就是"虞氏"的异译。④如此说不误,"虞"族的游牧民族特性就更突显了。

上面讨论了晋南的"虞""虞氏"的族性及其与大夏的关系,还需分析一下在《管子·小匡篇》等史籍中出现过的"西虞(吴)""禺氏""禺知""月氏"与"虞""虞氏"之间的瓜葛。

《逸周书·王会》:"禺氏騊駼,大夏兹白牛。"禺氏与大夏并提,看来两者属两个集团而非一体,但两者又紧排在一起,应有地域或其他方面的密切关系。他们向周成王贡献的方物是騊駼这种名马和驳牛⑤,可见他们是多牛马的游牧民族。该篇所附《伊尹朝献

---

① (战国)左丘明撰,(西晋)杜预集解:《左传》,上海古籍出版社1997年版,第238页。
② 王维堤唐书文:《春秋公羊传译注》,上海古籍出版社2004年版,第185—186页。
③ 转引自余太山:《古族新考》,中华书局2000年版,第38页。
④ 余太山:《古族新考》,中华书局2000年版,第37—38页。
⑤ 张闻玉译注:《逸周书全译》,贵州人民出版社2000年版,第275页。

篇》又载:"正北空同、大夏、莎车、姑他、旦略、豹胡、代翟、匈奴、楼烦、月氏、孅犁、其龙、东胡,请令以橐驼、白玉、野马、騊駼、駃騠、良弓为献。"① 此处未提到"禺氏",但提到"月氏",却又提到了"禺氏"所贡献的騊駼,看来"禺氏"就是"月氏",乃不同时代对同一民族的不同译写。

《穆天子传》卷一:"甲午,天子西征,乃绝㿟之关隥。己亥至于焉居、禺知之平。"② 据考证,此禺知之平在今河套以北,"禺知(Ngio-tie)可视为"虞氏"之异译。③《山海经·大荒北经》:"逮之于禺谷"。郭璞注:"禺渊……今作虞。"这也是"禺""虞"互通的例证。如此,则禺知可看作是晋南的"虞氏"北迁而去的。

《管子·轻重乙篇》:"玉出于禺氏之旁山,此皆距周七千八百余里。其涂远,其至阨。"④ 同书"揆度""国畜""地数"诸篇所记略同(地数篇"禺氏"作"牛氏""旁山"作"边山")。同书"轻重甲篇"又说:"辟千金者,白璧也,然后八千里之崐崘之虚可得而朝也。簪珥而辟千金者璆琳、琅玕也,然后八千里崐崘之虚可得而朝也。"有学者指出"禺氏"或"牛氏"即"禺知""月氏"或"虞氏"。⑤ 此处"崐崘"指阿尔泰山。⑥ 因此,在《管子·轻重篇》等所描述的时代,自晋南北迁的虞氏即禺氏又已西迁至阿尔泰山东麓了。

《管子·小匡篇》则提到齐桓公西征时"西服流沙西虞",前文已论及"流沙"是指巴丹吉林沙漠,而"西虞"则在流沙之西,即新疆东部,这与同书《轻重篇》等所述"禺氏""牛氏"在同一

---

① 张闻玉译注:《逸周书全译》,贵州人民出版社2000年版,第278页。
② (晋)郭璞注,王贻梁、陈建敏校释:《穆天子传汇校集释》,华东师范大学出版社1994年版,第13页。
③ 余太山:《古族新考》,中华书局2000年版,第40页。
④ 国学整理社:《诸子集成5·管子》,上海书店出版社1986年版,第404页。
⑤ 余太山:《古族新考》,中华书局2000年版,第41页。
⑥ 孙培良:《斯基泰贸易之路和古代中亚的传说》,《中外关系史论丛》第1辑,世界知识出版社1985年版,第21页。

位置，也与汉代史籍所记月氏位置重合。① 因此可以认定，《小匡篇》中的"西虞"（《国语·齐语》作"西吴"）与"月氏""禺氏""牛氏""禺知""虞氏"是指同一部族，即曾作为新疆东部霸主的"月氏"部族。

（三）晋南大夏、虞氏西迁路线及年代

笔者在上节以史料为基础，列举并讨论了中亚大夏源自晋南的各种证据，同时也分析了虞氏与大夏、月氏的关系，并在剖析几种大夏故地非晋南说中揭示了大夏西迁过程中的停留地。现在仍以上节所列文献为基础，以晋南为起点，中亚吐火罗斯坦为终点，将这些点串联起来，同时推定大夏、虞氏西迁到各点的时间和停留时间，从而建立起一个自成体系的大夏西迁时空框架。然后辅之以西迁沿线上所发现的可能属吐火罗人遗存的考古资料，予以进一步论证。至于晋南的大夏又来自何处？将在第五节中做一适当讨论。

我们认为：大夏人活动于晋南大致在五帝时代（约公元前 26 世纪—前 22 世纪）的帝颛顼、帝喾阶段，时间约 200 年。尧舜阶段到春秋中期（公元前 651 年以前），大夏和虞氏已北迁至阴山、河套、宁夏平原一带，停留时间最长，约 1600 年。齐桓西征，迫使大夏和虞氏继续西迁，大夏大部涉流沙，经河西西部入罗布泊及和田且末之间，形成被唐玄奘称之为"觐货逻故国"的政权，此阶段起于春秋中期，止于秦献公伐西戎（献公在位时间：公元前 384 年—前 362 年），约 300 年。小部大夏分为两支，一支西进到伊犁河流域，成为塞种四部之一（Tochari）。另一支南下甘肃临夏地区。虞氏则西行融入此前已存在于阿尔泰山东麓、东天山南北的吐火罗部落中，被中国史籍呼之为"月氏"。"觐货逻故国"之大夏人在羌人的挤压下西越帕米尔高原经费尔干纳盆地，留在盆地者建立大宛国，继续西迁进入吐火罗斯坦者被张骞再称之为大夏。少部分未迁离"觐货逻故国"者被汉籍称之"小宛国"。小宛国到东汉时灭

---

① 林梅村：《吐火罗人与龙部落》，《西域研究》1997 年第 1 期；王建新：《中国西北草原地区古代游牧民族文化研究的新进展——古代月氏文化的考古学探索》，《周秦汉唐研究》第三辑，三秦出版社 2004 年版，第 243 页。

于鄯善。塞种四部（包括大夏人）受月氏人挤压，西迁锡尔河北岸，最后越河消灭了希腊化的巴克特里亚王国。月氏人除占有今哈密地区，余部也分散到吐鲁番、焉耆、库车等绿洲上，后世的吐火罗语文献（A方言和B方言）正发现于这三处（罗布泊又发现有第三种方言）。东天山的月氏人受匈奴的打击先是西迁伊犁河流域，再受乌孙打击继续西迁中亚两河流域，征服阿姆河南北两岸，因大夏人居多而称之的大夏国，都妫水（阿姆河）北。至此，大夏（吐火罗）人横贯欧亚，长达3000年的大迁徙便告一段落。我们的追索也到此打住。

大夏及虞氏在晋南的活动年代主要依靠《吕氏春秋·古乐篇》《鹖冠子·世兵》及《左传·昭元年传》等史籍作出推断。古乐篇说到黄帝时，伶伦从大夏的西边到阿尔泰山的北麓，显示大夏在阿尔泰山之东且离其不远，说明黄帝时大夏还未迁至山西。[①]"世兵"篇中称"尧伐有唐"，前文已论及"有唐"也是大夏的异称。《逸周书·史记解》又称："文武不行者亡。昔者西夏性仁非兵，城郭不修，武士无位，惠而好赏，财屈而无以赏，唐氏伐之，城郭不守，武士不用，西夏以亡。""唐氏"应指陶唐氏即尧部落，因尧伐有唐，占唐地，以唐为号，故后代追述就存在以"唐氏"呼尧部落的情况。这里的西夏也即大夏，同时也证明了"大夏（西夏）"和"有唐"是一而非二的关系。《左传·昭元年传》说后帝（尧）"迁实沉于大夏"。说明大夏地的大夏人已出现了迁徙移动，为控制或占据大夏地，才有尧帝的迁实沉之举。

以上说明，大夏人在尧部落的打击下，已迁离晋南。迁入地是阴山、河套和宁夏平原一带。这正好也是他们的来路。顺来路回撤是一种有经验和理性的转移方式。

[①] 本书如此叙述是以承认大夏人是吐火罗人，是原始印欧人的一支为前提，尽管原始印欧人和吐火罗人的起源地有很多说法，但也多是在中、东欧和西亚等地打转，总之是非东方的。因此笔者不能同意余太山先生的"古代中国欧罗巴种人的假设"。而认为大夏人相对于早已存在于东亚大陆的蒙古人种华夏先民，不过是一群外来户和晚来户，且漂泊不定来去匆匆。

《逸周书·王会篇》及其所附《伊尹朝献》《管子·小匡篇》《国语·齐语》等史籍为大夏和虞氏在阴山、河套、宁夏平原一带活动过做了很好的证明。王会篇所讲是周成王会诸侯的盛况及各方国的贡献。其中讲到"禺氏騊駼,大夏兹白牛"。所列诸侯在禺氏、大夏前后的还有犬戎、匈奴等,可见禺氏、大夏也属于周的北方诸侯。《伊尹朝献》称:"正北空同、大夏……月氏……"这是商汤时事,也是大夏、月氏并举,在商的北方。《管子·小匡》篇等所述及的大夏(泰夏)、西虞(吴)的位置,王守春先生已作过很好的辨析①,即齐桓西征时(公元前651年前不久),大夏位于阴山、河套和宁夏平原一带,西虞位于新疆东部、阿尔泰山东麓。可见大夏、虞氏离开晋南的下一站便是阴山、河套及宁夏平原一带,他们在此处一直停留到齐桓西征才又继续西迁。不过根据《管子·小匡》等篇,虞氏(西虞)比大夏早一些西迁,形成齐桓西征时,大夏在东,西虞在西的分布态势。如此,大夏、虞氏在阴山等地停留了约1600年。

大夏被齐桓公所驱西迁,似乎未保持一致的行动。大部涉巴丹吉林沙漠经河西西部(今疏勒河三角洲之南榆泉盆地尚有地名"吐火洛泉",可以为证)入塔里木盆地东缘的罗布泊和南部的和田且末之间的"靓货逻故国"之地。一部南下今甘肃临夏一带,留下现今仍存的大夏河、临夏等地名。一部顺东天山北麓西进,在今伊吾县留有"吐葫芦乡"的地名。这群大夏人主体西进到今伊犁河流域,成为塞种四部之一(Tochari),当然也可能有少部分融进了新疆东部的月氏人中。

"靓货逻故国"的大夏人在此地停留了大约300年,至秦献公伐西戎时,导致曾活动在青海河湟一带的羌族部落"出赐支河曲西数千里,与众羌绝远,不复交通"。② 这支羌族经阿尔金山进入塔

---

① 王守春:《大夏原居地及其西迁》,《西域研究》1999年第4期;王守春:《齐桓公至新疆试证》,《西域研究》1999年第1期。

② (南朝宋)范晔:《后汉书·西羌传第七十七》第10册,中华书局1965年版,第2876页。

里木盆地南缘,分布在东起若羌,西及帕米尔的广大地区。① "靝货逻故国"的大夏人似是受这些羌人的侵扰,主体复西越帕米尔高原,经费尔干纳盆地至阿姆河流域,建立张骞所称之的"大夏国",部分停留于费尔干纳盆地的大夏人建立了大宛国。留在"靝货逻故国"的少部分大夏人所建国家则被汉籍称之为"小宛国"。一度称霸新疆东部的月氏人扩散他们的势力于吐鲁番、焉耆、库车等地,留下了公元6—8世纪的吐火罗语文献。②月氏大部则先受到匈奴的打击,从新疆东部迁到伊犁河流域(被汉籍称为大月氏),逼走游牧于此的塞种四部(时间在公元前177年或前176年),塞种四部复西迁,越锡尔河灭希腊—巴克特里亚王国③(时间在公元前140年左右④)。伊犁河流域的大月氏不久又遭乌孙人的复仇攻击,再西迁至中亚,灭塞种四部所建大夏国,设王庭于阿姆河北,统治跨有阿姆河两岸的大夏地。张骞西使到中亚,看到的正是这最后一幕。

下面介绍一些在大夏(虞氏)人曾经活动过的地域的相关考古发现和研究,以便更好地说明问题。

据考证,双马神是印欧人原始宗教系统中最古老的神祇之一。古代印欧人崇祀双马神的习俗为欧亚草原上的游牧人所传承。吐火罗人的神祇也是双马神,吐火罗语"神"字Ñakte(B方言)、Ñkät(A方言)相当于雅利安语Nāsatya(双马神)。⑤我们在阴山和天山地区,都发现过双马神岩画或其他形式的艺术品。据盖山林先生调查,阴山地区已发现五组双马神岩画(图4.4-2:3-7)。⑥东

---

① 杨建新、马曼丽主编:《西北民族关系史》,民族出版社1990年版,第47—48页。
② 徐文堪:《关于吐火罗人的起源和迁徙问题》,《吐火罗人起源研究》,昆仑出版社2005年版,第97页。
③ H. L. Jones (tr.), *The Geography of Strabo*, London, 1916.
④ 余太山:《古族新考》,中华书局2000年版,第2页。
⑤ 林梅村:《吐火罗神祇考》,《古道西风——考古新发现所见中西文化交流》,生活·读书·新知三联书店2000年版,第12—13页。
⑥ 盖山林:《阴山岩画》,文物出版社1986年版,第8页、第45页、第48—49页,图49。

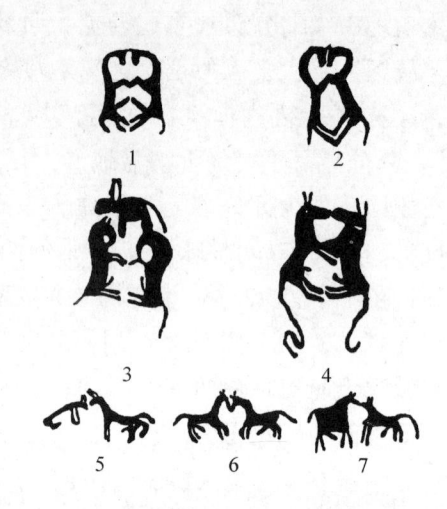

天山巴里坤八墙子岩画中也发现有一幅"对马图"①，东部天山深处的呼图壁康家石门子大型生殖崇拜岩画中，也发现有两对"双马神"岩刻（图4.4－1：1－2；图2.6－1）②。这几处岩画的时代至少不晚于晚商时期，因为晚商青铜器族徽符号中出现了类似于阴山岩画的双马神像（图4.4－2）。③他们之间应是源与流的关系，且后者明显是流。源早于流自然毫无疑义了。

图4.4－1　天山、阴山古代岩画上的双马神像（1—2 天山、3—7 阴山，采自林梅村：《古道西风》）

　　这几处发现正好都处在我们使用文献材料得出的吐火罗人东来西往的主要停留地上，是非常好的"第二重证据"。在此要给予说明的是，笔者认为，新疆地区的吐火罗系人群来源是不止一处的。比如青铜时代早期的切木尔切克文化（公元前2000—前1200年）和小河文化（公元前2000—前1300年）的创造者，被认为是吐火罗人④，他们显然不能被认为也是源自晋南和阴山地区。合理的解释应该是：吐火罗人在东迁的过程中，一部分南下阿尔泰、罗布泊以及东天山，留下上面提及的两种考古学文化；另一部分继续东进最后到达山西，被汉籍称作大夏和虞氏。他们在走走停停、离离合

---

① 王毅民主编：《哈密文物志》，新疆人民出版社1993年版，第240页。
② 王炳华：《新疆天山生殖崇拜岩画初探》，《丝绸之路考古研究》，新疆人民出版社1993年版，第364—367页。
③ 林梅村：《吐火罗神祇考》，《古道西风——考古新发现所见中西文化交流》，生活·读书·新知三联书店2000年版，第22—23页。
④ 林梅村：《吐火罗人的起源与迁徙》，《西域研究》2003年第3期。

第四章　相关学科研究所见早期东西文化交流　353

合中创造着相同的双马神信仰形象。

观察游牧民族兽（环）首刀的发现地点，也与大夏和虞氏的迁徙路线暗合。这些地点有：哈密盆地①、山西保德晚商墓②、殷墟妇好墓③等等（图4.4-3）。结合发现的双马神岩画点，山西—阴山—新疆东部的线路是十分明晰的。妇好墓所出兽首刀应看作是商人与吐火罗系游牧人文化交流的结果。

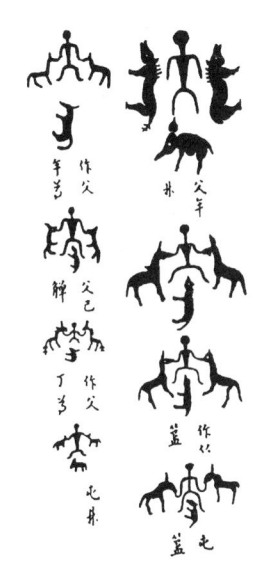

图4.4-2　晚商青铜器族徽上的双马神像图

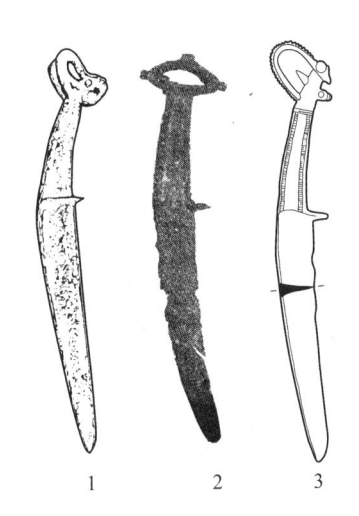

图4.4-3　兽（环）首刀比较（采自林梅村：《古道西风》）
1. 新疆哈密花园出土　2. 山西保德出土　3. 河南安阳殷墟妇好墓出土

（四）大夏、虞氏与尧、舜、禹诸部族的关系

上文讨论了大夏、虞氏都是吐火罗人，但对与大夏、虞氏有着或多或少关系的尧、舜、禹诸部族，却未来得及分析他们之间到底

---

① 新疆文物考古研究所编：《新疆古代民族文物》，文物出版社1985年版，图版59。
② 吴振录：《保德县新发现的殷代青铜器》，《文物》1972年第4期。
③ 中国社会科学院考古研究所编：《殷墟妇好墓》，文物出版社1994年版，第301页。

有着什么样的关系。而这种辨析是非常有必要的。本节即探讨这些问题，以避免认为尧部落（陶唐氏）和舜部落（有虞氏）是欧罗巴人种①、中国历史上的夏朝与"大夏"无涉②，其同名纯属巧合这两种偏颇的倾向。

1. 尧部落（陶唐氏）与大夏的关系

尧部落即陶唐氏。《汉书·高帝纪下》颜师古注引许慎《说文解字》称："陶，丘再成也，在济阴。《夏书》曰：东至陶丘。陶丘有尧城，尧尝居之，后居于唐，故尧号陶唐氏。"这是说尧部落先在山东济阴，后西迁唐地（唐即大夏），更号陶唐氏。有两处史籍记载过尧伐大夏的史实：一、《鹖冠子·世兵》："尧伐有唐，禹服有苗。"二、《逸周书·史记解》："昔者西夏性仁非兵，城郭不修，武士无位……唐氏伐之，城郭不守，武士不用，西夏以亡。"前文已分析过，有唐即大夏，西夏也即大夏，许是相对于东方的尧部落，前者又称西夏。唐氏则是指尧部落，因尧部落占据大夏地后改号陶唐氏，也称唐氏。逸周书乃周代史籍，用后起的名号指称同一团体的前事是常见的。

大夏、虞氏北迁后，晋南一带在史籍中被称之为夏虚、虞地等，而阴山附近又出现"大夏""禺氏"的消息。这正体现了大夏、虞氏被尧部落打击迁到阴山一带的实况。所以，把陶唐氏指认为"以尧部落为宗主，包括前有唐氏即大夏在内的部落联合体"③并不太恰当。合理的说法应是：从山东定陶西迁到晋南的蒙古人种尧部落，更号陶唐氏，在陶唐氏联合体中，融有少部分欧罗巴人种大夏人，比如汉高祖刘邦之先祖刘累，是陶唐氏之裔，学过扰龙（驯马），遗传给刘邦"隆准而龙颜，美须髯"的类印欧人体质特征。大部大夏、虞氏人则北迁阴山一带，以大夏、禺氏之名继续与

---

① 余太山：《古族新考》，中华书局 2000 年版，第 3 页、第 12 页、第 21 页、第 29 页。
② 王欣：《吐火罗史研究》，中国社会科学出版社 2002 年版，第 46 页。
③ 余太山：《古族新考》，中华书局 2000 年版，第 16 页。

中原部族保持着一定的联系。

所以尧部落（陶唐氏）与大夏是打击与被打击，后者败迁而前者袭占其地及名的关系。战争中胜方俘虏有败方的部分人员，这些人员融入到了陶唐氏部族中。也许，中原地区印欧人种与蒙古人种文化血统的融合，便开始于此。

2. 舜、禹部落与虞氏、大夏的关系

正如《论衡·正说篇》所言，舜部落称有虞氏，禹部落称夏后氏，均与他们兴起于虞地和夏地有关。笔者在前文已讨论过虞地与夏地皆得名于在晋南驻牧过的吐火罗人"虞氏"和"大夏"。舜部落自山东西迁至晋南"虞地"，便以虞为氏，禹部落自蜀地东迁至夏虚，便以夏为号。所以舜部落（有虞氏）、禹部落（夏后氏）与虞氏、大夏是同名而异质的关系。前两者得名于后两者。

舜部落有了"有虞氏"称号后，汉籍称北方的吐火罗人"虞氏"为"禹氏""禹知""牛氏""月氏"等等。也许正是为了与中原的有虞氏相区别。舜、禹部落来到中原时，吐火罗系大夏、虞氏人已迁离晋南，应不存在两大人种混血的现象。但也不排除他们与陶唐氏中的吐火罗血统后裔融合的可能性。如"尧以二女妻舜"等就潜藏着这种可能。

（五）存在的问题

笔者在前文分析过大夏、虞氏都是吐火罗人，但也有一个问题：既然都是吐火罗人，为什么不是以一个统一的名号出现？是因为他们正处在族外对偶婚阶段，已形成两个独立的互为婚姻的集团，有不同的称号，汉籍中才如实地记录的吗？这都只能是猜测而难有实据。

第一，著名伊朗学家亨宁（W. B. Henning）曾提出，在古巴比伦契形文字上多次提到的"库提人"（Guti/kuti）很可能就是后来的吐火罗人。而在相邻的东方有一个库提人的兄弟部族"图克里"（Tukri），这正是"吐火罗""敦煌"等名称在语音上的对应，而

"库提"则可以对应属于吐火罗人的"月氏""龟兹"等名称。①亨宁所说的库提和图克里,既然可对音于月氏和吐火罗,当然也可对应于虞氏和大夏。亨宁说他们是相邻的兄弟部族,这倒为我们解释虞氏和大夏的关系以及推测库提、图克里与虞氏、大夏的关系,提供了绝好的素材和想象的空间。

第二,笔者已讨论了晋南大夏、虞氏西迁的较详细的路线和年代,但对他们如何来到晋南却并没有如同西迁一样清晰的认识。只能依据考古发现和史料,大致认为:他们从东欧或中欧稍偏北的地区②东进,公元前2600至2200年左右,到达了阿尔泰山周边地区③,一部分留居此地并有部分南下罗布泊,另有部分继续东迁,经阴山地区顺黄河东岸南下晋北、晋南。

第三,对大夏从阴山一带西迁时部分南下甘肃临夏的大夏人的归宿,我们也没有清晰的认识。我们不倾向这批大夏人顺河西走廊西迁入新疆,因河西走廊此时已存在强大的羌人势力,而倾向认为他们没有再行大的迁徙活动,但也未长久保有独立性,而是逐步融入了周边的羌藏民族之中。

第四,大夏、虞氏活动过的地区,除了少量的双马神岩画、兽(环)首刀遗物等遗存外,其他的发现还太少,尤其是还缺乏对可能是吐火罗人遗存的人骨进行体质人类学的鉴定和研究,如果这些方面能有大的进步,对证实或证否上面的结论将是非常有帮助的。只能寄希望于以后的考古发现和研究。

(六)结论

下面将笔者的全部观点做一简要总结:

---

① 徐文堪:《从一件婆罗谜字帛书谈我国古代的印欧语和印欧人》;徐文堪:《关于吐火罗人的起源和迁徙问题》,《吐火罗人起源研究》,昆仑出版社2005年版,第39页、第96—97页。

② 徐文堪:《关于吐火罗人的起源和迁徙问题》,《吐火罗人起源研究》,昆仑出版社2005年版,第101页。

③ 《吕氏春秋·古乐》篇记有黄帝时,伶伦到大夏之西,阿尔泰山之北采竹,黄帝时代被推为公元前26世纪;阿尔泰山南麓的克尔木齐文化被认为是吐火罗人所为,时间在公元前2200—前1900年。

汉籍中"大夏"和"虞氏"属印欧系统的吐火罗人，他们从遥远的东、中欧播迁到中、东亚，最远到达中国的晋南，后在东方蒙古人种势力的多次挤压下逐步西迁。他们的西迁路线是：晋南——阴山一带——新疆东部、河西走廊西部（虞氏）——罗布泊、塔里木盆地南缘（大夏，少部分大夏人直接从阴山、宁夏平原一带南迁甘肃临夏一带）。虞氏人比大夏人先一步离开阴山一带进入新疆东部，融入早已存在于此的吐火罗人族群中，被汉籍称作西虞（吴）和月氏等，大夏人在齐桓西征中离开阴山一带西迁，经新疆东部和河西西部，大股南下塔里木盆地南缘，建"靚货逻故国"，后在羌人压力下越帕米尔高原、费尔干纳盆地进入中亚两河流域，其中到达阿姆河以南吐火罗斯坦者被汉籍称之为"大夏"，留居在费尔干纳盆地者被称为"大宛"，未迁离塔里木盆地者称"小宛"。小股经天山北麓西入伊犁河流域，成为塞种四部之一部（Tochari）。后在月氏人的挤压下随塞种其他三部一起西迁中亚锡尔河北岸，灭希腊化的巴克特里亚王国，不久又臣服于受乌孙打击放弃伊犁河流域西迁而来的大月氏。

新疆东部的吐火罗族群在融入虞氏后，被汉籍统称为"月氏"。他们大部在新疆东部天山南北过着逐水草而居的游牧生活，另有一部分散居于吐鲁番、焉耆、库车等绿洲，过着一种定居的半农半牧生活，被称作月氏、车师、焉耆、龟兹等。月氏一度称为新疆东部霸主。所谓"当是时，东胡强而月氏盛"。[①] 后因匈奴崛起，在匈奴的打击下，离开新疆东部向西迁入伊犁河流域，不久再受乌孙的复仇攻击，继续西迁进入中亚两河流域并臣畜大夏。至此，长达近3000年的吐火罗系民族大迁徙才告一段落（图4.4-4）。在这之后中亚及新疆各地的吐火罗人的活动不在本书讨论范围。

吐火罗人是古代印欧人大迁徙运动中走得最远的部族，他们为东西方文化的早期交流和丝绸之路的开辟做出了重大贡献。

---

① （东汉）班固：《汉书·匈奴传第六十四上》第十一册，中华书局1962年版，第3748页。

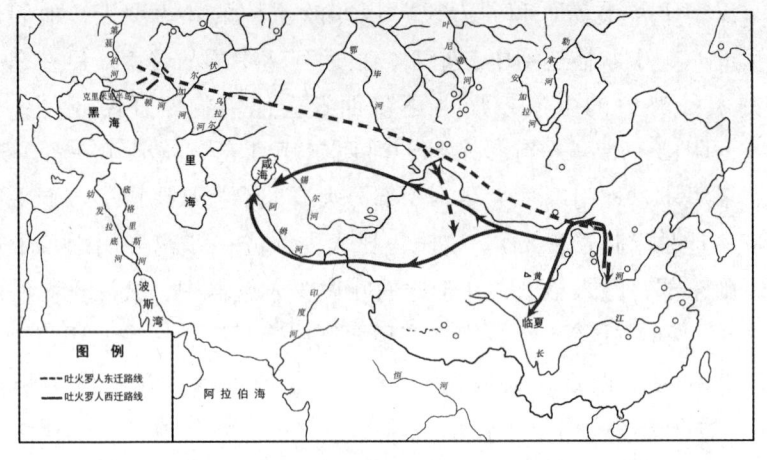

图 4.4-4　吐火罗（大夏、虞氏）人东迁、西徙路线

审图号：GS（2016）2945 号　自然资源部　监制

二　鬼方种族考

（一）引言

鬼方是殷商至西周时期，屡受先秦文献及卜辞、金文记载的一个强大方国。自王国维的《鬼方昆夷玁狁考》① 问世以来，有关鬼方的地望②、与他族的关系③等等问题得到了热烈的讨论，大多已有定论。唯鬼方的种族问题，自王国维以来，却少有涉及。也许是觉得这不成什么问题，也许是还未有足够的材料来讨论这个问题。稍涉及此问题的有两位学者，一位是沈兼士先生，曾著宏文④论及

---

① 王国维：《鬼方昆夷玁狁考》，《观堂集林》卷十三史林五，河北教育出版社 2003 年版，第 296—307 页。

② 可参见王国维：《鬼方昆夷玁狁考》；郭沫若：《中国史稿》第一册，人民出版社 1976 年版；陈梦家：《殷墟卜辞综述》，科学出版社 1956 年版，第 274—275 页；王玉哲：《鬼方考》，《古史集林》，中华书局 2002 年版，第 289—308 页；沈长云：《玁狁、鬼方、姜氏之戎不同族别考》，《人文杂志》1983 年第 3 期。

③ 可参考注 2 各篇及蒙文通：《周秦少数民族研究》，《古族甄微》，巴蜀书社 1993 年版，第 101 页；李毅夫：《鬼方工方考》，《齐鲁学刊》1985 年第 6 期。

④ 沈兼士：《"鬼"字原始意义之试探》，《沈兼士学术论文集》，中华书局 1986 年版，第 186—202 页。

"鬼"字的原始意义,对鬼方的种系始有考虑,他从"鬼"字的字义出发,提出"鬼方"乃"异种之人"之意;另一位是余太山先生,在论及《犬方、鬼方、工方与玁狁、匈奴同源说》① 时,也对鬼方的血统发出了有"印欧语族之嫌疑"(此处用"人种"比用"语族"似更准确)的疑问。但他们都只点到为止,惜未作深入的追究,也就未敢遽然得出具体的结论。本小节正是在上述诸贤的启发下,综合文字、文献、体质人类学和考古学等方面的材料,在分析得出鬼方的渊源、流向等相关问题的基础上,试图解决鬼方的种族问题,以就教于方家。

(二)鬼方乃印欧人种

上文谈到沈兼士、余太山两先生已约略指出鬼方为异种之人,有印欧人种之嫌疑。这在传统的中国学坛,实有石破天惊之举,此说在当时的众多漏洞不能补,中华民族情绪的不能抗,难免让他们放不开手脚,犹抱琵琶,欲说还休。但今天的学术环境已大为改观,可印证的材料也丰富了起来,笔者便不揣浅陋,经多方的爬梳索隐,正式提出"鬼方乃印欧人种"的观点。下面从"鬼"字字义;存在于印欧语系民族的胁生传说;鬼方与商、周关系的相关文献、卜辞、金文及殷墟西北岗人骨的种系;鬼方的活动地域等四个方面予以论证。

1."鬼"字字义

说到"鬼"字字义,首先要提到沈兼士先生写成于1936年的大作《"鬼"字原始意义之试探》,该文开辟鸿蒙,纠正了许慎在《说文解字》中释"鬼"之本义为"人所归"之偏颇,指出"鬼"字的原始意义为"似人之异兽",与"禺"同属②,并引郭璞山海经传云:"禺似猕猴而大"。沈先生在文章最后列表总结:"鬼"字由A:"禺属之兽"之本义,如鬼、夔、魖、魕等;引申为B:异

---

① 余太山:《犬方、鬼方、工方与玁狁、匈奴同源说》,《古族新考》,中华书局2000年版,第77—110页。
② 许慎在《说文解字》中释"禺"为母猴属。见段玉裁注:《说文解字注》,中州古籍出版社2006年版,第436页。

种之人，如鬼方、䰟、隗等；C：偶相之名，如傀儡；D：鬼神之义，如鬼、祇鬼等；E：奇伟之形，如魁梧、崔嵬等；F：畏惧之情，如畏、愧等；G：诡黠之性，如诡、谲、怪、黠、慧等等。该文追根究底，旁征博引，读来让人茅塞顿开，有拨云见日之效。难怪大家如郭沫若评价"新颖翔实，可为定论。"陈寅恪读后复函说"欢喜敬佩之至"，并道出了流传至今的名言："依照今日训诂学之标准，凡解释一字即是作一部文化史。"接着推许道："中国近日著作能适合此定义者以寅恪所见，惟公此文足以当之无愧也。"①

在此笔者关心的是沈先生所考析出的"鬼"字A、B、E三义项。在笔者看来，此三义项环环相扣，乃层层引申而来。笔者先假设鬼方所代表的族群是异种系之人，在蒙古种系的商人看来，自然不引为同类，或许还觉得他们"状类猕猴"，便将指称"类人之异兽"的"鬼"字（即"鬼"字的B义项）安在了他们头上。这当然是一种丑化的他称。既然不同类，笔者首先要怀疑他们是印欧种人了。因为后世仍有对印欧种人形貌的类似评价。如《汉书·西域传》颜师古注："乌孙于西域诸戎其形最异。今之胡人青眼、赤须，状类猕猴者，本其种也。"就是今天，我们看到西方白种人的形貌，仍或有与颜老夫子隔代相知之感，看来蒙古种系的华夏族群对异类的印欧人群的形貌感受，是一以贯之的。

怀疑鬼方是印欧人种，由"鬼"字E义项之字义可进一步申论。大家知道，印欧人种从体格上总体略比蒙古人种高大，鬼字既然能引申出魁梧、崔嵬等高大之意，似与它所指称的"鬼方"人有关（如果相信他们是比之于商人等而显高大的印欧人种的话），而不太可能直接从似猕猴等类人异兽的本义而来。因为就笔者所知，还没有比人更高大的猴类。这就是说，E项引申自B项而不是A项。

此外，大家所熟知的"洋鬼子"之名，曾在近代中国用来指称

---

① 见沈兼士：《"鬼"字原始意义之试探之附录》，《沈兼士学术论文集》，中华书局1986年版，第201—202页。

西方人（东洋鬼子、日本鬼子则又是进一步的引申之义）。与其说是现代人的发明创造，不如看作是旧习古语，由来有自。

2. 存在于印欧语系民族的胁生传说

上文从"鬼"字的字义方面讨论了鬼方所代表的族群既然被名之为"鬼方"，可能是因为他们是异类的印欧人种，他们似"禺"类"鬼"，"鬼方"之名乃拜其"状类猕猴"、身材高大的形貌特征所赐。但这也只能说是可能，仅此一条孤证是不能令人信服的。下面继续从其他方面寻找证据，以期形成可圆其说的证据链。

饶宗颐先生曾著成《中国古代"胁生"的传说》[①]一文，文中引述伊利·帕拉特（Erie Pirart）教授在《亚洲学报》中论及波斯名ParSu，意为"胁"，并列举了西方古代有关胁生的记录。如《梨俱吠陀》经4.18.1—2中，印度大神因陀罗（Indra）自言，"余即自胁之宽广处出来的！"《普曜经》中佛陀（Buddha）也有胁生而出的说法。这一点我们直接从汉译佛经中便可得窥一二。如东汉孟康祥译《修行本起经·菩萨降身品第二》：

> 能仁菩萨化乘白象来就母胎。……十月已满，太子身成，到四月七日……夫人举树枝，便从右胁生堕地，行七步举手而言：天上天下，唯我独尊。（《大正藏》3，463页下）

三国吴支谦译《佛说太子瑞应本起经》卷上：

> 菩萨初下，化乘白象，冠日之精，因母昼寝而示梦焉。从右胁入，夫人梦寤……到四月八日夜晚星出时，化从右胁生，堕地，即行七步。（《大正藏》3，473页中—下）

佛陀从其母右胁出生的"瑞征"，佛经中还有多处记载，此不赘引。法国富莎（A. Foucher）研究佛祖事迹，认为这是源自《梨

---

① 饶宗颐：《中国古代"胁生"的传说》，《燕京学报》1997年第3期。

俱吠陀》中大神 Indra 胁生的故事。总之，饶宗颐先生总结认为欧洲学人已将这种圣哲从胁而生的奇迹，看成是印欧语系民族丰富神话中的特有形态。

无独有偶。华夏古史亦有"胁生"传说。不过此传说，就目前所知，与鬼方且只与鬼方有关。请看《大戴礼记·帝系》：

> 黄帝居轩辕之丘，娶于西陵氏之子，谓之嫘祖氏，产青阳及昌意。……昌意娶于蜀山氏，蜀山之子谓之昌濮氏，产颛顼。颛顼娶于滕氏，滕氏奔之子，谓之女禄氏，产老童。老童娶于竭水氏，竭水氏之子谓之高緺氏，产重黎及吴回。吴回氏产陆终。陆终氏娶于鬼方氏，鬼方氏之妹谓之女隤氏，产六子。孕而不粥。三年，启其左胁，六人出焉。其一曰樊，是为昆吾。其二曰惠连，是为参胡。其三曰籛，是为彭祖。其四曰莱言，是为云郐人。其五曰安，是为曹姓。其六曰季连，是为芈姓。……

《太平御览》卷三百七十一引《世本》：

> 陆终氏娶于鬼方氏之妹，谓之女嬇，生六子，孕而不育。三年，启其左胁，三人出焉；启其右胁，三人出焉。

《史记·楚世家》：

> 吴回生陆终，陆终生六子，坼副而生焉。

三者所记为同一件事，大同而小异。《帝系》中陆终氏之前无胁生之事，直到陆终氏娶了鬼方氏之妹女隤后，胁生传说便出现，这就不得不让人怀疑"胁生"的传说乃鬼方氏所带来。而前文已论，胁生传说是印欧语系民族丰富神话中的特有形态。如此，在"鬼方乃印欧人种"这一观点上又多了一重砝码。

行文至此，顺便荡开一笔。陆终氏既为楚之先祖，如鬼方氏确为印欧人种，则楚之公族必含有印欧种系血统和相应的文化因子了。苏雪林先生曾撰《屈原与九歌》《天问正简》《屈赋论丛》《昆仑之谜》等著作①，探讨了屈赋中她认为大量存在的域外文化因素，如天问中的神话对应了西亚神话，九歌中的十神是整套神曲，像"河伯""大司命"等一一对应着西亚、希腊神话中的水星之神哀亚（后为尼波）、蚀之神尼甲等等。三闾大夫如此丰富的可对应于域外的神话知识，会否是自鬼方氏传承而来的呢？

3. 鬼方与商、周关系的相关文献、卜辞、金文及殷墟西北岗人骨的种系

鬼方作为商周时的强大民族，在商周人的文献、卜辞和金文里多有记载。他们之间有过和平交往，乃至商王曾封鬼方首领为侯，称鬼侯（也写作九侯，"九"即"鬼"，此不赘），位为商之三公之一。也有过相互的征伐。本书着意的是后一方面。现转录几则他们之间的征伐记述，以为后文张本。

《诗·大雅·荡》：

文王曰：咨！咨女殷商。……内奰于中国，覃及鬼方。

《易·既济·爻辞·九三》：

高宗伐鬼方，三年，克之。

同书《未济·爻辞·九四》：

震用伐鬼方，三年，有赏于大国。

---

① 苏雪林：《苏雪林文集》第四卷，安徽文艺出版社1996年版；苏雪林：《屈原与九歌》和《天问正简》以及《屈赋论丛》，此三书均为武汉大学出版社2007年版。

甲骨卜辞中也有商人征伐鬼方的记载，如：

己酉卜，宾贞：鬼方昜。亡祸？（《乙》6684；《合集》8591）

壬辰卜，争贞：隹鬼，它㞢。

贞，不隹之它㞢。（《乙》3407）

贞不隹乎它㞢鬼。（《合集》1110正；《存》1·616）

王玉哲先生曾作《鬼方考补正》①，详细讨论了鬼方曾作为商人的敌对者，故出现过以其战俘为人牲的现象，可为我们参考。

西周金文对伐鬼方的记载更为详细，仅举《小盂鼎》一篇为例：

唯八月既望。……王[命]盂以□□伐鬼方。□□□□□[执酋]三人，获馘四千八百□二馘，俘人万三千八十一人，俘马□□四，俘车十辆，俘牛三百五十五牛，羊二十八羊，盂或（又）□□□□□呼□我征，执酋一[人]，获馘百卅七馘，[俘人□□□人]，俘[马]百四四，俘车百辆。

此器为康王器（从郭沫若说），可惜字残太多，难观全豹，但对我们理解周与鬼方之间的争战并无大碍。从铭文中我们得知，周伐鬼方获得两次大捷，所获战利品中，俘虏过万，战车一次十辆，一次一百多辆，另有马、牛、羊等牲畜，其中不完全统计的马匹有一百多，牛有三百多头，显示出了一定的畜牧或游牧经济成分。

---

① 王玉哲：《鬼方考补正》，《古史集林》，中华书局2002年版，第309—317页。

这些战争及战俘事件,可以与安阳殷墟西北岗王陵西侧祭祀小墓中的人头骨建立联系。我们知道,西北岗"人头坑"属入侵殷王朝的异族战俘遗骸。① 对这些头骨进行的体质人类学研究,为我们认识曾与殷商王朝发生过战争(如工方、羌方、土方、鬼方等等),并有俘虏被作为人牲的这些方国的族群种系,是极好且难得的办法。诸多中外专家对这批头骨进行了广泛深入的研究,出现了异种系说②和同种系说③这两种相反的意见。异种系说认为西北岗组头骨虽属蒙古人种成分,但可能包括其他种系成分如海洋尼格罗种、北欧种等种系。同种系说认为纯属蒙古种系。杨希枚先生又于1983年重新检讨了这两说的得失优劣,最后总结道:"如果论者认为西北岗头骨异种系说难以取信,则笔者认为西北岗头骨同种系说的难以成立尤甚于异种系说。"④

由这段话可看出,杨希枚先生虽对同种异种系说的最后结论留有余地,但在没有更进一步可信研究出来之前,他的态度还是十分鲜明的。

综合分析各家理论及杨希枚先生的总结讨论,我们是倾向于异种系说的。若果如杨希枚先生等所分析,西北岗组头骨中有少量印

---

① 杨希枚:《卅年来关于殷墟头骨及殷代民族种系的研究》,《杨希枚集》,中国社会科学出版社2006年版,第192—217页。

② 李济:《安阳侯家庄商代颅骨的某些测量特征》(英文),《中央研究院院刊》第一辑(1954年);C. S. Coon, 1954, *The Story of Man*, A. A. Knopf, New york. pp. 331 - 332; C. S. Coon, 1958, An Anthrop Geographic Excursion Around the World, *Human Biology*, Vol. 30, pp. 29 - 42; C. S. Coon, 1965, *The Living Races of Man*, Alfred A. Knopf, New york. p. 133; 杨希枚:《河南安阳殷墟头骨的测量和形态观察》(英文),《中国东亚学术研究计划委员会年报》,1966年第5期;杨希枚:《河南安阳殷墟墓葬中人体骨骼的整理和研究》,《历史语言研究所集刊》第四十二本第二分册(1970年)。又见《杨希枚集》,中国社会科学出版社2006年版,42—191页。

③ Turner 11 C. G., 1976, Dental Evidence on the Origins of the Ainu and Japanese, *Science*, Vol. 193; Turner 11 C. G., 1977, Additional Features of Ainu Dentin, *American Journal of Physician Anthropology*, Vol. 46, No. 1, pp. 13 - 24; W. W. Howells, 1979, Origins of the Chinese People: Interpretations of the Recent Evidence, in K. C. Chang, 1980, *Shang Civilization*; 韩康信、潘其风:《殷代人种问题考察》,《历史研究》1980年第2期。

④ 杨希枚:《卅年来关于殷墟头骨及殷代民族种系的研究》,《杨希枚集》,中国社会科学出版社2006年版,第214页。

欧种系，就得从那些曾与殷商为敌并被俘而作为人牲的方国里去找寻。根据一些学者的研究，羌方和工方均为蒙古种系①，如他们有被俘而殉于西北岗"人头坑"，自然可对应于这里面占多数的蒙古种系头骨。还有土方和鬼方等方国，对于土方，笔者也怀疑他们具有印欧种系血统（见后文辟专节讨论）。由此，西北岗组头骨中的印欧种系，可以对应于鬼方和土方这两大族群。换句话说，认识到鬼方甚或土方属印欧人种，我们才能为殷墟西北岗组头骨中的印欧种系找到来源。

4. 鬼方的活动地域

自王国维以来，对鬼方的活动地域多有考证，且说法不一。如王国维的"在宗周之西北而包其东，陇山之西或更西是其地"说②，郭沫若的"鬼方活动在今陕北、内蒙古及其以北的辽阔地区"说③，陈梦家的晋南说④等等。王玉哲先生在其《鬼方考》⑤一文中旁征博引，举五证而论定殷周两代的鬼方活动于山西南部，与陈梦家的晋南说相合，使人信服。笔者在上小节探讨了属印欧人种的大夏、虞氏人在五帝时代的前期曾活动于晋南，尧舜时因受东边蒙古人种势力的挤压，北迁阴山河套一带。这批印欧人可能存在部分迁离，部分留徙的状况，如同汉时受匈奴打击的月氏大部迁走称大月氏，小部不能去者保南山羌称小月氏。笔者在此想说明的是，殷周时代的鬼方，与五帝时代的印欧种系大夏、虞氏，有着相同的活动地域，这种地域上的一致性加强了鬼方属印欧人种的可能性。

---

① 王玉哲：《卜辞工方即玁狁说》，《古史集林》，中华书局2002年版，第285—288页；李毅夫：《鬼方工方考》，《齐鲁学刊》1985年第6期；韩康信、潘其风：《古代中国人种成分研究》，《考古学报》1984年第2期；李水城：《四坝文化研究》，苏秉琦主编：《考古学文化论集》（三），文物出版社1993年版，第80—121页。
② 王国维：《鬼方昆夷玁狁考》，《观堂集林》卷十三，史林五，河北教育出版社2003年版，第296—307页。
③ 郭沫若：《中国史稿》第一册，人民出版社1976年版。
④ 陈梦家：《殷墟卜辞综述》，科学出版社1956年版，第274—275页。
⑤ 王玉哲：《鬼方考》，《古史集林》，中华书局2002年版，第289—308页。

(三) 鬼方的渊源与流向

由以上四证，鬼方的印欧种系身份是越来越明朗了。为加强论证力度，笔者再从鬼方的源流上着手，论证其源流也属印欧人种，申述以上观点。

1. 鬼方是吐火罗人（虞氏、禺氏）留在晋南的遗裔

笔者在上小节"大夏（吐火罗）新探"中详尽论证了属印欧人种的吐火罗人（大夏、虞氏人）从遥远的东、中欧播迁到中、东亚，最远到达中国的晋南，后在东方蒙古人种势力的多次挤压下，又逐步西迁的历史。但这些吐火罗人显然没有全部西迁而去，他们有一部分融入了西侵而来的有陶氏尧部落中形成陶唐氏，是否还有如后世的小月氏那样退守自保的群体呢？在研究大夏和虞氏人时，笔者只是存而未论。现在看来，答案是肯定的。这群体便是到了商周时期被称作鬼方的族群。

说鬼方是吐火罗人（大夏、虞氏）留在晋南的遗裔，证据有二。其一，相同的印欧种系特征。笔者曾在上小节"大夏（吐火罗）新探"中，从大夏和虞氏是印欧种系的吐火罗（图克里）和月氏（库提）的别译；夏、吴（虞）等汉字的本义是"大、高大威武的人形"等字义字形；汉高祖刘邦"隆准而龙颜，美须髯"；汉武帝热衷于接交一个"兵弱畏战"的中亚大夏国等多个方面出发，论证了曾在五帝时代前期活动于晋南的大夏、虞氏人是印欧种系的吐火罗人。本小节第二部分，笔者又从四个方面论证了鬼方也属印欧种系，从而可得出两者之间乃同属印欧人种的结论。其二，相同的活动地域。五帝时代前期的大夏和虞氏，活动于山西中南部，笔者已在上小节"大夏（吐火罗）新探"中做了详尽的分析论证，此不赘述。而鬼方的活动地域也恰好在晋南，这已由陈梦家[①]、王玉哲[②]诸先生作过细致入微的论证。可知大夏、虞氏和鬼方虽活动的时间有先后，但地域却是同一的。相同的种族特性加上

---

① 陈梦家：《殷墟卜辞综述》，科学出版社1956年版，第274—275页。
② 王玉哲：《鬼方考》，《古史集林》，中华书局2002年版，第289—308页。

相同的活动地域，在他们周围是蒙古种系族群环伺的情况下，说他们有着源和流的关系，是能被取信的。

说大夏、虞氏与鬼方是同根同种的继承关系，除了他们有着相同的生存地域，各自都有着印欧人种特性的证据外，从"鬼""禺"两字的字义上，也可予以佐证。

我们知道，吐火罗人的一支虞氏也称禺氏、禺知①，而"禺"字在前文已提及，为"母猴属""似猕猴"，与"鬼"同类。这难道不是因为他们血源上有着承继关系，有着相同的印欧人种体貌特征，才被一称之禺氏，再称之鬼方的吗？

2. 鬼方是春秋战国时期"赤狄"族群的先祖

"鬼方之后，在春秋时为隗姓之赤狄。"② 这已得到诸家的论证。③ 其论据概言之有两端。一为姓氏相同。从王国维起，就论证过鬼方以国为姓，为媿（隗）姓④，前文也引过"鬼方氏之妹谓之女隗"的史载。而赤狄也为隗姓，史籍更多有记载。现举几例以证之。

《左传·僖二十三年》："狄人伐廧咎如，获其二女叔隗、季隗，纳诸公子，公子取季隗，生伯鯈、叔刘，以叔隗妻赵衰，生盾。"廧咎如是赤狄六部之一部，公子指晋公子重耳。又如《国语·周语中》和《左传·僖二十四年》都谈及周襄王有狄后称叔隗。相关记载是"王德狄人，将以其女为后"，大臣富辰便谏曰："狄隗姓也……王不忍小忿而弃郑，又登叔隗以阶狄，狄封豕豺狼也，不可厌也。"赤狄其他部如潞氏（《左传·宣十五年》有记）甲氏、留吁、铎辰（《左传·宣十六年》有记）等在左传中均有为隗姓的记载。

其实鬼方与赤狄的关系，在一些史籍中已见端倪。如《后汉书·西羌传》章怀太子引古本《竹书纪年》："武乙三十五年，周

---

① 参见上小节"大夏（吐火罗）新探"。
② 王玉哲：《鬼方考》，《古史集林》，中华书局2002年版，第299页。
③ 可参见王国维、蒙文通、王玉哲、沈长云诸先生的著作。
④ 王国维：《鬼方昆夷玁狁考》，《观堂集林》卷十三史林五，河北教育出版社2003年版，第300页。

王季伐西落鬼戎，俘二十翟王。"翟即狄，《通鉴外纪》二引便直接写为"武乙三十五年周系狄王"十字。伐鬼戎却说俘狄王，可见"鬼""狄"在西周时便已纠缠一起打成一片了。

二为地望相同。"顾栋高《春秋大事表》谓赤狄之种有六：曰东山皋落氏，曰廧咎如，曰潞氏，曰甲氏，曰留吁，曰铎辰。东山皋落氏据《续汉书志》注《上党记》谓在壶关城东南，潞氏在今山西潞城县，甲氏在河北鸡泽县境，留吁在今山西屯留，铎辰在今山西长治县。廧咎如地望虽不能确指，然晋、卫、白狄均曾伐之，则其所在，亦当距其他赤狄不远。如此则隗姓赤狄之地域不出今山西、河北南部、大河以北之地"①，与鬼方的地望正相一致。王玉哲先生还曾言："晋始兴于曲沃，本戎狄之窟穴。并引《左传·昭十五年》籍谈曰：'晋居深山，戎狄与之邻，而远于王室。'"表达了狄在晋南的相同意思。

除上列两端，略可补充的是山东临淄春秋战国时期墓葬中人骨的古DNA研究②，研究者王沥等人经过检测分析，认为2500年前的临淄人线粒体结构接近印欧种系的西亚人，并认为这种接近是因为人类的迁徙造成的。不妨略述一下他们的研究方法：一是，他们成功提取出34个2500年前临淄人的线粒体中属于高变区HVS-I的一段序列，长185个碱基对（简称bp），其中有6人和欧洲人的常见序列（以剑桥标准序列CRS为代表）一模一样。二是，依王沥选定的五个位点的突变之有无为标准，将她所用到的序列（只用其中的172bp）分为六类，每群人都由此六类人组成。除了她参与测得的2500年前（出自两醇墓地），2000年前（出自乙烯厂墓地）临淄人以外，她还用到了另外17个人群，有西欧人，中亚人，蒙古人种包括日本、韩国、蒙古和现代当地山东人。经过分类比较，她发现古代（距今2500年前）齐地有接近现代西欧人群的种群，

---

① 引自王玉哲：《鬼方考》，《古史集林》，中华书局2002年版，第306—307页。
② Li Wang, Hiroki Oota, Naruya Saitou, Feng Jin, Takayuki Matsushita and Shintaroh Ueda: Genetic Structure of a 2500-Year-Old Human Population in China and Its Spatiotemporal Changes, *Molecular Biology Evolution*, 2000, 17 (9), pp. 1396–1400.

汉代（距今2000年前）山东人接近现代黄白混血的中亚人。当代山东人已浑然于蒙古人种。据此她认为，在最近的2500年间，临淄人发生了从近似西欧人到蒙古人种的转变，显然这是移民造成的，而不是基因突变。

当然，对王沥的研究结论也有持不同意见者。如姚永刚先生认为，山东古代群体mtDNA类型，基本上都可以归属到报道过的东亚人群mtDNA类型中，遗传结构总体上和我国南方人群相似性较大。① 韩康信先生等也持反对意见。② 其主要理由是，依据过去对古代人骨种族形态特征的研究，两条最有可能成为印欧种系进入中国内地的通道（指中国北方和西北）上都横亘着蒙古人种群。在不相信山东古代有印欧种系的"空中飞人"的前提下，他们作出了反对意见。有争论说明还没有定论，也就还不能否定任何一方的观点，比如王沥等人的结论。

我们再从史籍中为王沥博士等人找找可能的依据。"春秋时戎狄最为猖獗，僖、文、宣之间，鸱张尤甚，灭邢、灭卫、灭温、伐齐、伐鲁、伐郑、伐晋，蹂躏殆数千里，所幸其间二三诸侯镇抚其间，故'南夷与北狄交侵，中国不绝如线'"。③ 蒙文通先生在《周秦少数民族研究》中辟专节讨论了"狄东侵齐鲁宋卫"的"盛况"，言及狄"南下沿河北山西之间，以及河南，抵于山东，若封豕，若修蛇，长驱深入，东西侵寇，为祸以极"。④

说到春秋齐地可能存在着印欧种群的踪迹，《诗经·国风·齐风》中的"卢令"也可以拿出来进行比对。据研究，卢令乃春秋周桓王、庄王、齐襄公时的作品。其文本为：

---

① 姚永刚、张亚平：《古老人群mtDNA研究中存在的问题和对策》，《科学通报》2003年第6期。
② 韩康信、尚虹：《山东临淄周—汉代人骨种族属性的讨论》，《人类学学报》2001年第4期。
③ 引自王玉哲：《鬼方考》，《古史集林》，中华书局2002年版，第298页。
④ 蒙文通：《周秦少数民族研究》，《古族甄微》，巴蜀书社1993年版，第116页。

> 卢令令，其人美且仁。
> 卢重环，其人美且鬈。
> 卢重鋂，其人美且偲。

诗写一位携犬出猎者，诗人闻犬环声"令令"，夸誉猎人卷发美髯，仪容威严。"鬈"，《诗集传》云："鬈，须、鬓好貌。"头发卷着好看之意。"偲"，多须之貌。指胡子丰满好看。① 卷发多须，不类我华，倒是很像异种系的印欧人啊。

此外，我国考古学一代宗师苏秉琦先生曾在李济先生等对殷墟人头骨研究的基础上提出，孔子的"'有教无类'主要不是指社会贫富等级差别，而是种族特征差别，孔子的教育思想是要平等待人，反对种族歧视"。② 联想到孔子的弟子大多是齐鲁人士，苏公的认识是可以作为本书要论证的鬼方及其后裔赤狄为印欧人种的一个旁证的。

最后还想谈一点的是，赤狄之后的印欧人种在中国的境遇又如何呢？不用说，在华夏诸邦如"晋灭赤狄潞氏"等重重打击下，以及长期的互为婚姻中，赤狄的大部渐渐融入了华夏族群中。如果说东周以后他们在中原仍有少量保留自己族群特征的团体存在，或许五胡乱华中的羯人可以当之。羯人散居在上党郡一带（今山西东南部，这也是鬼方以至赤狄的老巢）。十六国后赵国主石勒就是上党郡武乡（今山西榆社县北）人。

蒙文通先生曾论证石勒即赤勒、力羯之异音③，而狄历、丁零、高车，"古赤狄之余种也"④，"石勒"之名是汲桑以石勒部落之名而取，其音若一。得此名后，石勒将其部落名更为"力羯"。⑤ 羯

---

① 注释选自任自斌、和近建主编：《诗经鉴赏词典》，河海大学出版社1989年版，第210—211页。
② 苏秉琦：《中国文明起源新探》，生活·读书·新知三联书店1996年版，第5页。
③ 蒙文通：《周秦少数民族研究》，《古族甄微》，巴蜀书社1993年版，第104—105页。
④ （北齐）魏收：《魏书列传第九十一·高车》，中华书局1974年版，第2307页。
⑤ 蒙文通：《周秦少数民族研究》，《古族甄微》，巴蜀书社1993年版，第105页。

人的胡族（亦即印欧种族）特征是很明显的。如"石虎图画忠臣烈士，皆变为胡状；冉闵诛胡羯，高鼻深目，至有滥死；石宣最胡状目深"① 等等记述，皆可见羯人的印欧人种体貌特征。当然，羯族最终也大部融入了华夏族群的汪洋大海中。

（四）鬼方与土方可能存在的关系

殷商时期，见诸卜辞有一百多版的土方，是值得拿来与鬼方一并探讨的。有关土方的地望和族属，已有诸家作过一定程度的研讨。如郭沫若的包头附近说②和夏民族说③，胡厚宣的夏民族说④，邹衡的土方位于山西石楼一带说⑤，余太山的晋南说和土方便是"大夏"说⑥等等。在此简述一下余太山先生的晋南说和土方即大夏说。

余太山先生引了两则卜辞及《诗·商颂·长发》《楚辞·天问》《史记·封禅书》等相关文献，证明土方的位置在晋南之地，与大夏之墟相重。又从字音上认为"土方"之"土"，不妨视为"大夏"之"大"（上古"大夏"音近"驮互"⑦），"土［方］"又可视为"吐火罗"最贴切的省称。在"土"之字音的探讨上，余太山先生与胡厚宣先生不谋而合。胡厚宣先生也认为"土通杜，杜通雅，雅通夏，是土即夏也。⑧"只不过，胡先生的"夏"指的是夏（禹）民族，而余太山先生则指的是印欧人种大夏（吐火罗）民族。

---

① 蒙文通：《周秦少数民族研究》，《古族甄微》，巴蜀书社1993年版，第105页。
② 郭沫若：《释臣宰附土方考》，《郭沫若全集考古编第一卷·甲骨文字研究》，科学出版社2002年版，第78页。
③ 郭沫若：《中国古代社会研究》，商务印书馆2011年版，第327页，不过后来郭沫若未坚持此说。
④ 胡厚宣：《甲骨文土方为夏民族考》，日知主编：《古代城邦史研究》，人民出版社1989年版，第340—353页。
⑤ 邹衡：《关于夏商时期北方地区诸邻境文化的初步探讨》，《夏商周考古学论文集》，文物出版社1980年版，第279页。
⑥ 余太山：《大夏溯源》，《古族新考》，中华书局2000年版，第10—12页。
⑦ 杨建新：《吐火罗论》，《西北史地》1986年第2期。
⑧ 胡厚宣：《甲骨文土方为夏民族考》，日知主编：《古代城邦史研究》，人民出版社1989年版，第352页。

最后，余太山先生还通过传世战国"土匀（军）量器"、《元和郡县图志·河中府·隰州》（卷十二）所记"石楼县，本汉土军县也。……后魏孝文帝于此城置吐京郡……"等实物和文献材料的互证，说明"土军""吐京"均可视为"土方"之名的遗留，更可追至 Tocharian（吐火罗）之略译等等。

余太山先生对土方地望和族属的判定，笔者大体赞同。唯在族属的具体所指上，与拙见略有偏差。在我们看来，尧舜时就已大部北迁阴山、河套的大夏、虞氏民族，到了商周时期，与其说土方是大夏，不如说是大夏留在晋南的孑遗。其道理与禹氏留在晋南的部分被称作鬼方一样。

果若如此，鬼方和土方便又是一对同为印欧人种，同在晋南这一片区域活动的兄弟民族啦。这不由得让笔者想起曾在上小节"大夏（吐火罗）新探"中谈起过的大夏和虞氏，"库提（Guti/kuti）"和"图克里（Tukri）"的两两对应关系。如真有这样的对应，对他们形成的内在机制是值得进行深入探究的。

（五）对一些考古遗存的族属判别

商周阶段的中原地区，出土了一些被判定为有明显印欧人特征的蚌壳、青铜、玉质人形雕像等遗物，在蒙古人种分布区出现了这种异种系的人形雕像，引起了不少迷惑、猜想和探索。如陕西周原所出两件蚌雕人头像①，其形"长脸、高鼻深目、窄面薄唇，一望而知应为西方人种"②。原报道者尹盛平著文认为其种族当是西域的塞种。③ 斯维至持相同见解，并进而推论允姓之戎、昆夷、犬戎之类皆为塞种。④ 水涛从尖帽塞克的所谓尖帽，实际在很多印欧人种中都有存在，而非塞克所独有；汉代以前连接中原与西域的河西

---

① 尹盛平：《西周蚌雕人头像种族探索》，《文物》1986 年第 1 期。
② 引自水涛：《从周原出土蚌雕人头像看塞人东进诸问题》，《中国西北地区青铜时代考古论集》，科学出版社 2001 年版，第 62 页。
③ 尹盛平：《西周蚌雕人头像种族探索》，《文物》1986 年第 1 期。
④ 斯维至：《从周原出土蚌雕人头像谈玁狁文化的几个问题》，《历史研究》1996 年第 1 期。

走廊，分布的是几支属蒙古人种族群创造的青铜文化；周人与远在伊犁河流域和塔里木盆地的塞人尚无机会建立直接联系等几个方面，对尹、斯的塞种说（此说谓周人与塞种有直接接触）提出了质疑，并分析这两件蚌雕人像最初不会是周人自创的艺术形象，而应出自中亚欧罗巴人部落中的某一支人群。周人因某种原因获得后对其做了改造，截去了帽饰和衣饰，仅保留了异族形象特点的头面部，变成用来盘发的骨笄帽。最后水涛还推测可能是周人西北方的犬戎、玁狁等部族，在周人与塞种之间架起了桥梁。① 笔者十分赞同后者鞭辟入里的谨慎分析，只是在推测这两件雕像的来源上，认为来自周之近邻的鬼方的可能性更大。周人与鬼方，不管是通过如《小盂鼎》那样所铭记的战争，还是平时的和平交往，都有可能将这两件雕像转入其手中，从而有了如水涛文中所述的，改造成我们现在所见到的骨笄帽模样。

据介绍，在陕西扶风召陈还发现有一尊高鼻深目的玉雕小人（现藏于召陈村文管处）②；甘肃灵台白草坡西周墓一青铜戟上的人头像也具有白种人特征③。这些具印欧人种特征的铜、玉雕像，如舍远而求近，是更有可能与鬼方或土方联系上的。

至于以陕西清涧李家崖遗址命名的李家崖文化，有学者指出此考古文化是鬼方所创造④，或认为属鬼方或工方的可能性比较大⑤。笔者认为能将此考古文化与鬼方对应的证据尚嫌不足，故存而不论，以待来者。

笔者还愿意借此机会谈一点华夏古语中的印欧语成分问题，因

---

① 水涛：《从周原出土蚌雕人头像看塞人东进诸问题》，《中国西北地区青铜时代考古论集》，科学出版社 2001 年版，第 62 页。
② 转引自罗益群：《殷商时期白种人在中原的足迹考》，《河北学刊》1985 年第 4 期。
③ 甘肃省博物馆文物队：《甘肃灵台白草坡西周墓》，《考古学报》1977 年第 2 期。
④ 吕智荣：《陕西清涧李家崖古城址陶文考释》，《文博》1987 年第 3 期；吕智荣：《鬼方文化及相关问题初探》，《文博》1990 年 1 期；吕智荣：《朱开沟文化遗存与李家崖文化》，《考古与文物》1991 年第 6 期。
⑤ 乌恩：《北方草原考古文化研究——青铜时代至早期铁器时代》，科学出版社 2007 年版，第 168 页。

为这也算是一种"语言"考古遗存。周及徐先生通过对古汉语和古印欧语的词汇比较,得出汉语和印欧语系语言在史前时期曾有过密切的关系①,虽然还不清楚这种关系到底是同源而异流形成的呢,还是异源而接触形成的呢,抑或同源异流又再接触形成的呢?谈济民先生也作过类似的探索②,且得出了相同的结论。这是一个重要的发现,对语言的起源、东西文化交流诸问题都有着十分重要的意义。当然,这样的大问题我们且先不去管它。只说说春秋以至今天,世界语系的分属、语言的不同,已是不争的事实。《左传·襄公十四年》曾记戎人之言:"我诸戎饮食衣服不与华同,贽币不通,言语不达。"这些"言语不达"的族群随着生存地域的移动而相互接触,自然会对双方的语言有所认识和影响。周人和以鬼方、赤狄为代表的北方诸戎便属这种情况。下面试以汉语"剑"之曾用名"轻吕"为例说明。

林梅村经过精密考证,认为周人对"剑"的称谓"轻吕"似来自吐火罗语 Kare(剑)。③ 但这 Kare 之名是如何传给周人的呢?林梅村解释说,早在先秦时期吐火罗人就出现于中国北方,先秦文献作"禺知"或"禺氏",秦汉文献作"月氏"或"月支"。吐火罗人活动范围相当大,从塔里木盆地直至鄂尔多斯草原。④ 笔者赞同林梅村对周人"轻吕(剑)"语源的解析,在对吐火罗人早在先秦就已活动于中国北方的认识上也大同而小异。但在笔者看来,周人称呼"剑"为"轻吕",更可能是得自于与之有直接接触的吐火罗系鬼方和赤狄。

(六)结论

商周时期活动于晋南一带被名之为鬼方的族群,是一支印欧种族人群。他们是早在五帝时代前期就已东迁而来并在尧舜时期部分

---

① 周及徐:《汉语印欧语词汇比较》,四川民族出版社 2002 年版,第 610 页。
② 谈济民:《汉英词汇的近源探秘》,原子能出版社 2001 年版。
③ 林梅村:《商周青铜剑渊源考》,《汉唐西域与中国文明》,文物出版社 1998 年版,第 56 页。
④ 同上。

迁离西去的吐火罗民族（汉籍名之为大夏、虞氏等）遗留下来的后裔。春秋战国时期，他们被改称赤狄，继续活跃于以晋南为中心的北中国，成为当时的一股强大势力。后在以"晋灭赤狄潞氏"为标志的华夏国家重重打击下，分崩离析如盐入水，逐步融入了华夏民族。

商代殷墟西北岗和山东临淄春秋战国墓中的部分印欧种系人骨，从实体上揭示了当时的中原地区存在印欧人种的事实，尽管相对于蒙古人种系的土著，他们不过是一群群"少数民族"而已。相继出土的蚌、铜、玉质印欧人种雕像，又从实物上证明了他们的文化和创造文化的族群在东亚大陆的存在。

认识到早在先秦时期华夏族群就已开始与大夏、鬼方等印欧人群为邻并交往的事实，对我们在研究东西文化交流史时，防昧而求慧、防偏而求全、防塞而求通，有着极其重要的意义。

三 《穆天子传》所反映的战国时期东西文化交流

《穆天子传》（以下简称《穆传》）发现于西晋初年被盗的战国魏襄王（卒年为公元前296年）墓。① 它沉睡地下五百数十年，虽避过了秦火之劫，却因是盗掘而出，简错篇残，再加上时代距离导致后人曲解，从它一被发现起，就已是一部存在着众多异说曲解的奇书。不过，经过千百年来历代学人不断地摸索辩难，现在已获得了不少真知灼见。笔者在前贤的研究基础上，从三个方面提出自己的主张。

（一）《穆传》的性质、成书年代及著者

关于《穆传》的性质，基本上有两种倾向：史官实录②或小说家言。二说当然只能有一种符合历史实际，没有调和的余地。近年来，有关《穆传》的性质、成书年代及著者的考证中，有两篇论著最值得关注，一为历史学家钱伯泉的《先秦时期的"丝绸之

---

① 另一说出土于魏安釐王墓（卒年公元前243年）。
② 参见王天海：《穆天子传全译》前言中的介绍，贵州人民出版社1997年版，第4页。

路"——〈穆天子传〉的研究》①，二为文学史家杨义的《穆天子传的史诗价值》②。他俩均持《穆传》是小说（或称虚构叙事作品）而非信史的观点。为此钱伯泉从四个方面进行了详细论证，《穆传》为小说的结论可圈可点。杨义也认为《穆传》是一部古拙的带史诗性的作品，它采取历史记事和虚构叙事相结合，如主人公为历史上的真实人物周穆王，以天干地支标示日子并接续历史时间，长度达数年之久。其史书形式使虚构想象得到真实之形，而虚构想象又使史书形式达到雄奇之神，虚实互动，形神互蕴，成为新形式创造的一种典范。③ 笔者在此插一句，此种历史与虚构相结合的形式，可拿今天广为流传的金庸小说来与其媲美。

至于成书年代及著者，历代聚讼纷纭。归纳起来至少有四种说法，如成书年代的西周说、战国说、春秋末战国初说及汉以后人伪作说等，著者也有西周史官、战国中山人、赵人、魏人、汉以后人等诸说④，莫衷一是。笔者仍认为杨义及钱伯泉对这两个问题的分析最为接近历史真相。杨义从《穆传》中闪烁着若隐若现的魏文化色彩，论定其为战国魏人之作。其论据主要有二。其一，从历史地理学的角度，一批魏国及其周边诸侯国的地名进入穆天子的行踪，甚至可以说，除了宗周和南郑，穆天子西征和在中原的巡行均是以魏地始，又以魏地终。这些地名当然唤起魏人亲切的乡土感，甚至会由其间所牵连的一些历史事件而产生兴衰荣辱的复杂感慨。该书卷一的开头当有若干佚简，今存可以确认的地名是："天子北征，乃绝漳水"。郭璞注："漳水今在邺县"。据《史记·河渠书》记载："西门豹引漳水溉邺，以富魏之河内"，这当是魏国最强的魏文侯之世的盛事之一。频繁出现的魏地名，不仅联系着魏的远祖和

---

① 钱伯泉：《先秦时期的"丝绸之路"——〈穆天子传〉的研究》，《新疆社会科学》1982年第3期。
② 杨义：《穆天子传的史诗价值》，《中国古典小说史论》，科学出版社2004年版，第76—107页。
③ 同上。
④ 参阅王天海：《穆天子传全译》前言中的相关介绍，贵州人民出版社1997年版，第4—5页。

先朝强盛的荣耀,而且联系着现世魏国的危机和屈辱。这类地名之多,令人感到魏人在描写穆王盛世时总在下意识地频频反顾自己命运的忧患情结。如卷四写穆天子北征西巡三万五千里,回到宗周祭庙,这当是此番盛举的圆满结束。但作品却节外生枝,安排穆天子从乙酉到丁酉的十余日,由洛水北渡黄河进入魏的腹地和西陲,"以西北升于盟门九河之隥。乃遂西南,仲冬壬辰至累山之上,乃奏广乐,三日而终",天寒地冻地走了一大段冤枉路才进入南郑。盟门,即孟门山,也就是关锁黄河,连接魏河东、河西两地的龙门上口山脉。《吕氏春秋·开春论·爱类》说:"昔上古龙门未开,吕梁未发,河出孟门,大溢逆流。"便指此地。累山即三累山,《水经注》说:"横溪水出三累山,其山层密三成。"此地在今之陕西韩城,属战国魏之河西。然而自魏惠王割河西之地与秦,这些地方成了秦侵吞魏的前沿,它们是魏由盛而衰的地理见证。甚至可看出,似乎《穆传》中穆天子一项大行动开始的地方,都与魏人的光荣相联系;而一项大行动终结的地方,又令人联想到魏人的屈辱。这应不是历史的巧合而是著者的有意安排。可以说,处于战争割据、交通艰难的战国时代,非魏人作者很难有如此精确的地理知识。且《穆传》中每写完穆天子一番大举动之后,总是频频回顾魏之河西、河东之地,这些地名不可能是穆王时代的史官留下的遗产。其二,从特定地域的民俗心理学角度分析,祭河宗的描写深切地透露了魏人作者的风俗信仰和忧患情结。如《穆传》卷一写了穆王于渗泽的河宗之祭①,这是先秦虚构叙事作品中所描写的至为隆重的一次祭典,也是河伯作为神所受到人间天子的最崇高礼遇。大家知道,秦、魏二国有以少女妻河伯的风俗,西门豹治邺时还有破"河伯娶妇"之旧俗的事件。可知《穆传》中这段祭典描写,乃是崇拜河神的魏俗的审美升华。杨义最后总结道,《穆传》是魏国失河西到魏襄王之死这三十余年间(或安釐王之死这八十余年间)的

---

① 王天海:《穆天子传全译》,贵州人民出版社1997年版,第14页。

作品。①

钱伯泉就成书年代及著者做了简短的分析:《穆传》出土于魏襄王或安釐王墓中,墓址汲县,是战国时期魏国的国土。《穆传》虽记周穆王事,记时记月不用周正,用的却是夏正,与以魏国为主体的编年史且同出一墓的《竹书纪年》相同。《穆传》卷二、卷四记有"季夏""孟秋""季冬"等词,以孟、仲、季去配春、夏、秋、冬,这种记载节候的形式,据现有的古书和文物来看,只能上溯到春秋末期。所以毫无疑问,《穆传》一定出于战国时期的魏国文士之手。② 杨义、钱伯泉的论据虽不同,却殊途而同归,正可互为补充,是以可为至论。

既然不过是战国时期魏人虚构的小说,还有史料价值吗?答案是:有。我们知道,艺术源于生活,任何小说都源于现实生活,一定以现实为基础。即便中国古代小说中最神乎其神的封神榜、西游记等,也概莫能外。关于历史与小说的关系,唐德刚先生说得最为透彻精彩:"历史和小说的分别则是:历史是根据实人实事所写的社会现象;小说则是根据实有的社会现象而创造的虚人虚事,二者是一个铜元的两面"。③ 这即是说,历史和小说是殊途而同归的。《穆传》虽是虚构叙事,却向我们透露了著者所经历和了解的真实社会现象,那便是战国时期中西交通密切、丝绸贸易兴旺的社会图景。下面试作解析。

(二)《穆传》所反映的战国时期中原与西域的交通路线和交流物资

前文已述,《穆传》虽假托西周穆王西游,反映的却是战国时期中西文化交流情况。按钱伯泉的说法,"穆王"实际上是一个战

---

① 杨义:《穆天子传的史诗价值》,《中国古典小说史论》,科学出版社2004年版,第80—87页。
② 钱伯泉:《先秦时期的"丝绸之路"——〈穆天子传〉的研究》,《新疆社会科学》1982年第3期。
③ 唐德刚:《小说和历史——1988年6月7日在台北耕莘文教院讲稿》,《史学与红学》,广西师范大学出版社2006年版,第39页。

国时期中原商人的"模特儿",他经商的对象是西方和北方的少数民族。① 下面,笔者综合诸家对穆王西游和东归路线的考订,模拟出战国时期中西交通路线,最后从沿途部落的贡献和穆王的赏赐物出发,讨论中西方的物资交流情况。

先看西游路线。该书卷一的开头当有若干佚简,今存可以确认的地名是"天子北征,乃绝漳水"之"漳水",即今天河北省南部的"漳河"。这已是"穆王"北征到魏的北部与赵交界之处,前面佚简中当还有些魏的其他地名。然后经河北沿太行山东缘北上,过滹沱河后进入山西北部,又西渡黄河到陕北,过六盘山,经兰州附近渡河入青海,经柴达木盆地越阿尔金山入新疆塔里木盆地,然后沿盆地南缘一直到盆地西部的叶尔羌河,再改向"东还",即沿塔里木河到库车,在此北越天山经特克斯河谷达伊犁河边。继续西行至伊塞克湖,其西边不远便是西王母之邦。"穆王"逗留西王母之邦四十四日,饮于楚河之上,并在河旁大旷原——塔拉斯草原狩猎九日,获得无数鸟兽。"穆王"西征至此为终点。其后便是东归南还。

再看东归路线。"穆王"一行仍返伊犁河谷东行,越尤尔都斯草原至焉耆盆地,然后取道孔雀河沿岸至罗布泊,越白龙堆至甘肃敦煌,再继续东行过巴丹吉林沙漠至河套地区,再南行入山西北部,经过井陉口、壶口关等东越太行山,南渡黄河,回到出发地洛阳。

由以上考订的路线(图4.4-5),可以看出,"穆王"西游和东归的路线除少量重合外,多数并不相重,且回程多取直道,体现了往返旅途的不同目的:西游是为了与沿途各部族物资交易,回程则只需带着交换物返归故里,自然不必曲曲折折而回。但值得注意的是,"穆王"一行往返都未走路线最近的关中,而绕道河北、山西、陕西北部,如果说去时是为了就近与当地的游牧民族交易便

---

① 钱伯泉:《先秦时期的"丝绸之路"——〈穆天子传〉的研究》,《新疆社会科学》1982年第3期。

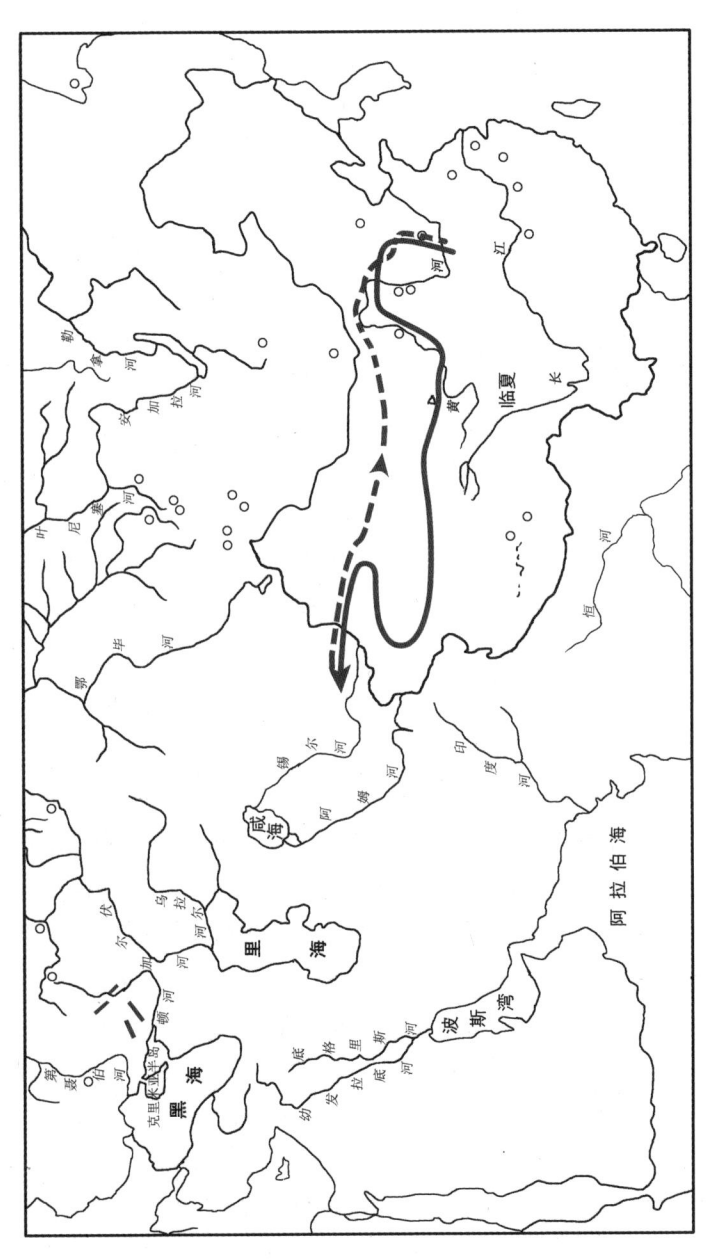

第四章 相关学科研究所见早期东西文化交流 381

图 4.4-5 《穆传》所反映的战国时期中原与西域的交通路线图（—西巡路线，⋯东归路线）

审图号：GS(2016)2945 号，自然资源部 监制

利，那么返程仍走河套、山西一线就有点不可思议了。但如果能将"穆王"西行的时代还原到如上文所分析的战国时代，其时强大的秦国占有关中并与东方六国为敌，函谷关一闭，六国想与西北民族交往的话，只好绕道而行了。这一点进一步印证了《穆传》所描写的社会现象是发生在战国时代，而不可能是"率土之滨，莫非王土"的统一的并把都城设在关中的西周。

我们再来看看双方交流的物资情况。沿途各部落"贡献"给"穆王"的，多为马、牛、羊、猎犬等牲畜，说明他们是畜牧或游牧部落。有些部落也种植黍、粟之类，酿造有大量的酒，如有的部落给"穆王"献酒，竟以千斛计算。这些酒多半是粮食酿制，也应有一些是葡萄酒。从这些方面分析，有些畜牧部落也从事一定规模的农业生产和园艺活动。这是与新疆地区春秋战国时代的考古遗存相符合的。此外，西域部落还"贡献"给"穆王"许多昆仑、舂山、群玉山之玉石，这也是东方人民喜爱的贵重物品。而"穆王""赏赐"给各部落的，则有金银制造的各种器物、文贝和丝线编成的贝带，染衣或化装用的朱砂，游牧部落肉食时必需的调味品桂皮和生姜，丝绸锦缎及其制成品"黼服雕官"，还有"银木璪采""狗璪采"等错银雕花的漆器。

战国时期东西方的这些物质文化交流，能在考古遗存中得到印证。且不说东方的和田玉、蜻蜓眼玻璃珠等，单看新疆及邻近地区发现的战国时期中原物品便可略见一斑。如乌鲁木齐阿拉沟墓地，墓葬时代被确定为战国到西汉，随葬品中有中原的漆器、丝织物，其中丝绸中的菱纹链式罗，更明显标记着它们的中原身份。[①] 苏联阿尔泰地区的巴泽雷克古墓中，出土有大量中国织物及一面中国四山镜，另在阿尔泰山西麓的一座墓中，也发现一面完全相同的四山镜，这些墓葬的时代被定在公元前一千纪的中叶。[②]

[①] 新疆社会科学院考古研究所：《阿拉沟竖穴木椁墓发掘简报》，《文物》1981年第1期。

[②] ［苏］鲁金科：《论中国与阿尔泰部落的古代关系》，《考古学报》1957年第2期。

（三）"西王母""乌摩"的比较及其所反映的中印文化交流

《穆传》中有"穆王"会见西王母的故事，可算是该小说的高潮部分。关于西王母，也不仅见于《穆传》，与其同时代的《山海经》《庄子》及其后《史记》《尔雅》《淮南子》等典籍中均有西王母的记载。西王母的传说自战国时代有文字记载以来，流传了两千多年，传之既久，范围也广，在当今中国几乎妇孺皆知。但西王母自战国时代以来，留给人们的认识就不十分清楚，如《庄子·大宗师》上说，西王母"莫知其始，莫知其终"。在历代的纷繁议论中，有认为西王母是地名，也有认为是人名，更有其他或人或神的议论，莫衷一是。而二十多年前库尔班·外力的一篇探讨西王母的新论最值得重视。[①] 他首度将西王母与印度神话人物乌摩（Umā）作比较，得出了让人耳目一新的观点。本书在此基础上论证中国的西王母传说乃源于印度的乌摩（Uma）神话，并列举战国或其以前时代其他中印交流事迹与其作互证。

首先比较西王母传说与乌摩传说的内容。中国传说中的西王母，在《山海经》里是"其状如人，豹尾虎齿而善啸，蓬发戴胜，是司天之厉及五残"[②]的形象。在《穆天子传》里是一位"雍容平和，能唱歌谣"的西方女国君形象。在《汉武内传》里是"容貌绝世"的天女形象。在《神异经·中荒经》里为西王母塑造了一个配偶，称"东王公"。从此有了"男仙"和"女仙"的说法，西王母被看作"女仙"。《太平经》卷三十八中说："九十字策"是西王母传给中国方士的。该经卷三十九中说：西王母是"神之长也"。由于道教的宣扬，西王母在中国民间是一个长生不老的象征。

无独有偶。在古代印度的传说中，有一神女形象与西王母极似，梵文作 Umā，《梵和大辞典》中作"乌摩"。她在印度被视为降魔能力的化身。在众多的印度传说故事中都提到乌摩，概括起

---

① 库尔班·外力：《〈西王母〉新考》，《新疆社会科学》1982年第3期。
② 关于"司天之厉及五残"，郭璞注："主知灾厉及五刑残杀之气也"。

来，她有两种形象，即善良的形象和残忍的形象。① 乌摩善良的形象，与《穆传》里的西王母相似，而残忍的形象又与《山海经》里的西王母相吻合。对西王母的另一些描绘，如"容貌绝世""女仙""神之长""长生不老"等等，也与乌摩的一些描绘相吻合。至于"九十字策传给中国方士"之说和她的配偶是"东王公"的说法等应是西王母形象在中国的补充和发展。

其次比较西王母、乌摩二词的语音。西王母在中国史籍中或作"王母""金母""西姥""王母娘娘"等等。由此可见"西"字并不是人名的构成部分，而是方位词作定语，"王母"才是人名。在汉语中古音中，"王"字切韵雨方切，转写成拉丁字母是 Uang，"母"字切韵莫厚切，转写成拉丁字母是 Mou，Uang + Mou（-ng 与 M 连声时同化为 M）= Uammou。乌摩的梵文是 Umā，在古代，汉译梵典的翻译家们一般都用 o/ou/au 的韵母音译梵文以 a/ā 为尾音的音节。如 Brāhman 译作婆罗门，Bhārata 译作婆罗多，Sattva 译作萨唾，公元 640 年时的一位印度国王叫 Udita，他保护和赞助过玄奘，他的汉文译名就是乌地多。根据这些汉译梵文人名、地名和专用词的一贯范例，Umā 的汉译语音是 Uammou，这就跟"王母"的语音一致。"乌摩"便可看成是"王母"的同名异译。当然，"王母"二字也当是音译和意译的兼顾。因为这二字也揭示了西王母的尊长和性别属性。

最后看西王母与乌摩传说的起始年代。中国的西王母传说，有文字记载始于战国时期，不见于此前的文献。则此传说出现于中国的时间应不晚于战国时期，或许即在此阶段或略早。乌摩的名字见于文献的以《诃利世系》（Harivanša）为最早，而《诃利世系》是大史诗《摩诃婆罗多》的第十九章。据学者们推测，大史诗的萌芽和雏形时代大约在公元前 10 世纪，其成书年代约为公元前 4 世纪至公元 4 世纪。由此可见，印度的乌摩传说要早于中国的西王母

---

① 关于乌摩在印度的传说故事详细内容，参见库尔班·外力:《〈西王母〉新考》，《新疆社会科学》1982 年第 3 期。

故事，两者被文字记载的时间或大体相当。

综合以上三个方面的比较，可以认为，中国的西王母形象，源于印度的乌摩。①

上说虽然可信，但是，中国学术素有"孤证不立"的传统，如能发现同时代或更早时期其他中印文化交流现象，上述结论的可信度将会更高。而且，文化交流本来就很少是单个现象的交流和单方向的交流，如果承认中国的西王母源于印度的乌摩，那么也必然还存在着同时代的其他文化现象的相互交流。果真如此吗？下面再作拓展分析。

季羡林先生曾指出，中国和印度天文学中的二十八宿，肯定存在渊源关系，在经过一番对比分析后，他认为二十八宿起源于中国，然后传入印度，时代大概在周初。② 中印之间二十八宿的源流关系，笔者仍持保留意见，但有一点却是肯定的：早在西周初年，中印之间已存在交往和交流了。中国古代有十二岁之说，最早见于《吕氏春秋》，十二岁的名称很奇怪，如太岁在子称为"困敦"，在汉语中语义难解，有学者认为可能是从梵文音译过来的，这就是说十二岁的概念可能是从印度传来的，传入的时间不会晚于战国末年。印度和中国的古代传说中都有月中有兔的说法，季羡林先生认为中国的月兔故事应源于印度，至迟在屈原时代传入中国，时间上限则无法确说。③

此外，战国时代的一些寓言和传说，有与印度相似者，不少中外学者认为是受印度影响。如《战国策》中狐假虎威之类若干动物寓言，完全源于印度，只是有些动物名称不同而已。还有《吕氏春秋》中的"刻舟求剑"，《韩非子·说林》中的"有献不死之药于

---

① 其实神话人物西王母还有着世界性的原型，她是西亚金星神和大母神伊南娜，阿卡德语称为易士塔儿，其衍形流播于世界各古文明区，说西王母神话源于印度的乌摩，或许只揭示出了部分真相。可参见拙文《西王母的原型及其在世界古文明区的传衍》，《民族艺术》，2017年2期。
② 季羡林：《中印文化交流史》，新华出版社1993年版，第9—10页。
③ 季羡林：《中印智慧的汇流》，周一良主编：《中外文化交流史》，河南人民出版社1987年版，第138—140页。

荆王者"，《战国策·楚策四》记载"郑袖谗楚王美人"，《左传》卷四十四记载"师旷讽晋侯"，《列子·汤问》中巨鳌负山的传说，《山海经》中"巴蛇吞象"，《庄子》中关于大鹏的寓言，邹衍所谓大九洲说等等，都有源自印度的同类传说故事的成分。①

由以上讨论，可知中国的西王母故事源于印度的乌摩这一中印文化传播现象并非孤例，至迟到战国时期，中印之间已存在较密切的文化交流。

---

① 季羡林:《中印智慧的汇流》，周一良主编:《中外文化交流史》，河南人民出版社1987年版，第138—140页；季羡林:《印度文学在中国》，《比较文学与民间文学》，北京大学出版社1991年版，第102—103页；石云涛:《早期中西交通与交流史稿》，学苑出版社2003年版，第123页。

第五章 结论

前述各章中，笔者在分析和综合现有考古及相关学科资料发现和研究的基础上，探讨了两个问题，分别是：第一，新疆东部青铜时代的文化谱系；第二，新疆东部及邻近地区所反映的早期东西文化交流现象。其中第二章阐述了第一个问题，第三、第四章探讨了第二个问题。现在，有必要在最后一章提纲挈领地归纳出笔者对上述二问题的总观点。

第一节 新疆东部青铜时代文化发展格局

新疆东部的青铜时代发端于公元前三千纪末到公元前二千纪初，以小河文化和林雅文化肇其始。从这两种文化的来源分析中可知，新疆东部的青铜文化源于新疆东部境外，此前境内虽存在过相对全疆而言较多的细石器文化，但在其后的青铜文化构成中，只占了极少比例。而源于境外的青铜文化，有东西两个源头，其西方源头在新疆东部西北方的欧亚草原，颜那亚文化、阿凡纳谢沃文化、切木尔切克文化等都或多或少向新疆东部输入了文化因子。东方源头主要是甘青地区的半山—马厂文化、四坝文化等。当然，在新疆东部的青铜文化延续和发展过程中，继续与周边地区的文化相互来往，其中输入过文化因子的考古文化有安德罗诺沃文化、卡拉苏克文化、穷科克文化、察吾乎文化、卡约文化、辛店文化、沙井文化等等。

新疆东部的青铜至早期铁器时代，自公元前三千纪末至公元前后，延续了2000年左右，可划分出五种有密切关系的考古文化，它们是位于罗布泊地区的小河文化、哈密盆地的林雅文化、东天山北麓的南湾文化、哈密盆地及其以北巴里坤草原的焉不拉克文化、吐鲁番盆地—天山中部山谷—东天山北麓的苏贝希文化。根据各考古文化的存在年代，可将它们分作两大阶段：第一阶段，公元前三千纪末二千纪初—公元前二千纪末，新疆东部存在着三支考古文化：小河文化（公元前2000—前1300年）、林雅文化（公元前1900—前1300年）、南湾文化（公元前1500—前1000年）。第二阶段，公元前二千纪末—公元前一千纪末（或称公元前后），新疆东部存在着两支考古文化：焉不拉克文化（公元前1300—前100年）、苏贝希文化（公元前1000—公元前后）。

小河文化具有单一的西方印欧文化特征，种族人类学和遗传学研究也支持这一结论。在种族人类学研究中，甚至区分出了小河文化人群分属古欧洲人种的阿凡纳谢沃类型和安德罗诺沃类型，人种类型多少指示了该考古文化的文化来源。小河文化可分为三期，第一期代表性遗存有小河墓地第一期、古墓沟墓地第一期和铁板河墓地，绝对年代约为公元前2000—前1650年。第二期代表性遗存有小河墓地第二期，绝对年代约为公元前1650—前1450年。第三期代表性遗存有小河墓地第三期、古墓沟墓地第二期，绝对年代约为公元前1450—前1300年。文化特征上，第一、二期更为接近，第三期与前两期的最大区别在墓葬地表形制上，前者地表存在七圈短立木及圈外呈放射状的短木楔，俗称太阳墓。后者则仅见埋入墓室前部且上部露出地表的立木。该文化发现的遗存较少，居于最东的铁板河墓地葬制上与其他墓地葬制略有区别，或可以此将其划分为铁板河类型和小河类型。

小河文化经济形态多样，畜牧业占绝对主导地位，以种植小麦和黍类为主的农业占有一定比重，渔猎也应是日常生活的有益补充。

与小河文化的单向性源头不同，林雅文化形成于东西两大源头（两大人种）的接触和合流。公元前二千纪初，以河西走廊"过渡类型"为代表的东方源头强力西进,在哈密盆地遭遇以"筒形罐文化系统"为代表的西方源头,两者合二为一,扎根哈密盆地,创造了东西合璧又自具特色的青铜文化。两大源头在林雅文化中的比重上,东来因素占绝对优势,如葬制葬俗、大量的陶器、青铜器等,都源于东边的甘青地区。这与种族人类学及遗传学的研究结论也保持着一致,可互相参证。林雅文化的流向是南湾文化和焉不拉克文化。

林雅文化可分为四期,东西两方文化因素早在该文化的第一期便已相遇相融,倒是到了后三期,不见西来因素陶器,显示了两股文化碰撞后的消长关系。当然,这仅是从物质文化的角度看问题,其实带来了西方文化因素的人群当应继续融合并存在于该文化群体中,种族人类学的研究成果证明了这一点。林雅文化的生业形态是以农业为主,也有一定的牧业和狩猎经济成分。

位于东天山北麓的南湾文化,主源为山南哈密盆地的林雅文化,另一源头是甘肃河西的四坝文化。南湾文化形成于这两大源头的融合,除此还吸收了来自西北方的安德罗诺沃文化及其后继者的一些青铜文化因素。南湾文化在东天山北麓繁荣了500年左右,文化存续期间曾与山南的焉不拉克文化互有影响,到公元前二千纪末,文化式微,渐趋融入当地后起的焉不拉克文化和苏贝希文化中。

南湾文化可分作三期。第一期局促于巴里坤,第二期、第三期向东西两侧扩展至伊吾和木垒。南湾文化出土有较多的石器农业工具,墓地有用牛、马、羊随葬的习俗,故其生业形态是农牧兼营,也有一定的渔猎经济成分。

焉不拉克文化主要源于当地的先行文化——林雅文化,同时东天山北麓的南湾文化和青海东部的卡约文化也是其源头之一。焉不拉克文化正是在林雅文化的基础上,融合新来的南湾文化和卡约文化因素而形成的。焉不拉克文化的流向,主体应是流入该文化分布区哈密盆地和巴里坤草原随后出现的匈奴文化和汉文化之中。

焉不拉克文化可分作三期。三期文化有一个自焉不拉克墓地、五堡墓地为中心的哈密盆地，在人口数量上向东西两侧扩展的过程，即第一期文化集中于盆地中部，第二期、第三期文化扩散到西侧的艾斯克霞尔墓地、东北侧的庙尔沟墓地，直至越天山进入巴里坤草原的寒气沟、拜其尔墓地。该文化有焉不拉克和寒气沟两类型。后者是前者向东北方向拓展并与当地土著文化融合而形成，故其时代晚于前者的开始时间，即寒气沟类型始于焉不拉克文化第二期。焉不拉克文化以牧业和农业为主要生业，也有少量狩猎经济。两大生业在焉不拉克文化两地方类型和各遗存中并不均衡。大体上说，焉不拉克类型农牧并重，但越往盆地边缘的山地走，牧业经济比例有增长的趋势。如艾斯克霞尔墓地和五堡墓地就比焉不拉克墓地所代表的人群有更重的牧业经济成分。寒气沟类型以牧业为主，农业为辅。这符合该类型主体所在的巴里坤草原的山地草原环境。

　　苏贝希文化的源头是一个东西二元结构。先有西进的焉不拉克文化人群占据吐鲁番盆地东缘，在西扩的过程中碰到向东进发且移动更为迅速的穷科克文化人群，两者共创了苏贝希文化。苏贝希文化起源发展的过程中，东西两支文化接触融合的历程有一个从东强西弱到西强东弱的渐变趋势。苏贝希文化的流向，应是当地陆续形成的各后续文化，如汉代车师文化等。

　　苏贝希文化可分作三期。第一期局促于吐鲁番盆地东缘一隅，第二期文化开始向盆地中西部、天山中部山谷及东天山北麓一线传播，同时遭遇到自西而来的穷科克文化人群，两者迅速融合形成分布面极广的乌拉泊类型，盆地东缘原有文化继续繁荣发展，形成洋海类型。两者互有往来，均包含有或多或少的对方文化因素，且形成一些两类型因素均衡于一个遗存中的过渡类型。如苏贝希墓地、三个桥墓地等等。苏贝希文化生业形态以牧业为主，兼营农业，也有少数群落农业比重更大，多数群落都有一定程度的狩猎经济成分。

　　综合以上五种考古文化的生业形态，可以看到，新疆东部青铜时代的生业形态有农牧二元结构特征，同时也有渔猎经济成分作为补充。各文化农牧二元结构比重略有区别。大体上，小河文化以牧业为主，农业为辅；林雅文化以农业为主，牧业为辅；南湾文化半农半牧；焉不拉克文化和苏贝希文化农牧兼营，牧业略重于农业。

由此我们还可得到两点认识。一是新疆东部的农牧业至少发生于公元前三千纪末二千纪初。二是新疆东部的农牧业生产技术应是由创造了该地区五种考古文化的外来人群携带而来。

新疆东部青铜至早期铁器时代文化，除上文已分析过的从时间上可划分为以公元前二千纪末为分界的两阶段外，还可从空间上以洋海、苏贝希墓地、四道沟遗址一线为界标，区分为东西两区（尤其在第一阶段分区更为明显，第二阶段随着东西两区文化的更多交流，其界限已略有模糊）。东区各文化（林雅文化、南湾文化、焉不拉克文化焉不拉克类型、苏贝希文化洋海类型）墓葬地表形制盛行"不封不树"，葬式以侧身屈肢为主；西区各文化（小河文化、苏贝希文化乌拉泊类型）墓葬地表形制却盛行"或封或树"，例如小河文化的立木为标，苏贝希文化乌拉泊类型的以石围或石堆起封等。葬式以仰身直肢为主。到了第二阶段，随着苏贝希文化在东天山北麓一路东进，才将过去南湾文化"不封不树"的地盘变作"封树"的畛域。

第二节 早期东西文化交流的地点、时间和方式

早期东西文化交流是指早期人类走出非洲、遍及世界并形成黄色人种和黑、白色人种东西并峙的局面后[①]所出现的黑、白特别是白色人种和黄色人种之间的早期文化和人群交流。这种交流在世界文明出现以前就已开始[②]，而本书要关注的"早期东西文化交流"是指以冶金术出现为代表的青铜时代到来后的东（蒙古人种）西（印欧人种）方之间的文化和人群交流。从前几章的分析讨论中我

---

① 林耀华主编：《民族学通论》，中央民族大学出版社1997年版，第53页；吴汝康：《人类起源研究的新进展》，《百科知识》1986年第8期。

② 具体讨论参见［俄］列·谢·瓦西里耶夫著，郝镇华等译：《中国文明的起源问题》，文物出版社1989年版。

们知道，早期东西文化交流的接触点并非一地，至少可概括为三个区域：一、甘宁青地区；二、新疆东部；三、中国北方。且时间上有早有晚，如甘宁青地区最早，至少开始于半山—马厂文化（公元前2650—前2000年）时期。中国北方其次，约始于公元前三千纪后半期。新疆东部最晚，约始于公元前三千纪末二千纪初。时间上的早晚关系告诉我们，传统上将甘宁青地区的西来文化通道想当然地定在新疆特别是新疆东部是错误的。它们应各有自己的西来文化源头和途径，且甘宁青地区的青铜文化形成后开始东传西递，与新疆东部的西来文化一起参与了新疆东部青铜文化的构建。至于三地西来文化的传播方式，既有人工制品在不同文化群体之间的转移所形成的简单（浅层）文化传播，也有携带着文化习俗、生产技术和人工制品的西方群体的远距离向东迁徙并与东方族群接触融合所形成的复杂（深层）文化传播。下面笔者分别对三地的早期东西文化交流情况作逐一总结。

一　甘宁青地区

甘宁青地区的早期东西文化交流，至少始于半山—马厂文化时期，盛于齐家、绵延于四坝、卡约、辛店、寺洼、沙井诸文化。马家窑文化发现的一柄锡青铜刀和数块冶炼残留的铜块[1]，指示了它与欧亚草原使用以锡青铜为主的东部区[2]或许有某种联系的蛛丝马迹，但并不充分，姑且不论。半山—马厂文化存在的东西文化交流迹象，主要不在青铜器等冶金术而体现在葬制葬俗上。如从半山文化早期开始就出现的屈肢葬式和洞室墓，笔者在第三章第三节已讨论过它们属于外来文化综合体的组成部分，具体地说是源于欧亚草原西部的颜那亚文化（公元前3600—前2200年）和洞室墓文化

---

[1] 甘肃省文物工作队等：《甘肃东乡林家遗址发掘报告》，《考古学集刊》（4），科学出版社1984年版。

[2] 梅建军、［日］高滨秀：《塞伊玛—图比诺现象和中国西北地区的早期青铜文化——兼评帕尔青格教授"塞伊玛—图比诺现象和西伯利亚动物纹饰的起源"一文》，《新疆文物》2003年第1期。

（公元前3000—前2200年）。且这种葬制葬俗与人工制品相比，更能体现拥有它们的族群的习俗观念和精神文化，具有更强的文化稳定性。也即是说，一个族群可以较易向其他族群学习先进技术和输入工具用品，却不易接受他族的习俗观念和精神文化。那么甘宁青地区突然出现于半山文化的屈肢葬和洞室墓，只能理解为是拥有这种葬俗的族群向甘宁青地区的移民。这说明半山文化出现的东西文化交流一开始就属于复杂（深层）的文化传播。

顺便提及，现今多数学者倾向将半山—马厂文化从马家窑文化中独立出来，其内在动因可概括为在马家窑文化发展的晚期，来自欧亚草原的一群外来族群进入马家窑文化区，与之接触交流，从而改变了当地原有文化面貌，形成了新的半山—马厂文化。半山—马厂文化的源头是马家窑文化和来自欧亚草原拥有屈肢葬和洞室墓葬俗的族群。

齐家文化（公元前2200—前1800年）和四坝文化（公元前1950—前1550年）及其他甘宁青地区诸青铜文化体现出来的东西文化交流，虽仍存在着半山—马厂文化遗留下来的葬制葬俗，更主要的却是新出现的冶金术、畜牧业、砷青铜，乃至权杖头、倒三角纹、小麦等文化因素。齐家和四坝文化铜器，不仅相对于当地的先行文化有了巨大发展，即便环顾当时的整个东亚，也是首屈一指。齐家文化青铜器（图5.2－1）主要受到塞伊玛—图比诺文化影响[①]，且两者之间不仅有人工制品输入对方的简单文化传播，也存在着这两个群体间的较持续的直接接触。[②]

四坝文化铜器（图5.2－2）都可以找到西方源头。如权杖头、环首刀、穿銎斧、喇叭口耳环、联珠饰等等，该文化的砷铜比例很

---

① ［美］胡博著，李永迪译：《齐家与二里头：远距离文化互动的讨论》，［美］夏含夷主编：《远方的时习——〈古代中国〉精选集》，上海古籍出版社2008年版，第36—37页。

② ［美］胡博著，李永迪译：《齐家与二里头：远距离文化互动的讨论》，［美］夏含夷主编：《远方的时习——〈古代中国〉精选集》，上海古籍出版社2008年版，第37页。

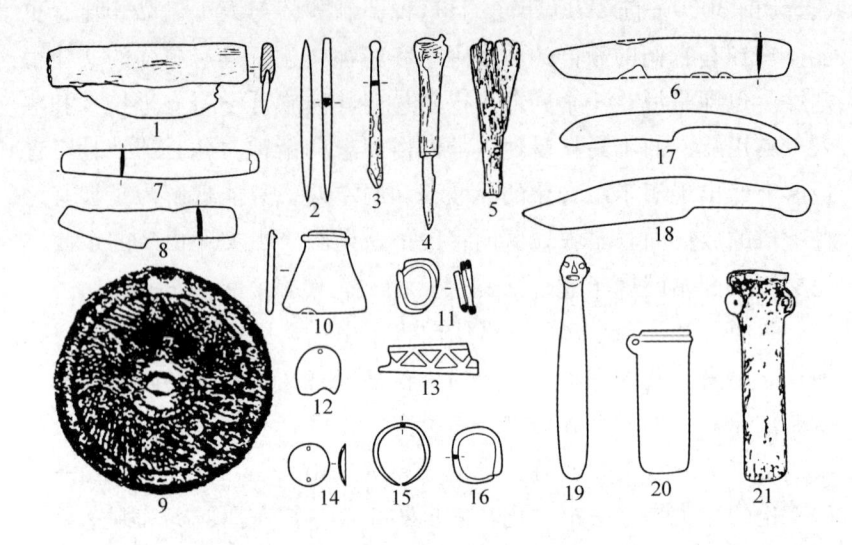

图 5.2-1　齐家文化铜器（采自李水城：《考古学报》2005 年第 3 期）
1. 骨柄铜刀（临夏魏家台子）　2、10、12. 锥、斧、铜片（永靖魏家）
3、13. 钻、刀柄（武威皇娘娘台）　4—7. 锥、骨柄铜刀、刀 2 件（互助总寨）
8. 刀（永靖大何庄）　9、11、16. 镜、指环、耳环（贵南尕马台）　14、15. 扣、镯（积石山新庄坪）　17、20. 刀、斧（岷县杏林）　18. 刀（康乐商罐地）　19. 人面匕首（广河齐家坪）　21. 双耳斧（广河齐家坪）

高，且存在位置靠东、时代偏早，砷铜比例高，位置靠西、时代偏晚，砷铜比例低的现象。例如，位置偏东且时代早的东灰山墓地，铜器几乎全为砷铜，位置偏西而时代晚的火烧沟、鹰窝树两地则以锡青铜为主，而位置和时代居中的干骨崖墓地呈现锡青铜与砷铜大略各半、锡青铜略占优的局面。[①] 按苏联学者契尔耐赫的看法，砷铜代表的是欧亚草原中西部乌拉尔山一带的技术传统，它在阿尔泰山地区的出现反映了这一技术及产品自西向东的传播；南西伯利亚、阿尔泰山及哈萨克斯坦东部一带的金属产品似以锡青铜为主，正如奥库涅夫、塞伊玛—图比诺和安德罗诺沃文化的铜器分析所显

---

① 李水城：《西北与中原早期冶铜业的区域特征及交互作用》，《考古学报》2005 年第 3 期。

示的那样。① 我们认为四坝文化砷铜的普遍也应将它与欧亚草原中西部联系起来，即它是从后者传播而来，至少是传播来了砷铜冶金术。而传播通道并非新疆东部，因为它首先进入的是该文化分布区的偏东位置，而不是更接近新疆东部的河西走廊西部。这正是上述四坝文化位置靠东时代偏早砷铜比例高，位置靠西时代偏晚砷铜比例低现象的成因。至于就全疆来说几乎只存在于新疆东部的砷铜②，笔者认为它是四坝文化自东向西拓展时传播而去。

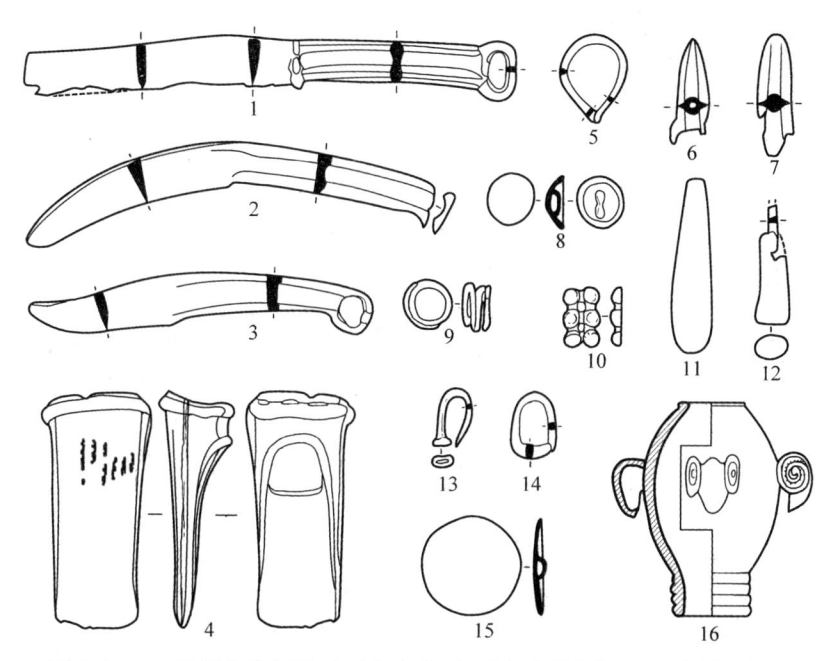

图 5.2-2　四坝文化铜器（采自李水城：《考古学报》2005 年第 3 期）

1—3. 刀　4. 管銎斧　5、13、14. 耳环　6、7. 镞　8. 扣　9. 指环　10. 联珠饰　11. 匕首　12. 骨柄铜锥　15. 牌　16. 权杖头（1—10、12—15. 干骨崖遗址　11. 16. 火烧沟遗址）

---

① 梅建军、[日] 高滨秀：《塞伊玛—图比诺现象和中国西北地区的早期青铜文化——兼评帕尔青格教授"塞伊玛—图比诺现象和西伯利亚动物纹饰的起源"一文》，《新疆文物》2003 年第 1 期；E. N. Chernykh, *Ancient Metallurgy in the USSR*, Cambridge: CambridgeUniversity Press, 1992, pp. 215–216.

② 潜伟：《新疆哈密地区史前时期铜器及其与邻近地区文化的关系》，知识产权出版社 2006 年版，第 114 页。

四坝文化砷铜的分布现象再次告诉我们，甘宁青地区的早期东西文化交流早于新疆东部，且它有自己的文化传播通道，这个通道不是新疆东部，而可能是南西伯利亚—蒙古—内蒙古西部—甘宁青地区这一路线。相反，在青铜时代，河西走廊这条通道更多地成为甘宁青地区青铜文化向新疆东部传播的走廊。

二 新疆东部

新疆东部青铜时代的东西文化交流，始于公元前二千纪初的林雅文化开创时期。我们已讨论过林雅文化形成并发展于强烈西进的马厂文化后期的"过渡类型"及其后的四坝文化和东进的西方"筒形罐文化系统"在哈密盆地的碰撞与融合。其后新疆东部的南湾、焉不拉克、苏贝希诸文化，继续保持着东西文化共处一地的激荡和交流。从种族人类学上分析，青铜—早期铁器时代的哈密盆地，在人口数量上一直以东方的蒙古人种占优，西来的印欧人种居其次，尽管到焉不拉克文化中期印欧人种有增多的趋势。而苏贝希文化分布区（尤其是吐鲁番盆地）则以印欧人种居多，蒙古人种居其次。遗传学研究一方面印证了种族人类学研究结论，另一方面揭示了新疆东部青铜时代存在东西两大人种混血现象，这与种族人类学研究观察到的"同穴异种"现象互相支持互为补充。这些现象告诉我们，新疆东部青铜时代的东西文化交流，是伴随着东西人群迁徙并接触融合而出现的复杂（深层）文化交流。他们不仅交流了文化，也融合了两类人群并创造出混血的新人群。在这一点上，甘宁青地区略有不同，现如今，青铜时代的甘宁青地区尚未发现印欧人种遗骨。[①] 这一现象与上小节中总结的该地区早期东西文化交流是

---

① 可参见郑晓瑛：《甘肃酒泉青铜时代人类头骨种系类型的研究》，《人类学学报》1993年第4期；韩康信等：《中国西北地区古代居民种族研究》，复旦大学出版社2005年版。值得注意的是，甘宁青地区虽未见当时的印欧人种种族人类学资料，却在陶器上有了曲折反映。例如甘肃天水师赵村马家窑文化的一件陶容器上塑有一陶人面，高鼻梁，具印欧人种特征。这说明，即便拥有此陶人面的族群非印欧人种，也应与印欧人种族群存在某种程度的沟通和了解。陶人面资料介绍见谢端琚：《甘青地区史前考古》，文物出版社2002年版，第75—76页。

复杂文化传播（即存在外来人群交流）的结论颇相"矛盾"，合理的解释是：自北而来带着欧亚草原文化迁入甘宁青地区的人群，其种族是接近奥库涅夫文化人群的大蒙古人种。关于这一点，胡博已有过关注。①

我们也曾从语言学角度分析了新疆东部及邻近地区的早期东西文化交流情况。得出了三点认识。一是新疆东部及邻近地区众多的吐火罗语语源地名，如昆仑、祁连、敦煌、敦薨、单桓、吐鲁番、吐葫芦、兔葫芦、睹货逻、托胡拉、塔克拉、伊吾、蒲类、巴里坤、车师、龟兹、库车、曲先、姑藏、贵山、焉支、燕支等等，说明了青铜及早期铁器时代的新疆东部及邻近地区，最先居住着的是一群群说吐火罗语的吐火罗人（包括月氏人），发现于上述有些地区、属公元6—8世纪的吐火罗语文献，应是自青铜时代以来就已迁徙至此的吐火罗人后裔所遗留。二是新疆东部有些地名，先有了吐火罗语原名，后又音译进入匈奴语、突厥语中，如"祁连""焉支"二山，本是吐火罗语山名，后出现于匈奴挽歌"亡我祁连山，使我六畜不蕃息；失我焉支山，使我妇女无颜色"中。现今的"哈尔里克山"（黑山），属突厥语语源汉译，但原始源头却是吐火罗语 arkent（黑色）。这种地名借词现象（包括借音或借义），表现了说不同语言的族群在新疆东部的更替或融合。这种情况与我们从文献中得知的月氏人、匈奴人及后来的突厥人在新疆东部的活动相符合。三是说因语言的出现和成熟远远早于文字的出现，故这些被后代文字记载下来的探讨早期东西文化交流的语言学材料，往往保留下了最原始的信息，值得特别重视。我们在探索早期东西文化交流的过程中，应充分利用好这些宝贵的语言学材料。

从文献的角度，我们也分析过战国时期中原商人远赴中亚贸易，回程就曾取道新疆东部的孔雀河和罗布泊地区。这些从文献中分析得出的结论，与新疆东部出土的来自中原的战国时期遗物如漆

---

① ［美］胡博著，李永迪译：《齐家与二里头：远距离文化互动的讨论》，［美］夏含夷主编：《远方的时习——〈古代中国〉精选集》，上海古籍出版社2008年版，第37页。

器、丝织物等，起到了互证的作用。

总之，新疆东部青铜时代的早期东西文化交流，时间上要晚于甘宁青地区，它有着自己的交流通道并在文化形成中曾受惠于后者。它是一种包括文化传播和人群融合的全方位深层次的东西文化交流。

三 中国北方

"中国北方"这一概念的内涵有宽窄之分，宽者可指现今中国的整个北方，包括东北、华北和西北。略宽者指中国境内长城以北的广大草原地区。① 窄者则指以晋中北为中心，包括内蒙古中南部、陕北和冀西北大部这一区域②，本书的"中国北方"，以第三种界定为基准，在一些地区也略有逸出。

最能体现中国北方青铜时代早期东西文化交流现象的是"北方系青铜器"。这一首先由林沄先生提出来的概念③，现已得到了广泛的使用和认同。关于北方系青铜器的起源，林沄先生将其上溯到夏代。并认为北方系青铜文化是北方地区原有居民吸收了南、北两方面的文化因素而发展起来的。肯定了"北方系青铜器"与南（中原地区）、北（欧亚草原）两方面的文化联系。④ 杨建华认为"北方系青铜器"既有自身起源，也有境外（指欧亚草原和西亚）传入。⑤ 关于"北方系青铜器"在起源而不是发展过程中是否有中

---

① 严文明：《〈中国北方地区新石器时代文化研究〉序》，见韩建业：《中国北方地区新石器时代文化研究》，文物出版社2003年版，第1页。
② 苏秉琦：《谈"晋文化"考古》，《华人·龙的传人·中国人——考古寻根记》，辽宁大学出版社1994年版，第24页；韩建业：《中国北方地区新石器时代文化研究》，文物出版社2003年版，第1页。
③ 林沄：《商文化青铜器与北方地区青铜器关系之再研究》和《早期北方系青铜器的几个年代问题》，《林沄学术文集》，中国大百科全书出版社1998年版，第262—288；289—295页；林沄：《夏代的中国北方系青铜器》，《边疆考古研究》第1辑，科学出版社2002年版，第1—12页。
④ 林沄：《夏代的中国北方系青铜器》，《边疆考古研究》第1辑，科学出版社2002年版，第1—12页。
⑤ 杨建华：《商周时期中国北方冶金区的形成——商周时期北方青铜器的比较研究》，杨建华、蒋刚主编：《公元前二千纪的晋陕高原与燕山南北》，科学出版社2008年版，第246页。

原影响和自身起源的因素，笔者认为还有再讨论的必要，在此暂且不管。只说上述学者所肯定的"北方系青铜器"与北方欧亚大草原的联系，不论从"北方系青铜器"第一期的三种代表性器物銎斧、短剑、刀子①（图5.2-3）上去比照，还是从内蒙古中南部的朱开沟文化（公元前20世纪—前13世纪）中的洞室墓和屈肢葬②上看，它们之间的文化交流确定无疑。另外，有学者分析了朱开沟文化与甘宁青地区青铜文化的关系，认为齐家和四坝文化青铜冶铸业影响了朱开沟文化。③

中国北方（此处可取广义"中国北方"）存在的早期东西文化交流现象，除上述考古学手段所获知的以外，对文献资料的分析考证也为我们就此问题打开了另一扇窗口。正如笔者在第四章所分析的那样，在中国北方留下了"大夏""夏虚""大夏之虚""大夏河""有唐""月氏""禺氏""牛氏""禺知""虞氏""西虞""西吴""鬼方""赤狄"等地名和族名的"大夏"和"鬼方"，实属从遥远的东、中欧播迁到中、东亚，最远到达中国北方的印欧种系吐火罗人。他们来来往往。出现于中国北方的时间约在传说中的五帝时代（公元前三千纪后半期），其后在蒙古人种华夏先民的挤压下部分迁离中国北方移居中亚，乃至西访大月氏的张骞在阿姆河流域发现他们后继续称之为"大夏"。而留下的部分既有一开始就融入尧部落"有陶氏"后被合称为"陶唐氏"，也有退守自保的群体，被后代的文献称作"鬼方"和"赤狄"。他们继续活跃于青铜—早期铁器时代的中国北方，在与周围众多的蒙古人种族群战争与和平的频繁交往中，渐趋离析，如盐入水，一步步融入华夏民族。大夏及鬼方与东亚蒙古人种族系的交往和文化交流，是一场影响了中国上古史及华夏蒙古种群内部种系的深层次文化交流。

---

① 林沄：《商文化青铜器与北方地区青铜器关系之再研究》，《林沄学术文集》，中国大百科全书出版社1998年版，第262—288页。

② 乌恩：《北方草原考古学文化研究——青铜时代至早期铁器时代》，科学出版社2007年版，第71—72页。

③ 同上书，第82页。

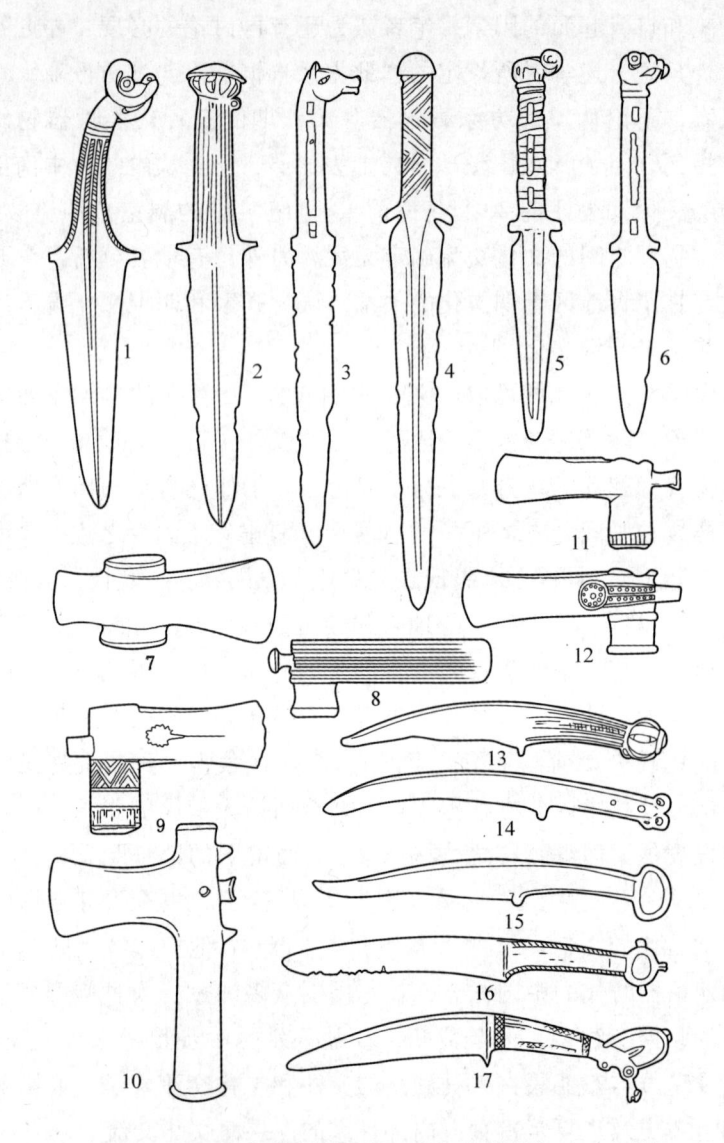

图 5.2-3　中国北方系青铜器的三种代表性器物（采自林沄：《林沄学术文集》）

1—6. 短剑　7—12. 管銎战斧　13—17. 小刀（1、11、13、15、17. 河北青龙抄道沟　2. 山西保德林遮峪　3、4、6. 北京昌平白浮　5. 传出山西　7、14. 山西柳林高红　8、9. 辽宁新民大红旗　10. 山西石楼曹家垣　12. 辽宁兴城杨河　16. 山西石楼二郎坡）

而透过战国文献《穆天子传》，我们发现，战国时期的东西方贸易，"中国北方"是重要的贸易线路。且这种贸易显示的是中原"商人"远赴西域，与上述西方族群的东来相映成趣。

如果按照对历史文献的分析，中国北方的早期东西文化交流始于公元前三千纪后半期，略晚于甘宁青地区而早于新疆东部。结合考古和文献资料，中国北方早期东西文化交流方式可概括为：既有大量的人群直接迁徙所形成的复杂文化交流，也有以北方系青铜器为代表所呈现出来的大量人工制品的交换所形成的简单文化交流。总之，这三地所体现出来的早期东西文化交流面貌，构成了一幅幅波澜壮阔又浓墨重彩的早期东西文化交流画卷。

参考文献

中文著作：

《哈密文物志》编纂组：《哈密文物志》，新疆人民出版社 1993 年版。

安特生：《中华远古之文化》，地质汇报，第五号，1923 年版。

北京大学、东北师范大学历史系世界古代史教研室：《世界古代史论丛》（第一集），生活·读书·新知三联书店 1982 年版。

北京大学古代文明研究中心主编：《古代文明》第二卷，文物出版社 2003 年版。

本社编：《新中国考古五十年》，文物出版社 1999 年版。

蔡鸿生：《中外交流史事考述》，大象出版社 2007 年版。

陈高华、余太山主编：《中亚学刊》第四辑，北京大学出版社 1995 年版。

陈梦家：《殷墟卜辞综述》，科学出版社 1956 年版。

崔银秋：《新疆古代居民线粒体 DNA 研究——吐鲁番与罗布泊》，吉林大学出版社 2003 年版。

窦文宇、窦勇：《汉字字源》，吉林文史出版社 2005 年版。

冯承钧：《西域地名》，中华书局 1982 年版。

盖山林：《阴山岩画》，文物出版社 1986 年版。

甘肃省文物考古研究所等：《民乐东灰山考古——四坝文化墓地的揭示与研究》，科学出版社 1998 年版。

耿世民：《新疆历史与文化概论》，中央民族大学出版社 2006 年版。

郭沫若：《郭沫若全集考古编》第一卷，科学出版社2002年版。
郭沫若：《中国史稿》第一册，人民出版社1976年版。
哈密东天山古伊州文化研究院编：《东天山文化研究》，新疆人民出版社2008年版。
韩建业：《新疆的青铜时代和早期铁器时代文化》，文物出版社2007年版。
韩建业：《中国北方地区新石器时代文化研究》，文物出版社2003年版。
韩康信：《丝绸之路古代居民种族人类学研究》，新疆人民出版社1993年版。
韩康信等：《中国西北地区古代居民种族研究》，复旦大学出版社2005年版。
户晓辉：《地母之歌——中国彩陶与岩画的生死母题》，上海文化出版社2001年版。
户晓辉：《岩画与生殖巫术》，新疆美术摄影出版社1993年版。
黄文弼：《黄文弼历史考古论集》，文物出版社1989年版。
黄文弼：《新疆考古发掘报告》，文物出版社1983年版。
季羡林：《比较文学与民间文学》，北京大学出版社1991年版。
季羡林：《敦煌吐鲁番吐火罗语研究导论》，新文丰出版公司（台北）1993年版。
季羡林：《吐火罗文"弥勒会见记"译释》，江西教育出版社1998年版。
季羡林：《吐火罗文研究》，江西教育出版社1998年版。
季羡林：《中印文化关系史论文集》，生活·读书·新知三联书店1982年版。
季羡林：《中印文化交流史》，新华出版社1993年版。
贾兰坡：《贾兰坡旧石器时代考古论文选》，文物出版社1984年版。
解耀华主编：《交河故城保护与研究》，新疆人民出版社1999年版。
李春华主编：《新疆风物志》，新疆人民出版社2006年第二版。
李迪主编：《中国少数民族科技史研究》第四辑，内蒙古人民出版社1989年版。

李璠等编著：《生物史》第五分册，科学出版社1979年版。

李零：《入山与出塞》，文物出版社2004年版。

李水城：《半山与马厂彩陶研究》，北京大学出版社1998年版。

李孝聪：《中国区域历史地理》，北京大学出版社2004年版。

李肖冰：《中国新疆古代陶器图案纹饰艺术》，新疆人民出版社、浙江教育出版社2000年版。

李学勤：《比较考古学随笔》，广西师范大学出版社1997年版。

联合国教科文组织驻中国代表处等：《交河故城——1993、1994年度考古发掘报告》，东方出版社1998年版。

林梅村：《古道西风——考古新发现所见中西文化交流》，生活·读书·新知三联书店2000年版。

林梅村：《汉唐西域与中国文明》，文物出版社1998年版。

林梅村：《西域文明——考古、民族、语言和宗教新论》，东方出版社1995年版。

林耀华主编：《民族学通论》，中央民族大学出版社1997年版。

林沄：《林沄学术文集》，中国大百科全书出版社1998年版。

刘志基：《汉字与古代人生风俗》，华东师范大学出版社1995年版。

马长寿：《北狄与匈奴》，广西师范大学出版社2006年版。

马长寿：《氐与羌》，广西师范大学出版社2006年版。

蒙文通：《古族甄微》，巴蜀书社1993年版。

孟达来：《北方民族的历史接触与阿尔泰诸语言共同性的形成》，中国社会科学出版社2001年版。

穆舜英、祁小山编著：《新疆彩陶》，文物出版社1998年版。

穆舜英、张平主编：《楼兰文化研究论集》，新疆人民出版社1995年版。

内蒙古文物考古研究所编：《内蒙古文物考古文集》第一辑，中国大百科全书出版社1994年版。

潜伟：《新疆哈密地区史前时期铜器及其与邻近地区文化的关系》，知识产权出版社2006年版。

庆祝苏秉琦考古五十五年论文集编辑组:《庆祝苏秉琦考古五十五年论文集》,文物出版社1989年版。

任美锷主编:《中国自然地理纲要》,修订第三版,商务印书馆1992年版。

日知主编:《古代城邦史研究》,人民出版社1989年版。

芮传明、余太山:《中西纹饰比较》,上海古籍出版社1995年版。

沈兼士:《沈兼士学术论文集》,中华书局1986年版。

石云涛:《早期中西交通与交流史稿》,学苑出版社2003年版。

水涛:《中国西北地区青铜时代考古论集》,科学出版社2001年版。

苏北海:《新疆岩画》,新疆美术摄影出版社1994年版。

苏秉琦:《华人·龙的传人·中国人——考古寻根记》,辽宁大学出版社1994年版。

苏秉琦:《苏秉琦考古学论述选集》,文物出版社1984年版。

苏秉琦:《中国文明起源新探》,生活·读书·新知三联书店1996年版。

苏雪林:《屈赋论丛》,武汉大学出版社2007年版。

苏雪林:《屈原与〈九歌〉》,武汉大学出版社2007年版。

苏雪林:《苏雪林文集》第四卷,安徽文艺出版社1996年版。

苏雪林:《天问正简》,武汉大学出版社2007年版。

宿白主编:《苏秉琦与当代中国考古学》,科学出版社2001年版。

孙兴周:《中国原始艺术符号的文化破译》,中央民族大学出版社1998年版。

谈济民:《汉英词汇的近源探秘》,原子能出版社2001年版。

唐德刚:《史学与红学》,广西师范大学出版社2006年版。

田广金、郭素新:《鄂尔多斯式青铜器》,文物出版社1986年版。

王炳华:《丝绸之路考古研究》,新疆人民出版社1993年版。

王炳华编著:《新疆天山生殖崇拜岩画》,文物出版社1991年版。

王博、祁小山:《丝绸之路草原石人研究》,新疆人民出版社1996年版。

王国维:《观堂集林》,河北教育出版社2003年版。

王小盾编：《扬州大学中国文化研究所集刊》第一辑，江苏古籍出版社1998年版。

王欣：《吐火罗史研究》，中国社会科学出版社2002年版。

王玉哲：《古史集林》，中华书局2002年版。

王子初：《中国音乐考古学》，福建教育出版社2003年版。

王子初、霍旭初主编：《中国音乐文物大系·新疆卷》，大象出版社1996年版。

闻一多：《诗经研究》，巴蜀书社2002年版。

乌恩：《北方草原考古文化研究——青铜时代至早期铁器时代》，科学出版社2007年版。

西安半坡博物馆编：《史前研究》（2000），三秦出版社2000年版。

西北大学文博学院编：《考古文物研究——纪念西北大学考古专业成立四十周年文集》（1956—1996），三秦出版社1997年版。

谢端琚：《甘青地区史前考古》，文物出版社2002年版。

谢光辉：《汉语字源字典》，北京大学出版社2000年版。

新疆社会科学院考古研究所：《新疆考古三十年》，新疆人民出版社1983年版。

新疆通志文物志编纂委员会：《新疆通志·文物志》，新疆人民出版社2007年版。

新疆吐鲁番地区文物局：《吐鲁番学研究——第二届吐鲁番学国际学术研讨会论文集》，上海辞书出版社2006年版。

新疆维吾尔自治区文物局等主编：《新疆文物古迹大观》，新疆美术摄影出版社1999年版。

新疆文物考古研究所：《交河沟西——1994—1996年度考古发掘报告》，新疆人民出版社2001年版。

新疆文物考古研究所：《新疆文物考古新收获》，新疆人民出版社1995年版。

新疆文物考古研究所编：《新疆古代民族文物》，文物出版社1985年版。

新疆文物考古研究所等：《新疆文物考古新收获》（续），新疆人民出版社1997年版。

徐文堪:《吐火罗人起源研究》,昆仑出版社2005年版。

徐文堪:《外来语古今谈》,语文出版社2005年版。

杨建华、蒋刚主编:《公元前2千纪的晋陕高原与燕山南北》,科学出版社2008年版。

杨建新、马曼丽主编:《西北民族关系史》,民族出版社1990年版。

杨利普主编:《新疆综合自然区划概要》,科学出版社1987年版。

杨希枚:《杨希枚集》,中国社会科学出版社2006年版。

杨学政:《衍生的秘律——生殖崇拜论》,云南人民出版社1992年版。

杨义:《中国古典小说史论》,科学出版社2004年版。

游修龄:《农史研究文集》,中国农业出版社1999年版。

于维诚:《新疆地名与建制沿革》,新疆人民出版社2005年版。

余太山:《古族新考》,中华书局2000年版。

余太山:《塞种史研究》,中国社会科学出版社1992年版。

余太山主编:《内陆欧亚古代史研究》,福建人民出版社2005年版。

余太山主编:《欧亚学刊》第一辑,中华书局1999年版。

余太山主编:《欧亚学刊》第二辑,中华书局2000年版。

余太山主编:《欧亚学刊》第三辑,中华书局2002年版。

余太山主编:《西域通史》,中州古籍出版社1996年版。

张星烺:《中西交通史料汇编》,中华书局2003年版。

张永言:《语文学论集》(增补本),语文出版社1999年版。

张正明:《张正明学术文集》,湖北人民出版社2007年版。

张忠培:《中国考古学——走向与推进文明的历程》,紫禁城出版社2004年版。

赵国华:《生殖崇拜文化论》,中国社会科学出版社1990年版。

赵云田主编:《北疆通史》,中州古籍出版社2003年版。

中国大百科全书总编辑委员会:《中国大百科全书·考古学》,中国大百科全书出版社1992年版。

中国考古学研究论集编委会:《中国考古学研究论集——纪念夏鼐

先生考古五十周年》，三秦出版社1987年版。

中国社会科学院考古研究所：《中国考古学论丛》，科学出版社1993年版。

中国社会科学院考古研究所编：《殷墟妇好墓》，文物出版社1994年版。

中国社会科学院考古研究所编：《中国商文化国际学术讨论会论文集》，中国大百科全书出版社1998年版。

周及徐：《汉语印欧语词汇比较》，四川民族出版社2002年版。

周及徐：《历史语言学论文集》，巴蜀书社2003年版。

周菁葆主编：《丝绸之路岩画艺术》，新疆人民出版社1993年版。

周一良主编：《中外文化交流史》，河南人民出版社1987年版。

朱维铮主编：《周予同经学史论著选集》，上海人民出版社1996年版。

邹衡：《夏商周考古学论文集》，文物出版社1980年版。

［俄］列·谢·瓦西里耶夫著，郝镇华等译：《中国文明的起源问题》，文物出版社1989年版。

［法］A. H. 丹尼等主编，芮传明译：《中亚文明史》第一卷，中国对外翻译出版公司2002年版。

［法］伯希和著，冯承钧译：《中国西部考古记·吐火罗语考》，中华书局2004年版。

［法］勒鲁瓦—古昂著，俞灏敏译：《史前宗教》，上海文艺出版社1990年版。

［美］马丽加·金芭塔斯著，叶舒宪等译：《活着的女神》，广西师范大学出版社2008年版。

［美］魏勒著，史频译：《性崇拜》，中国文联出版公司1988年版。

［日］星川清亲著，段传德等译：《栽培植物的起源与传播》，河南科学技术出版社1981年版。

［瑞典］贝格曼著，王安洪译：《新疆考古记》，新疆人民出版社1997年版。

［英］A. R. 拉德克利夫-布朗著，潘姣等译：《原始社会的结构与

功能》,中央民族大学出版社1999年版。

[英]柴尔德,安家瑷等译:《人类创造了自身》,上海三联书店2008年版。

[英]弗雷泽著,徐育新等译:《金枝》,新世界出版社2006年版。

[英]赫丽生著,谢世坚译:《古希腊宗教的社会起源》,广西师范大学出版社2004年版。

古籍及注译文献:

(战国)左丘明撰,(西晋)杜预集解:《左传》,上海古籍出版社1997年版。

(西汉)司马迁:《史记》,中华书局1962年版。

(东汉)班固:《汉书》,中华书局1962年版。

(东汉)王充著,袁华忠、方学常译注:《论衡全译》,贵州人民出版社1993年版。

(晋)郭璞注,王贻梁、陈建敏校释:《穆天子传汇校集释》,华东师范大学出版社1994年版。

(南朝宋)范晔:《后汉书》,中华书局1965年版。

(北齐)魏收:《魏书》,中华书局1974年版。

(唐)玄奘、辩机著,季羡林等校注:《大唐西域记校注》,中华书局2000年版。

陈奇猷校释:《吕氏春秋校释》,学林出版社1984年版。

顾颉刚、刘起釪:《尚书校释译论》,中华书局2005年版。

国学整理社:《诸子集成》,上海书店出版社1986年版。

吕友仁、吕咏梅译注:《礼记全译》,贵州人民出版社1998年版。

唐明邦主编:《周易详注》,中华书局1995年版。

王天海:《穆天子传全译》,贵州人民出版社1997年版。

王维堤、唐书文:《春秋公羊传译注》,上海古籍出版社2004年版。

许慎撰,段玉裁注:《说文解字注》,中州古籍出版社2006年版。

张闻玉译注:《逸周书全译》,贵州人民出版社2000年版。

张燕瑾主编:《文白对照全译左传》,国际文化出版公司1993年版。

外文文献:

Mei Jianjun, Colin Shell, Li Xiao and Wang Bo, A Metallurgical Sudy of Early Copper and Bronze Artifacts from Xinjiang, China, *Bulletin of the MetalsMuseum*, No. 30 (1998 – II).

Jianjun Mei and Colin Shell, Copper and Bronze Metallurgy in Late Prehistoric Xinjiang Victor H. Mair (ed.), *The Bronze Age and Early Iron Age Peoples of Eastern Central Asia*, Vol. II, The Institute for the Study of Man.

Jianjun Mei, Copper and Bronze Metalurgy in Late Prehistoric Xinjiang—Its Cultural Context and Relationship with Neighboring Regions, *BAR International Series* 865, 2000.

Jianjun Mei, Copper Smelting Technologies in Iron Age Xinjiang: The Evidence from the Nulasai site, *Bulletin of the MetalsMuseum*, No. 34 (2001).

Jianjun Mei, Metallurgical Analysis of Metal Cauldrons from Xinjiang, Northwest China, In Paul Jett and Janet Douglas (eds.), *Fiftieth Anniversary Symposium on Scientific Research in the Field of Asia Art*, Washington, DC: Freer Gallery of Art.

Jianjun Mei, Guori Liu and Xi'en Chang, A Metallurgical Study of Early Objects from Eastern Xinjiang, China, *Bulletin of the Metals museum*.

Jianjun Mei and Yanxiang Li, Early Copper Technology in Xinjiang, China: The Evidence So Far, In Paul Craddock and Janet Lang (eds.), *Mining and Metal Production Through the Ages*, London British, Museum Press.

Jianjun Mei, Metallurgy in Bronze Age Xinjiang and its Cultural Context, In Katheryn M. Linduff (ed.), *Metallurgy in Eastern Eurasia from the Urals to the yellow River*, Lewiston, The Edwin Mellen Press.

Irene Good, Notes on a Bronze Age Textile Fragment from Hami, Xinjiang with Comments on the Significance of Twill, *The Journal of Indo-European Studies*, Vol. 23, No. 3&4, Fall/winter 1995.

E. E. Kuzmina, Cultural Connections of the Tarim Basin People and Pastoralists of the Asian Steppes in the Bronze Age, In: *The Bronze Age and Early Iron Age Peoples of Eastern Central Asia*, edited by Victor H. Mair, 1998.

Christopher P. Thornton and Theodore G. Schurr, Genes, Language, and Culture: a Example from the TarimBasin, *Oxford Journal of Archaeology*, 23 (1), 2004.

M. Gimbutas, *the Language of the Goddess*, San Francisco, Haper & Row, 1989.

Cavalli-Sforza et al., 1988, Reconstructions of Human Evolution: Bringing Together Genetic, Archeologicaland Linguistic Data, *Proceedings of the National Academy of Sciences 85*.

Greenberg, turner, and S. Zegura, 1986, Settlement of the Americas, *Current Anthropology 27*.

Renfrew Colin, 1992, Archaeology, Genetics and Linguistic Diversity, *Man 27*.

Gimbutas, M., 1970, *Proto-Indo-European culture: the Kurgan Culture During the 5th-3rd Millennia BC*, in Indo-European and Indo-Europeans, eds., G. Cardona, H. M. Koeningswald & A. Senn, Philadelphia (PA), University of Pennsylvania Press.

Gimbutas, M., 1973, The Beginning of the Age in Europe and the Indo-Europeans 3500 – 2500 BC, *JIES* 1, 1973.

Gimbutas, M., 1980, The Kurgan Wave 2 into Europe and the Following Transformation of Culture, *JIES* 8, 1980.

Louisa G. Fitzgerald-Huber, Qijia and Erlitou: the Question of Contacts with Distant Cultures, *Early China*, 20 (1995).

S. A. Grigoryev, The Sintashta Culture and the Indo-European Problem, In: *Compplex Societies of Central Eurasia from the 3rd to the 1st Millenni* *umBC*, Washington D. C, 2002.

Littauer, M. A. and J. H. Crouwel, 1979, *Wheeled Vehicles and Ridden Animals in the Ancient Near East*, Leiden, E. J. Brill.

Barber, E. J. W. , 1998, Bronze Age Cloth and Clothing of the Tarim-Basin: The Koraina (loulan) and Qumul (Hami) Evidence, In *The Bronze Age and Early Iron Age Peoples of Eastern Central Asia*, ed. Victor H. Mair, philadelphia: University of Pennsylvania Museum, vol. 2.

N. L. Chlenova, 1994. On the degree of similarity Between Material Culturecomponents within the 'Scythian World'. *In The Archaeology of the Steppes: Methods and Strategies*, ed. Bruno Genito, Napoli, Istituto Universitario Orientale.

Emma C. Bunker (ed.), 1997, *Ancient Bronzes of the Eastern Eurasian Steppes*, from the Arthur M. Sackler Collections, New york, The Arthur M. Sackler Foundation.

David W. Anthony, 1986, The" Kurgan Culture" Indo-European Origins, and the Domestication of the Horde: A Reconsideration, *Current Anthropology* 27.

Thomas V. Gamkrelide, V. V. ivanov, 1973, Sprachtypologie und die Rekonstruktion der gemeinidg, *Verschlüsse*, *Phonetica* 27.

Wang Ching-ju（王静如）, "Arsiand Yen-ch'i 焉耆, Tokhriand Yueh-shih 月氏", Momumenta Serica（华裔学志）, *Journal of Oriental Studies of the Catholic University of Peking*, Vol. IX, 1944.

V. H. Mair, Reflections on the Origins of the Modern Standard Mandarin Placename "Dunhung", 李铮等编：季羡林教授八十华诞纪念论文集，江西人民出版社1991年。

J. Harmatta, Origin of Name Tun-huang, in A Cadonna (ed.), Turfan and Tunhuang, the Texts, *Orientalia Venetiana* IV, Firenze, Leo S. Olschki Editore, 1992.

Richthofen, *China*, vol I , Berlin, 1877.

H. L. Jones, *The Geography of Strabo*, London, 1916.

C. S. Coon, 1954, *The Story of Man*, A. A. knopf, New york.

C. S. Coon, 1958, An Anthrop geographic Excursion Around the World, *Human Biology*, Vol. 30.

C. S. Coon, 1965, *The Living Races of Man*, Alfred A. knopf, New york.

Turner 11 C. G. , 1976, Dental Evidence on the Origins of the Ainu and Japanese, *Science*, Vol. 193.

Turner 11 C. G. , 1977, Additional Features of Ainu Dentin, *American Journal of Physician Anthropology*, Vol. 46, No. 1.

W. W. Howells, 1979, Origins of the Chinese People: Interpretations of the Recent Evidence, in K. C. Chang, 1980, *Shang Civilization*.

Li Wang, Hiroki Oota, Naruya Saitou, Feng Jin, Takayuki Matsushita and Shintaroh Ueda: Genetic Structure of a 2,500-Year-Old Human Population in China and Its Spatiotemporal Changes, *Molecular Biology Evolution*, 17 (9) .

E. N. Chernykh, *Ancient Metallurgy in the USSR*, Cambridge, Cambridge University Press, 1992.

林俊雄:《グリフィンの飛翔——聖獣からみた文化交流》,雄山阁2006年版。

结项后记

不知不觉，涉足早期东西文化交流考古已整十年。虽然中间因工作环境的改变，有三年时间已放下了对它的思考。但我希望这只是暂时的蛰伏，一待条件许可，我会重拾行装。果然，2012 年 7 月，我调入华中师范大学历史文化学院，便迅速将研究兴趣回转到这一领域。

获得 2013 年度的国家社科基金一般项目资助，是对我的早期东西文化交流考古的极大促进。有了资金的支持，我广泛搜集了欧亚草原和中国北方的新石器至青铜时代的中外文资料，考察走访了陕西、甘肃、青海、新疆、内蒙古、辽宁等中国北方地区，获得了广泛的一手资料和感性认识，为本项目的探索打下了坚实的资料基础和认识基础。

自在耕耘，春秋三度，总算交出了这份还差强人意的答卷。自忖首次解决了最早期外来文化进入东亚大陆的地域和时间问题，也顺带提出了对中国彩陶源头的新看法。提出了新疆和陕甘青地区的相互文化交流和传播新见解，即最早期外来文化并非先入新疆，而是陕甘交界地区，这批外来文化此后东进西侵，向西沿河西走廊入新疆，与自西而东的青铜文化在新疆交相激荡，使后者成为一个多元文化的融会地。

能完成这篇结项报告，我要特别感谢我的博士生导师水涛先生。他带给我太多学术上的帮助，最近又介绍我进入悉尼大学考古系做访问学者，那里虽地处南半球，关心的却是北半球北端欧亚草原的青铜文化交流问题，这正是本书的学术延伸之处。因此笔者深为有这样的机会而欣喜并感激。我希望随着这次访学的开展，能将欧亚草原东部早期青铜文化与中国北方青铜文化的关系揭示得更为清楚。

希望这只是我探索早期东西文化交流及早期外来文化与中华文明起源关系的一个起点，唯愿在不久的将来，能为学界奉上从考古学、人类学、民俗学、历史文献及神话学等多学科结合而探出的中华早期文明起源新视点。

宋亦箫记于梅花苑寓所
2016 年 4 月 30 日初稿
2017 年 11 月 24 日改定

出版后记

本书的基础是我的博士学位论文，并在2013年申请到国家社会科学基金一般项目的资助，现在决计予以出版面世。只叹时光匆匆，一晃竟过了十年。俗话说，"十年人事几番新"，这十年确实是我变化较大的十年，例如学习上经过了博士和博士后阶段的历练，职业上从博物馆研究员、副馆长转变为大学教授。因为工作、教学的需要，这十年间也曾从事、涉猎一些新的领域，但一直未变的则是读博前就已滋生的理想——早期东西文化交流的探索。不承想，自己这十年的经历，竟与生物遗传学上的"又变又不变"理论相仿佛。

关于本书的主要学术主张，我在结项后记中已做了简要介绍，此处不赘。随着思考和认识的深入，我深深感觉到，本书的立论仅是早期东西文化交流研究的一点奠基工作，还有很多更具体的细节问题、早期东西方文化交流的全景问题等，有待进一步探索。目前，我已逐渐形成一个初步认识，即中外早期接触中的外来文化，是从两地分头进入东亚大陆的，这两地分别是以陇山为中心的陕甘交界地区和以泰山为中心的山东地区。本书主要涉及的地域仅是这两地当中的西北一翼，作为另一侧翼的山东地区，还没能来得及纳入研究视野并作通盘梳理。不过已纳入下一步深入研究的计划之中了。笔者还认为，发生在东亚大陆的极早期的东西文化交流，影响到了中华文明的起源和构建。也即是说，中华文明的诞生，并非闭门造车的结果，而是中外文化交融汇合后的开新。如果这些认识最终成立，则充分体现了人类文化和文明的一体性，它绝不是近代世界体系理论和全球化浪潮才催生的新事物，而是自古即存在。甚至可以断言：复杂文化的形成、文明的出现，都是多元文化交融汇合的结果，没有后者，不会出现前者。

感谢我的导师水涛教授，除了谢他领我迈进早期东西文化交流考古之门、毕业后的继续学业关照外，还要感谢承他不弃，慨允赐序的厚谊！我所在的华中师范大学历史文化学院和文化学系及楚学研究所，均是深具良好学术氛围、团结友爱的集体，感谢这七、八年来一路上有你们，才使我的学术跋涉之路走起来更顺畅、更稳健！这次院里还承担了拙著部分出版经费，更是要大为感激！唯有更勤勉地工作，才能回报母院厚爱于万一。

感谢妻子刘琴和儿子宋博文在这十年中带给我的欢乐、陪伴和激励！前行路上，我们仨是在携手成长，今年是儿子的高考之年，我祝愿他获得丰收！还要感谢我的父母，他们虽然不懂我所从事的研究工作，但以我自己对工作的肯定为肯定，无条件地支持我的工作和家庭。

湖北省博物馆副馆长王先福先生得知我要重绘书稿插图，帮我推荐了老河口市博物馆符德明先生，符先生一口应承下来，利用业余时间，帮我重绘了书稿中的线图和地图，质量上乘。感谢符、王二位先生在关键时刻的施以援手！

我的学生韩敏、杨理胜、朱昌江、籍雪莹、杨鹏、刘公宇、苏娜、殷亚欣、赵培等，参与了本书的校稿工作。你们的付出，使本书减少了不少差错。感谢你们！

还要特别感谢本书的责任编辑郭鹏编审，郭老师作为学术同行，对书稿有极好的鉴别力，他看了书稿，充分肯定了拙著的创新价值，跟我说要好好打造它。在编辑和作者的交流往还中，郭老师多方为作者考虑，以打造学术精品为职志，尽心尽力，不胜感激！

宋亦箫于武汉梅花苑寓所
2019 年 5 月 10 日初记
2019 年 7 月 24 日补记